EL ADN DEL DESARROLLO PERSONAL, PROFESIONAL, INSTITUCIONAL Y COMUNITARIO: LA FORMACIÓN CONTINUA

EL ADN DEL DESARROLLO PERSONAL, PROFESIONAL, INSTITUCIONAL Y COMUNITARIO: LA FORMACIÓN CONTINUA

Emilio Álvarez-Arregui
Covadonga Rodríguez-Fernández
Carolina González-Melgar
Alejandro Rodríguez-Martín

2024

Ediciones de la Universidad de Oviedo
ISNI:0000 0004 8513 7929
Servicio de Publicaciones de la Universidad de Oviedo
Campus de Humanidades. Edificio de Servicios. 33011 Oviedo (Asturias)
Tel. 985 10 95 03
http: www.publicaciones.uniovi.es
servipub@uniovi.es

Esta obra ha sido avalada por el Departamento de Ciencias de la Educación de acuerdo con lo establecido en el artículo 8f, del Reglamento del Servicio de Publicaciones de la Universidad de Oviedo.

Esta editorial es miembro de la UNE, lo que garantiza la difusión y comercialización de sus publicaciones a nivel nacional e internacional.

I.S.B.N.: 978-84-18324-86-4
DL AS 1485-2024

Imprime: Servicio de Publicaciones. Universidad de Oviedo

Índice

Prólogo

En el título del libro hemos querido reflejar el valor de la formación continua en la Sociedad actual ya que está llegando hasta tal punto que lo hemos comparado con el ADN de las personas físicas y jurídicas dado que sus ámbitos de desarrollo se asocian con lo personal, lo profesional, lo institucional, lo comunitario y, por extensión al entorno global. A este respecto conviene hacer algunas aclaraciones sobre las que se profundizará posteriormente ya que desde nuestra visión la formación continua permite a las personas expandir sus conocimientos, habilidades y perspectivas lo que avala la idea de un aprendizaje constante donde las personas pueden y deben mejorar su autoconciencia, autoeficacia y autoestima. Este planteamiento les ayuda a alcanzar sus metas personales, desarrollar una mentalidad de crecimiento y adaptarse mejor a los cambios en sus vidas. En el ámbito laboral, la formación se está convirtiendo en esencial si la idea es trabajar en un mercado en constante evolución ya que proporciona a las personas que trabajen las habilidades necesarias para desempeñar sus funciones de manera efectiva y adaptarse a nuevas tecnologías y metodologías. Además, fomenta el desarrollo de habilidades de liderazgo, comunicación y trabajo en equipo, lo que contribuye al crecimiento personal y profesional y a la progresión en la carrera.

Si focalizamos la atención en las organizaciones, la formación continua se asocia inmediatamente con la mejora, la eficiencia, la productividad y la calidad del trabajo. Es decir, capacitar a las personas físicas en su entorno laboral, en áreas relevantes para su función no solo favorece su desempeño individual, sino que también fortalece la capacidad global de la organización. Además, esta capacitación, cuando se gestiona de manera coherente puede ayudar a las instituciones a adaptarse a cambios regulatorios, tecnológicos o de mercado, manteniéndolas ágiles y receptivas. Atendiendo a este planteamiento no podemos obviar su valor en el ámbito comunitario y global ya que la formación continua puede promover el empoderamiento, la sensibilización y el desarrollo sostenible. En este escenario se tiene acceso a múltiples oportunidades de aprendizaje donde es posible mejorar las habilidades y el conocimiento de los miembros de la comunidad, lo que puede impulsar iniciativas locales, autonómicas, nacionales e internacionales que pueden fortalecer la cohesión social y fomentar el progreso económico, social y medio ambiental. Además, la formación continua puede capacitar a los líderes comunitarios para abordar desafíos específicos y promover el bienestar general. En resumen, si aspiramos a convertir una sociedad de la información en una sociedad del conocimiento deberemos de reformular los sistemas de educación y de formación más si tenemos en cuenta que en la Unión Europea las cifras de Eurostat nos indican que España es un país con alta tasa de desempleados, sobre todo juveniles por lo que la formación continua se convierte en un componente esencial abordar esta situación. Bajo este prisma se vuelve a centrar la atención una vez más en la importancia de la formación a lo largo de la vida para proporcionar los conocimientos, las capacidades y las competencias que necesitan los ciudadanos para participar plenamente en una sociedad donde el mercado laboral muta constantemente, es escaso en algunos sectores, se reconvierte en otros y, en el peor de los casos, desaparece.

Estas y otras cuestiones se han tenido en cuenta a la hora de abordar el diseño y redacción de este libro al que se ha dotado de una estructura interna que permite manejar la información desde una perspectiva global o monográfica dado que deja abierta la posibilidad de seguir profundizando en el futuro en cada uno de los apartados ya que siempre estarán inconclusos ante las constantes aportaciones que se producen en todos los campos. Sirva como adelanto de lo que la persona lectora va a encontrar a lo largo de los próximos seis bloques desde los que se abordan entre otros los siguientes contenidos:

Capítulo 1: Sociedad, Formación y Empleo.

Este apartado nos introduce en cuestiones referidas a la formación profesional inicial y la formación profesional continua o de actualización. Este marco nos permite realizar distintas aproximaciones conceptuales y comenzar a adentrarnos en la formación para el empleo atendiendo a la nueva normativa que va emergiendo, a las posibilidades y barreras que nos vamos encontrando en este proceso de cambio y se abren vías de futuro sobre estas cuestiones.

Capítulo 2: Modelos y Modalidades de Formación.

En este capítulo dirigimos nuestra atención a la continua transformación de la que es objeto la formación y también hacia el respaldo político y cultural del que viene siendo objeto en nuestra sociedad. Este planteamiento justifica la especial atención de la que está siendo objeto en las organizaciones educativas, sociales y laborales para hacerlas evolucionar en momentos de incertidumbre. También nos adentramos en las diferentes modalidades y modelos de formación de las que disponen las organizaciones para hacer más competentes a las personas con el consiguiente valor añadido que conlleva para ellos mismos y para las instituciones que las acogen. A este respecto se abordan cuestiones de alta relevancia en el momento actual caso de las microcredenciales y la formación dual dado que se están convirtiendo en referentes importantes para gestionar el acompañamiento de los empleados en la Sociedad del Conocimiento.

Capítulo 3: Detección de Necesidades y Desarrollo Profesional.

Este capítulo se dedica a reseñar la importancia de la gestión de los recursos humanos en las organizaciones presentando a las personas como el referente básico para promover el cambio desde su adaptación a las nuevas realidades y exigencias que emergen en la sociedad actual. Desde esta perspectiva se concede un valor estratégico a la formación en las organizaciones avalando así la importancia de los Departamentos de Recursos Humanos en la articulación de los elementos concurrentes, los procesos de selección de personal, la dinamización de los sistemas de relaciones y la intervención sobre el clima y la cultura organizativa. Se cierra este capítulo haciendo un breve recorrido por los derechos de los trabajadores atendiendo a los cambios que se están produciendo en el ámbito laboral.

Capítulo 4: Programas de Formación en Contextos Sociales y Laborales.

En este capítulo se hace referencia a la importancia de los programas de formación para proporcionar a las personas las habilidades y conocimientos necesarios para tener éxito tanto en el ámbito profesional como en el social. Estos programas pueden variar en términos de contenido, duración, metodología y público objetivo, pero todos comparten el objetivo común de mejorar las competencias y capacidades de los participantes de ahí que se haga referencia a programas de formación profesional dado que proporcionan habilidades para actuar en un campo o industria en particular. Por otro lado, se tienen en cuenta los programas de capacitación laboral que se orientan a aquellas personas que buscan mejorar sus habilidades laborales o ingresar al mercado laboral por primera vez. Pueden incluir cursos de alfabetización, capacitación en habilidades básicas de trabajo, orientación laboral y desarrollo de habilidades de empleabilidad como la preparación de currículums y entrevistas. Además, se tiene en cuenta la formación en emprendimiento y se concede un protagonismo relevante a la formación en habilidades sociales y comunicativas. En resumen, los programas de formación en contextos sociales y laborales son diversos y están diseñados para satisfacer las necesidades específicas de los individuos, las organizaciones y las comunidades.

Capítulo 5: Metodologías, Técnicas y Recursos para la Formación.

Al igual que el capítulo anterior, la perspectiva aplicada prima en su contenido si bien en este caso hemos preferido centrar nuestra atención en la dinamización de los equipos dentro de las organizaciones. Para ello presentamos diferentes técnicas que venimos utilizando con excelentes resultados en los últimos años en organizaciones sociales, laborales y educativas. Estos materiales se incorporan a manera de fichas, para que sean más manejables, se han agrupado como técnicas de presentación; de diagnóstico y planificación; de desarrollo y participación; de evaluación y de satisfacción.

Capítulo 6: El Papel del Pedagogo para que las Organizaciones Aprendan. La Formación en Cultura Emprendedora.

El último capítulo lo dedicamos a resaltar la importancia del gestor de la formación en las organizaciones en un momento de cambio como el actual. De este modo dedicamos el primer apartado a comentar la importancia que se atribuye a la cultura emprendedora como refleja el marco normativo europeo, nacional y autonómico. Desde esta perspectiva nos aproximamos a los perfiles que deben adoptar las organizaciones y las personas emprendedoras, así como a las competencias que deben adquirir a través de la formación. Posteriormente, presentamos al pedagogo como el profesional más apropiado para gestionar la formación en las organizaciones sociales, educativas y aborales. También se presenta un amplio perfil profesional para este colectivo que le puede abrir múltiples perspectivas si adopta una perspectiva abierta, creativa, innovadora, interdisciplinar y transdisciplinar. Se cierra este apartado presentando el modelo con el que estamos trabajando en los últimos años dado que nos está proporcionando excelentes resultados. Este edusistema de aprendizaje creativo, emprendedor y sostenible se va optimizando constantemente a través de un proceso de mejora continua lo que lo está proyectando hacia el futuro con garantías de éxito.

El libro se cierra con las fuentes documentales, glosarios y acrónimos que han sido utilizados en los diferentes capítulos.

Capítulo

1

Sociedad, formación y empleo

1.1.Introducción

El objetivo de aprendizaje de este primer capítulo es sumergir al lector en aspectos vinculados a las nuevas demandas emergentes en el entorno sociolaboral, así como en el marco normativo de la Formación Profesional y la legislación de Empleo en España. Las últimas décadas han estado marcadas por eventos caracterizados por su complejidad, interdependencia, dinamismo y digitalización, situando a los seres vivos dentro de un ecosistema global. Los epígrafes de referencia pueden verse a continuación:

Contexto de la Formación: En este entorno multifacético, surge la necesidad de explorar los distintos elementos que configuran la Formación, considerando su contenido, normativa, así como las necesidades y demandas que imperan en esta realidad dinámica y cambiante.

Contenido de la Formación: Dentro del abordaje de la Formación, es crucial analizar y redefinir los contenidos disciplinares que se promueven desde los sistemas educativos. Se busca superar las barreras impuestas por los enfoques tradicionales, diseñando modelos sistémicos que permitan articular compartidas y colaborativas a las complejidades actuales.

Normativa de la Formación: Asimismo, es fundamental examinar el marco normativo que regula la Formación Profesional y la legislación de empleo en España, entendiendo cómo estas normas influyen en la configuración y adaptación de los procesos formativos a la realidad sociolaboral.

Necesidades y Demandas de la Formación: La sociedad actual plantea cambios en el ámbito de la Formación. Reflexionar sobre estas cuestiones es esencial para alinear los programas formativos con las expectativas emergentes y ofrecer respuestas pertinentes y efectivas.

Posibilidades y Límites de la Formación: Finalmente, al explorar el amplio espectro de la Formación, es imperativo reconocer las posibilidades y límites que impone este complejo escenario sociolaboral. La comprensión de estas variables permite diseñar estrategias formativas adaptadas a la realidad dinámica y plural que caracteriza nuestra sociedad.

Preguntas introductorias

Contexto General:

¿Cómo se relaciona la sociedad actual con la formación académica y el empleo?

¿Cuál es la importancia de la formación y el empleo en el desarrollo social?

Dinámicas Sociales:

¿Cómo afecta la estructura social a las oportunidades de formación y empleo?

¿Existen brechas significativas en el acceso a la educación y al empleo entre diferentes estratos sociales?

Educación y Formación:

¿Cómo influye la calidad de la educación en la preparación laboral?

¿Cuáles son los desafíos del sistema educativo para adaptarse a las demandas del empleo?

Cambios en el Mundo Laboral:

¿Cómo han evolucionado las expectativas laborales recientemente?

¿Qué papel juegan las nuevas tecnologías en la configuración de los empleos del futuro?

Adaptabilidad y Aprendizaje Continuo:

¿Cómo se relaciona la idea de aprendizaje continuo con la empleabilidad en la sociedad actual?

¿Cuáles son las habilidades más relevantes para tener éxito en un entorno laboral en constante cambio?

Desafíos y Oportunidades:

¿Cuáles son los principales desafíos y retos a los que se enfrentan las personas que están buscando formación para el empleo?

¿Cómo ha evolucionado la perspectiva sobre el aprendizaje a lo largo de la vida?

1.2. Contextualización

Sociedad, Educación y Formación mantienen una íntima relación a lo largo del tiempo debido a los condicionantes económicos, sociales, estructurales, tecnológicos, políticos, jurídicos y funcionales que acaecen de manera situacional y coyuntural en cada momento histórico. Las decisiones adoptadas han conformado unos edusistemas desde los que se han dado respuestas más o menos eficaces y justas, buscando la alineación de individuos y entidades en las áreas geográficas donde se asientan.

El modelo económico y social clásico que se ha venido siguiendo de manera generalizada en muchas zonas geográficas desde la Revolución Industrial ha sido objeto de diferentes ajustes, pero en las últimas décadas se ha ido resquebrajando a medida que el cambio se ha convertido en una constante lo que ha generado una situación que no tienen antecedentes pretéritos. A este respecto solo tenemos que recordar como en las últimas décadas han ido emergiendo una serie de constructos que se han ido interrelacionando y generalizando, afectando a los ejes que guían nuestras vidas y condicionándolas. A pesar de que pueda haber discrepancias según el enfoque de los autores cabe referirse en este punto a la consolidación del neoliberalismo (Bell, 1991; Gimeno Sacristán, 2001), el desarrollo tecnológico (Dosi, Freeman, Richard, Silverberg and Soete, 1990), los fenómenos de la globalización y localismo (Castells, 1999; Álvarez-Arregui, 2021) y el incremento progresivo del conocimiento (Drucker, 1969; Böhme y Stehr, 1986; Morin, 2002) como marcos básicos de referencia.

Estos constructos son peculiares porque su alta capacidad de retroalimentación desde lo que se denominan "dinámicas no lineales" ya que desde ellas se generan procesos de aceleración en los sistemas estructurales, funcionales y vitales superiores a la que les sería propios al estar condicionados por el desarrollo exponencial que genera desajustes de distinto signo (Álvarez-Arregui, 2021a).

A este respecto, debe destacarse que la globalización de la economía ha favorecido la extensión del neoliberalismo económico como una corriente dominante, aunque hay corrientes que buscan alcanzar equilibrios. El desarrollo tecnológico y el declive del modelo socialista de producción han propiciado esta situación, facilitando la reorganización del espacio económico mundial. Esto, a su vez, ha tenido repercusiones significativas en las políticas estatales, las condiciones laborales, la formación y la cultura.

En segundo lugar, debe destacarse que el libre mercado y el modelo económico se revitalizan mutuamente. La diversificación de las empresas y de los puestos de trabajo ha cambiado el paisaje económico y laboral. Las ideas neoliberales se imponen de modo aplastante, presionando a los países para que introduzcan modificaciones en sus economías tradicionales, sistemas de producción y modelos de formación.

En tercer lugar, emerge una mayor dependencia del conocimiento especializado. Ahora la transmisión y el tratamiento de la información se convierte en una de las claves básicas lo que hace necesario planificar y desarrollar una propuesta formativa adecuada a la demanda.

En cuarto lugar, los acuerdos internacionales legitiman la desigualdad de partida. Los países eliminan o reducen barreras proteccionistas para que las personas, capitales y mercancías circularan según sus intereses coyunturales, de forma que muchos gobiernos se ven presionados a incorporarse al orden económico internacional independientemente de las posibles repercusiones negativas derivadas de ello. Este planteamiento es más flexible para los países más ricos, ya que algunos pueden quebrar las reglas del juego según sus ciclos económicos internos y las quejas ciudadanas para limitar la presión externa y desarrollar políticas más proteccionistas. Un ejemplo clarificador podría ser el siguiente. Imaginemos dos países: uno desarrollado, con una economía fuerte y tecnológicamente avanzada, y otro en desarrollo, con una economía más débil y menos tecnológica. A este respecto cabe hacer algunas consideraciones:

- *Acuerdo Internacional:* Ambos países deciden firmar un acuerdo internacional que elimina las barreras comerciales entre ellos. Este acuerdo permite que los productos, servicios y capitales fluyan libremente de un país a otro.

- *Desigualdad de Partida:* Dado que el país desarrollado ya tiene una economía fuerte y tecnológicamente avanzada, sus productos y servicios pueden competir en igualdad de condiciones en el mercado global. Por otro lado, el país en desarrollo, al tener una economía más débil, puede tener dificultades para competir con los productos y servicios del país desarrollado.

- *Legitimación de la Desigualdad:* El acuerdo internacional, al eliminar las barreras comerciales, podría legitimar la desigualdad inicial entre estos dos países. Aunque se supone que estos acuerdos fomentan la cooperación y el intercambio, la realidad podría ser que el país desarrollado se beneficie más debido a su posición de partida más fuerte.

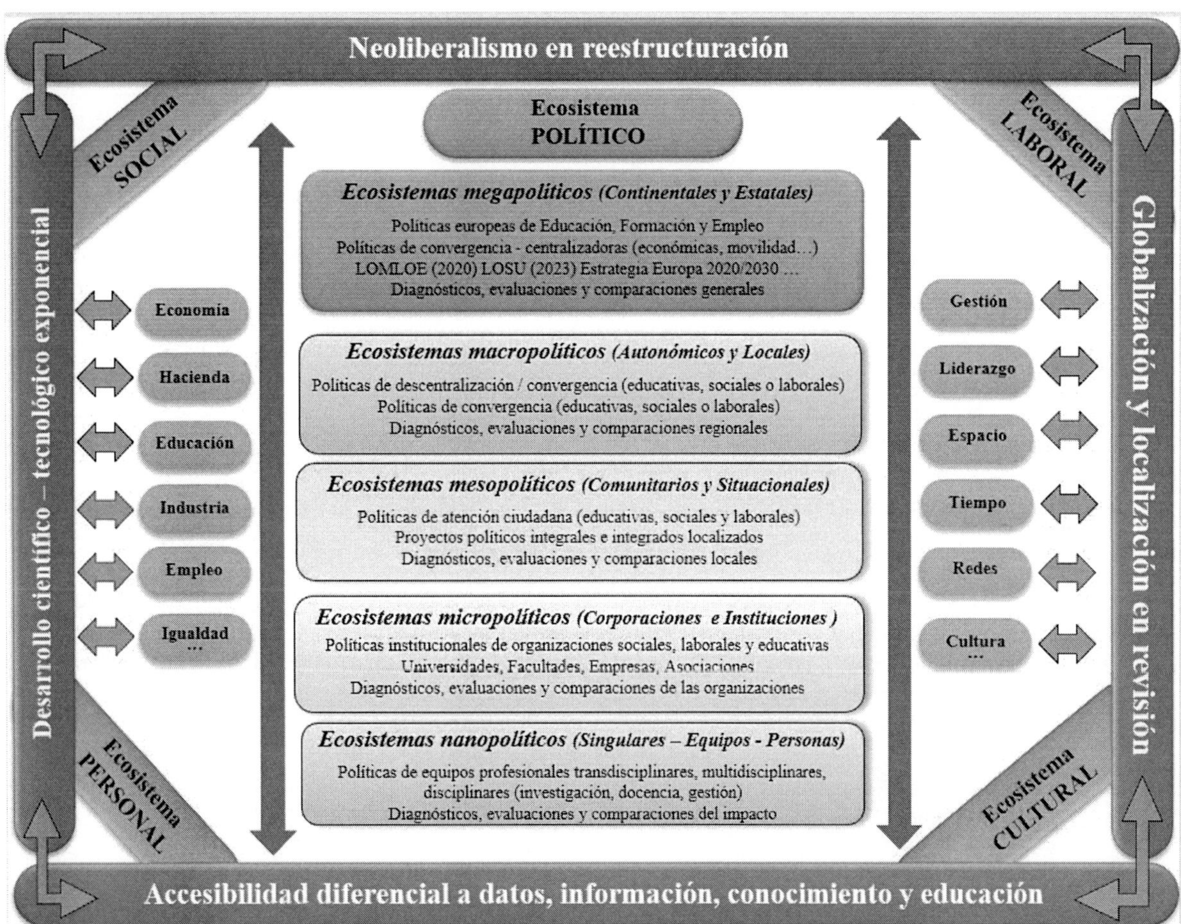

Figura 1.1. Visión panorámica del contexto amplio de la formación

En quinto lugar, el modelo económico y laboral se presenta como globalmente beneficioso. Aunque las posibilidades laborales se han ampliado en el nuevo entorno económico, también se requiere una mayor capacitación para adquirir las habilidades necesarias que permitan aprovechar los múltiples recursos que se ponen a su disposición. De este modo, los países tienen que enfrentarse a nuevos retos para no quedar descolgados de los servicios culturales, sanitarios, laborales y de entretenimiento, que se ofertan.

En sexto lugar, la especulación financiera se superpone a la inversión productiva. Los fundamentos del capitalismo clásico, que implicaba inversiones productivas para obtener beneficios han evolucionado. La peculiaridad se vincula a los beneficios inmediatos, convirtiendo este ámbito en un terreno para la especulación que se extiende por las bolsas del mundo; desde grupos privados o por grandes multinacionales que permite ganar y perder, en márgenes de tiempo muy breves, cantidades ingentes de dinero. El traspaso instantáneo de capital financiero entre países a través de órdenes de compra y venta genera inestabilidad y provoca efectos imprevisibles en las economías nacionales, como evidencias países como España, Italia, Grecia o Irlanda. Un ejemplo de especulación financiera es cuando inversionistas compran y venden acciones rápidamente en el mercado bursátil, buscando ganancias a corto plazo en lugar de invertir en el crecimiento a largo plazo de las empresas. Esto puede causar volatilidad y no contribuir al desarrollo sostenible de la economía real.

En séptimo lugar, el valor de los objetos es coyuntural en vez de funcional. La rentabilidad inmediata cambia la concepción sobre el valor de los objetos ya que su importancia aumenta por el valor añadido que se les da en los procesos de intercambio y se relega a un segundo plano el servicio que prestan a quien los compra (Pérez Gómez, 1998). Un ejemplo de esta situación podría ser la comercialización de productos tecnológicos, donde la atención se centra en la novedad, el diseño y la percepción de status que aportan, más que en su funcionalidad real o el servicio que ofrecen en términos prácticos.

En octavo lugar, los estados pierden capacidad de intervención sobre sus economías. El mercado impone las reglas y esto desborda el ámbito geográfico de los países y los gobiernos, por lo que su certidumbre disminuye al garantizar la estabilidad monetaria, ya que los bancos centrales se ven incapacitados para frenar la caída de sus divisas ante los ataques financieros.

En noveno lugar, los fundamentos económicos prevalecen sobre los sociales. La especulación repercute indirectamente en las prestaciones sociales puesto que los ciudadanos son los que sufren los primeros recortes lo que genera desequilibrios y contradicciones con los principios internaciones, constitucionales y los programas políticos de los gobiernos. Con ello, el respeto y la promoción de los derechos humanos fundamentales de los ciudadanos quedan relegados a un segundo plano al no existir una correlación entre beneficios económicos y costes sociales.

En décimo lugar, la competencia encadena situaciones negativas que se expanden con rapidez, a saber:

- Las grandes corporaciones buscan las condiciones más ventajosas a sus intereses con lo que la reducción de costos es un objetivo prioritario.

- Las empresas que no requieran una mano de obra muy especializada y donde los gobiernos sean poco exigentes con las prestaciones sociales de sus trabajadores se ofrecen como los lugares más idóneos para instalarse.

- Los países subdesarrollados cumplen los requisitos anteriores y adquieren más relevancia cuando mejores sean las condiciones que oferten a las empresas por lo que se restringen los derechos de los trabajadores dado que sus infraestructuras son muy endebles y no pueden competir en esas cuestiones.

- Los bajos salarios y la exención de cargas fiscales hacen altamente competitivos a los productos elaborados con lo que se presiona a otros países más desarrollados para que abran la puerta a una precariedad de los contratos laborales y a los servicios sociales que se prestan.

- A pesar de que las condiciones de las grandes empresas se endurecen aparecen disputas entre países, regiones y localidades para captar su interés.

- Algunos gobiernos regionales intervienen desde sus ámbitos de influencia concediendo prerrogativas cuestionables como se ha visto en nuestro país con la exención de impuestos en el País Vasco, por ejemplo.

- A la larga se acaba atacando y socavando los fundamentos de los estados nacionales a la hora de mantener una cohesión dentro de las autonomías, regiones o federaciones. Las tendencias secesionistas en Cataluña y en el País Vasco son ejemplo de ello.

Si bien es cierto que estas cuestiones no son generalizables no se puede negar que el orden económico establecido a escala planetaria ha producido grandes beneficios para una parte de la población mundial pero sobre todo a los que pertenecen a la órbita más favorecida de ahí que deban articularse mecanismos compensatorios inclusivos en los que se tengan en cuenta simultáneamente los factores económicos, sociales, laborales y ecológicos, al menos, ya que de lo contrario el mundo se convertirá en un "gigantesco supermercado" donde son muchos los que no pueden comprar.

Sea como fuere, lo que está ocurriendo no es nuevo porque ya se viene anunciando hace tiempo. A manera de ejemplo cabe rescatar a Toffler (1970) cuando visualizó en el siglo pasado que el desarrollo tecnológico tendría múltiples consecuencias de distinto signo. Este autor nos alertó, en el ámbito educativo, de oportunidades de crecimiento caso de la interactividad (capacidad bidimensional de respuesta, alumno-máquina y viceversa), la movilidad (capacidad de desarrollar educación en cualquier ecosistema rompiendo el monopolio de las instituciones educativas clásicas), la convertibilidad (capacidad de transmitir y procesar información entre medios y redes diferentes a fin de conformar sistemas complejos y multivariadas de uso común), la conectividad (conexión entre los agentes educativos con fuentes plurales de información), la omnipresencia (democratización total de la información) y la mundialización (información sin fronteras ni diferencias). Pero también anunció que este escenario suponía un cambio de modelo que abría nuevos sistemas de Educación y de Formación porque generaría brechas de acceso y alfabetización de distinto signo.

Castells (1999, 2000 a, b) nos mostraba veinte años después algunas de ellas. Este autor nos indicaba cómo las desigualdades en el acceso a recursos y servicios, junto con asimetrías en el crecimiento, contribuyen a la formación de círculos viciosos que afectan tanto a individuos como a entidades, limitando su desarrollo profesional y productivo en entornos sociolaborales. Las teorías de la acción comunicativa (Habermas, 1987) y de la reflexibilidad (Beck, Giddens y Lash, 1997) también alertaron del incremento de las posibilidades para saber, conocer, relacionarse, disfrutar y trabajar. Aunque también nos quisieron prevenir sobre la necesidad de detectar aquellos valores, mitos y bondades que se conceden al desarrollo tecnológico. Por tanto, si bien es cierto que cada vez hay más datos, información y conocimiento disponible también se constata la necesidad de aprender a seleccionar, discriminar, comparar y validarlos. Es importante recordar estas cuestiones porque, aunque en los discursos se incorporan, se plantean en los contenidos curriculares y se debaten ampliamente, no se percibe que los resultados sean efectivos cuando se constatan múltiples deficiencias de filtrado de datos, información y conocimiento.

En este punto parece haberse olvidado por los administradores de lo educativo las carencias constatadas en la formación inicial y continua de los docentes para potenciar un sentido crítico discriminante que impregne las conductas profesionales para extenderse progresivamente. Es importante, por tanto, reflexionar sobre la capacidad de las personas para dar respuesta a un paradigma que integra la racionalidad, la interpretación y la crítica para adentrarnos en la complejidad. Este hecho incrementa la demanda de construcción y gestión de espacios, recursos, tiempos, metodologías y evaluaciones más emprendedoras, creativas e interdisciplinares donde se entienda que el aprendizaje debe extenderse a lo largo de toda la vida lo que conlleva un proceso educativo y formativo continuo que deberá integrarse en nuestro contexto vital si queremos adaptarnos y evolucionar (Álvarez Arregui, 2020).

La situación generada está haciendo germinar nuevos modelos económicos, políticos y sociales que obligan a las personas a una adaptación permanente de sus competencias, necesarias para evitar que se generen polarizaciones, exclusiones y brechas de alfabetización insalvables. El acceso generalizado a la tecnología y a la información impone innovaciones sistémicas que afectan a las competencias de las personas (saber, saber ser y saber hacer) sean físicas o jurídicas. En este entorno el uso de plataformas intensivas, accesibles, versátiles y de bajo coste adquieren progresivamente mayor relevancia por el valor añadido que generan a los procesos.

Más de la mitad del alumnado ejercerá profesiones y utilizará herramientas que no se han creado, por lo que los currículums, los sistemas de aprendizaje y los modelos de evaluación y certificación de competencias, tal y como los conocemos, deben evolucionar. Por tanto, en una sociedad de la información interconectada que aspire a convertirse en una sociedad del conocimiento sostenible y responsable, lo educativo adquiere mayor relevancia.

Las instituciones educativas y formativas que han sido en los últimos siglos lugares de generación y de transmisión de conocimiento deben entender, aceptar y adaptarse al contexto emergente y anticipar futuras situaciones. La no actuación ya no es posible porque de adoptar ese posicionamiento sus misiones quedarán abocadas a la irrelevancia y serán desplazadas como agentes y referentes educativos y formativos en las sociedades venideras. A este respecto cabe recordar que lo que hace años eran países en desarrollo, ahora son grandes potencias que han llegado para quedarse, y juegan un papel cada vez más importante; nos referimos a países como China Brasil y Sudáfrica que cada vez tienen más peso en la economía internacional y que se les reconoce con las siglas BRICS. Este es un ejemplo de la cooperación de los países sur-sur que se integran para abordar la globalización, lo que también genera confrontaciones de diferente signo.

También estamos afectados por los desafíos medioambientales, los avances científicos, tecnológicos y digitales que están reorientando la forma de vivir, relacionarse y trabajar de las personas y las organizaciones. A modo de ejemplo, cabe destacar que las profesiones que hoy se ejercen no son estancas ya que están en constante evolución e influenciadas por un entorno socioeconómico que avanza a ritmos acelerados fruto de la digitalización que afecta a la sociedad, economía y empleo (DigitalES, 2022). Por otro lado, la escasez de recursos naturales está provocando la necesidad de aprovechar las energías limpias y la reutilización de los recursos, permitiendo así crear nuevos yacimientos de empleo y oportunidades laborales en economías que afloran en nuestro entorno (azul, digital, silver, verde, etc). En este contexto, la Agenda 2030 de las Naciones Unidas se ha presentado internacionalmente como uno de los referentes para afrontar los retos sociales, económicos y medioambientales a los que nos enfrentamos. En ella, se pone el foco de la atención en las personas, el medio ambiente, la prosperidad y la paz, bajo el lema de "no dejar a nadie atrás" (Guía STEAM, 2023).

El problema es que estas temáticas no son objeto de suficiente atención porque, en el año 2000, en la cumbre de Lisboa, la Unión Europea apuntaba que, en los países más ricos y desarrollados, un 25% de la población no contaba con las competencias y aptitudes necesarias para participar plenamente en la vida social y laboral. Allí planteaba como principal objetivo, la necesidad de tender los puentes y conexiones entre el ámbito social y laboral para asentar una verdadera sociedad del conocimiento como estrategia de promoción de la productividad y la competitividad y lograr nuevas cotas de desarrollo social y económico sostenible. Posteriormente, en el año 2006, en el Informe Tuning que contó con el reconocimiento pleno de todos los países del proceso de Bolonia, se recogieron las competencias transversales más demandadas; haciendo referencia a las competencias sistémicas (creatividad, integración y resiliencia antes la adversidad, actitud de orientación a objetivos personales y organizativos), las competencias interpersonales (de relación, trabajo en equipo, entornos colaborativos, flexibilidad, versatilidad) y las competencias instrumentales (manejo de la tecnología y habilidad lingüística en el uso de un segundo idioma), siendo las prioritarias para los empleadores las sistémicas y las interpersonales (Álvarez-Arregui, 2019).

Sea como fuera hasta la Cumbre de Bruselas (2018) no se incorpora la necesidad de prestar más atención a la educación y formación a lo largo de la vida, destacando la importancia de generar una mayor inversión en el desarrollo de capacidades y competencias esenciales para impulsar la resiliencia en Europa. La Unión Europea (UE) avalará la necesidad de focalizar la atención en el talento humano dado que desde él se promoverá la innovación, la productividad, la competitividad y, por ende, la mejora de la empleabilidad y la superación de los desajustes existentes en un mercado laboral que evoluciona a ritmos vertiginosos y que exige un aumento de la adaptabilidad de trabajadores (presentes y futuros) y empresas. En este sentido, diversos organismos internacionales (Word Economic Fórum) respaldarán las anteriores argumentaciones porque pueden actuar como un "faro en el horizonte" para orientar la Educación, en un momento en que la inteligencia artificial, el aprendizaje automático y el Big data están teniendo un crecimiento exponencial por lo que al generalizarse van pasando a formar parte a formar parte de nuestros entornos personales y profesionales con consecuencias de diferente signo. A este respecto presentamos algunas referencias:

- el 50 por ciento de las horas de trabajo será realizado por máquinas y algoritmos en lugar de personas;
- las tareas de valor agregado para las personas generarán ciento treinta y tres millones de nuevos empleos lo que compensará los setenta y cinco millones que se perderán por el desarrollo tecnológico;
- el alumnado tiene que prepararse en habilidades que no puedan ser sustituidas por las máquinas
- las habilidades técnicas, pensamiento de orden superior-crítico y sistémico, creatividad, ética, sabiduría deben de priorizarse...;

- la inteligencia artificial no debe interpretarse como problema o competición sino como inteligencia extendida de las personas;
- habrá que aprovechar las fortalezas de las personas para capacitarlos y recapacitarlos en procesos cíclicos de desarrollo personal y profesional;
- la coordinación de personas; el sector de la atención; el sector educativo; el sector de la energía verde... tendrán un crecimiento exponencial.

En el Foro de Davos en sus últimas ediciones se siguen tratando estas cuestiones a través de medidas para materializarlas en la práctica, a saber:

- Impulsar la inversión en la educación, en el trabajo relacionado con la economía de los cuidados para ayudar a la recuperación económica global.
- Reforzar las habilidades digitales para no ralentizar la transición ecológica. Cuando hablamos de vehículos eléctricos, eso es digital, cuando hablamos de transición energética, estamos en lo digital, cuando hablamos de pasar a una economía sostenible, todo esto está impulsado por la digitalización. No se trata solo de automatizar procesos, sino realmente de crear nuevas plataformas, nuevos negocios, lo que ha incrementado la demanda de tecnologías.
- Prescindir de los gerentes para todo.

En el ámbito español, la línea estratégica que se pretende desarrollar para los próximo años es apostar por una sociedad que transite hacia un entorno socio-económico ecológico y digital, apostando por áreas temáticas como: salud; seguridad para la sociedad; la energía, clima y movilidad; la alimentación, bioeconomía, recursos naturales y medioambientales; la cultura, creatividad y sociedad inclusiva; mundo digital, industria, espacio y defensa (Estrategia Española de Ciencia, Tecnología e Innovación 2021-2027). Sin embargo, los expertos en recursos humanos de Manpower Group apuntan que las principales ofertas laborales de 2023 se concentran principalmente en el área de logística, sanidad, hostelería e IT. La escasez de talento de IT lo acusan a que es formación de más largo recorrido por lo que la inversión en la educación y formación continua a lo largo de la vida es toda una realidad. Por todo ello, la Unión Europea ha planteado la necesidad de poner límites y reorientar el actual modelo de desarrollo. Los calendarios y los compromisos que se establecen iluminan distintos caminos a seguir desde sus recomendaciones, pero su ejecución no es sencilla puesto que conlleva un cambio cultural de hondo calado.

La transformación necesaria requiere movilizar a los sectores público, privado y plural, estableciendo alianzas a nivel nacional, autonómico y local alrededor de proyectos de I+D+i transdisciplinares, porque afectan a todos los ámbitos en sus diferentes niveles de responsabilidad. Si bien somos conscientes de que el desafío es enorme también debemos de indicar que el desarrollo de propuestas para abordarlo es inaplazable y urgente. Las situaciones son globales por lo que se requiere liderar y gestionar el cambio desde una visión sistémica engarzando los diferentes componentes en base a los conocimientos disponibles. Por tanto, el esfuerzo debe ser conjunto si se quiere que tengan un impacto positivo y sostenible. Las múltiples manifestaciones de pobreza, desigualdades y desempleo que están emergiendo y que van acompañadas de un deterioro medioambiental son inaceptables (Álvarez-Arregui, 2019).

En definitiva, el futuro por definición es impredecible; pero cuando se van desplegando procesos de alineación en torno a valores comunes se amplifica la sintonía entre las personas, las organizaciones y el medio ambiente lo que favorece la integración de procesos de mejora continua y se van abriendo caminos para entender la educación y la formación como un camino continuo que se extiende a lo largo de nuestro periplo vital. Bajo este enfoque planteamos la necesidad de ir diseñando y construyendo itinerarios para las poblaciones fundamentadas en la colaboración y la participación ya que desde esa perspectiva se favorecerá su permeabilidad a los requerimientos de ajuste de sus competencias y valores para hacer emerger comportamientos éticos y corresponsables consigo mismos, con los demás seres vivos y con el medio ambiente (Álvarez-Arregui y Rodríguez-Fernández, 2023).

1.3. Aproximaciones conceptuales a la Formación

La realidad socioeconómica, política y cultural en la que estamos inmersos es dinámica y compleja. Los sistemas de relaciones entre macro variables y variables le dan un alto dinamismo al que es difícil adaptarse, por lo que se genera alta incertidumbre ante situaciones que se suceden poco o nada previsibles en algunas ocasiones.

La certidumbre se intenta reestablecer desarrollando políticas y estrategias en diferentes planos. En unos casos afectan a las estructuras (reformas, normas, acuerdos sectoriales...), en otros a las instituciones (atención a ámbitos concretos, programas específicos...) y operativas (control de procesos, cambio de estrategias... y en todas estas iniciativas la formación aparece como un referente que debe y puede ser promovida en los tres niveles considerados (Gairín, 2008).

En este contexto parece necesario retomar algunas ideas clave (Imbernón, 2007) y principios (Marcelo, 1999; Álvarez-Arregui, 2017) que se han ido construyendo en el tiempo en base a las reflexiones derivadas de la teoría, la práctica y la investigación en el ámbito educativo ya que de su conocimiento se pueden generar reflexiones, debates y proyecciones de interés para la mejora de la formación en las organizaciones empresariales y sociales.

PRIMERO. La formación es un continuo.

La formación tiene fases claramente diferenciadas (inicial, acceso y continua) por su contenido curricular, aunque mantiene unos principios éticos, didácticos y pedagógicos comunes por lo que debe entenderse como permanente y continua no como algo que pueda plantearse para un determinado momento.

"El desarrollo profesional es aprendizaje continuo, interactivo, acumulativo, que combina una variedad de formatos de aprendizaje" Fullan, M. y Hargreaves, A. (1987). ¿Hay *algo por lo que merezca la pena luchar en la escuela?* (p. 215). Morata.

SEGUNDO. La formación debe plantearse de manera integral en el proyecto de la organización e integrada con los procesos de cambio, innovación y desarrollo profesional e institucional.

La formación debe orientarse hacia el desarrollo curricular, un mejor desempeño del puesto de trabajo, un enriquecimiento profesional y un crecimiento institucional. La formación y el cambio deben pensarse juntos, como dos caras de una misma moneda. O, simultáneamente, la formación bien entendida debe estar preferentemente orientada al cambio, a activar reaprendizajes en los sujetos y en su práctica docente que ha de ser, por su parte facilitadora de procesos de enseñanza y aprendizaje de alumnos". Escudero, J. M. y López J. (1992). *Los desafíos de las reformas escolares* (p. 57). Arquetipo.

TERCERO. Los procesos de formación deben de estar conectados con el desarrollo de las organizaciones que los generan. La formación debe orientarse hacia la transformación de las organizaciones por lo que debe tener en cuenta el entorno próximo y mediato sin descartar otras modalidades de formación.

CUARTO. La formación del profesorado debe integrar los contenidos académicos, disciplinares y pedagógicos. El conocimiento didáctico de los contenidos es fundamental para estructurar el pensamiento pedagógico del docente de ahí que deba plantearse una visión interdisciplinar entre el contenido de la formación académica con la pedagógica.

QUINTO. La formación debe integrar teoría y práctica superando su yuxtaposición. Los profesionales generar un conocimiento propio, producto de sus experiencias, vivencias y valores que racionalizan, interiorizan y burocratizan. "...cuando intentamos describirlo nos hallamos perplejos o desarrollamos descripciones que son obviamente inapropiadas. Nuestro conocimiento está ordinariamente tácito, implícito en nuestros modelos de acción y en nuestros sentimientos, por las cosas en que estamos ocupados". Schön, D. (1983). *The Reflective Practicioner.* (p. 49). Basic Books.

SEXTO. Hay que buscar un isomorfismo (no es sinónimo de identidad) entre formación recibida y educación a desarrollar en el futuro. En la formación del profesorado es fundamental que exista congruencia entre el conocimiento didáctico del contenido, el conocimiento pedagógico transmitido, la forma cómo se hace y los valores que se incorporan. "En materia de formación de profesores el principal contenido es el método con el que el contenido se imparte a los futuros o actuales profesores". Fernández Pérez, M. (1988). La profesionalización del docente (p. 12). Escuela Española. En otras palabras, se trata de alinear de manera efectiva lo aprendido en el pasado con lo que será necesario aprender y aplicar en el futuro, reconociendo que pueden existir diferencias, pero aun así buscando una conexión significativa.

SÉPTIMO. La individualización debe ser un componente de cualquier programa de formación. Aquí se plantea que aprender a enseñar y aprender a aprender no puede ser un proceso homogéneo para todas las personas, sino que hay que conocer sus características personales, cognitivas, contextuales, institucionales y socio profesionales. La formación ha de responder a las necesidades y expectativas de los docentes como personas y como profesionales. El principio de individualización conecta con la idea de formación clínica entendiendo que la formación debe estar basada en las necesidades e intereses de los participantes, adaptadas a su contexto laboral prestando especial cuidado en la promoción de la participación y la reflexión.

OCTAVO. Los profesionales tienen que cuestionarse sus prácticas, así como sus creencias. Aquí se apunta la idea de supervisión, como mecanismo de profundización, y el de la indagación–reflexión. Las iniciativas que se planteen sobre formación deben rescatar la importancia de la indagación y el desarrollo del conocimiento a partir del trabajo, la reflexión y la colaboración con otros compañeros por lo que deben posicionarse como profesionales con capacidad para generar conocimiento por sí mismos y valorar el conocimiento desarrollado por los otros evitando convertirse en meros consumidores de información y/o conocimiento. La formación debe capacitar para cuestionar las propuestas oficiales y promover contextos de trabajo que integren el desarrollo intelectual, social y emocional de los participantes.

A partir de las argumentaciones realizadas se hace necesario realizar algunas distinciones con relación a otros conceptos íntimamente vinculados con la formación para no utilizarlos erróneamente (Bruno, 1991; Tissot, 2004; Álvarez-Arregui, 2017):

Educación. Tiene por objeto el desarrollo de capacidades de aprendizaje y de conocimiento generales del individuo para que pueda interpretar su entorno. La educación da respuestas a los "por qués" de su vida cotidiana, del mundo y de la sociedad en la que vive, es decir tiende a desarrollar el "saber".

Formación. Prepara de manera más específica a las personas para adquirir competencias profesionales en un sentido amplio, no solo laboral. La formación da respuestas al "como", es decir tiende a desarrollar el "saber hacer". Esta forma de hacer se plantea desde una perspectiva amplia con la intención de designar todos los aprendizajes específicos que una persona puede adquirir a lo largo de toda la vida, aunque no estén directamente relacionadas con una profesión, tiene más que ver con las competencias generales del mundo laboral. Así aprender cocina o jardinería conlleva una capacitación en una determinada área, aunque no se vaya a ejercer profesionalmente.

Formación Profesional. Se refiere a aquella formación dirigida directamente al desarrollo de una profesión o un oficio determinado. Cada país desarrolla un modelo organizativo de su formación profesional que va desde el bachillerato profesional o tecnológico, hasta los cursos más ocupacionales hay programas con diferentes nombres, como educación técnica o profesional, formación laboral u ocupacional, formación profesional, etc.

Formación Profesional Ocupacional (FPO) destinada a los desempleados que o bien han perdido su puesto de trabajo o quieren incorporarse al mercado laboral. Su objetivo es la reinserción laboral de la persona; y

Formación Profesional Continua (FPC) destinada a los trabajadores en activo. Su objetivo es la adquisición de competencias orientadas hacia una actualización permanente del trabajador al puesto de trabajo que desempeña u optar a otro, con lo que estaría incrementando su empleabilidad.

Una definición integradora entiende la formación como un proceso continuo que consta de dos fases principales.

La primera, de formación inicial, está vinculada a la orientación académico-disciplinaria de la especialidad y al contenido pedagógico de la profesionalidad. La segunda, de desarrollo, se centra en el perfeccionamiento y la capacidad de influir en la reconstrucción de nuevos esquemas culturales. Esto se logra a través de la integración de referentes presentes en el entorno laboral, la institución, las comunidades profesionales y los aspectos clave que guían la vida cotidiana, como la zona geográfica, el entorno laboral, la tradición cultural, el entorno político, así como las macrotendencias, que afectan desde una perspectiva más amplia, como la globalización- localismo, el grado de desarrollo científico-tecnológico, la accesibilidad a datos e información a lo largo de toda la vida y la posición entre las ideologías económicas y políticas.

Tomemos como ejemplo a una institución dedicada a la formación y el desarrollo comunitario: esta organización podría adoptar una posición intermedia entre el neoliberalismo y el neo socialismo. En la fase de formación inicial, podrían poner énfasis en proporcionar habilidades específicas que sean demandadas en el mercado laboral local, reflejando así principios de autonomía individual y competitividad propios del neoliberalismo. En cambio, en la fase de desarrollo, podrían adoptar un enfoque más orientado hacia un socialismo en reestructuración. Esto podría implicar la implementación de programas que no solo se centran en el perfeccionamiento de habilidades técnicas, sino también en la mejora de las condiciones socioeconómicas de las comunidades. Podrían considerar la influencia de factores culturales, geográficos y sociales en la formación, promoviendo así la equidad y la inclusión en el acceso a oportunidades educativas. En este caso, la organización buscaría equilibrar la necesidad de preparar a las personas para el mercado laboral con una responsabilidad social más amplia, tratando de mitigar las desigualdades y contribuir al desarrollo sostenible de las comunidades locales. Siguiendo las argumentaciones y ejemplos presentados podemos atribuir a la formación:

Función Social: Ejemplo de ello sería una ONG que ofrece programas de formación para habilidades específicas en comunidades desfavorecidas, contribuyendo al desarrollo socioeconómico local al proporcionar a los individuos herramientas para mejorar sus oportunidades laborales.

Crecimiento Personal: Ejemplo serían programas de formación que incluyen módulos sobre habilidades blandas y crecimiento personal, permitiendo madurar en aspectos individuales, interpersonales y experienciales, mejorando así su desarrollo personal.

Desarrollo Organizativo Institucional: Ejemplo sería una empresa que integra programas de formación en su estructura, generando conocimiento que se aplica para mejorar las personas, los procesos y los resultados en diferentes áreas de la organización.

Producción de Conocimiento: Ejemplo sería una institución educativa que realiza investigación-acción para mejorar sus métodos de enseñanza, beneficiando tanto a los profesionales dentro de la organización como a la comunidad educativa en general.

Acomodación a las Necesidades Individuales: Ejemplo serían las opciones de autoformación que se hacen para empleados que deseen dirigir su propio proceso de aprendizaje, así como programas de interformación que fomentan el trabajo en equipo y la investigación-acción entre profesionales para actualizar conocimientos.

Gestión desde el Objeto o el Sujeto: Ejemplo de ello sería una empresa que, desde la perspectiva del objeto, diseña programas de formación basados en las necesidades identificadas por la organización y desde la perspectiva del sujeto, se permite a los empleados tomar la iniciativa en su desarrollo personal.

Enfoque General o Específico: Ejemplo de ello sería una institución educativa que ofrece cursos tanto en habilidades generales, también de comunicación y ética (perspectiva general), y de habilidades específicas relacionadas con el mercado laboral actual (perspectiva específica).

1.4. Normativa de la Formación

Las normativas nacionales, autonómicas e internacionales proporcionan el marco legal para crear instrumentos de apoyo que fomenten el aumento de la formación de trabajadores. En un contexto laboral dinámico y en evolución, la garantía de la recualificación permanente se vuelve esencial para mantener la empleabilidad. En esta perspectiva, la promoción activa de estrategias que impulsen el desarrollo continuo de habilidades y conocimientos se erige como una respuesta estratégica para afrontar los desafíos de esta transformación. En esta línea, exploraremos las dimensiones y las implicaciones de estas regulaciones, así como las iniciativas propuestas para impulsar un proceso efectivo de mejora y actualización de las competencias laborales.

Programas de Formación Continua que oferta la administración

Se necesita que se adapten de manera integral a las necesidades del mercado laboral actual, con enfoque en habilidades relevantes y demandadas. Estos programas responden a las necesidades inmediatas de las industrias y se necesitan enfocar estratégicamente en el desarrollo de habilidades en el entorno laboral contemporáneo. La alineación precisa con las tendencias del mercado y la identificación proactiva de competencias clave garantizan que los participantes adquieran conocimientos prácticos y aplicables, fortaleciendo así su capacidad para enfrentar los retos y aprovechar las oportunidades emergentes en sus respectivos campos profesionales.

Acceso a Recursos Educativos que permitan a los trabajadores adquirir nuevas habilidades de manera flexible y a su propio ritmo.

Alianzas con Instituciones Formativas – Educativas para ofrecer programas específicos que se alineen con las demandas del mercado laboral.

Incentivos Económicos: como bonificaciones fiscales para empresas que invierten en la formación de sus empleados, o apoyar financieramente a los trabajadores en programas de educación continua.

Mentoría y Acompañamiento: Fomentar programas de mentoría que conecten a trabajadores con experiencia en el campo con aquellos que buscan mejorar sus habilidades, proporcionando orientación y apoyo.

Reconocimiento de Competencias: Informar, asesorar y establecer sistemas de reconocimiento y validación de competencias adquiridas fuera del entorno académico formal, para valorar la experiencia laboral y la formación continua.

Adaptabilidad Curricular: Diseñar programas de formación que se adapten a las cambiantes necesidades del mercado, incorporando tecnologías emergentes y habilidades relevantes para el futuro.

Participación de Empresas: Involucrar a las empresas en el diseño y la implementación de programas de formación, asegurando que las habilidades desarrolladas sean directamente aplicables a sus necesidades.

Regular de Necesidades: Realizar evaluaciones periódicas de las necesidades de formación dentro de los sectores laborales para ajustar y actualizar los programas educativos según las demandas actuales.

Promoción de la Cultura de Aprendizaje: Fomentar una cultura organizacional que valore y promueva el aprendizaje continuo, animando a los trabajadores a buscar oportunidades de formación y desarrollo personal.

Evaluar y actualizar la formación contemplada en los convenios colectivos.

Establecer la regulación del ejercicio profesional a través de convenios colectivos, asegurando que aquellos que trabajen en un oficio cuenten con la acreditación de competencias reconocida por la administración competente.

Implementar un proceso de profesionalización y evaluación continua de las comisiones paritarias sectoriales para fortalecer el desarrollo de carreras tanto de los trabajadores como de las empresas.

La combinación de estas estrategias puede contribuir significativamente a la recualificación permanente de los trabajadores, fortaleciendo sus habilidades y adaptándolos a las demandas cambiantes del mercado laboral. En España, la normativa relacionada con la formación abarca varios aspectos y niveles, y se encuentra regulada por diversas leyes y disposiciones. A continuación, destacamos algunas normativas relevantes en el ámbito de la formación:

Educación. Ley Orgánica 3/2020, de 29 de diciembre de Educación (LOMLOE): Esta ley establece las bases del sistema educativo en España y regula la educación desde la etapa de educación infantil hasta la formación profesional y la educación superior. En concreto, la citada ley modifica la Ley Orgánica 2/2006, de 3 de mayo, de Educación (LOE) y la Ley Orgánica 8/1985, de 3 de julio, reguladora del Derecho a la Educación (LODE).

Formación Profesional. La Ley Orgánica 3/2022, del 31 de marzo, que ordena e integra la Formación Profesional, ha señalado la imperativa tarea de transformar el paradigma de la Formación Profesional, adaptándolo a las demandas de la población a lo largo de toda su vida laboral y a las exigencias del entorno productivo. El Real Decreto 659/2023, de 18 de julio, se desarrolla el Sistema de Formación Profesional por su carácter integrador. Se imparte en centros autorizados de naturaleza privada y pública. Asimismo, cabe destacar las subvenciones convocadas bajo concurrencia competitiva de carácter nacional, autonómico e internacional para promover esta línea de formación en España.

1.5. Función del Sistema de Formación Profesional

La función es "el desarrollo personal y profesional de la persona, la mejora continuada de su cualificación a lo largo de toda la vida y la garantía de la satisfacción de las necesidades formativas del sistema productivo y del empleo". La normativa define el sistema ***único*** de Formación Profesional como un conjunto, por primera vez, articulado y compacto que pretende:

- identificar las competencias profesionales del mercado laboral,
- asegurar las ofertas de formación idóneas,
- posibilitar la adquisición de la correspondiente formación o, en su caso, su reconocimiento y
- poner a disposición un servicio de orientación y acompañamiento profesional que permita el diseño de itinerarios formativos individuales y colectivos.

El Sistema de Formación Profesional se unifica como en un único sistema que sirva como acceso a empleos de calidad para los jóvenes, con los siguientes objetivos:

- Garantizar una Formación Profesional de calidad y equitativa a lo largo de la vida, satisfaciendo las necesidades individuales de cualificación y recualificación permanente.
- Cualificar a las personas para el ejercicio de actividades profesionales, promoviendo la adquisición de competencias para el acceso, continuidad y progresión en el empleo.
- Desarrollar el derecho a la formación de las personas trabajadoras, tanto ocupadas como desempleadas.
- Proveer a las empresas perfiles profesionales necesarios, con participación efectiva en el Sistema de Formación Profesional.
- Observar la evolución de la oferta y demanda de profesiones para identificar necesidades de cualificación.
- Ofertar formación actualizada que incorpore competencias emergentes, innovación, emprendimiento, digitalización y sostenibilidad.
- Configurar la Formación Profesional de manera flexible y adaptada a las necesidades individuales y colectivas.
- Impulsar la dimensión dual de la Formación Profesional y colaboración público- privada para crear valor.
- Operar con un modelo de gobernanza que incorpore la participación de organizaciones empresariales y sindicales.
- Facilitar la acreditación y reconocimiento de competencias profesionales adquiridas mediante experiencia laboral u otras vías no formales.

- Proveer orientación profesional que combata estereotipos y favorezca la adaptación a cambios en el mercado laboral.
- Fomentar la igualdad de oportunidades entre géneros y eliminar sesgos formativos.
- Promover igualdad de oportunidades para personas con discapacidad y colectivos con dificultades de inserción sociolaboral.
- Incrementar la presencia social de la formación profesional y su valor para el empleo y la progresión académica.
- Impulsar la participación de personas adultas en acciones de formación profesional a lo largo de la vida.
- Promover la planificación integrada de la oferta de formación profesional y la complementariedad de las redes de centros.
- Generar circuitos de transferencia de conocimiento entre centros, empresas y personas en formación.
- Extender el conocimiento de lenguas extranjeras en el ámbito profesional.
- Actualizar competencias del personal docente y formador para adecuar los procesos formativos a nuevas necesidades.
- Mantener una evaluación y mejora continua de la calidad del Sistema de Formación Profesional.
- Impulsar una oferta pública suficiente y adaptada a las necesidades y demandas de los sectores productivos.

Para alcanzar los objetivos descritos, la administración estatal y autonómica deben colaborar en la definición, implementación y evaluación de políticas públicas que promuevan el desarrollo económico y social, así como en la adaptación de acciones formativas a las necesidades territoriales. En la citada ley describe que cada comunidad autónoma determinará los mecanismos de cooperación entre las administraciones competentes en formación profesional, asegurando el buen funcionamiento del Sistema para toda la ciudadanía, incluyendo jóvenes y personas trabajadoras, tanto empleadas como desempleadas.

En el ámbito estatal, es el Ministerio de Educación y Formación Profesional el que tiene las competencias para cooperar con políticas de desarrollo económico, social y empleo. Al igual que incluye iniciativas y programas de formación desarrollados en el Sistema Nacional de Empleo, a través del Servicio Público de Empleo Estatal y de los Servicios Públicos de Empleo de las Comunidades Autónomas. Aquí cabe destacar:

Servicio Público de Empleo Estatal (SEPE)

Es un organismo autónomo adscrito al Ministerio de Trabajo y Economía Social. El SEPE, junto con los Servicios Públicos de Empleo de las Comunidades Autónomas, forman el Sistema Nacional de Empleo con el fin de contribuir al desarrollo de la política de empleo, gestionar el sistema de protección por desempleo y garantizar la información sobre el mercado de trabajo. https://www.sepe.es/HomeSepe/que-es-el-sepe.html.

Los servicios prestados en el ámbito del Sistema Nacional de Empleo a través de la cartera de servicios son, y se profundizará en el siguiente capítulo, especialmente en lo relativo a formación, atendiendo al Real Decreto 7/2015.:

- Orientación profesional.
- Colocación y asesoramiento a empresas.
- Formación y cualificación para el empleo.
- Asesoramiento para el autoempleo y emprendimiento.

Servicio Público de Empleo del Principado de Asturias (SEPEPA)

Su sitio web es https://trabajastur.asturias.es, es el organismo encargado de gestionar la política de empleo, según lo establecido en la Ley 3/2005 del Servicio Público de Empleo, promulgada el 8 de julio. Los Servicios Públicos de Empleo, en el ámbito de sus competencias, pueden aprobar sus Carteras de Servicios, que incluirán la Cartera Común del Sistema Nacional de Empleo. Además, tienen la opción de incorporar servicios complementarios, sujetos a principios establecidos, y deben comunicarlos al Ministerio de Empleo y Seguridad Social para su inclusión en los Planes Anuales de Política de Empleo (Real Decreto 7/2015).

En el caso de Asturias, el SEPEPA cuenta con instituciones sociales, designadas como agencias de colocación, que colaboran activamente y ejecutan programas destinados a promover las políticas activas de empleo. Estas entidades implementan programas como OPEA (Programa de Orientación Profesional para el Empleo y Asistencia para el Autoempleo), el Programa de Acompañamiento para el Empleo y PIOME (Programa Integral de Orientación y Mejora de la Empleabilidad), siguiendo sus protocolos de gestión respectivos. El inicio de atención para la orientación e información a demandantes de empleo sigue el siguiente proceso:

- Realización de Entrevista Ocupacional.
- Revisión de datos personales y profesionales.
- Consulta de servicios previos.
- Diagnóstico de empleabilidad

Los niveles tras el cuestionario de empleabilidad son:

- Alta: Cualificación y experiencia, no necesita Itinerario Personalizado.
- Media: Brechas en el perfil, susceptible de Itinerario con seguimiento.
- Baja: Brechas importantes, requiere apoyo intensivo en el Itinerario.
- Muy Baja: Brechas significativas, necesita apoyo intenso en el Itinerario.

Decisión de acciones: ninguna, puntuales o inicio de Itinerario Personalizado de Empleo.

En la actualidad, los servicios de empleo clasifican a los demandantes según su disposición laboral, asignando niveles de disposición, ya sea alta (4) o baja (2), influenciados por diversos motivos. El nivel intermedio de disponibilidad media (3) rara vez se emplea. Esta práctica, al propagarse como una eficaz medida, conlleva a la exclusión o a una búsqueda más selectiva.

Cuando se implementa un programa para mejorar la empleabilidad de desempleados de larga duración, se orienta hacia el grupo con nivel de alta disposición laboral (4). Por el contrario, al buscar individuos para empleo inmediato, se destaca el nivel de baja disposición laboral (2). Actualmente, estamos evaluando la posibilidad de utilizar el nivel (5) "propio de la CCAA" para aquellos a quienes consideramos necesitarán respaldo de los servicios sociales. Este enfoque se integra de manera coherente con el contexto social, económico y cultural en el que se desenvuelve el tema.

A continuación, presentamos un ejemplo para ilustrar cómo se aplican los niveles de disposición laboral en un contexto específico: Imaginemos que una empresa busca contratar a un grupo de personas para un proyecto urgente que requiere disponibilidad inmediata. En este caso, la institución utilizará el nivel de alta disposición laboral (4) al seleccionar a los candidatos más dispuestos y listos para comenzar de inmediato. Por otro lado, supongamos que se está diseñando un programa de capacitación para mejorar la empleabilidad de individuos desempleados de larga duración. En este contexto, el programa se dirigirá al grupo con nivel de baja disposición laboral (2), ya que necesitan un impulso adicional para reintegrarse al mercado laboral. En cuanto al nivel (5) "propio de la CCAA de Asturias", se podría aplicar a personas que, según la evaluación de la empresa, requieren apoyo de los servicios sociales debido a circunstancias particulares, como necesidades especiales o situaciones socioeconómicas complejas. El planteamiento desplegado permite adaptar la estrategia de empleo según la situación específica, maximizando la eficacia y la pertinencia en la asignación de recursos y apoyos.

1.6. La Ley de Empleo

La recién aprobada Ley de Formación Profesional (FP) del 1 de abril de 2022 se vincula directamente con la Ley 3/2023, de Empleo del 28 de febrero. Ambas leyes convergen en la promoción de la empleabilidad y la adaptación de la fuerza laboral a las demandas del mercado. En este contexto, la Ley de Empleo del 28 de febrero establece el Sistema Público Integrado de Información de los Servicios Públicos de Empleo como un instrumento clave de coordinación en el Sistema Nacional de Empleo. Esta integración de información trata de facilitar la alineación de las ofertas formativas con las demandas del mercado laboral, promoviendo una transición más efectiva de los aprendices al empleo. La conexión entre ambas leyes subraya la importancia de la formación continua y la adaptabilidad de los trabajadores en un entorno laboral dinámico.

La Ley de Empleo establece el Sistema Público Integrado de Información de los Servicios Públicos de Empleo como un instrumento de coordinación del Sistema Nacional de Empleo. Este sistema abarca (1) la Agencia Española de Empleo, (2) los servicios públicos de empleo autonómicos, (3) las agencias privadas de colocación y (4) las entidades colaboradoras de los servicios públicos de empleo según como se detalla en el artículo catorce de la citada ley. La normativa destaca la importancia de la estadística para fundamentar decisiones sobre empleo, utilizando la información del Sistema Público Integrado de Información. Además, establece la creación de la Oficina de Análisis del Empleo en la Agencia Española de Empleo que se constituirá un año después de la publicación de la citada Ley, como un área especializada.

La ley prevé la transformación del Servicio Público de Empleo Estatal en la nueva Agencia Española de Empleo mediante un real decreto, con la cesión e integración global de activos y pasivos.

La ley distingue dos tipos de entidades colaboradoras: las entidades públicas colaboradoras, que trabajarán con la Agencia de Empleo y los servicios autonómicos, y las entidades privadas de empleo colaboradoras, que intervendrán en políticas activas de empleo, ya sea dentro o fuera de una autonomía. La capacitación ofrecida por los servicios de empleo ya sea a nivel autonómico (CCAA) o a través del actual Servicio Público de Empleo Estatal (SEPE), futuro Agencia de Empleo, está estructurada en diferentes niveles.

- El Nivel 1 está destinado a personas que aún no han obtenido el graduado en Educación Secundaria Obligatoria (ESO).
- El Nivel 2 es para aquellas personas que poseen la ESO o
- El Nivel 3 está diseñado para personas con bachillerato o una formación equivalente.

Este es un resumen conciso de la estructura formativa proporcionada por dichos servicios.

La importancia de la intermediación laboral se destaca en la Ley (arts. 40 a 46), definiéndola como acciones que buscan proporcionar empleo adecuado a las personas trabajadoras y facilitar a las entidades empleadoras la selección de candidatos apropiados. Se incluyen actividades como prospección y captación de ofertas, conexión entre ofertas y solicitantes, selección sin sesgos y apoyo a personas con circunstancias específicas para eliminar barreras durante la intermediación. Para facilitar la inserción laboral de estos colectivos, la ley establece medidas específicas en el marco de los programas gubernamentales y autonómicos (arts. 50 a 54). Dichas iniciativas buscarán abordar las barreras de empleo y mejorar la empleabilidad de personas con especiales dificultades, tales como jóvenes, desempleados a largo plazo, personas con discapacidad, miembros de la comunidad LGTBI (especialmente trans), mayores de 45 años, migrantes, y otros grupos vulnerables. La implementación de itinerarios personalizados será una herramienta clave en este proceso, adaptándose a las necesidades individuales de cada persona para superar los desafíos específicos que enfrentan en el acceso y mantenimiento del empleo. La Ley de Empleo, destaca la formación continua como componente esencial de las políticas activas de empleo. La Ley establece que uno de los objetivos del sistema de formación laboral es mejorar las competencias profesionales, especialmente las digitales, que afectan directamente al desarrollo profesional y personal de los trabajadores.

Asimismo, la legislación subraya en su preámbulo la necesidad de facilitar la prestación de servicios de la cartera común, donde se incluyen los servicios de formación en el trabajo. Esta formación, esencialmente centrada en las competencias digitales, se presenta como un servicio garantizado según lo establecido en la ley. La normativa aborda la prestación de estos servicios a través de medios electrónicos y digitales, ofreciendo una cartera digital de servicios como una opción complementaria y accesible, que se suma a la atención presencial personalizada e inclusiva.

La Ley indica que se implementarán programas específicos para fomentar el empleo de colectivos prioritarios, como personas jóvenes menores de 30 años o beneficiarias del Sistema Nacional de Garantía Juvenil, con énfasis en baja cualificación. Se diseñarán itinerarios personalizados para abordar las dificultades de acceso y mantenimiento del empleo. Estos colectivos incluyen personas desempleadas a largo plazo, con discapacidad, LGTBI (especialmente trans), mayores de 45 años, migrantes, entre otros, con el objetivo de impulsar su empleabilidad y desarrollo laboral.

En definitiva, la formación en el trabajo antes llamada "formación para el empleo", tiene en la nueva Ley un gran impulso.

1.7. Experiencia y Legislación

La dirección de la oficina de empleo se enfrenta a un desafío crucial. Los menores de 30 años presentan deficiencias en habilidades como comprensión lectora, competencia escrita y aptitud matemática, atribuibles a las limitaciones del sistema educativo y la sociedad. Esta realidad se vuelve aún más desafiante al constatar que estas carencias son tan pronunciadas que resulta prácticamente imposible emprender acciones significativas para mejorar su situación. Los cimientos educativos y sociales inadecuados han dejado a este grupo en una posición desfavorecida, complicando aún más la tarea de la oficina de empleo para abordar y superar estas limitaciones con éxito.

En el día a día de los centros que imparten Nivel 1 y 2, la urgencia de la situación se hace evidente. Se reconoce la necesidad imperante de abordar estas carencias mediante métodos específicos y adaptados a la audiencia más joven. De lo contrario, la formación modular, concebida como un recurso valioso, se desvanece como un terrón de azúcar en agua caliente. La solución parece requerir un paso hacia atrás en el proceso educativo. Es necesario cargar las mochilas de estos individuos con una variedad de herramientas y habilidades fundamentales para prepararlos adecuadamente antes de que puedan acceder y beneficiarse de la formación esencial que demanda el competitivo mundo empresarial.

La inflexibilidad administrativa en la implementación de acciones formativas es abrumadora, ya que se basa en las ofertas de los centros, sin considerar las necesidades reales expresadas por las empresas. Aunque se ejecutan inversiones financieras y se emiten certificados profesionales, la conexión efectiva con el mundo laboral es mínima. En términos generales, el mundo empresarial muestra escaso compromiso con la formación, a pesar de su retórica. Aunque ofrece sumas considerables para capacitar a sus empleados, muchas empresas se resisten a modificar sus planes, aunque reconocen la necesidad de contar con personal debidamente formado.

La capacidad de prospección de los Servicios de Empleo en la economía es, por ahora, bastante limitada, guiada en ocasiones por impulsos sugeridos por los medios de comunicación. Es esencial comprender el mercado en sus distintos niveles: local, autonómico, nacional e internacional, para entender las acciones actuales y futuras. Es crucial informar a las personas, especialmente a los jóvenes, sobre las ocupaciones demandadas por el mercado laboral, muchas de las cuales son desconocidas. Lamentablemente, la orientación educativa se encuentra en niveles mínimos.

En ocasiones, los sectores que más demandan personas deben ir más allá del factor "formación" y convertirse en opciones atractivas para los trabajadores. Los tiempos han cambiado, y la migración masiva de ciudadanos desde el mundo rural a las ciudades en busca de empleo a bajo costo ya no es una constante (aunque se busque algo similar en el ámbito migratorio). Algunos sectores aún no han percibido este cambio en las condiciones, y solo reaccionan cuando sus plantillas se ven afectadas de repente, como se observa en sectores como la hostelería, el cuidado de personas y el transporte.

El desarrollo de políticas de formación, especialmente aquellas vinculadas al empleo, o según la nueva Ley, denominadas para el trabajo, se enfrenta en la Comunidad Autónoma de Asturias a un obstáculo significativo con respecto a nuestros jóvenes. Este desafío radica en la comparación con los salarios alcanzados por generaciones hoy inactivas en los sectores de minería y siderurgia, quienes, a pesar de carecer de formación, obtuvieron remuneraciones considerablemente elevadas. Introducir el discurso actual de la necesidad de formación y la posibilidad de salarios más bajos para los jóvenes se vuelve complicado, considerando los factores del entorno y las expectativas creadas por las generaciones previas. ¿Cómo abordar esta contradicción en la percepción salarial y la importancia de la formación en el actual contexto laboral?

¿Puede *una institución realmente prescindir de estos factores en la búsqueda de objetivos más amplios?*

La orientación laboral mencionada en el tema se encuentra bastante desvalorizada. Los orientadores desempeñan actividades que, en ocasiones, pueden no resultar útiles para quienes reciben orientación, ya que están limitados por un enfoque cuantitativo. La entidad proporciona un tiempo específico para atender a un determinado número de personas, lo que implica un ajuste mínimo a las necesidades individuales de cada demandante. En este escenario, es más el ciudadano quien debe adaptarse al enfoque general ofrecido por el servicio.

El Programa de Acompañamiento para el Empleo (PAE) no se aborda completamente en este texto, que se explorará en detalle en el capítulo 2. Este programa va más allá de las Oficinas de Empleo de Atención Personalizada (OPEA) y los Puntos de Información y Orientación para el Empleo (PIOME), ya que tiene como objetivo principal insertar a los ciudadanos en el mercado laboral, recibiendo fondos en función de esta inserción. El PAE demuestra un conocimiento más profundo del mercado laboral y ofrece propuestas de formación más alineadas con las necesidades específicas de los individuos que la orientación laboral tradicional. El contacto directo con polígonos industriales, empresas e instituciones proporciona a los profesionales del PAE un conocimiento del entorno laboral que la orientación convencional no posee.

1.8. La Formación Programada

Se refiere a un plan de formación estructurado para desarrollar habilidades específicas o conocimientos en un grupo de trabajadores en activo en una empresa o en varias empresas. Tiene objetivos claros, sigue una metodología estructurada, se adapta a necesidades específicas y se evalúa para asegurar el progreso. Puede ser organizada por instituciones educativas, formativas o la propia empresa u otras entidades. En este contexto, la gestión de la formación programada se erige como un pilar esencial para potenciar el desarrollo de habilidades y conocimientos entre los empleados. Permite a las empresas diseñar programas específicos y personalizados para satisfacer las necesidades específicas de su fuerza laboral. Este enfoque no solo contribuye al crecimiento individual de los empleados, sino que también fortalece la competitividad y la adaptabilidad de la organización en un entorno empresarial dinámico y cambiante.

Un ejemplo podría ser un curso de actualización en tecnologías de la información para empleados de una empresa. El plan formativo incluirá módulos sobre las últimas tendencias en software, seguridad informática y herramientas relevantes para el trabajo. Se establecerían objetivos claros, como mejorar la eficiencia en el uso de nuevas tecnologías. La metodología podría combinar sesiones presenciales, tutorías en línea y prácticas. La modalidad de formación podrá ser en aula abierta u on line-presencial o modalidad híbrida. Se realizarían evaluaciones para medir el progreso de los empleados y adaptar la formación según sea necesario. Este enfoque estructurado y adaptado específicamente a las necesidades laborales representa un ejemplo de formación programada. Los costes de la formación bonificada o programada por las empresas están tipificados por norma. Cursos presenciales de nivel básico: 9€/ hora/alumno. Cursos presenciales de nivel superior: 13€/ hora/alumno. Cursos de tele formación: 7,5€/ hora/alumno El coste de la formación se bonifica de los seguros sociales, la paga la empresa y el empleado a través de la Seguridad Social, por lo tanto, no es ninguna subvención pública. Mes a mes, ambos aportan mensualmente una cantidad a la seguridad social en concepto de formación.

Hay una guía para gestionar la formación programada de las empresas; primero, se comprueba el crédito disponible de la empresa, se da de alta la acción formativa en el aplicativo, se comunica a la representación legal de los trabajadores, se comunica en la aplicación del curso y el final para bonificar el coste de la formación en los seguros sociales de la empresa.

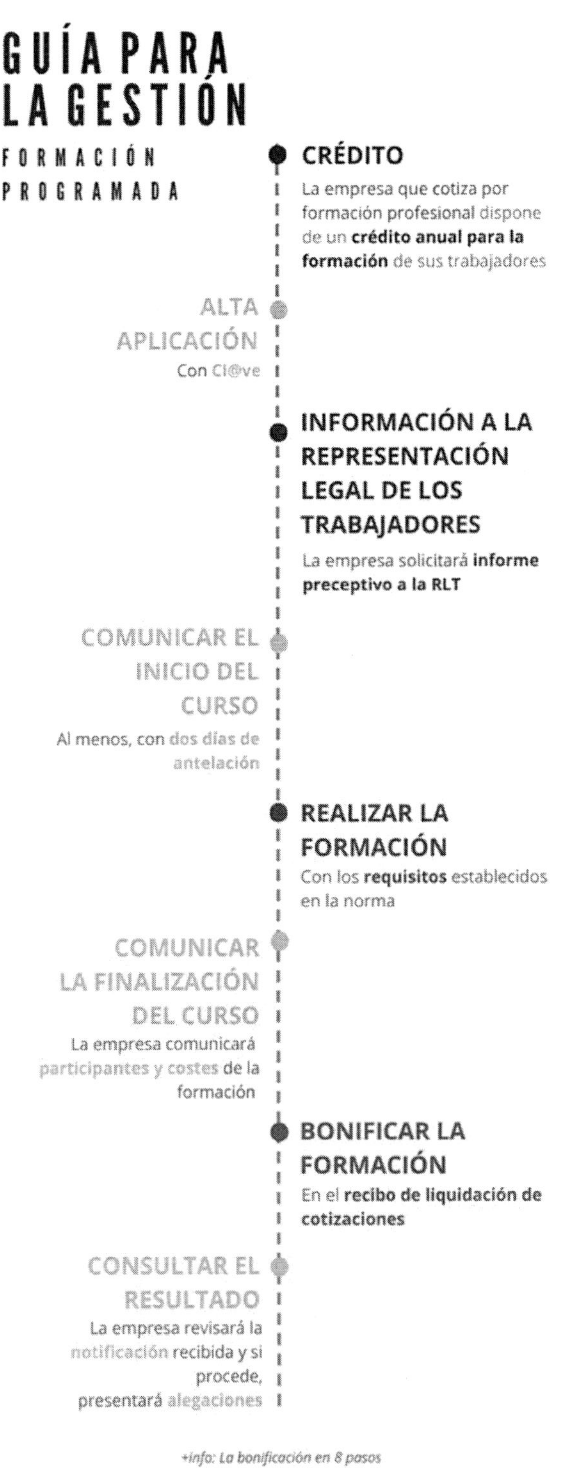

Figura 1.2. La bonificación de la información en empresas en 8 pasos. Https://fundae.es

Las subvenciones y las bonificaciones son dos formas diferentes de apoyo financiero que pueden proporcionarse a empresas y organizaciones para fomentar actividades específicas, como la formación de empleados. Mientras que las subvenciones son ayudas financieras que no requieren reembolso y están destinadas a financiar proyectos específicos, las bonificaciones son descuentos o reducciones en los costos asociados con ciertas actividades y pueden estar vinculadas al logro de metas establecidas.

Cabe destacar en este contexto que se está desarrollando una iniciativa el PIF - Permiso Individual de Formación – que tiene un alto interés ya que las empresas pueden facilitar la formación de sus empleados durante el horario laboral, permitiendo obtener títulos o acreditaciones oficiales. Por otro lado, el permiso individual de formación se presenta como un mecanismo clave para facilitar la participación de los empleados en procesos formativos y educativos sin que ello afecte negativamente a su jornada laboral. Este instrumento proporciona a los trabajadores la flexibilidad necesaria para adquirir nuevas competencias y conocimientos sin comprometer sus responsabilidades diarias. Al otorgar a los empleados el derecho y el tiempo para formarse, las empresas demuestran su compromiso con el desarrollo profesional y el bienestar de su personal. La formación que realicen tiene que estar reconocida por el sector académico o educativo.

La administración efectiva de la formación programada en las empresas y la implementación del permiso individual de formación son herramientas valiosas que pueden ser aprovechadas por los departamentos corporativos. Estas herramientas no solo impulsan el crecimiento individual de los empleados, sino que también fortalecen la capacidad de la empresa para enfrentar los desafíos y aprovechar las oportunidades en un mundo laboral en constante evolución.

La Fundación Estatal para la Formación en el Empleo, FUNDAE, actúa como órgano gestor y colaborador del SEPE, respaldando al Ministerio de Trabajo en la planificación estratégica de la formación. En definitiva, la FUNDAE integra diferentes iniciativas de formación que se dirigen a que los trabajadores mejoren sus competencias y cualificaciones y a que las empresas incrementen su productividad.

Entre otras iniciativas que desarrolla esta Fundación destacamos: Formación programada de las empresas para sus trabajadores, Oferta formativa para trabadores ocupados, desempleados, formación en alternancia con el empleo, formación de empleados públicos, formación a personas en situación de privación de libertad, militares de tropa y marinería y el permiso de formación anteriormente descrito.

1.9. Posibilidades y Barreras a la Formación

En un contexto socioeconómico donde se producen cambios continuados como resultado de un desarrollo científico-tecnológico exponencial se exige una actualización de los conocimientos que integre las últimas innovaciones lo que conlleva una revisión constante de los procesos, una incorporación de personas con nuevos perfiles profesionales, una reestructuración de los organigramas funcionales y una formación continua de los trabajadores en activo.

En organizaciones educativas, sociales y empresariales, los modelos de formación se asocian a los marcos normativos vigentes, a las estrategias de los agentes sociales, a las iniciativas institucionales para su promoción y a la cultura organizativa generada por experiencias anteriores. En vista a estos referentes, es necesario prestar atención especial a la formación en las organizaciones para integrarla en el proyecto institucional estratégico, conscientemente, lo que conlleva realizar un diagnóstico de necesidades para conocer los indicadores que permitan determinar su orientación y extensión.

Los tópicos sobre los que se articule el proyecto deberán interrelacionar las competencias de aprender a aprender, aprender a ser y aprender a emprender Así se hará referencia a diferentes tipos de saberes (Álvarez-Arregui, 2017):

- Saber o conocimientos requeridos;
- Saber hacer o capacidad para aplicar los conocimientos adquiridos;
- Saber estar / saber ser, atendiendo a las actitudes y los comportamientos deseables como personas y como miembros de equipos y de una organización;
- Saber aprender o capacidad para adaptarse a nuevas situaciones transfiriendo los conocimientos y habilidades adquiridas en otras situaciones;
- Hacer saber, asociado a una actitud positiva hacia la reflexión y el análisis lo que se está haciendo y el por qué se está haciendo.

Cuando la institución integra la formación desde una perspectiva institucional y la asocia a los recursos internos y externos disponibles está asumiendo un compromiso con las personas, con la institución y con el entorno que la proyecta hacia el futuro con mayores garantías de éxito. Compartimos con Gairín (2008) esta forma de entender la formación en la organización ya que va más allá de las posiciones clásicas donde se entendía la formación en unos momentos y espacios concretos para pasar ahora a plantear la formación como un eje fundamental en la transformación de la organización sea esta empresarial, educativa o social.

En momentos de crisis promover está visión de la formación en el proyecto de la organización nos parece fundamental porque los recursos disponibles nunca serán suficientes de ahí que deban de gestionarse en base a las necesidades y demandas estableciendo prioridades. Este planteamiento debe orientarse a provocar cambios culturales y productivos en los primeros (internos) y articulando convenios de prácticas o de colaboración (externos) con empresas, asociaciones, instituciones y fundaciones siempre que se estimen oportunos. Esta concepción de las organizaciones como edusistemas de formación que aprenden y emprenden (Álvarez Arregui 2019, 2020, 2021, 2022 y Álvarez-Arregui y Rodríguez-Fernández, 2023) generan entornos para el desarrollo humano que superan los límites espacio temporales en los que se encuadraba la formación hasta ahora.

La adaptación de este planteamiento supone revisar el papel de las organizaciones, los modelos, los sistemas de planificación – desarrollo - síntesis, las auditoras de formación, las funciones de los agentes de formación y la formación de los formadores, entre otras cuestiones. Aunque son muchas las posibilidades de formación cuando se plantea desde una perspectiva edusistémica e integrada en el proyecto institucional de la organización como referente fundamental, son muchas las dificultades y limitaciones que podemos encontrar para llevarla a cabo de manera efectiva. En este caso presentaremos problemas que pueden darse como efecto de las interpretaciones que se pueden producir entre los promotores de los programas de formación y sus receptores. Así destacamos:

- Los trabajadores pueden entender que la formación conllevará una mayor carga de trabajo mientras que desde la empresa lo que se busca es una mayor eficacia en el desempeño del puesto de trabajo.

- Los trabajadores pueden entender que a mayor formación mayor salario o promoción a corto plazo mientras que desde la empresa se centra la atención en un mejor desempeño profesional en el puesto de trabajo vinculado a un desarrollo profesional donde se busca compatibilizar el crecimiento de la empresa y del empleado.

- En más ocasiones de las deseadas, los equipos de gestión y coordinación no tienen apoyo explícito a la formación de los trabajadores mediante una estrategia a corto y medio plazo ni tampoco se facilita la asistencia a actividades de formación que favorecen el desarrollo personal y profesional de los trabajadores.

- El respaldo institucional por parte de los equipos de dirección y de los cargos intermedios a la formación se ve más condicionado cuando se presupone que una mayor capacitación de los trabajadores conlleva una pérdida del control o de poder.

- También nos encontramos con una baja autoconfianza de los trabajadores para retroalimentar las expectativas puestas por la empresa en la acción formativa que esté desarrollando.

- El grado de implicación de los cuadros de mando y los trabajadores con los programas de formación repercute en los análisis de necesidades formativas reales, así como en el diseño, eficacia y predisposición a la colaboración y la mejora desde las iniciativas de formación continua que se promuevan.

- También se han detectado "temores" o "recelos" por parte de los trabajadores a introducir cambios que puedan tener repercusiones en el "status quo" vigente desde las acciones formativas ya que son conscientes de que las propuestas de innovación inciden en las culturas organizativas y funcionales.

Por último, cabe destacar los desacuerdos existentes cuando se plantean programas de formación inicial o continua en entornos presenciales, virtuales o mixtos, lo mismo ocurre cuando con el tratamiento de los objetivos desde metodologías cooperativas y aprendizajes informales o cuando los profesionales encargados de impartirlos no están interesados en ellos o no comparten sus principios, aunque su situación laboral lo presiona a hacerlo.

1.10. Prospectiva de la Formación

El futuro de la formación puede ser clarificador si abordamos la esencia a partir de las diez ideas claves del profesor Imbernón (2007), desde las que responde a diez preguntas donde se rescatan antecedentes que deben considerarse porque iluminan los fundamentos y abren caminos de futuro que deben explorarse según los avances del desarrollo científico tecnológico. Las cuestiones objeto de revisión son:

¿De dónde venimos y hacia dónde vamos?

Es necesario conocer los elementos de la herencia formativa que nos permitan seguir construyendo y aportar alternativas de innovación y cambio a las políticas, a las prácticas y a las culturas de formación que se han instalado en las organizaciones. La realidad social, la enseñanza, las instituciones educativas, las empresas, las organizaciones sociales y las políticas han ido evolucionando. En consecuencia, los profesionales deben cambiar su formación inicial, su proceso de incorporación al mundo laboral y su modo de ejercer la profesión.

¿Qué hemos aprendido?

Hay evidencias prácticamente incuestionables que hay que conocer para analizar sus aciertos y errores ya que ello nos permitirá avanza desde bases fundamentadas. Como ejemplo, la Formación Dual se ha mostrado más eficaz como mecanismo de adaptación en momentos de crisis o de situaciones no esperadas como el COVID (Álvarez-Arregui, 2021).

¿Cuáles son las nuevas ideas y prácticas para la formación en una nueva época?

Constatado lo aprendido hay que mirar hacia delante. La teoría y la práctica de la formación, sus planes, sus modalidades, sus estrategias, sus procesos, sus sistemas de evaluación y sus líneas de investigación deben actualizarse constantemente. También deben introducirse nuevos enfoques sobre la situación de los profesionales con relación a las tareas que realizan y donde el valor de las relaciones entre los profesionales, las emociones, las actitudes, las relaciones de poder, la autoformación, la heteroformación, la influencia de la sociedad de la información, la complejidad... pasen a formar parte de los contenidos.

¿Se puede pasar del problema a la situación problemática?

La formación estándar aplicada intenta dar respuesta a todos por igual mediante la solución de problemas genéricos. La formación clásica es formación para resolver problemas, pero en formación permanente no hay problemas genéricos, hay situaciones problemáticas. Pasar de una a otra proporciona una nueva perspectiva formativa que requiere formar en visiones sistémicas.

¿Cómo superar la individualización para llegar al trabajo colaborativo?

La profesión docente tiene una parte de individualidad, pero también necesita una parte de colaboración. La formación permanente exige romper con el aislamiento y la no comunicación entre los profesionales, debe tener en cuenta la formación colaborativa y por tanto las competencias transversales adquieren un mayor protagonismo.

¿Soy objeto de la formación o sujeto de la formación con una identidad profesional?

La formación permanente del profesional pasa porque este asume una identidad, lo que supone ser sujeto de la formación y no objeto de ella como instrumento maleable y manipulable en manos de otros. En este caso la formación en valores y en pensamiento crítico se vuelve prioritaria.

¿Cómo se pasa de la formación aislada a la formación comunitaria?

Lo que hay fuera de organizaciones educativas, empresariales y sociales debe ser un aliado, no un enemigo. La formación conjunta con la comunidad se perfila, en los diversos contextos como una de las alternativas a las difíciles situaciones problemáticas por las que atravesamos en todos los ámbitos de nuestra sociedad. El trabajo multidisciplinar e interinstitucional se revitaliza.

¿Actualizar o crear nuevos espacios de formación?

La tradición de los formadores o de los planes de formación es actualizar y culturizar en conocimientos de cualquier denominación o tipología. La formación permanente más que actualizar a los asistentes debe ser capaz de crear espacios de formación, de investigación, de innovación, de imaginación..., y los formadores deben saber diseñar esos espacios para pasar de enseñar a aprender.

¿Se trabaja en la simplicidad o en la complejidad formativa?

La tarea de formar siempre ha sido compleja, pero en los últimos decenios ha ido en aumento. La formación debe dejar de trabajar desde una perspectiva lineal, uniforme y simplista, para introducirse en el pensamiento complejo con el fin de desentrañar los entresijos coyunturales y situaciones para tomar decisiones adecuadas y sostenibles.

¿Frialdad y alejamiento o mostrar actitudes y emociones?

La cultura profesional ha estado ocultando las emociones y la naturalidad del ser humano lo que ha pasado a formar parte de las organizativas. Atendiendo a este planteamiento la formación debe incorporar metodologías que hagan emerger las emociones con el fin de que los participantes mejoren su comunicación, sus relaciones y construyan un modelo de convivencia desde el que construyan una nueva identidad profesional.

Estas ideas constatan que la formación sigue siendo necesaria para el desarrollo de las personas, las instituciones y la sociedad. También se indica que ya nos es posible plantearla en momentos puntuales si consideramos las dinámicas de cambio constante en las que estamos inmersos. A día de hoy la formación debe interpretarse como un proceso continuo de mejora que acompaña a las personas físicas y jurídicas a lo largo de su vida y las enriquece personal y profesionalmente para adaptarse a un contexto complejo y dinámico.

Los países más desarrollados consideran la formación como uno de sus ejes estratégicos para su desarrollo ya que incide sobre la productividad, la implicación de las personas, en la reducción de costes marginales o en la incorporación de innovaciones, entre otras cuestiones.

En España la formación realizada hasta ahora no parece que sea la más adecuada si tenemos en cuenta las inversiones realizadas en las últimas décadas y los resultados obtenidos en productividad y en eficiencia en el ámbito empresarial y de su impacto en educación si nos atenemos a los resultados comparativos internacionales (PISA 2023).

Por tanto, parece necesario gestionar la formación desde nuevos parámetros de ahí que retomemos algunas ideas de investigaciones realizadas (La Caixa, 2008, Álvarez-Arregui, 2017; González-Melgar, 2022) entre otros, a saber:

- *En primer lugar, no siempre están alineados los objetivos evaluables y operativos de los actores, estatales, autonómicos y locales implicados en el sistema.*

- *En segundo lugar, la articulación de un acuerdo estatal, autonómico, local, empresarial y laboral es fundamental, así como el desarrollo de instrumentos que regulen de forma más estable las relaciones entre las administraciones en materia de formación, descargando de esta función a las conferencias sectoriales.*

- *En tercer lugar, deben eliminarse las duplicaciones y solapamientos entre organismos que desempeñan un papel coordinador y gestor de partes del sistema en el ámbito estatal o autonómico.*

- *En cuarto lugar, en la reformulación de los órganos de gestión del subsistema de formación para la ocupación, habría que debatir sobre la nueva función que desempeñarían los órganos estatales respecto a los existentes en cada comunidad autónoma.*

- *En quinto lugar, se constata un escaso desarrollo de funciones complementarias importantes del sistema, necesarias para abordar los retos de futuro, como por ejemplo las funciones de orientación, innovación, calidad, evaluación y observación.*

- *En sexto lugar, habría que reubicar los programas y las actividades europeas para conseguir una mejor integración en el conjunto del sistema, tanto en el ámbito estatal como en el autonómico, y aprovechar mejor sus potencialidades para complementar los recursos propios.*

En cualquier caso, las campañas de sensibilización sobre la importancia de la formación en la sociedad actual deben generalizarse porque los trabajadores, los desempleados y estudiantado debe conocer los beneficios que reporta la formación para su desarrollo profesional, su desarrollo personal, su integración laboral, el desarrollo de la organización y el desarrollo de los receptores de servicios o productos.

Las personas deben ser conscientes de que la nueva organización del trabajo requiere disponer en las organizaciones empresariales, educativas y sociales de un Plan de Formación que debe prestar atención en su construcción a las fases de diagnóstico de necesidades, de diseño del plan, de implementación y de evaluación. En la práctica supone disponer de una oferta formativa adaptada a las necesidades de las personas y de la organización, centrada en los perfiles profesionales y estructurada de manera escalar y modular.

Tampoco debemos obviar que cuando vinculamos la formación a una organización, las competencias que estamos desarrollando e se orientan desde las necesidades, demandas y cultura singular de la misma por lo que cuando se planteen sistemas integrales e integrados hay que saber gestionar correctamente los recursos. Esto es importante porque actualmente muchas competencias necesarias para el desarrollo de las organizaciones no son atribuibles a personas individuales sino a equipos de trabajo, a departamentos, a redes..., de ahí que la gestión de las políticas de personal cobrará cada vez mayor importancia y una tendencia posible es, al igual que ya ocurrió en Japón con Toyota o Nisán, vincular a las personas con sus organizaciones proporcionando mayor estabilidad en los empleos e incorporando sistemas de incentivos asociados a la formación continua.

Hay un comentario de Ángela McFarlane que resulta muy ilustrativo ya que hace años que nos indicaba que "desde el mismo momento de la aparición de los ordenadores, se han escuchado voces que predecían el fin de las escuelas y unos cambios en el aprendizaje y en la propia naturaleza del conocimiento (...). Treinta años después de aquel advenimiento, ni la escuela, ni menos aún el currículum, parecen haber experimentado grandes transformaciones (...) lo que sí ha cambiado de forma radical es la disponibilidad de la información (...). *`Saber ´empieza a tener menos relevancia que ser capaz de descubrir, investigar y analizar* (McFarlane, 2001:7).

La trayectoria reflejada en este comentario muestra la rápida evolución de la tecnología y la lenta adaptación de las organizaciones; algo que deberá tenerse en cuenta cuando se planteen propuestas de formación ya que, en muchos casos, los diagnósticos deberán hacerse desde parámetros diferenciales dado que lo técnico y lo humano no se desarrollan del mismo modo. Los sistemas con los que estamos trabajando giran en exceso en torno a una formación inicial a la que le cuesta cambiar sus metodologías de ahí que se exija una reestructuración y una reculturización. Ese es el debate y ahí es donde surgen cientos de controversias. En los cuadros adjuntos se presentan síntesis de tendencias que se han detectado en la sociedad postmoderna en el entorno socioeducativo, formativo y laboral.

SOCIEDADES POSTMODERNAS
(Álvarez Arregui, 2017)

Población:

Movimientos de población: Campo – ciudad; hacia los polos de desarrollo.

Descenso de natalidad en países desarrollados y políticas antinatalistas en zonas del tercer mundo. Megaciudades.

Socialización:

De situaciones monoculturales hacia entornos multiculturales.

De las familias extensas hacia las unidades monoparentales y monofiliales.

De una alta socialización familiar y escolar hacia una socialización situacional, de calle e informacional.

Del multiculturalismo hacia la integración cultural.

De las ideologías absolutas al relativismo ideológico.

Especialización:

De los planteamientos artesanales y rutinarios hacia la alta tecnología.

Economía:

De la subsistencia hacia el consumo masivo.

Comunicación:

De la relación próxima hacia una comunicación sin fronteras.

De una utilización parcial de los medios de comunicación a una omnipresencia constante.

Información:

De los datos codificados unitarios a múltiples formas de codificación. Redes de distribución de información de ámbito mundial.

Conocimiento:

De referentes experienciales hacia esquemas situacionales, multidimensionales y proyectivos. De un desarrollo científico progresivo a un desarrollo científico exponencial.

Estructura laboral:

De un predominio del sector primario y secundario hacia una inversión de la pirámide laboral dado el aumento de los sectores terciario y cuaternario (informacional).

Mayor presencia de la mujer en el mundo laboral.

Estado:

De políticas nacionales coyunturales hacia políticas de alianzas internacionales en múltiples ámbitos. De políticas estatales integradoras hacia políticas excluyentes.

Formación:

De planteamientos individuales o grupales hacia la diversificación de las posibilidades. De una formación concreta para la función hacia una formación a lo largo de toda la vida **Escolarización:**

De altos porcentajes de analfabetismo y baja escolarización hacia una escolarización total durante más años.

EFECTOS DE LA NUEVA ORGANIZACIÓN DEL TRABAJO
(Delcourt, 1999)

- Organización jerárquica del trabajo. Objetivos preestablecidos, responsabilidad limitada.
- Puestos predeterminados.
- Comprensión parcial del proceso global del trabajo Trabajo fragmentado y especializado.
- Tecnologías tradicionales.
- Gestión de los flujos del producto en entorno estable.
- Trabajo físico aplicado a materiales o a manipulación.
- Contacto físico con el producto Competencia manual y velocidad.
- Gestión de situaciones repetitivas y familiares. Problemas predecibles.
- Trabajadores manuales cualificados y especializados.
- Trabajo de acuerdo a órdenes y especificaciones. Separación pensamiento-acción.
- Trabajo pesado, a veces peligroso y sucio Jornada laboral fija.
- Adaptación de las personas a las máquinas. Perfiles de competencias homogéneos y delimitados.
- Posibilidad de sustituir a trabajadores cualificados, recurriendo al mercado externo
- Formación profesional inicial más experiencia en el trabajo.
- Clasificaciones ocupacionales fija, en función de cualificaciones y experiencias.

- Organiza trabajo según trabajadores. Participación en la concepción del trabajo. Flexibilidad de actividades y funciones.
- Comprensión del proceso completo del trabajo. Trabajo complejo con derivaciones horizontales y verticales.
- Tecnologías nuevas.
- Gestión de flujos de información en un entorno cambiante.
- Trabajadores cualificados, técnicos, ingenieros y de gestión.
- Autonomía, creatividad, innovación. Trabajo autocontrolado.
- Pensamiento y acción integrados, resolución de problemas.
- Trabajo intelectual con estrés.
- Autonomía y flexibilidad en la Jornada y la planificación del trabajo.
- Adaptación a los requisitos situacionales y relacionales Competencias heterogéneas.
- Competencias específicas y personales, movilidad en la empresa
- Formación inicial y formación continua.
- Clasificaciones vinculadas a la adaptabilidad y la capacidad para asimilar nuevos conocimientos.
- Remuneración vinculada a riesgos y problemas por superar y los objetivos alcanzados.
- Compromiso personal, se resalta la autorrealización. Sindicados profesionales y de empresa.

EXIGENCIAS LABORALES A LA FORMACIÓN EN EL SIGLO XXI
(Álvarez Arregui, 2017)

Estructuras:

- Flexibles, diversificadas e interrelacionadas. Cambiantes en función de las necesidades. Clara tendencia a la horizontalidad.
- Descentralización de las funciones.
- Fundamentada en las posibilidades que le abren las NNTT.

Entorno de trabajo:

- Orientado a mejorar la calidad de vida en la organización para aumentar la satisfacción de los trabajadores y el desarrollo de las tareas.

Procesos:

- Asentados en la planificación, el desarrollo, la revisión, la reflexión y la resolución de problemas. Incremento de la participación en los procesos de toma de decisiones.
- Orientados a la mejora sistemática y a la satisfacción de necesidades de las personas vinculadas a la organización.
- Comunicación fluida, abierta y multidireccional.
- Disminución de las habilidades rutinarias por el uso creciente de las Tecnología de la Información y la Comunicación.
- Información de los diferentes ámbitos organizativos, de las demandas externas, de sus preferencias y de las necesidades futuras.
- Evaluaciones sistemáticas de los diferentes niveles para tomar decisiones fundamentadas. Desestandarización para la atención específica de la demanda.
- Incorporación de las Tecnologías de la Información y la Comunicación.

Personas:

- Multifuncionales, adaptables a situaciones cambiantes, con conocimientos de las Tecnologías de la Información y la Comunicación.
- Trabajo en equipos múltiples dentro y fuera de la empresa en función de las tareas. Reciclaje y formación continua de los trabajadores.
- Alta confianza de la dirección en sus trabajadores.

Capacidades:

- Iniciativa, cooperación, planificación, trabajo en grupo, comunicación, razonamiento, resolución de problemas, toma de decisiones, obtención y uso de la información, saber aprender y actitudes positivas hacia el multiculturalismo.

Los escenarios e indicadores presentados indican que en la nueva organización del trabajo no se puede obviar que los procesos de producción, distribución, gestión, almacenamiento y uso del conocimiento aplicado a la generación de procesos y productos innovadores son algunos indicadores que emergen en la nueva economía desde el contexto de la globalización y el desarrollo científico tecnológico. Si bien es cierto que estas cuestiones no son generalizables ya que adquieren matices singulares en función de las zonas, del tejido industrial, del entorno sociolaboral y del marco empresarial vigente no se puede negar que el orden económico establecido a escala planetaria ha aumentado la producción y ha beneficiado a una parte de la población mundial, sobre todo a los que pertenecen a la órbita más favorecida.

Ante la situación generada se hace necesario articular mecanismos compensatorios inclusivos en los que se tengan en cuenta simultáneamente los factores económicos, sociales, laborales y ecológicos, al menos, ya que de lo contrario el mundo se convertirá en un "gigantesco supermercado" donde la mayor parte de la población no podrá comprar y se están acabando las existencias por lo que este sistema no será sostenible en el tiempo, tampoco lo será económicamente y mucho menos socialmente. Las injusticias deberán paliarse desde la promoción de compromisos globales donde se integren las áreas menos favorecidas con proyectos estratégicos de desarrollo sostenible a corto, medio y largo plazo, mejorando sus infraestructuras y desarrollando su capital humano desde la formación y el aprendizaje continuado.

Estas cuestiones deben tenerse presente ante cualquier diagnóstico y que se haga sobre Educación o en cualquier estrategia política, institucional, grupal o personal ya que las variables están interconectadas y son interdependientes de ahí que la Educación y la Organización y Gestión de los Centros Educativos no pueda entenderse sin la comprensión de estos referentes.

1.11. Aprendizajes desde la Experiencia

La primera reflexión se va a hacer en relación con la situación de los servicios de empleo dado que es importante entender cómo distribuyen a los demandantes en categorías, así se destaca:

- Los que tienen disposición alta (4).
- Los que no tienen disposición para el empleo baja por causas muy diversas (2).
- La utilización del valor intermedio (3) no se utiliza casi nunca.

Desde estos referentes si tengo un programa para dar valor a la empleabilidad de parados de larga duración, acudiré al grupo 2 y si tengo que buscar a personas para un empleo inmediato, marcaré el valor 4. Actualmente estamos estudiando marcar con el 5 "valor propio de la CCAA" a personas que consideramos que deberán estar bajo el paraguas de servicios sociales lo que encaja bien con el contexto social, económico y cultural en el que se enmarca el tema.

Otra reflexión estaría vinculada a la nueva Ley de empleo ya que hace especial hincapié en los servicios de la cartera que deberán pasar al grupo de "servicios garantizados" de obligada ejecución para el Estado y todas las CCAA, la inmersión que se hace en el tema de añadir a las entidades locales me parece de gran acierto. La formación en el trabajo antes llamada "formación para el empleo", tiene en la nueva Ley un gran impulso.

Otra cuestión a considerar es que la formación de los servicios de empleo tanto de las CCAA como la que da el SEPE, futura Agencia de Empleo, está modulada tal y como sigue:

- Nivel 1 para personas que no han alcanzado el graduado/a en la ESO.
- Nivel 2 para personas que tienen la ESO o están por encima y
- Nivel 3 para personas con bachillerato o formación similar. Todo de manera muy resumida.

A este respecto debe tenerse en cuenta un grave problema que se está derivando de esta situación dado que, en el sistema educativo, la sociedad en general nos deja a las puertas de nuestros centros personas de menos de 30 años con una comprensión lectora, competencia de escritura, de matemática, muy, muy baja, sobre estos mimbres es imposible hacer casi nada. Tendremos que desarrollar estas competencias con métodos adaptados a estos ciudadanos o una formación modular insuficiente. Esto ocurre en el día a día de los centros que imparten Nivel 1 y 2 por lo que se hace necesario dar un paso hacia atrás y poner en la mochila de esta gente muchas cosas para que puedan acceder a la formación que demanda el mundo de las empresas.

A este respecto no pueden obviarse las limitaciones que genera la rigidez administrativa en la implementación de acciones formativas donde se producen claros desajustes entre lo que ofertan los centros y las demandas de las empresas. No se puede olvidar que ejecutamos dineros y que emitimos certificados profesionales pero este planteamiento no está ajustado a las demandas que se plantean desde el mundo laboral. Además, el mundo empresarial, con carácter general, está muy poco comprometido con la formación, a pesar del discurso público que se hace sobre esta temática, en la práctica les ofreces cantidades importantes de dinero para formar a los que dicen necesitar y no quieren ya que este planteamiento les trastoca los planes, los necesitan y quieren formados.

Otra cuestión relevante a considerar es que la prospección de los Servicios de empleo sobre el conjunto de la economía es de momento bastante escasa y se mueve por impulsos algunas veces sugeridos por los medios de comunicación. En este contexto es importante conocer el mercado en sus ámbitos, local, autonómico, nacional e internacional; que se está haciendo y que se hará en el futuro. Dar a conocer a las personas (sobre todo jóvenes) las ocupaciones que demanda el mercado laboral ya que muchas de ellas son unas grandes desconocidas, requiere un impulso de la orientación educativa ya que en estos momentos está bajo mínimos.

Además, los sectores que mayor número de personas demandan en ocasiones no es solo el factor "formación" deberán hacerse atractivos para las personas. Los tiempos han cambiado y aquella masa ingente de ciudadanos que soltó en su día el mundo rural para llenar las ciudades de personas que trabajaban a bajo coste ha desaparecido (se pretende algo similar con el mundo de la emigración). Las condiciones varían y parece que algunos sectores aún no lo han percibido, solo cuando las plantillas se quedan de la noche a la mañana en cuadro, levantan su voz, hostelería, cuidado de personas, transporte......

También se hace necesario indicar que el desarrollo de las políticas de formación, al menos las relacionadas con el empleo o como la nueva Ley denominada para el trabajo, en la CCAA de Asturias, choca en nuestros jóvenes con los salarios alcanzados por generaciones hoy inactivas de minería y siderurgia que sin formación alguna llevaron a salarios muy altos. Poner hoy en el discurso que deberán formarse y que sus salarios serán posiblemente bastante más bajos, se complica (factores del entorno). A este respecto presentamos un ejemplo institucional de compromiso con la formación: El centro penitenciario de Asturias que me toca por territorio implementó un curso de panadería en sus instalaciones. Se seleccionan bien a los alumnos, todos internos, las instalaciones están homologadas para certificado, en esos momentos el centro era autosuficiente para el pan de todos los reclusos. Al inicio de la acción formativa y durante los meses de su ejecución el Centro Penitencio tenía que comprar pan fuera quieren porque se requieren soluciones rápidas, cumplir plazos, entregas y beneficios lo que dificulta una implementación real de los programas de formación.

La orientación laboral está muy denostada ya que los profesionales que ejercen estas actividades pueden o no ser de utilidad para quien es orientado, tienen un fin resultadista. La entidad da tanto tiempo para tantas personas por lo que el ajuste a cada demandante es mínimo, más bien diría inadecuado para el ciudadano, que ha de meterse en el traje propuesto por el servicio.

1.12. Reflexiones de Síntesis

Atendiendo a estas argumentaciones vamos a cerrar este apartado poniendo de relieve una vez más que nos enfrentamos una transformación que exige la movilización de sectores público, privado y plural a través de alianzas a nivel nacional, autonómico y local en proyectos de I + D + i transdisciplinares. Aunque el desafío es considerable, el desarrollo de propuestas para abordarlo es inaplazable y urgente, requiriendo un liderazgo y gestión del cambio desde una visión sistémica. La colaboración y participación son clave para diseñar itinerarios educativos continuos que se adapten a los requerimientos emergentes, fomentando comportamientos éticos y corresponsables con las personas, otros seres vivos y el medio ambiente.

En este capítulo se ha abordado la necesidad urgente de empoderar y transformar la Formación Profesional (FP) para equipararse a otros niveles europeos. La reciente reforma de la Ley de FP destaca la urgencia de adaptarla a las demandas cambiantes de la sociedad y el mercado laboral. También se han explorado conceptos clave, como la diferencia entre educación y formación, se han enfatizado las funciones múltiples de la formación y se han puesto de relieve algunas barreras asociadas a la integración de la formación continua en organizaciones, incluyendo déficits en la interpretación de promotores y receptores.

La perspectiva prospectiva destaca la importancia de comprender la evolución histórica y adaptarse a nuevas ideas, proponiendo enfoques innovadores para abordar la complejidad y mejorar la efectividad de la formación continua. Se destaca, por tanto, la necesidad de alinear objetivos, establecer acuerdos interinstitucionales y reubicar programas europeos, además de sensibilizar sobre la importancia de la formación en la sociedad actual. En resumen, se plantea la imperativa tarea de reevaluar estrategias y políticas en España en función de los resultados comparativos internacionales.

1.13. Transferencia

Actividad

Reflexionar sobre tu experiencia sociolaboral, hacia dónde va la sociedad, qué te motiva a ti, en qué eres bueno, en qué te dicen que destacas, cómo proyectas tu futuro sociolaboral...

Fases:

Investigación Prospectiva:

- Explora las webs proporcionadas en el Capítulo 1 que aborden temáticas relacionadas con el futuro de la sociedad, cambios socioeconómicos y desarrollos científico-tecnológicos.
- Recopila información clave sobre tendencias, innovaciones y desafíos que puedan influir en la sociedad.

Autoevaluación Competencial:

- Accede al enlace proporcionado para completar un cuestionario que te ayudará a evaluar tus competencias actuales.
- Reflexiona sobre tus habilidades, conocimientos y actitudes en relación con las demandas presentes y futuras de la sociedad (IKIGAI)

Creación de Portfolio Competencial:

- Utilizando herramientas como Europass o el modelo Canva, crea un porfolio competencial que destaque tus habilidades y capacidades relevantesIncluye secciones sobre tus habilidades técnicas, habilidades blandas, experiencia laboral y proyectos destacados.

Entregables: Documento con tres apartados:

1_Hallazgos de la investigación prospectiva relativa a la formación y sociedad (1 folio)

2_ Entrega del resultado del test big five, autoconocimiento

3_Elaboración de tu perfil competencial individual a través del Europas o CANVA

Reflexión Final:

Escribe una breve reflexión sobre cómo las competencias identificadas en tu perfil pueden contribuir o necesitar adaptación frente a los cambios previstos en la sociedad (extensión 1 folio o formato video). Esta actividad fomenta la exploración, autoevaluación y reflexión, integrando la comprensión de las tendencias sociales con el desarrollo competencial personal.

1.14. Recordatorio Básico a través de preguntas

1. ¿Cómo impacta la revolución tecnológica y digital en la educación y formación, según el texto, y cuáles son las principales recomendaciones para abordar los retos que presenta este cambio en el contexto socioeconómico?

2. ¿Cuáles son las cuatro grandes macrotendencias que influyen en el eje laboral en la sociedad actual? Haz un dibujo.

3. ¿Cuáles son los cinco grandes ejes de la vida cotidiana de las personas sobre los que tienen influencia las macrotendencias? Haz un dibujo.

4. Enumere cinco de los objetivos del Sistema de Formación Profesional según la nueva legislación, destacando la importancia de la colaboración entre la administración estatal y autonómica.

5. ¿Qué demandas hace la sociedad a la formación en cuanto a los procesos?

6. ¿Qué demandas hace la sociedad a la formación en cuanto a la preparación de las personas?

7. ¿Qué demandas hace la sociedad a la formación en cuanto a las competencias / capacidades a desarrollar en los trabajadores?

8. Escribe cinco ideas claves que se tienen que tener en cuenta cuando queremos conceptualizar la formación.

9. ¿Qué entiendes por Educación y por Formación?

10. ¿Qué son la formación profesional específica, ocupacional y continua?

11. ¿Qué entendemos por formación formal, informal y no formal?

12. Escribe cinco barreras a la formación en las organizaciones.

13. Describa el papel del Servicio Público de Empleo en el Sistema Nacional de Empleo y su relación con las Comunidades Autónomas, centrándose en sus funciones y contribuciones al desarrollo de la política de empleo.

14. Según la Ley de Empleo del 28 de febrero de 2023, ¿cuáles son las medidas específicas previstas para fomentar el empleo de colectivos prioritarios? Menciona al menos tres de estos colectivos y explica cómo se abordarán sus dificultades de acceso y mantenimiento del empleo según la legislación.

15. Analice la importancia del Permiso Individual de Formación (PIF) en el contexto empresarial.

16. ¿Cómo puede la formación continua en las organizaciones contribuir al desarrollo humano y afrontar los desafíos en un entorno laboral en constante evolución?

17. Comente al menos cinco cuestiones prospectivas sobre las competencias que han de tener los trabajadores en el futuro.

18. ¿Cómo las limitaciones en habilidades clave afectan la capacidad de la oficina de empleo para ayudar a individuos menores de 30 años en su búsqueda laboral?

19. "Cómo la formación, centrada en ofertas de centros de formación en lugar de necesidades empresariales, impacta la conexión laboral? Explique el nivel de compromiso empresarial

20. ¿Cuál es la limitación principal en la prospección económica de los Servicios de Empleo?

21. ¿Cuál es la crítica principal hacia la orientación laboral? ¿En qué aspectos el Programa de Acompañamiento para el Empleo (PAE) supera a la orientación laboral tradicional?

1.15. Lecturas complementarias, enlaces web y videoteca de apoyo

ÁLVAREZ-ARREGUI, E. Y RODRÍGUEZ-MARTÍN, A. (2013). *Diseño de Acciones Formativas.* Instituto de Administraciones Públicas Adolfo Posada.

IMBERNÓN, F. (2007). *La formación permanente del profesorado. Nuevas ideas para formar en la innovación y el cambio.* Editorial Grao.

MARCELO, C. (1995). *Formación del Profesorado para el cambio.* EUB.

MORAL SANTELLA, C. (1998). *Formación para la profesión docente.* GEU.

PORTAL DEL SERVICIO DE EMPLEO

https://trabajastur.asturias.es

DIGITALES. ASOCIACIÓN ESPAÑOLA PARA LA DIGITALIZACIÓN

https://www.digitales.es/quienes-somos/

CEPE. EMPRESAS ESPAÑOLAS. EdeNE

https://edene.es

https://youtu.be/ZwHz-je1ta8

CONFEDERACIÓN EMPRESARIAL ESPAÑOLA DE LA ECONOMÍA SOCIAL

https://www.cepes.es/publicaciones

CEOE – EMPRESAS ESPAÑOLAS

https://www.ceoe.es/es

MINISTERIO DE EDUCACIÓN, FORMACIÓN PROFESIONAL Y DEPORTES

https://todofp.es/inicio.html

FUNDACIÓN ESTATAL PARA LA FORMACIÓN EN EL EMPLEO

https://www.fundae.es

SERVICIO PÚBLICO DE EMPLEO ESTATAL

https://www.sepe.es/HomeSepe

Capítulo

2

Modelos y modalidades de formación

2.1. Introducción

El objetivo de aprendizaje de este capítulo es explorar el tránsito que se está produciendo desde una sociedad de la información a una sociedad del conocimiento, y cómo esta evolución demanda una reformulación profunda de los sistemas de formación para ajustarse a las nuevas demandas emergentes. En este contexto, se destaca actualmente la Estrategia Europa 2030 como un modelo a seguir, con objetivos delineados en el Plan de Acción del Pilar Europeo de Derechos Sociales. Sus intenciones reflejan un compromiso firme de los Estados miembros en áreas clave como el empleo, el desarrollo de capacidades y la reducción de la pobreza, resaltando la necesidad del reciclaje profesional. Desde la perspectiva de Europa 2030, se subraya la importancia de la educación y la formación como elementos fundamentales para dotar a los ciudadanos de conocimientos y competencias necesarios en un mercado laboral dinámico.

Los epígrafes integrados abordan modalidades de formación en organizaciones, reconociendo la necesidad de adaptarse a un entorno laboral cambiante. Se explora la flexibilización de las estructuras, el desarrollo de competencias, marcos de referencia y las acreditaciones reconocidas, así como la utilidad de las microcredenciales para acomodarse a un mundo laboral en constante evolución. El apartado denominado "La Transformación Continua de la Formación: De la Educación Convencional a la Educación Abierta" destaca la necesidad de una preparación profesional integral para adaptarse a los constantes cambios sociales y laborales, impulsando la formación continua como herramienta fundamental. Se señala la importancia de la educación en un contexto globalizado y la necesidad de políticas que promuevan la empleabilidad y la competitividad, especialmente en la Unión Europea. Se propone una mayor cooperación entre los sistemas educativos y empresariales para garantizar la adquisición y reconocimiento de competencias a lo largo de toda la vida laboral.

Otros apartados abordan aspectos específicos de la transformación del sistema de formación profesional, la flexibilidad y el reconocimiento de competencias, así como las innovaciones en la educación y el empleo, incluyendo la Formación Profesional Dual y para mejorar la empleabilidad y adaptarse a las demandas del mercado laboral en constante cambio.

Preguntas orientadoras

¿Cómo percibes la transformación de una sociedad de la información a una sociedad del conocimiento y su impacto en la educación y formación?

¿Cuáles crees que son los desafíos más significativos que enfrentan los sistemas educativos al ajustarse a las nuevas demandas emergentes en el entorno sociolaboral?

Desde tu perspectiva, ¿cómo deberían adaptarse las modalidades de formación en las organizaciones para garantizar una respuesta efectiva a un entorno laboral dinámico y cambiante?

2.2. La Transformación Continua de la Formación: De la Educación Convencional a la Educación Abierta

Los gobiernos tienen en sus agendas la intención de proporcionar la mejor preparación profesional posible a sus ciudadanos para adquirir competencias genéricas y específicas que les doten de autonomía profesional y personal para participar de manera comprometida y responsable en sus comunidades de referencia. En este contexto llama la atención, las dificultades de adaptación de las personas para dar respuestas satisfactorias a los cambios que acaecen en todos los ámbitos de sus vidas en cortos espacios de tiempo. Esta situación exige un incremento continuado de conocimientos y habilidades que ya no pueden ser aportados únicamente por los centros educativos por lo que necesitan ser complementados con otros aprendizajes no reglados que se vinculan con la denominada educación no formal, no convencional o educación abierta según los autores.

Ahora se hacen realidad muchas ideas que se anunciaban en el pasado caso del Informe de la Comisión Internacional de Desarrollo de la Educación (1972), presidido por Edgar Faure (Aprender a ser: la educación del futuro) donde se indicaba que la educación tiene un carácter global, se dirige al conjunto de la población y relaciona todas las estructuras. Desde esta perspectiva, la formación se reinterpretó como un proceso que no se resuelve en exclusiva en el contenido de las disciplinas académicas ni en las carreras profesionales, porque las trasciende de ahí que gobiernos, instituciones y trabajadores avalen la necesidad de entrenar recursos humanos en empresas, con experiencias propias, y con tareas individuales y en equipo que tuviesen lugar en los entornos virtuales y presenciales en organizaciones sociales, educativas y laborales.

En este capítulo, se destacan múltiples razones que respaldan la importancia de la formación continua dentro de las organizaciones. Se exploran diversas modalidades, estrategias y planes de formación diseñados para mejorar las competencias de los individuos. También se indica que los líderes institucionales se están concienciando del valor agregado que la formación continua aporta a las empresas, instituciones y, por ende, a sus comunidades y la sociedad en general. Este enfoque, más comprensivo y abierto, se va asociando a la idea de que invertir en el desarrollo profesional de los trabajadores no solo beneficia a los individuos, sino que también fortalece a las organizaciones lo que contribuye al progreso socioeconómico y medioambiental.

En una sociedad globalizada informacional que aspira a convertirse en una sociedad del conocimiento, no puede obviarse que se genera un desafío político, con base tecnológica y económica, que traslada a los sistemas de educación y formación la necesidad de extender la cualificación socio profesional a toda la población. La formación inicial es insuficiente para responder a una realidad dinámica por lo que se requiere un acompañamiento desde la formación continua para incorporar todos los ajustes que sean necesarios en el desarrollo de las personas. El sistema educativo debe cualificar constantemente en todos sus tramos, es decir, debe proporcionar las competencias necesarias para transitar con garantías de éxito por una red de oportunidades que se está entretejiendo alrededor de la vida de las personas (Morín, 1990).

La Unión Europea hace décadas que es consciente del papel central que debe jugar la formación en sus vertientes profesional, continua y ocupacional para el desarrollo de una sociedad dinámica y global. Así, en marzo de 2000 ya planteaba la necesidad de generar una nueva economía basada en el conocimiento por lo que planteaba como objetivo estratégico para la primera década del siglo el desarrollo de una economía dinámica y competitiva, basada en el conocimiento, con capacidad para crecer de manera sostenible con más y mejores empleos y con mayor cohesión social. Esta estrategia europea se ha traducido en múltiples proyectos e iniciativas que no siempre se han materializado como se quisiera por distintas causas, pero sobre todo por la crisis económica, financiera y laboral que padecemos en los últimos años. La situación se torna aún más compleja cuando nos adentramos en las dificultades diferenciales de adaptación de todos los actores involucrados, incluidos los desempleados, más cuando las tendencias laborales varían constantemente. En este escenario también se observa una disminución gradual del empleo en los sectores primario y secundario, con un incremento notable en el tercer sector, es decir, los servicios, y en el cuarto sector, el sector informacional. Las cifras proporcionadas por el Centro Europeo para el Desarrollo de la Formación Profesional (CEDEFOP) ya nos indicaban que se perderían en el año 2020 unos 2,5 millones de empleos más en el sector primario y 2 millones en industrias manufactureras y de producción. Se sigue anunciando un crecimiento del empleo en el sector de los servicios, y las tendencias apuntan hacia un desplazamiento de la demanda hacia trabajadores más cualificados.

El papel de la educación y la formación juega un papel esencial para proporcionar a los ciudadanos el conocimiento, la capacidad y las competencias que necesitan para participar plenamente en la sociedad y en la economía. Ante estos hechos es lógico que emerjan propuestas que propongan un cambio de paradigma poniendo en tela de juicio el modelo de mercado libre y desregulado. En esta línea se apuntaba desde la Confederation Europeenne des Syndicats (CES, 2010) que junto al control del déficit debía haber una mayor cooperación en materia de empleos de calidad, políticas industriales sostenibles, incremento de presupuestos, medidas a favor de una unión económica paralela a una unión monetaria, y enfoques europeos comunes respecto a la regulación financiera.

La Unión Europea ante los retos derivados de la crisis económica y financiera de la primera década del siglo XXI planteó otra estrategia la denominada Europa 2020 desde la que pretendía transitar hacia un crecimiento inteligente, sostenible e incluyente. Entre otros objetivos destacamos la Agenda de nuevas cualificaciones y empleos cuyo objetivo fue crear las condiciones para modernizar los mercados laborales, elevar los niveles de empleo y garantizar la sostenibilidad de nuestros modelos sociales. La intención era reforzar la posición de los trabajadores mediante la adquisición de habilidades que permitirán a nuestra mano de obra actual y futura adaptarse a las nuevas condiciones y a las eventuales reorientaciones profesionales, reducirán el desempleo y aumentarán la productividad del trabajo. Un elemento importante será el lanzamiento de una Taxonomía Europea de las Capacidades, Competencias y Ocupaciones (ECCO).

A este respecto, no podemos olvidar que los Estados miembros de la UE, en colaboración con otros 20 países, pusieron en marcha el Espacio Europeo de Educación Superior (EEES) para asegurar sistemas de educación superior más comparables, compatibles y coherentes. En este contexto Europa debe seguir reforzando su potencial en lo que respecta a trabajadores cualificados favoreciendo la innovación como elemento clave de competitividad. A diferencia de otras veces, ahora se extiende también al ámbito social para aumentar el valor de un capital humano fundamental para aumentar la cohesión social. A la vez, pretende animar a más ciudadanos a aprovechar la formación profesional, ya sea en la escuela, la educación superior, el trabajo o los cursos privados. Además, el planteamiento de la UE ha pasado de un enfoque sobre el proceso de aprendizaje a un enfoque sobre resultados del aprendizaje que se basa en lo que se espera que el alumnado debe conocer, comprender y ser capaces de hacer, y que se asocia con:

- El Marco Europeo de Cualificaciones (MEC)
- El EUROPASS
- El Sistema Europeo de Transferencia y Acumulación de Créditos (ECTS)
- El Sistema Europeo de Créditos para la Educación y la Formación Profesional (ECVET)
- El Marco Europeo de referencia como Garantía de Calidad para la Educación y la Formación Profesional...

En el futuro, modelos de trabajo cambiarán al igual que las necesidades de los empresarios y de los trabajadores en cuanto a la cualificación de la mano de obra o de la combinación de empleos productivos con el desarrollo de la vida familiar y personal. Por tanto, son necesarias estrategias globales de aprendizaje durante toda la vida para garantizar la empleabilidad de los trabajadores. Es importante establecer conceptos eficaces para la formación inicial y permanente y crear puestos de trabajo, también para aquellos excluidos del mercado laboral debido, sobre todo, a sus carencias socioeducativas, y adoptar medidas eficaces para eliminar la discriminación en el acceso al mercado de trabajo y a la permanencia en él (CES, 2010). Como es lógico, la construcción de este escenario requiere una mayor cooperación entre los sistemas de educación y formación para ajustar las necesidades del individuo y del mercado de trabajo abordando las competencias básicas (alfabetización y habilidades en matemáticas), promoviendo la educación y la formación profesional y facilitando la transición entre educación y mercado laboral.

Además, se deben introducir planes individuales para el desarrollo de competencias entre el empresario y el trabajador, considerando la situación específica de la empresa, especialmente las PYME, y las circunstancias personales y profesionales de la persona que quiere acceder o mejorar en el puesto de trabajo. La transparencia y la transferibilidad, tanto para el trabajador como para la empresa, deben mejorarse para facilitar la movilidad y aumentar la eficiencia del mercado de trabajo. Además, debe fomentar el desarrollo de medios de reconocimiento de las competencias; o mejorando la transferibilidad de las cualificaciones para garantizar la transición hacia el empleo promoviendo más y mejores contratos de formación, aprendizaje y de prácticas (CES, 2010). A este respecto estamos de acuerdo con las ideas claves que plantea el CES para el aprendizaje a lo largo de toda la vida destacando, de manera esquemática, algunas de ellas:

a. La educación inicial de calidad es fundamental para el desarrollo personal, la inclusión social y el éxito laboral, según la OCDE.

b. La igualdad de acceso a la formación.

c. La validación del aprendizaje no formal e informal, y el desarrollo de habilidades a lo largo de la vida son cruciales para la empleabilidad y el bienestar en Europa.

d. Se enfatiza la importancia de recursos como el Marco Europeo de Cualificaciones y el Programa de Aprendizaje durante toda la Vida para promover la integración laboral y la formación continua.

Preguntas reflexivas

Pregunta 1: ¿Cuáles son algunos de los desafíos que enfrentan los gobiernos y las organizaciones en relación con la formación continua, según el texto?

Explique cómo estos retos afectan tanto a los individuos como a la sociedad en general.

Pregunta 2: ¿Cómo ha evolucionado la perspectiva de la Unión Europea hacia la formación y el desarrollo profesional a lo largo de décadas, según se describe en el texto?

Analiza las iniciativas y estrategias mencionadas y su impacto en la economía y la sociedad europeas.

Pregunta 3: ¿Qué es una cualificación? ¿Qué es una competencia profesional?

2.3. Avances hacia la estandarización de las cualificaciones: resultados de aprendizaje y movilidad en el espacio internacional

En el contexto de la búsqueda de transferencia y transferibilidad de la cualificación a nivel internacional, la globalización ha impulsado iniciativas integradoras, como políticas educativas más accesibles y adaptables, donde las directrices de la Comisión Europea juegan un papel estratégico. A modo de ejemplo, destacamos el Marco Europeo de Cualificaciones, establecido por la Unión Europea en 2008, con el propósito de facilitar la comparación de cualificaciones entre los sistemas educativos de los países miembros.

La formación del futuro aspira a ser una certificación que tenga significado a nivel supranacional, garantizando el entendimiento educativo y profesional en todos los países de la Unión Europea. Estos esfuerzos por avanzar hacia un marco con significado común conllevan que los criterios evolucionen para adaptarse a las necesidades cambiantes de la sociedad y del mundo laboral. En la actualidad, los criterios de evaluación de las cualificaciones profesionales tienden a centrarse en los resultados del aprendizaje, es decir, lo que una persona sabe, comprende y puede realizar, independientemente de cómo haya adquirido esas habilidades, la duración del proceso de aprendizaje o el tipo de institución involucrada. Esta transición hacia los resultados de aprendizaje representa un cambio significativo en las tradiciones arraigadas de los sistemas educativos, que tradicionalmente se basan en criterios como el tiempo dedicado a cada disciplina, una planificación estricta de las enseñanzas y la designación específica de profesores y formadores autorizados para impartirlas. Algunas razones clave para este cambio incluyen:

- Enfoque en los Resultados del Aprendizaje: Tradicionalmente, la educación se centraba en la entrega de contenido y el tiempo dedicado a la enseñanza. Sin embargo, ahora se reconoce que lo más importante es lo que los estudiantes pueden hacer con el conocimiento que adquieren. Los criterios de evaluación se centran más en los resultados del aprendizaje, o sea, en lo que el alumnado puede demostrar que sabe y puede hacer.

- Necesidades del Mercado Laboral: El mundo laboral está cambiando rápidamente debido a los avances científico tecnológicos, la globalización, la localización y otras tendencias que concurren simultáneamente. Las empresas necesitan empleados con habilidades específicas para adaptarse a entornos de trabajo en constante evolución. Por lo tanto, los criterios de evaluación se están ajustando para asegurar que los estudiantes adquieran las habilidades necesarias para tener éxito en el mercado laboral actual y futuro.

Énfasis en la Transferibilidad y Movilidad: Con el creciente tránsito de estudiantes y trabajadores a nivel internacional, es importante que las cualificaciones sean reconocidas en fuera de las fronteras de los países, y comprendidas en diferentes contextos. Los criterios de evaluación se están modificando para promover la transferibilidad de habilidades y conocimientos entre diferentes países y sistemas educativos. Por lo tanto, los criterios de evaluación han cambiado para reflejar mejor las necesidades y demandas de la sociedad y del mercado laboral contemporáneo, así como para facilitar la movilidad y la transferibilidad de habilidades a nivel internacional. Atendiendo a este enfoque cada país desarrolla sistemas de calificaciones, adecuándose a las demandas sociales, profesionales y económicas de su entorno. Específicamente, desde 2017, cada nivel se ha definido mediante resultados de aprendizaje que incluyen conocimientos, habilidades, responsabilidades y autonomía.

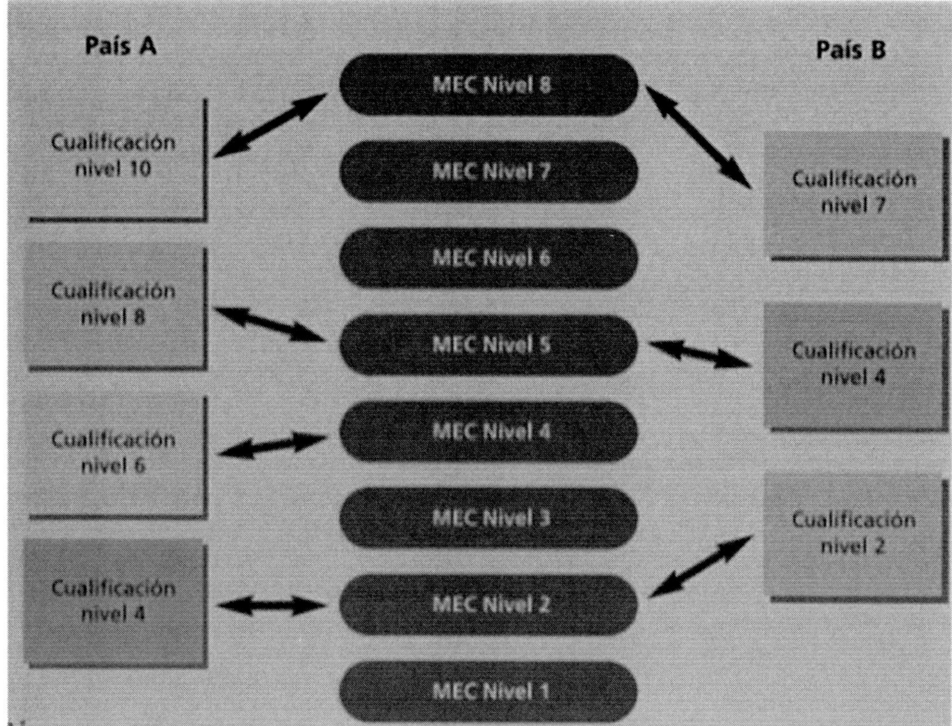

Figura. 2.1. Correspondencia con el Marco Europeo de Cualificaciones (AMITS, 2014)

En conclusión, en este contexto de sistemas de calificaciones, cada país adapta sus criterios a las demandas sociales, profesionales y económicos locales, pero bajo una estructura común para que sea entendida entre todos los países de la UE. Desde 2017, se ha observado una evolución significativa en el marco europeo de cualificaciones, donde cada nivel se ha delineado mediante *Resultados de Aprendizaje* que abarcan conocimientos, habilidades, responsabilidades y autonomía, a saber:

- Conocimientos: Se describen como teóricos o prácticos.
- Capacidades: Se dividen en cognitivas (uso del pensamiento lógico, creativo) y prácticas (destrezas manuales, uso de métodos).
- Responsabilidad: Habilidad del alumno para aplicar conocimientos de forma autónoma.
- Autonomía: Habilidad para aplicar conocimientos de forma responsable.

Por lo tanto, este instrumento facilita (1) la organización y racionalización de la oferta y gestión de las cualificaciones, así como (2) de los programas de educación y formación. Además, promueve (3) la implementación de itinerarios de aprendizaje destinados a fomentar el Aprendizaje a lo Largo de toda la Vida, independientemente del contexto en el que se adquirieron las habilidades.

2.4. Armonización y Transparencia: Marco Español de Cualificaciones (MECU)

En línea con las directrices europeas, en España se implementa desde el año 2011 el **MECES** (Marco Español de Cualificaciones para la Educación Superior), brindando una oportunidad para el entendimiento y la armonización educativa superior.

Este marco tiene como propósito clasificar, comparar y garantizar la transparencia entre las cualificaciones en el ámbito de la educación superior en España. La estructura se compone de cuatro niveles, donde el Técnico Superior es el Nivel 1, el Grado es el Nivel 2, el Máster es el Nivel 3 y el Doctorado es el Nivel 4. La clasificación se lleva a cabo en función de los resultados de aprendizaje, ofreciendo una comprensión clara y sistemática de las cualificaciones dentro del sistema educativo superior español.

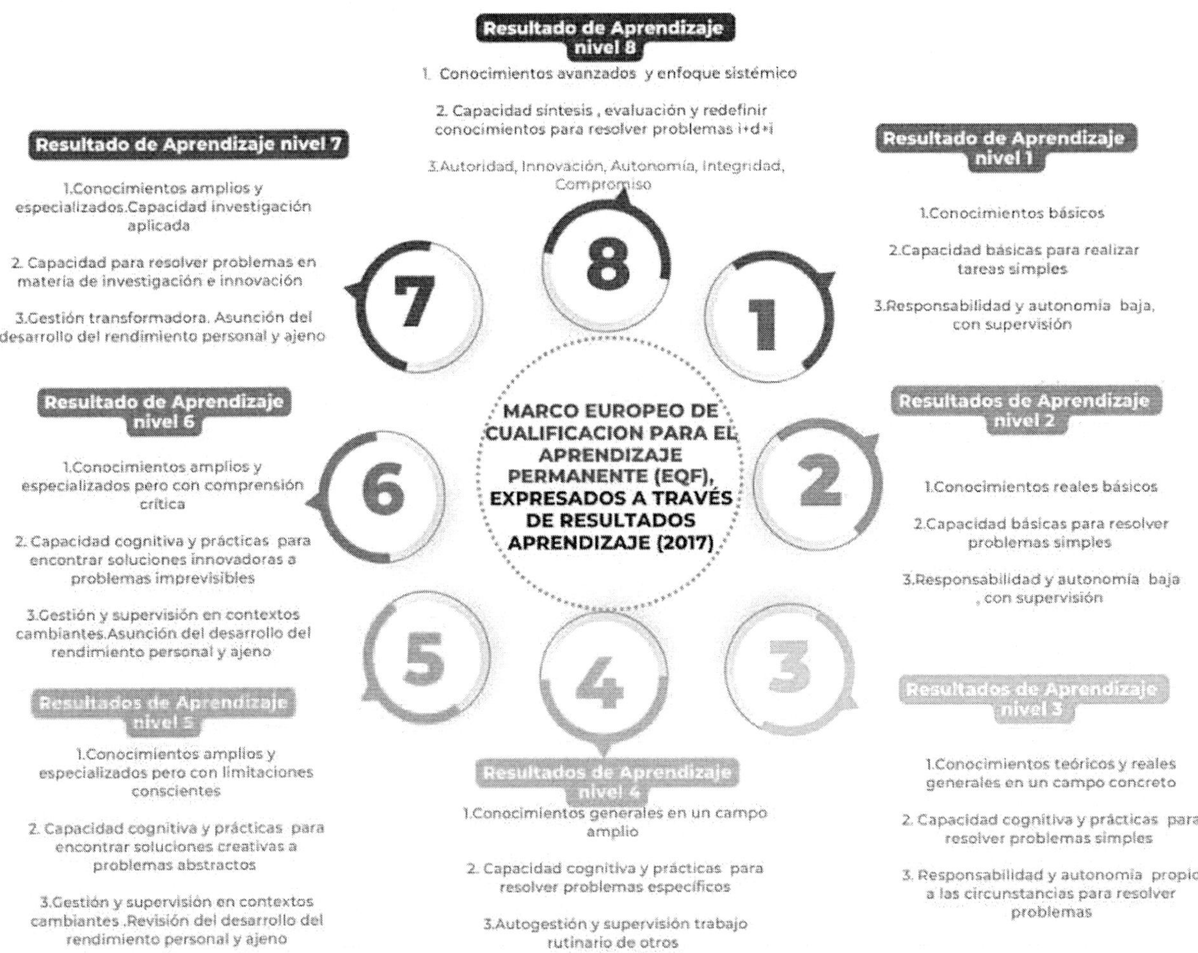

Figura 2.2. Los 8 niveles vinculado a resultados de aprendizaje. (Ministerio de Educación y Formación Profesional, 2022)

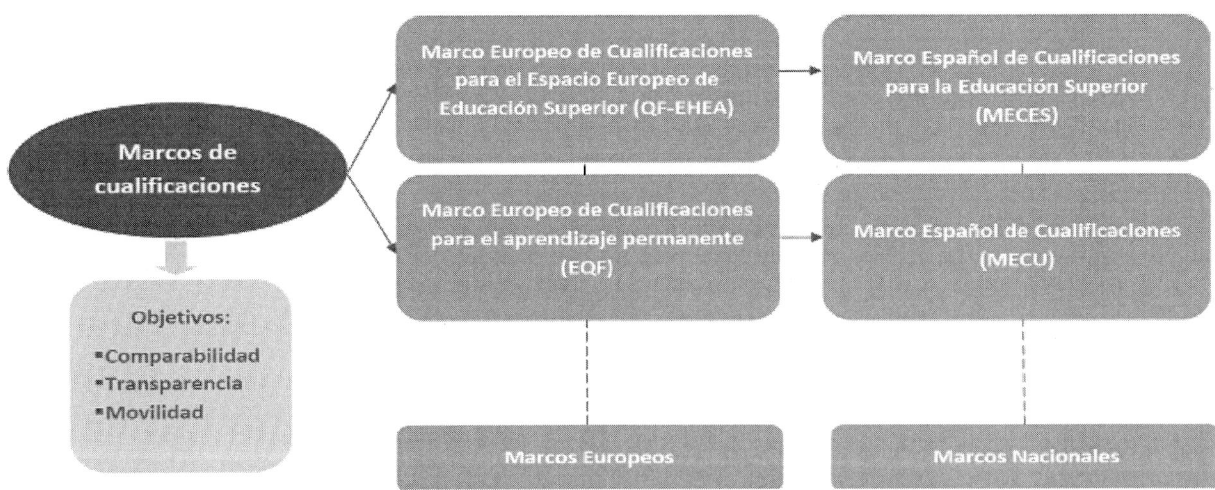

Figura 2.3. marcos de cualificación (Ministerio de Educación, 2022)

Nivel 1: Técnico Superior

Técnico Superior de Formación Profesional, Técnico Superior de Artes Plásticas y Diseño Técnico Deportivo Superior

Nivel 2: Grado

Título de Graduado

Título Superior de las Enseñanzas Artísticas Superiores

Nivel 3: Máster

Título de Máster universitario

Título de Máster en Enseñanzas Artísticas

Título de Graduado con al menos 300 créditos ECTS, incluyendo 60 créditos ECTS de Nivel de Máster, otorgado por resolución del Consejo de Universidades

Nivel 4: Doctor

Título de Doctor

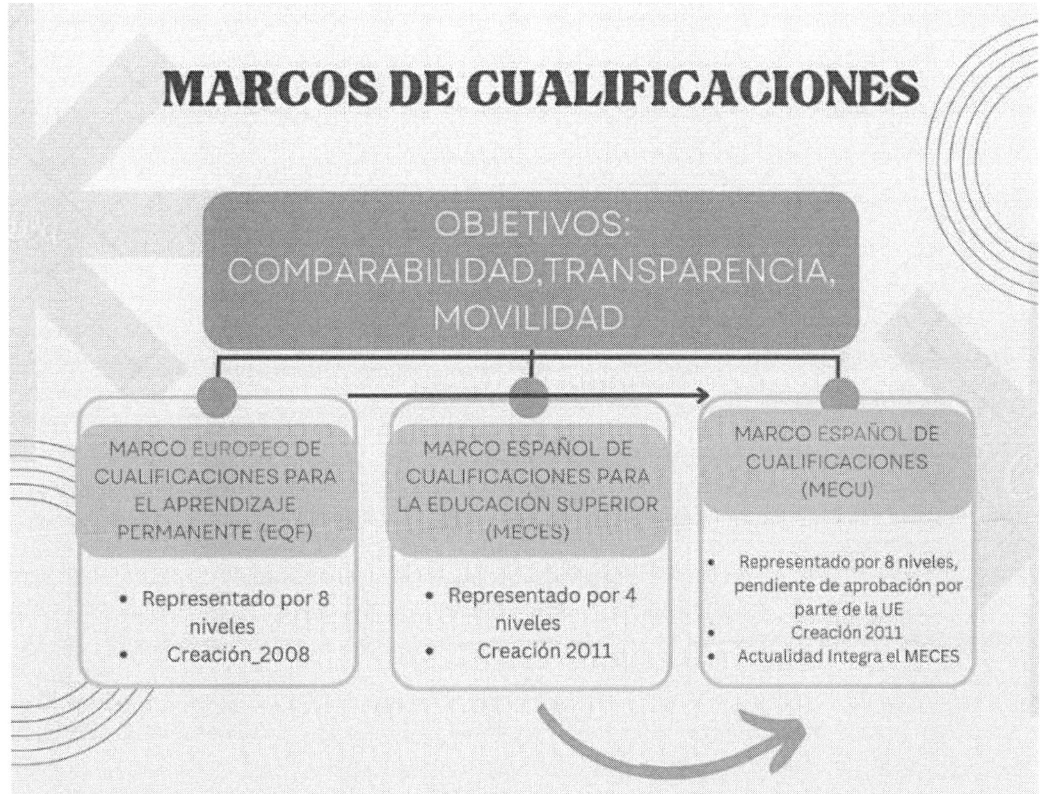

Figura 2.4. Marcos de Cualificación Europeo y Nacional Fuente: elaboración propia

Sin embargo, desde el año 2022, se establece en España el Marco Español de Cualificaciones (MECU) como una estructura jerárquica que organiza los niveles de competencia, independientemente de cómo se hayan adquirido. El MECU incluye tres vías de aprendizaje: enseñanzas en centros formativos, aprendizaje en el trabajo y otras vías de aprendizaje.

El MECU, en espera de certificación de compatibilidad con el Marco Europeo de Cualificación, no funciona como un procedimiento de homologación o sistema de cualificaciones, pero sirve como herramienta de reconocimiento de saberes. La futura regulación contempla el proceso de "auto certificación" para cada titulación o certificación, detallando criterios de inclusión.

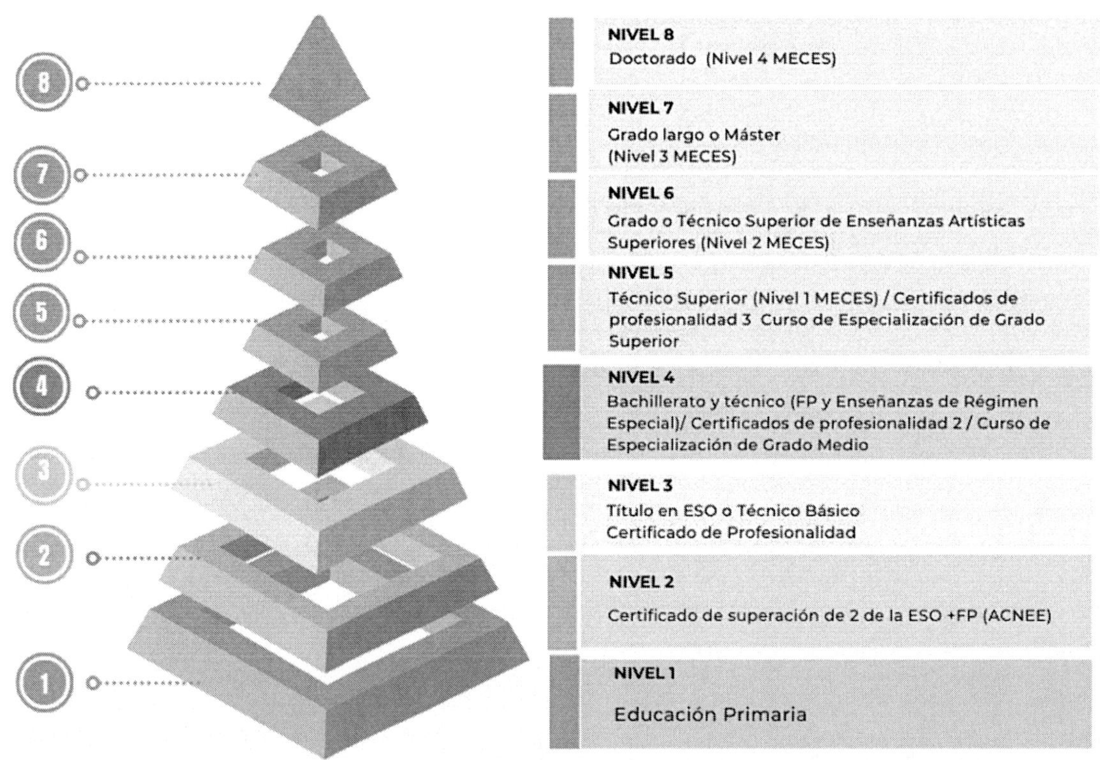

Figura 2.5. Marco español de Cualificaciones elaboración propia, (Ministerio de Educación, 2023)

2.5. Desafíos ante el Empleo: Estrategias de Formación y Acompañamiento

En la Sociedad actual las personas encargadas de gestionar la formación en el ámbito empresarial, social y educativo deben ser conscientes de su carácter complejo cuando pretendan idear estrategias, planes, programas e iniciativas puntuales de formación que puedan satisfacer las necesidades y demandas de naturaleza socioeducativa y laboral de las organizaciones y de las personas que concurren en ellas de ahí que hagamos algunas consideraciones al respecto.

En primer lugar, se hace necesario que los profesionales de la formación reconozcan, independientemente del grado de acuerdo o desacuerdo con las **macro variables** (globalización, tecnología, neoliberalismo, teoría-ciencia) y ejes de referencia de la vida cotidiana (grupos sociales, trabajo, cultura, identidades personales y políticas), que la incorporación generalizada de las tecnologías de la información y los nuevos modelos de gestión de las organizaciones suponen un desafío de hondo calado por el cambio cultural que lleva asociado. Bajo este prisma los profesionales de la formación deben capacitar y actualizar a las personas en el uso de las tecnologías y en la compresión de las estructuras organizativas y funcionales de las instituciones.

En segundo lugar, ante los desafíos y cambios en la economía, la producción y el empleo, es crucial profundizar en la comprensión de las bases y las opciones que guían las carreras profesionales para adaptarse mejor a estos cambios y desafíos. Esto implica comprender las necesidades del mercado laboral, las habilidades demandadas y las oportunidades de desarrollo profesional.

En tercer lugar, se hace necesario replantearse los modelos vigentes en las instituciones dedicadas a la formación para dar respuestas ajustadas a las demandas emergentes en los sectores productivos, en la educación y en la formación. La propuesta de aprendizaje a lo largo de toda la vida (Informe Delors) ya anunciaba la necesidad de potenciar y afianzar nuevos enfoques.

En cuarto lugar, hay que reconocer que el tránsito desde una sociedad industrial hacia una de la información cuyo objetivo es construir una sociedad del conocimiento plantea problemas asociados a la exclusión (López Barajas, 2006) por carencias de formación de la población por una insuficiente cualificación laboral, de bajo desarrollo de sus competencias genéricas o de pocas habilidades específicas.

Atendiendo a estas primeras reflexiones pasaremos ahora a considerar de manera esquemática algunos objetivos que justifican el interés para la formación en las organizaciones a partir de las aportaciones de distintos autores (Cañizares Puerta, 2002; Armengol y Gairín, 2008; Garín, 2008; Imbernón, 2008).

La formación y sus objetivos

Las organizaciones, tengan o no ánimo de lucro o sean del ámbito social, educativo o empresarial, se crean para conseguir una misión que se traduce en unos objetivos que dan respuestas a las preguntas clásicas de qué, por qué, para qué, cómo... queremos conseguir y hacer las cosas. Las preguntas y las respuestas las hacen y las darán las personas en base a su grado de competencia que queda asociada a su nivel de cualificación y, por tanto, de formación. Estas personas trabajan en un entorno en el que se van generando unas culturas organizativas que van variando en base a las estrategias internas y a las demandas, necesidades y presiones que llegan desde el exterior. La formación se convierte ahora en agente de cambio cultural desde que capacita a las personas y a la institución a adaptarse flexiblemente, lo que supone un alto valor añadido cuando se interpreta como un aprendizaje continuo. Por tanto, los responsables de la formación deben ser conscientes que necesitan sensibilizar a los trabajadores sobre la importancia de la formación en la dinámica diaria, en el incremento de la producción, en la mejora de la competitividad y en la expansión de los negocios.

Los objetivos de la formación en el ámbito laboral pueden clasificarse de distintas maneras en base a cómo y dónde se focalice la atención. En nuestro caso y siguiendo la propuesta que hace Pilar Cañizares (2002) retomamos los siguientes:

- *Objetivos según el grado de cuantificación.*

Aquí se distingue entre objetivos formativos cualitativos – describen una cualidad, actitud o valor compartido (mejorar el trato que se dispensa a los clientes) y objetivos formativos cuantitativos – se expresan con una cifra – que delimitan claramente lo que se quiere conseguir (el 80 por ciento de la plantilla deben dominar los programas informáticos básicos).

- *Objetivos según su finalidad genérica.*

Aquí se distingue entre objetivos de formación para generar conocimientos (gestión del cambio); para generar habilidades (hablar en público); para generar actitudes (creatividad); ...

- *Objetivos estratégicos.*

La formación queda integrada en la estructura de la organización porque, a partir del plan general de desarrollo, se establecen estrategias más concretas en los departamentos y en los puestos funcionales específicos que requieren competencias concretas para desarrollarse. El primer paso es detectar las necesidades de formación y una vez determinadas se diseñarán las estrategias oportunas.

La formación como desarrollo de competencias

Las organizaciones quieren que sus trabajadores tengan las competencias necesarias para desarrollar las funciones que se requieren para alcanzar los objetivos de la organización. Para ello contratan a personas con esas competencias o se les forma para adquirirlas cuando ya están trabajando. En el caso de las empresas, la gestión de competencias se ha incorporado en los métodos de gestión. Un procedimiento habitual es enumerar las competencias que tiene que tener la organización y los trabajadores para alcanzar sus objetivos de forma que las personas tienen que saber desempeñar de la mejor manera posible el puesto o los puestos de trabajo en la organización.

Tabla 2.1. Tipo y descripción de competencias. (Adaptado de Goñi, 2005, pág. 97)

Tipo	Descripción
Epistémicas	En función del área de conocimiento estarían relacionadas con la capacidad de comprensión, elaboración, memorización y uso de la información singular del área de conocimiento.
Reflexión y Autoaprendizaje	Capacidad de análisis y síntesis, resolución de problemas, aplicar conocimientos a la práctica, investigación, aprender a aprender, adaptarse a nuevas situaciones, trabajo autónomo, motivación de logro...
Comunicativas	Expresión oral, escrita, no verbal, artística, musical, segunda-tercera lengua, manejo de tecnología, comunicación con expertos y profesionales, etc.
Interpersonales Asociativas	Crítica y autocrítica, toma de decisiones, trabajo en equipo, apreciar la diversidad y multiculturalidad, trabajo en diferentes contextos, compromiso ético, código ético, etc.
Organización y Gestión	Organizar y planificar proyectos, toma de decisiones, gestión de proyectos, gestión del conocimiento, nuevas tecnologías, motivación de logro, liderazgo, etc.

En el ámbito educativo, la palabra competencia tiene muchas acepciones. En nuestro caso la planteamos, al igual que Perrenoud (2000), como una capacidad de movilizar diversos recursos cognitivos para hacer frente a un tipo de situaciones con garantías de éxito en un contexto determinado. Su clasificación varía, aunque la propuesta recogida en el Informe Delors (1996) ya reconocía que los ámbitos a los que debe mirar toda propuesta de formación se deben orientar a conocer; a aprender a convivir y aprender a ser. En nuestro caso estamos más de acuerdo con la clasificación que propone Goñi (2005) y que presentamos en la tabla 2.2.

Competencias Clave

Las competencias clave, adaptadas del Consejo de la Unión Europea al sistema educativo español (LOMLOE, 2022), permiten abordar los desafíos del siglo XXI. Estas habilidades están estrechamente ligadas a los principios educativos y al contexto escolar, preparando a los estudiantes para el aprendizaje continuo. Las competencias clave no solo abarcan áreas fundamentales para el crecimiento personal, social y formativo, sino que también están vinculadas al mercado laboral y a las soft skills. Estas últimas, como el pensamiento crítico, la comunicación efectiva y la adaptabilidad son cada vez más valoradas por los empleadores, complementando las habilidades técnicas y promoviendo el encaje en el tejido empresarial.

Las competencias abarcan una amplia gama, desde las estratégicas hasta las sociales. Aunque las empresas prioricen la gestión del cambio o las tecnológicas, es esencial reconocer la necesidad de disponer de personas comprometidas socialmente, líderes efectivos, innovadores, emprendedores, asertivos y colaborativos. La formación en competencias debe reflejar valores para fomentar un diálogo constructivo y productivo en todas las esferas sociales, empresariales y educativas.

Tabla 2.2. Competencias clave (Ministerio de Educación, 2023)

Competencia en comunicación lingüística	Competencia plurilingüe	Competencia matemática y en ciencia, tecnología e ingeniería
Competencia digital	Competencia personal, social y de aprender a aprender	Competencia ciudadana
Competencia emprendedora	Competencia en conciencia y expresión culturales	

Ejemplo

Imagina una empresa que atraviesa un período de cambio significativo por la implementación de nuevas tecnologías y procesos. Aunque la empresa prioriza las competencias tecnológicas para adaptarse a estos cambios, se enfrenta a desafíos relacionados con la resistencia al cambio y la falta de colaboración entre los equipos. En este escenario, se hace evidente la necesidad de contar con empleados que no solo posean habilidades técnicas, sino también competencias sociales como la capacidad de adaptación, el trabajo en equipo, la comunicación efectiva y la resolución de conflictos. Los empleados comprometidos socialmente, líderes efectivos, innovadores y colaborativos son fundamentales para facilitar una transición suave durante períodos de cambio y para mantener un ambiente laboral positivo y productivo. Por lo tanto, la formación en competencias debe incluir aspectos tantos técnicos como sociales para garantizar el éxito tanto a nivel individual como organizacional.

La formación como aprendizaje permanente

El aprendizaje y el trabajo se interrelacionan cada vez más en todos los entornos laborales y mucho más cuando consideramos que todas pueden gestionar su propio conocimiento —autoaprendizaje, y el del entorno en el que trabajan. En algunos casos podría decirse que el aprendizaje continuado forma parte del trabajo diario. Lo que se nos está pidiendo a los trabajadores desde las organizaciones es que incorporemos los procesos de aprendizaje en nuestras vidas como un continuo donde se reflexione de manera continuada sobre lo que se está haciendo con la intención de mejorarlo. Desde esta perspectiva empiezan a cuestionarse los modelos desde las concepciones habituales y van emergiendo nuevos programas de formación que aportan mayor flexibilidad y acceso a la información y a los recursos. Ese es el caso del aprendizaje virtual, el aprendizaje social, el aprendizaje en el lugar de trabajo, el entrenamiento y la tutela en la empresa, el aprendizaje móvil, de apoyo a la gestión, entre otros.

La formación desde el aprendizaje social y organizativo

En los centros de trabajo las fronteras organizacionales se están difuminando tal y como las conocíamos hace unas décadas. Los conceptos de "trabajo" y de "rol" en el puesto de trabajo ya no se interpretan de la misma manera desde el momento en que se plantea la importancia de disponer en los puestos de trabajo de la experiencia necesaria en el momento adecuado para resolver problemas concretos (Jennings, 2012).

En los últimos tiempos, el trabajo inteligente se presenta sin fronteras porque se interpreta como un ciclo continuo donde aprendemos haciendo al compartir aprendizaje constantemente con nuestros compañeros y con profesionales externos. El aprendizaje se produce así con otras personas y en el contexto laboral específico de ahí que haya que hablar de una perspectiva social y de una perspectiva contextual. Esta perspectiva es fundamental para orientar los procesos de formación porque de lo que se trata es de optimizar los procesos de aprendizaje en las organizaciones aprovechando el potencial que aportan las personas, los puestos de trabajo y los sistemas de relaciones existentes. Este planteamiento debe visibilizarse por las personas encargadas de gestionar la formación ya que puede pasar desapercibida esta posibilidad. La formación se convierte así en un agente cultural que se adaptará a sus objetivos, valores y creencias básicas.

Indicar por último que las organizaciones las organizaciones aprenden internamente desde el valor añadido que aporta la organización como tal con todos sus elementos organizativos y los sistemas de relaciones que establece, pero también aprende externamente cuando aprende de los demás y adopta las mejores prácticas de sus colegas y/o competidores. Cuando las organizaciones se abren al exterior aprenden más pero este aprendizaje también se ve favorecido cuando demuestra actitudes favorables al cambio y la innovación, se adopta una formación flexible que favorezca la creatividad, la innovación y el aprendizaje.

La formación desde la cultura organizativa

La cultura de una organización tiene que ver con el conjunto de normas, valores, formas de pensar, formas de hacer, formas de relacionarse, historias, símbolos, imagen que se transmite... que caracterizan el comportamiento en todos los niveles de la organización. La cultura es propia, de ahí que adquiera sus singularidades en las organizaciones empresariales, educativas y sociales. Además se generan subculturas asociadas con departamentos, equipos o secciones de ahí que sea interesante que se planteen iniciativas con proyección institucional que sirvan de referente para las diferentes subculturas. A este respecto el liderazgo que se plantee para la organización será fundamental.

A partir de las argumentaciones que se van presentando parece necesario que los responsables de la formación reconceptualicen la metodología porque el conocimiento se duplica en períodos de tiempo cada vez más cortos, porque las estructuras organizativas y los modelos (participación, relación, producción, distribución...) evolucionan de manera acelerada, porque las culturas organizativas son objeto de múltiples transformaciones, porque el binomio formador-formado se ha visto superado por un triángulo donde un vértice queda asociado a una herramienta o paquete formativo (audio, visual, audiovisual, informático, telemático...), porque la formación debe superar los planteamientos disciplinares y adentrarse sin complejos en la complejidad desde una perspectiva inter y transdisciplinar, y porque la formación se convierte en el elemento de referencia que nos permita afrontar la incertidumbre que acompaña a una sociedad en constante cambio (Imbernón, 2012; pág. 141).

Los itinerarios

El diseño de itinerarios personalizados para el empleo se posiciona como un componente esencial en la gestión de la formación promovida por el Servicio Público de Empleo de Asturias al enfocarse en la orientación laboral, la mejora del empleo y el estímulo al emprendimiento. En este contexto, la creación de trayectorias adaptadas a las necesidades y aspiraciones individuales no solo facilita el acceso al empleo, sino que también impulsa el progreso profesional y la capacidad emprendedora. Estos itinerarios, basados en criterios técnicos y estadísticos, se centran en ofrecer soluciones concretas y personalizadas para cada usuario, asegurando una comunicación efectiva del proceso y una suscripción formal a través de acuerdos personales de empleo.

La flexibilidad de este enfoque permite a las instituciones no solo abordar la inserción laboral, sino también enfocarse en la mejora continua del empleo y el estímulo del espíritu emprendedor. Al considerar oportunidades a nivel nacional e internacional, proponer acciones formativas pertinentes y definir estrategias de búsqueda activa de empleo, este diseño de itinerarios se convierte en una herramienta integral para guiar a los individuos en su camino hacia el éxito laboral y empresarial. Este proceso implica la creación y comunicación efectiva de un plan adaptado al perfil del usuario, basado en criterios técnicos y estadísticos, con la necesidad de suscribir un acuerdo personal de empleo y de compromiso entre el usuario (demandante de empleo) y el servicio público de empleo (personal interno o colaboradores externos).

Diagnóstico Personalizado

Antes de iniciar el itinerario para el empleo, el personal del SEPEPA lleva a cabo un diagnóstico personalizado que se enfoca en identificar las habilidades, competencias, experiencia, intereses y variables relevantes del usuario. Este proceso tiene como objetivo la elaboración de un perfil que facilita la clasificación de su empleabilidad en el Sistema Nacional de Empleo.

A continuación, detallaremos el proceso del itinerario para el empleo ya que con este enfoque no solo no se restringe al acceso al empleo, sino que también puede aplicarse para orientar el desarrollo profesional de personas que ya se encuentran activos en sus carreras laborales.

La identificación de oportunidades de desarrollo implica un análisis profundo del entorno laboral y personal de cada individuo, seguido de la creación de un plan estratégico que guíe su progreso y crecimiento profesional de manera coherente y alineada con sus metas y aspiraciones. Como elementos claves a considerar en los itinerarios para el empleo destacamos:

- Identificación de oportunidades profesionales.
- Análisis motivado de oportunidades de empleo a nivel nacional e internacional.
- Propuesta de un itinerario con alternativas viables respaldadas por datos.

El itinerario de desarrollo profesional implica evaluar competencias actuales y futuras, así como proponer acciones formativas y laborales para el crecimiento continuo. Se centra en identificar habilidades relevantes y ofrecer oportunidades de formación y experiencia alineadas con los objetivos profesionales del individuo. Este itinerario busca impulsar el progreso y la mejora constante en el ámbito laboral atendiendo a:

- Evaluación del perfil del usuario para identificar necesidades formativas.

- Propuesta de acciones de formación o acreditación de experiencia laboral alineadas con sus metas profesionales.

La planificación de acciones estratégicas en el desarrollo profesional implica diseñar estrategias personalizadas para el avance en la carrera, junto con el establecimiento de un calendario de acciones y seguimiento para garantizar el progreso deseado. Es un proceso fundamental que orienta el crecimiento profesional de manera estructurada y medible, permitiendo al individuo alcanzar sus objetivos laborales de manera efectiva.

Búsqueda Activa de Empleo:

- Desarrollo de estrategias adaptadas a su perfil para la búsqueda activa de empleo.
- Establecimiento de un calendario de acciones obligatorias y elementos de seguimiento.

El proceso de implementación en los itinerarios de empleo implica gestionar la suscripción del acuerdo de empleo entre el usuario y el servicio público, garantizar una comunicación transparente y constante, y aplicar elementos de seguimiento para evaluar y ajustar el itinerario. El "Acompañamiento Personalizado" asigna a cada usuario un orientador laboral dedicado para supervisar y guiar su progreso, asegurando el apoyo necesario para alcanzar las metas laborales con éxito. Proceso:

- Gestionar la suscripción del acuerdo de empleo entre usuario y servicio público.
- Asegurar transparencia y comunicación constante.
- Integrar elementos de seguimiento para evaluar y ajustar el itinerario.
- El acompañamiento personalizado.

Este proceso implica un seguimiento individual de un orientador, supervisa las acciones del usuario en su itinerario, revisa y actualiza el plan, asegura el cumplimiento de hitos y obligaciones, especialmente para quienes reciben prestaciones o subsidios, y asesora para activar al usuario y mejorar su empleabilidad.

Servicios adicionales

Se ofrece asesoramiento y ayuda técnica para definir el currículo, incluyendo información personalizada y herramientas, y la aplicación de técnicas para buscar empleo, abarcando medios telemáticos y redes sociales, con derivación al servicio de asesoramiento para el autoempleo y emprendimiento si es necesario. Además, proporciona información personalizada, grupal o general sobre el mercado laboral, políticas activas de empleo y servicios disponibles en la Cartera de Servicios del Sistema Nacional de empleo publicado en BOE según real Decreto 7/2015, tanto de forma presencial como telemática. También se brinda asesoramiento especializado en la oferta formativa y programas para la movilidad europea, adaptándose a las necesidades de los sectores y personas. Por último, se brinda apoyo a la gestión de la movilidad laboral, proporcionando información, asesoramiento y respaldo para la movilidad geográfica y funcional a nivel nacional, europeo e internacional, permitiendo a los usuarios aprovechar oportunidades laborales adecuadas y ofreciendo detalles sobre las condiciones de trabajo en la Unión Europea, incluyendo el acceso a la red EURES. Este enfoque personalizado busca maximizar el éxito laboral al adaptarse a las necesidades y metas específicas de los usuarios en el ámbito social y laboral.

Aplicación al Desarrollo de Carrera en Personas

La "Aplicación al Desarrollo de Carrera en Personas" va más allá del acceso al empleo, extendiéndose al crecimiento profesional continuo:

- **Identificación de Oportunidades de Desarrollo:**

Se analizan las oportunidades de crecimiento dentro del entorno laboral actual. Se propone un itinerario personalizado que considera el perfil y las aspiraciones individuales del profesional.

- **Itinerario de Desarrollo Profesional:**

Se evalúan las competencias actuales y futuras necesarias para el crecimiento profesional. Se proponen acciones formativas y experiencias laborales que fomentan el desarrollo continuo del individuo.

- **Planificación de Acciones Estratégicas o de Desarrollo:**

Se desarrollan estrategias personalizadas para avanzar en la carrera. Se establece un calendario de acciones y un sistema de seguimiento para garantizar el progreso deseado y ajustar las estrategias según sea necesario. Este enfoque integral no solo facilita el acceso al empleo, sino que también promueve la cultura del aprendizaje y el desarrollo continuo de la persona, estableciendo la realización de metas a largo plazo para el desarrollo de los individuos. Además, el diseño personalizado no solo se limita al acceso al empleo, sino que puede extrapolarse con eficacia para guiar el desarrollo de carrera de individuos en activo e instituciones.

Identificación de Oportunidades de Desarrollo:

- Análisis de oportunidades de crecimiento profesional en el entorno actual de trabajo.
- Propuesta de un itinerario para avanzar en la carrera, considerando el perfil y las aspiraciones individuales.
- Itinerario de Desarrollo Profesional:
- Evaluación de las competencias actuales y futuras necesarias para el crecimiento profesional.
- Propuesta de acciones formativas y experiencias laborales que impulsen el desarrollo continuo. Planificación de Acciones Estratégicas:
- Desarrollo de estrategias personalizadas para el avance en la carrera.
- Establecimiento de un calendario de acciones y seguimiento para garantizar el progreso deseado.

La flexibilidad y adaptabilidad de este enfoque aseguran un diseño personalizado tanto para el acceso al empleo como para el desarrollo continuo de la carrera, proporcionando a los individuos las herramientas necesarias para alcanzar sus metas profesionales en cualquier etapa de su vida laboral.

2.6. Estrategias y Modalidades de Formación: Adaptación a los Entornos Organizacionales

La formación se orienta a desarrollar u optimizar las potencialidades de las personas en los ámbitos personal, social o profesional. En las organizaciones sociales, educativas y empresariales la formación es un instrumento de mejora de los trabajadores a partir de las estrategias institucionales planteen, aunque pueden entenderse desde una perspectiva reactiva según las necesidades detectadas o desde una perspectiva proactiva según las intenciones manifiestas por parte de las personas físicas o jurídicas. El formato en que se proporcione la formación dependerá de muchos factores (la propia actividad formativa, los participantes, los recursos económicos, la dispersión geográfica de las personas, los formadores, los objetivos, los contenidos, el momento de la formación, los espacios).

Si se considera a los agentes y los espacios podemos distinguir entre (Pineda, 2002; págs. 116-117):

A. Formación interna

Se asocia a las actividades formativas que se llevan a cabo dentro de la organización y aquí cabe hacer una doble distinción:

Formación en el puesto de trabajo. La acción formativa tiene diferentes niveles de complejidad en cuanto a su diseño e implementación si bien en su versión más sencilla se asociaría a la observación de qué se hace y cómo se hace una determinada función o tarea.

Formación fuera del puesto de trabajo. La acción formativa se realiza mediante cursos con métodos de tiempo, metodología (seminarios, conferencias, encuentros, jornadas) y formato (presencial, a distancia, semipresencial, dentro o fuera del horario laboral). Esta formación puede orientarse hacia una mejor adaptación al puesto de trabajo, de promoción, de reciclaje, de perfeccionamiento o de desarrollo de competencias.

B. Formación externa

Se refiere a aquellas actividades de formación organizadas y gestionadas por **agentes externos** fuera de la organización. Las posibilidades y oportunidades quedan limitadas a las posibilidades y recursos de la organización. Este tipo de formación se usa cuando no se disponen de las infraestructuras y recursos en la propia organización, cuando se considera más aconsejable realizarla en otros entornos o de alta especialización.

C. Formación combinada

Integra las dos alternativas anteriores. Contempla acciones reactivas y proactivas de manera complementaria y se ajustaría a las estrategias y posibilidades de las organizaciones y de las personas que fuesen objeto de formación. En cuanto a las modalidades de formación, haremos un recorrido esquemático para destacar sus elementos constitutivos, sus posibilidades y limitaciones por lo que destacamos:

I. Formación Presencial

Es la más conocida, sobre todo aquella que se desarrolla en grupos reducidos de participantes que se reúnen con un enfoque común de aprendizaje. Esta modalidad es más recomendable cuando se pretenden desarrollar metodologías de trabajo en las que deban interactuar los empleados, sin embargo, suelen tener un mayor coste y conllevan una mayor complejidad organizativa y logística. Esta formación implica una planificación de la acción formativa a través de sesiones, una temporalización poco flexible en base a las sesiones, un único ritmo de aprendizaje para todos los participantes; la coincidencia en el espacio y el tiempo de las personas; un número concreto de personas en la sesión; el uso de recursos propios de la formación presencial; la dependencia de un espacio físico con características y recursos que permitan la realización de las sesiones como la acomodación de los participantes; y la existencia de costes indirectos de la formación como horas que los participantes no producen o pago de horas extras si la actividad se realiza fuera del horario laboral.

Entre las *ve*ntajas cabe destacar que es menos costosa porque puede darse a muchas personas con necesidades similares, tratarse los problemas desde distintas perspectivas, intercambiar experiencias, generar nuevas ideas y demostrar técnicas, productos o ideas ante muchas personas. Además, al tener un contacto físico y personal entre los agentes concurrentes lo que puede incidir positivamente para fomentar la creatividad, la innovación y la espontaneidad de los participantes a través de distintas técnicas (juegos de rol, lluvia de ideas...).

Como *desventajas* deben destacarse que en grupos heterogéneos hay diferentes estilos y capacidad para el aprendizaje a los que se les puede "forzar" a avanzar al mismo ritmo, también es lógico que las personas tengan diferentes motivaciones para hacer el curso de ahí que su interés varíen según contextos y necesidades por lo que podemos encontrarnos con personas que tengan barreras para implicarse lo que limita su propio aprendizaje y el del resto de compañeros.

A continuación, se describe una variedad de metodologías y técnicas de formación utilizadas en el en la formación presencial (Pineda, 2002; Gairín, 2012; Medina Domínguez, 2012):

- **Administración basada en la evidencia**: Proceso continuo de autoaprendizaje guiado por las necesidades de conocimiento surgidas a lo largo de la vida profesional del directivo.

- **Assessment Center**: Sistema de evaluación del potencial que utiliza la simulación para identificar necesidades formativas y desarrollo personal.

- **Benchmarking**: Técnica de comparación para medir las desviaciones de la organización respecto a líderes en el ámbito de resultados, productos, servicios y prácticas.
- **Clase magistral**: Exposición oral para presentar los aspectos clave de los contenidos fundamentales de un curso o tema.
- **Coaching**: Proporciona ayuda al empleado para superar dificultades en su puesto de trabajo, reforzar aprendizajes o implementar nuevos conocimientos.
- **Conferencia**: Exposición de contenidos sobre un tema a un grupo de personas con intereses similares.
- **Cursos**: Módulos organizados interna o externamente, dirigidos a personas de diferentes niveles jerárquicos y empresas.
- **Demostración**: Presentación práctica de una tarea seguida de observación, repetición y retroalimentación.
- **Enseñanza programada**: Sesiones secuenciadas de autotoformación a través de unidades didácticas.
- **Fórum**: Discusión conducida por un moderador sobre un tema entre un grupo de personas.
- **Juego**: Representación de roles para ejemplificar experiencias que requieren habilidades y cambios de actitud.
- **Juegos de empresa**: Gestión y solución de problemas mediante simuladores ad-hoc.
- **Mentoring**: Guía proporcionada por personas con experiencia para el desarrollo profesional de otros.
- **Mesa redonda**: Discusión coordinada por un moderador entre especialistas en un tema.
- **Método de caso**: Presentación de un problema real para proponer formas de actuación.
- **Outdoor**: Formación al aire libre para entrenar habilidades en equipo y superar dificultades.
- **Outplacement**: Proceso de recolocación para la adecuación entre las características del individuo y el mercado laboral.
- **Panel**: Intercambio de palabras entre un grupo reducido con conocimientos o experiencia particular.
- **Role Play**: Simulación de perfiles laborales o situaciones para ejemplificar habilidades.
- **Roting**: Paso por varios trabajos durante un breve periodo para adquirir visiones globales de la organización.
- **Seminario**: Estudio intensivo de un tema mediante discusión, participación y elaboración de conclusiones.
- **Simulación**: Estimulación de situaciones hipotéticas para aplicar conocimientos a la vida real.
- **Solución de problemas**: Desarrollo de la creatividad a través del planteamiento y resolución de problemas.
- **Taller**: Sesiones interactivas donde los participantes generan productos como resultado.

II. Formación a distancia

La formación a distancia se define como una "modalidad de enseñanza donde las tareas docentes acontecen en un ámbito distinto de las discentes, de modo que éstas resultan, respecto a las primeras, diferidas en el tiempo, en el espacio o en ambas dimensiones al mismo tiempo" (Moore, 1990; págs. 168- 171). Supone un proceso bidireccional y una responsabilidad y seguimiento por parte del profesor-tutor, y es un control de los resultados obtenidos y de mensajes emitidos y recibidos en un ámbito comunicativo preciso.

La formación a distancia implica, entre otras cuestiones, que una persona que sea orientadora y estimuladora del aprendizaje; unos buenos materiales; una planificación de la acción formativa a través de una guía didáctica; una temporalización flexible en función del material y las actividades; y una recontextualización de los elementos didáctico-organizativos en el espacio virtual.

Entre otras *ventajas* de la formación a distancia cabe destacar que permite realizar procesos de formación para colectivos dispersos geográficamente; utilización de materiales interactivos; estructurar la información de manera hipertextual; acceder a bases de datos y recursos telemáticos en múltiples fuentes; y un tratamiento individualizado. En esta formación, los participantes y los encargados de impartirla no coinciden en el espacio; el ritmo de aprendizaje es flexible, por lo que se adapta bien a la disponibilidad de las personas; puede actualizarse y reeditarse a bajo coste, ya que la guía y los materiales están disponibles en formato electrónico, por lo que es una buena opción para las propuestas formativas repetitiva y periódicas; se puede adaptar a los ritmos de producción o de prestación de servicios, ya que el acceso es abierto para el participante. La formación presencial puede acompañarse en el proceso de implementación del e-learning y/o la formación on-line.

En general el e-learning se asocia a una modalidad de enseñanza multidisciplinar propia desde las que se aprovechan las posibilidades que brinda Internet para la formación. Aquí se pretende que la enseñanza quede auxiliada en su gestión, preparación, impartición y control por el empleo de tecnologías y procedimientos web (correo electrónico, transferencias de ficheros, grupos de noticias, chats, audio y videoconferencia). Los inconvenientes que emergen se asocian con los requerimientos que conlleva para el alumnado en cuanto a su capacitación previa para la utilización de las herramientas informáticas, además también orienta al docente / tutor hacia un seguimiento constante del participante a su cargo. Por otro lado, los soportes técnicos pueden fallar y entorpecer el adecuado transcurrir del proceso...

En este contexto la formación on-line se entiende como una combinación de la enseñanza tradicional a distancia y de la enseñanza basada en el ordenador. Por tanto, se puede considerar como el nexo de unión entre la enseñanza a distancia tradicional y el actual *e-learning* o, dicho de otra manera, el puente de la autoformación en solitario a la interformación en solitario.

En los últimos años muchas organizaciones empresariales, sociales y educativas se han ido dotando de sus propios portales desde los que se accede a la intranet de la organización y dentro de ella a contenidos de formación. Las posibilidades varían en función de la organización y de los perfiles profesionales que quiera potenciar dentro de ella, lo normal es que la institución organice la formación según las competencias que se quieran desarrollar y los recursos disponibles. Dado que el e-learning tiene unos costes fijos muy elevados existe la posibilidad de subcontratar esta formación a consultoras de formación con lo que se evita tener que acometer inversiones en infraestructuras y desarrollar un programa de contenidos. Atendiendo a estas argumentaciones los responsables de diseñar, implementar y evaluar acciones de formación en cualquiera de estas modalidades deben ser conscientes de que en la comunicación se producen muchas distorsiones. Así, en la formación presencial siempre hay diferencias entre lo que se quiere decir y lo que realmente se transmite (se dice, se oye, se entiende, se escucha y se retiene) y en la formación a distancia surgen discrepancias entre lo que se escribe y lo que se visualiza, se lee, se entiende y se retiene. Por tanto, la expresión oral y escrita, la comunicación no verbal, la motivación y la retroalimentación positiva con los participantes son elementos básicos a tener en cuenta en los procesos de formación.

III. Formación híbrida

El *blended learning o aprendizaje híbrido* es aquella modalidad de formación que combina la formación presencial y la formación a distancia buscando optimizar los recursos, maximizar las ventajas y reducir las desventajas de ahí que se esté generalizando su utilización en función de las posibilidades, las demandas y los contextos.

En cualquier caso, cada modalidad tiene unas ventajas y unos inconvenientes que deberán adecuarse a los objetivos del plan de formación de ahí que resulte fundamental cuantificar el costo para poder medir la rentabilidad de la inversión pero también debe tenerse muy claro que la inversión en formación siempre es rentable cuando se hace de manera adecuada y para ello debe estar planteada en los objetivos estratégicos de la organización, en sus proyectos, en los procesos, en la evaluación y en la medición del impacto además de estar difundida y respaldada en la institución. Aquí, los responsables de la organización y dentro de ellas de la formación deben tener presente que son muchas las vías para intervenir (Gairín, 2012, pág. 123) dado que son múltiples las posibilidades que se ofrecen y que presentamos de manera sintética como cierre de este apartado:

- Educación formal (intensiva; virtual o presencial).
- Educación informal (puntual; presencial).
- Educación formal o no formal (intensiva, con TIC y permanente).

Estas propuestas pueden focalizar su atención en distintas cuestiones caso de:

- Personas de distintas edades que buscan una capación (conceptual, procedimental y/o actitudinal) utilizando metodologías cooperativas.
- Profesionales que adquieren o desarrollan competencias mediante metodologías tecnológicas o socio-críticas.
- Adultos que quieren ampliar su nivel de dominio sobre determinados contenidos a través de procesos dialógicos.

A manera de síntesis puede verse en la figura de manera integrada las múltiples posibilidades de formación que se abren para afrontar la incertidumbre que se genera en una sociedad compleja donde la formación y el aprendizaje se solapan en múltiples planos gracias al avance de la tecnología. En cualquier caso, la figura del formador está respaldada para tomar decisiones según criterios situacionales y para potenciar la creatividad y la innovación integrando la educación, la tecnología y el aprendizaje.

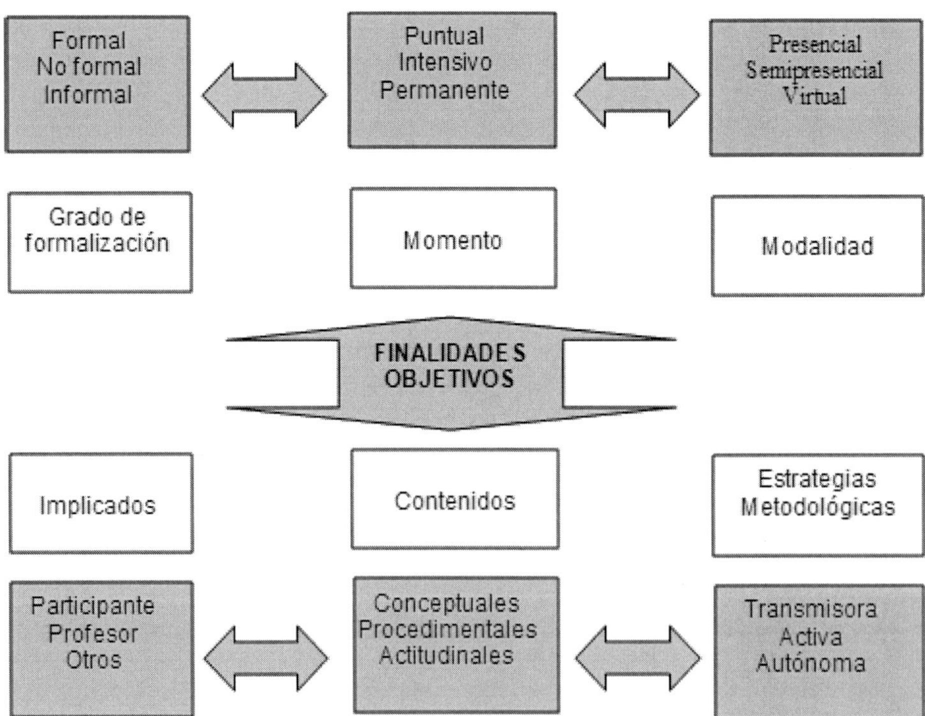

Figura 2.6. Posibilidades de gestionar la formación. (Adaptado de Gairín, 2010, pág. 123)

2.7. Competencias Profesionales en la Era de la Sociedad del Conocimiento

En las últimas décadas del siglo pasado, las competencias estaban estrechamente ligadas al ámbito empresarial, donde la contratación se basaba en conocimientos y habilidades específicas para un puesto de trabajo. Sin embargo, esta concepción ha evolucionado. Hoy en día, aunque los conocimientos técnicos son esenciales para desempeñar funciones específicas, no son suficientes para enfrentar la alta adaptabilidad requerida en diversos entornos laborales. Además, pueden surgir problemas como el síndrome del quemado (burnout) y el síndrome del oxidado (rust out), asociados respectivamente con el desgaste profesional y la desmotivación.

En respuesta a estos desafíos y reconociendo la transición hacia una sociedad del conocimiento que demanda flexibilidad laboral, la competencia profesional se relaciona estrechamente con el desarrollo continuo y la formación personal, tanto dentro como fuera de la organización. Por eso nos parece interesante aclarar algunas cuestiones sobre competencias antes de plantear estrategias para su desarrollo mediante programas de formación en las organizaciones.

En primer lugar, vamos a realizar una aproximación funcional a las competencias a partir de las aportaciones de Goñi (2005; págs. 87-119) para clarificar a qué nos referimos cuando nos referimos a competencias. Al igual que este autor consideramos que *la competencia es la capacidad de movilizar diferentes recursos cognitivos para hacer frente a una tarea en un contexto determinado.* Aquí la competencia hace referencia a una capacidad, es algo que se posee en potencia y se manifiesta en acto cuando se necesita. Esta distinción es importante porque permite orientar la formación hacia la consecución de dicha competencia. Esta autonomía y la capacidad de hacer algo están en la base del aprendizaje autónomo y en consecuencia de la posibilidad de que la educación a lo largo de toda la vida pueda ser una realidad.

Los conocimientos pueden caducar y dejar de ser útiles pero la capacitación en la resolución de problemas o de hacer frente a situaciones similares en distintos escenarios o de realizar análisis en múltiples fuentes documentales no caduca, y queda adherida a la persona en la medida en que se convierte en parte integrante de su personalidad. Ser capaz de, es haber crecido, ser capaz de, es enfrentar la realidad de manera diferente, por eso la formación se interpreta como un proceso de crecimiento (madurez) y no como un proceso de acumulación. En este contexto también nos parece interesante la aproximación estructural que hace este autor a las competencias porque es muy interesante para aquellas personas que tienen que diseñar programas de formación y establecer secuencias de tareas. En cualquier caso, no se puede olvidar que lo importante no es saber redactar competencias, sino que la propuesta tenga sentido y sea interesante desde la perspectiva de aprendizaje que se propone.

Así, una competencia se compone de:

- Una OPERACIÓN (acción mental)
- Un *OBJETO* (que es lo que habitualmente llamamos CONOCIMIENTO)
- Un FIN (contexto de aplicación)

La fórmula bajo la que se presentaría sería la siguiente:

COMPETENCIA = (OPERACIÓN + OBJETO) + CONTENIDO + FINALIDAD

Ejemplo: *Persona capaz de diagnosticar, atentamente, una situación de conflicto laboral en el entorno próximo (municipal, comarcal o institucional) y valorar las diversas alternativas para posicionarse de manera razonada y responsable por alguna de ellas.* En esta definición aparecen varias operaciones mentales explícitas (analizar, valorar alternativas y decidir) y varios objetos sobre los que se actúa mentalmente (los conceptos y procedimientos necesarios para analizar un conflicto, las alternativas a considerar y los elementos que entran en juego para tomar una decisión, sin dejar de lado las actitudes a movilizar). La acción planteada tiene una finalidad concreta orientada a tomar una decisión responsable si bien es necesario hacer algunas clarificaciones que ayuden a entenderlo (ob. cit.). Por operación se entiende una acción interiorizada que se realiza de manera simbólica. De esta manera se diferencian las operaciones de las acciones; las primeras son manipulaciones de símbolos o imágenes metales y las segundas implican objetos del mundo natural. La función del cerebro es operar (procesar la información). A este respecto, es importante considerar que podemos realizar acciones que pueden tener incidencia directa en el medio natural, pero también sin operar. Por tanto, operar es más general que actuar y se adecúa mejor al término competencia. Además, toda acción necesita un objeto (en este caso la mente humana es la que manipula) y este puede ser:

- *Conceptual.* Palabras o términos de carácter lingüístico – trabajo, potencia, energía cinética...- (saber)
- *Procedimental.* Operación sobre un objeto. A la expresión escrita de un procedimiento se le denomina protocolo. Diagnosticar, para hacer un análisis, para hacer un proceso judicial, para presentar un tema son ejemplos (saber hacer).
- *Actitudinal.* Toda relación humana esta mediada por valores y la formación no puede quedar al margen. Sobre las actitudes no se opera como sobre los conceptos o los procedimientos, sino que deben abordarse más bien como reguladores de las operaciones. La actitud es parte de la competencia porque se opera con ella, pero no sobre ella (se puede actuar con más o menos reflexión, críticamente, con mayor o menor respeto, constante, con mayor o menor solidaridad). Aquí hay que tener cuidado porque toda acción lleva implícita una actitud porque no es posible actuar de manera no actitudinal (saber ser).

Por tanto, una competencia está formada por una operación regulada sobre un objeto y aquí debe tenerse en cuenta que todas las competencias se definen por definición como "capacidad para". La operación se expresa mediante un verbo de acción -analizar, describir, calcular, diseñar...-; la regulación como una forma adverbial que califica al verbo -analizar críticamente, describir minuciosamente, calcular con precisión y rapidez, diseñar creativamente-; y los objetos como formas sustantivadas -analizar críticamente las circunstancias en las que se desarrolla la profesión del pedagogo- (ob. cit. 117).

En cuanto a la clasificación de competencias, Jacques Delors (1996) ya nos indicaba que cualquier propuesta educativa/de formación debería considerar los ámbitos de aprender a conocer; aprender a hacer; aprender a convivir; y aprender a ser y de ahí se han derivado distintas clasificaciones. El proyecto Tunning que fue el referente para la construcción del marco de referencia europeo distinguió entre competencias instrumentales; competencias interpersonales y competencias sistémicas que también fue debatido, ampliado y adaptado. En nuestro caso nos parece interesante la propuesta de Goñi (ob. cit.) en cuanto a la clasificación de las competencias ya que adopta una perspectiva amplia que puede trasladarse a distintos ámbitos.

Este autor hace la siguiente distinción de competencias para el ámbito formativo:

- ***Competencias epistémicas.*** Aquí se sitúan la comprensión, elaboración, memorización y utilización de la información en el área de conocimiento al que nos refiramos.
- ***Competencias de reflexión y autoaprendizaje.*** Aquí se sitúan la capacidad de análisis y síntesis, la resolución de problemas, la aplicación de conocimientos a la práctica, la investigación, el aprender a aprender, el adaptarse a nuevas situaciones, el trabajo autónomo, la motivación de logro, etc.
- ***Competencias interpersonales–asociativas.*** Aquí se sitúan la crítica y autocrítica, la toma de decisiones, el trabajo en equipo, la consideración por la diversidad y la multiculturalidad, el trabajo en diferentes contextos, el compromiso ético, el código ético, etc.
- ***Competencias de organización y gestión.*** Aquí se sitúan la organización y planificación de proyectos, la toma de decisiones, la gestión de proyectos, la gestión del conocimiento, las nuevas tecnologías, la motivación de logro, el liderazgo, etc.

En la formación, tanto en la etapa inicial como en la continua, es crucial adoptar una perspectiva integral que vaya más allá de las competencias cognitivas tradicionales. Es fundamental considerar aspectos laborales, sociales y educativos para formar individuos completos y preparados para los desafíos del mundo actual. Por ejemplo, en la formación inicial para acceder al mercado laboral, no solo se deben priorizar las habilidades técnicas, sino también fomentar la resiliencia, el compromiso, la creatividad, la innovación, el espíritu emprendedor y otras habilidades blandas.

Estas competencias son esenciales tanto para desempeñarse en roles laborales como para ser buenos líderes, empresarios o educadores. Por tanto, es crucial definir con precisión los perfiles competenciales, teniendo en cuenta las demandas cambiantes del mercado laboral y las necesidades de la sociedad en general.

La formación debe estar alineada con estas expectativas, preparando a los individuos para ser agentes activos y exitosos en diversos ámbitos profesionales y sociales.

Ejemplo

La propuesta de Goñi es relevante debido a su amplitud y su aplicabilidad en diversos contextos. Por ejemplo, al considerar las competencias epistémicas, se destaca la importancia de comprender, elaborar, memorizar y utilizar la información dentro de un área de conocimiento específica. Esto es fundamental en entornos académicos y profesionales donde el dominio de la información es esencial para la toma de decisiones informadas y la resolución de problemas.

Asimismo, las competencias de reflexión y autoaprendizaje, que incluyen capacidades como el análisis y la síntesis, la resolución de problemas, la investigación y la adaptación a nuevas situaciones, son cruciales en un mundo en constante cambio. Estas habilidades no solo son relevantes en el ámbito educativo, sino también en el desarrollo profesional y personal, donde la capacidad de aprender de forma autónoma y reflexiva es un activo invaluable.

Las competencias interpersonales-asociativas, que abarcan aspectos como la crítica constructiva, la toma de decisiones, el trabajo en equipo y el respeto por la diversidad, son fundamentales en entornos colaborativos y multiculturalidad, como en el mundo laboral y social actual. Estas habilidades promueven la comunicación efectiva, la resolución de conflictos y la construcción de relaciones sólidas.

Finalmente, las competencias de organización y gestión, que incluyen la planificación de proyectos, la gestión del conocimiento, el liderazgo y el uso de tecnologías, son esenciales tanto en el ámbito profesional como en el personal. Estas habilidades permiten una gestión eficaz de recursos, proyectos y equipos, contribuyendo al logro de objetivos y al desarrollo de iniciativas exitosas.

La propuesta de Goñi da un marco integral que abarca diferentes competencias, ofreciendo orientación y herramientas para el desarrollo y la evaluación tanto en el ámbito educativo como en el profesional.

La perspectiva americana

El concepto de competencia empezó a desarrollarse en el ámbito empresarial hacia los años sesenta ante la baja correlación que se detectaba entre el rendimiento en el trabajo y los rasgos de personalidad. En este contexto el gobierno de EEUU encargo a un profesor de Harvard, David McClelland, un proyecto para seleccionar a un grupo de diplomáticos que representasen al país del que vamos a comentar algunas cuestiones porque supuso un cambio de perspectiva en la clásica selección que se venía haciendo hasta el momento donde se evaluaba a las personas por sus conocimientos de contenidos específicos asociados al puesto de trabajo.

El procedimiento de selección de este profesor fue separar en dos grupos a los candidatos, por un lado, y uno formado por aquellos con un excelente rendimiento en su trabajo y los que tenían un desempeño medio. En las entrevistas que les hizo emergieron unas características comunes en los que tenían buen desempeño ya que tenían una gran facilidad para discriminar a las personas que tenían influencia en los países de destino (comprensión de redes de influencia) y comprender la cultura del país de destino anticipándose a determinadas reacciones en base a ese conocimiento (sensibilidad transcultural) y mostrar respeto hacia las personas con las que habían de relacionarse incluso en situaciones conflictivas (expectativas positivas sobre los demás a pesar de la provocación) (AAVV, 2005a, b y c).

Entre otras conclusiones derivadas de este trabajo se destacó que lo métodos tradicionales de selección estaban centrados en el puesto de trabajo mientras que bajo la perspectiva de sus "competencias" lo que se debe hacer es analizar a las personas que tienen éxito en su puesto de trabajo para definirlo en base a las características y conductas de esas personas. El cambio de perspectiva tuvo grandes repercusiones sobre la Gestión de los Recursos Humanos en las Organizaciones ya que ahora se podrían establecer relaciones de causalidad entre motivos, rasgos de personalidad y conocimientos a la hora de predecir una conducta y sus resultados.

La perspectiva del Reino Unido

En el Reino Unido han sido muchas las iniciativas y planteamientos desarrollados con relación a las competencias si bien queremos destacar únicamente una iniciativa desarrollada por el Departamento de Educación y Empleo en el año 1985 para la normalización de puestos de trabajo donde se implantó este modelo. En este caso, a diferencia del modelo de McClelland, el estudio no se realizó con trabajadores de éxito sino en el análisis de los puestos de trabajo y de las competencias que se requieren para su correcto desempeño.

El método que se utilizó fue el denominado Análisis Funcional y el proceso que se sigue es el siguiente (AAVV, 2005d, e, f y g):

- Definición del área a la que pertenece el puesto de trabajo.
- Valoración de las tareas que se desarrollan en ese puesto de trabajo por un grupo de expertos que determinan los resultados que se deben alcanzar.
- Los expertos elaboran un documento donde determinan qué se debe hacer para alcanzar los resultados deseables en términos de rendimiento y aportan unas tablas de medición.

Las principales diferencias entre ambos enfoques son que el americano focaliza la atención en las personas que realizan mejor su trabajo, se centra en las personas que tienen mejor rendimiento y plantea la competencia como una característica que genera ciertas acciones o conductas mientras que el británico se centra en el puesto de trabajo singular, las competencias se establecen en relación a unos niveles prefijados de desempeño y concibe la competencia como acción, comportamiento o resultado.

La perspectiva de España

En nuestro país se viene siguiendo un modelo mixto ya que es corriente que las empresas acudan a la metodología americana para definir las competencias de los niveles directivos y medios y utilicen la metodología británica para definir las competencias de los puestos operativos o de base. En cualquier caso, son las propias organizaciones las que tienen que seleccionar unos planteamientos u otros en base a las estrategias y sistemas que se determinen. En cualquier caso, lo que no se puede obviar es que la creación de un modelo de competencias exige una alta movilización de recursos de ahí que se deban comprender y valorar sus beneficios y costes.

Una gestión por competencias permite saber qué es lo que hay que hacer y cómo hacerlo en cada puesto de trabajo por lo que las personas saben que es lo que se espera de ellas y tienen guías para hacerlo. El área de Recursos Humanos también se verá beneficiada porque podrá definir un marco objetivo, común e integral para la gestión de los recursos humanos lo que repercutirá necesariamente en los procesos de selección, formación, evaluación, retribución y toma de decisiones. El desarrollo de las personas repercutirá en la organización y facilitará el logro de la excelencia porque toda la organización orientará sus esfuerzos en dicha dirección. De esta forma se acabará generando un estilo organizativo propio donde habrá coherencia interna y externa lo que derivará en una potente imagen en el mercado.

A la hora de clasificar las competencias para su manejo operativo en la Pequeña y Mediana Empresa (PYME) cabe distinguir entre:

- Competencias generales. Se refieren a las características del comportamiento general de cualquier persona en la empresa independientemente del cargo que desempeñe.
- Competencias técnicas. Se refieren a las habilidades o conocimientos específicos de una determinada profesión o de un área específica de la empresa. Suelen incluir aspectos íntimamente ligados con el éxito en el desempeño de la función. Ejemplos podrían ser: manejo de ordenadores, realización de diagnósticos, conocimiento de la mecánica de los vehículos…

Estas competencias se orientan a la creación de conocimiento para adaptarse y dar respuestas al mercado laboral. Cuando la empresa orienta sus esfuerzos hacia el desarrollo de los conocimientos (saber), las habilidades (poder) y las actitudes y valores (querer) de las personas en la organización está dotándola de un valor añadido y abre caminos para adentrarse en los modelos de gestión que guían a las organizaciones que aprenden (Senge, 1994).

El camino para definir el modelo será específico para cada organización, aunque el punto de partida siempre se asociará a estas cuestiones ¿qué objetivos tiene la empresa y qué debemos implicados los agentes directa o indirectamente para conseguirlos?

Tal y como comentamos en los modelos americano y británico una posible actuación será establecer un panel de expertos para que describan los retos actuales y futuros de la organización; definir la misión de los puestos de trabajo en la organización para superar dichos retos; conocer las conductas necesarias para superar esos retos; e identificar trabajadores que ya muestran estas competencias que se requieren.

Este proceso se puede continuar realizando entrevistas sobre incidentes críticos que al igual que en el caso americano consiste en ver cómo trabajan las personas que han conseguido éxito en sus puestos de trabajo (ideas, enfoques, métodos, recursos utilizados...) a partir de aquí se puede hacer otra rueda de entrevistas con otra muestra para validar los resultados obtenidos y, por último se establece el perfil de competencias de todos los puestos de la institución y se planifican las necesarias acciones de formación. Por tanto, el desarrollo de un modelo de competencias adaptado a las necesidades de la organización permite:

- Alinear la estrategia institucional con la política de Recursos Humanos.
- Facilitar la autogestión en la organización, ya que el modelo guía para orientar esfuerzos individuales y colectivos y establecer prioridades según los recursos disponibles.
- Favorecer el desarrollo de la organización y de las personas ya que se incorpora racionalidad, flexibilidad y adaptabilidad a los procesos.
- Generar un lenguaje común con respecto a la vida institucional, comportamientos que facilitan el entendimiento y la cohesión entre las personas que se traduce en un buen clima de trabajo.
- Orientar y mejorar el desempeño de cada puesto de trabajo gracias a la definición de las competencias necesarias en cada función.
- Proporcionar coherencia a las iniciativas que se despliegan desde el Departamento de Recursos Humanos ya que existe un sistema interno que guía el propio proceso de desarrollo organizativo y profesional.

Al final las competencias claves a mejorar o desarrollar en un programa formativo han de basarse en las necesidades de la empresa y de los trabajadores de tal forma que se alcancen mejores cotas de mercado y de satisfacción personal. El reto es construir ventajas competitivas o incorporar mejoras continuadas, basadas en las competencias, generadas por el conocimiento compartido. A este respecto no puede obviarse que el desarrollo de un modelo de competencias adaptado a la organización brinda beneficios clave, como la alineación estratégica, facilitación de la autogestión, promoción del desarrollo organizacional y personal, generación de un lenguaje común, orientación y mejora del desempeño laboral, y coherencia en las iniciativas de Recursos Humanos. En última instancia, este enfoque busca mejorar las competencias según las necesidades específicas de la empresa y los empleados para alcanzar una posición más sólida en el mercado.

Ejemplos

A continuación, se ilustra cómo cada enfoque se centra en diferentes aspectos para identificar y definir las competencias necesarias para diversos puestos de trabajo. Un ejemplo del enfoque americano en la definición de competencias laborales es el análisis de las características comunes de personas con alto rendimiento en determinados puestos de trabajo. Por ejemplo, un estudio puede identificar que los empleados exitosos en ventas suelen tener habilidades de comunicación excepcionales y una capacidad innata para establecer relaciones interpersonales. Estas características se convierten en competencias clave para ese puesto, según el enfoque americano.

Un ejemplo del enfoque británico en la definición de competencias laborales es el método del Análisis Funcional utilizado para determinar las competencias necesarias para un puesto de trabajo específico. Por ejemplo, en un análisis funcional para un puesto de atención al cliente, se identificarían competencias como habilidades de comunicación efectiva, capacidad para resolver problemas y empatía con el cliente. Un ejemplo del enfoque español en la definición de competencias laborales es la integración de competencias generales y técnicas en la gestión de Recursos Humanos. Por ejemplo, una empresa española puede definir competencias generales como trabajo en equipo y liderazgo, junto con competencias técnicas específicas para cada puesto, como el manejo de software especializado o conocimientos técnicos en un campo particular.

2.8. Transformación del Sistema de Formación Profesional: Flexibilidad y Reconocimiento de Competencias

Ley Formación Profesional

La Ley Orgánica de Formación Profesional, aprobada el 23 de marzo de 2022 y publicada en el Boletín Oficial del Estado el 1 de abril de 2022, establece un sistema unificado participativo que se adapta a los intereses y desarrollo de las personas a lo largo de su vida. Desarrollada tras un proceso participativo desde finales de 2020, con contribuciones del sector empresarial, comunidades autónomas y diversos actores sociales, la ley tiene como objetivo fortalecer la competitividad y sostenibilidad de la economía española, respondiendo a demandas productivas y sectoriales para mejorar la productividad y fomentar el empleo.

La legislación busca ofrecer flexibilidad al integrar la oferta formativa, creando una propuesta única y personalizable que sea acreditable, certificable y accesible. Este enfoque se sustenta en principios como modularidad, diseño accesible, conexión con otras formaciones, colaboración público-privada, integración entre centros y empresas, participación, evitación de estereotipos, innovación, investigación aplicada, emprendimiento, evaluación de calidad e internacionalización. Con este propósito, se implementa un sistema de grados acumulable (A, B, C, D y E), organizados según su duración, para la consecución de acreditaciones, certificaciones y titulaciones, a saber:

- Grado A: Microformaciones para obtener acreditaciones parciales de competencia.
- Grado B: Módulos profesionales que conducen al Certificado de Competencia Profesional.
- Grado C: Certificados Profesionales (Niveles 1, 2, 3).
- Grado D: Ciclos Formativos de Grado Básico, Medio y Superior, con títulos de Técnico Básico, Técnico y Técnico Superior.
- Grado E: Cursos de especialización a nivel de Grado Medio (Especialista) o Grado Superior (Máster Profesional).

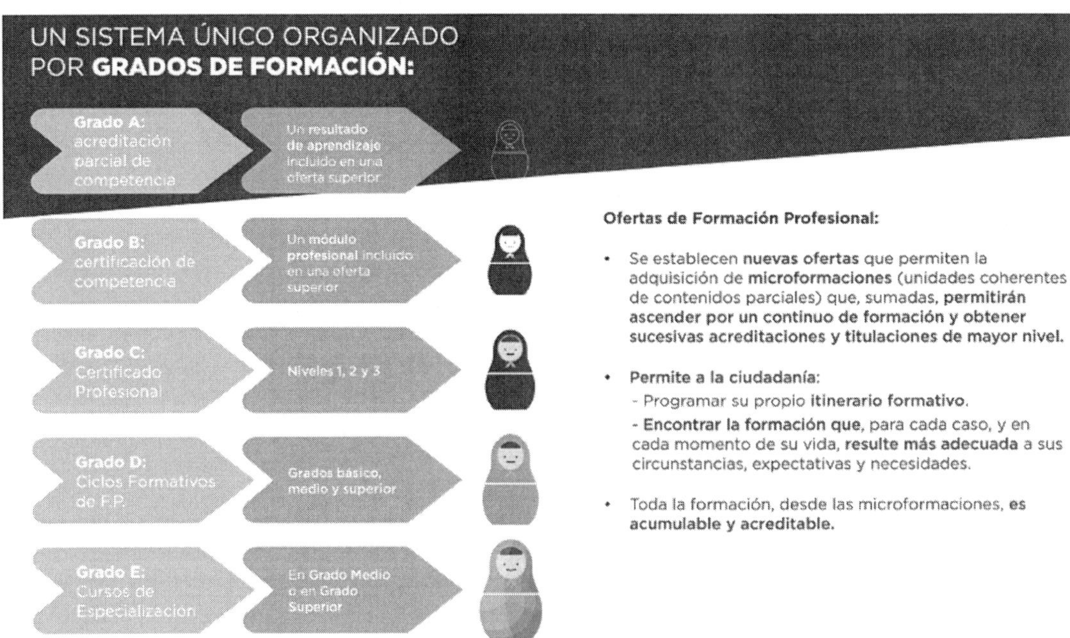

Figura 2.7 Sistema de FP por Grados (Ministerio Educación, 2023)

Cualificaciones Profesionales

El eje central de la Ley de Formación Profesional es el Sistema Nacional de Cualificaciones (SNC), junto con su correspondiente catálogo. A este respecto el SNC se presenta como un marco que organiza y reconoce las cualificaciones y competencias en un país, estableciendo estándares y niveles para la formación y el empleo. En cambio, el Catálogo Nacional de Cualificaciones Profesionales (CNCP) es un componente del Sistema Nacional de Cualificaciones y Formación Profesional (SNCFP) en España. Su función principal es organizar las cualificaciones profesionales relevantes en el sistema productivo, identificando las competencias necesarias para el ejercicio profesional. El catálogo abarca diversas familias profesionales y niveles, con cada cualificación compuesta por unidades de competencia. El Instituto Nacional de las Cualificaciones es el encargado de definir, elaborar y mantener actualizado el CNCP. Se puede conocer la relación de Cualificaciones profesionales vigentes, por familia profesional y nivel, y los estándares de competencia que incluye cada una, en la web del INCUAL: https://incual.educacion.gob.es/administracion_cualificaciones

El Catálogo Nacional de Cualificaciones Profesionales es la base para desarrollar la oferta formativa que conduce a títulos de formación profesional y certificados de profesionalidad, así como a otras ofertas formativas. La formación profesional abarca acciones formativas que capacitan para el ejercicio cualificado de diversas profesiones, facilitando el acceso al empleo y la participación en la vida social, cultural y económica, promoviendo la adquisición y actualización permanente de competencias profesionales a través de enseñanzas educativas, acciones laborales y formación continua en empresas.

El Real Decreto 1128/2003, que regula el Catálogo Nacional de Cualificaciones Profesionales, busca promover la integración, desarrollo y calidad de las ofertas de formación profesional, actualmente cuantificada y clasificada por tipología y niveles. Los Títulos de Formación Profesional y Certificados de Profesionalidad, emitidos por las autoridades competentes, son reconocidos en todo el territorio nacional y tienen validez. Estos documentos acreditan las cualificaciones profesionales o unidades de competencia, cumpliendo con la normativa de reconocimiento de cualificaciones en la Unión Europea y, en algunos casos, generan efectos académicos. Una novedad en la legislación es el Catálogo Nacional de Ofertas de Formación Profesional, que muestra toda la formación profesional que se puede cursar en España, desde las más amplias a las más reducidas o microformaciones más específicas. Por último, es reseñable el papel otorgado al sistema de acreditación de competencias profesionales, adquiridas a través de la experiencia laboral u otras vías no formales o informales. Este reconocimiento de saberes está experimentando transformaciones en términos de flexibilidad, según lo refleja la ley de formación profesional.

Figura 2.8. Catalogo Nacional de Cualificaciones Profesionales (Incual, 2024).

La legislación señala que, con solo 300,000 usuarios en más de 10 años, la Administración no alcanzó sus metas, motivando la introducción de cambios. Se busca hacer el proceso más accesible, considerándolo un derecho continuo que ofrece oportunidades de mejora tanto en el ámbito formativo como laboral.

La modificación del Real Decreto 1224/2009, enmendado por el Real Decreto 143/2021, elimina la dependencia de convocatorias gubernamentales y permite la evaluación constante de cualquier competencia, independientemente del ámbito profesional de la experiencia laboral.

La legislación actual introduce cambios en la terminología para alinearse con Europa. Es el caso del Catálogo Nacional de Estándares de Competencias Profesionales, sustituyendo al Catálogo Nacional de Cualificaciones Profesionales, tratando de alinear la denominación con el significado europeo, y adaptarse a la flexibilización de la formación hasta las "microformaciones". Estos estándares de Competencias Profesionales se organizan por familias profesionales y niveles según la complejidad de las tareas. Asimismo, se establece el Catálogo Modular de Formación Profesional, con el objetivo de que conseguir más agilidad ante los cambios y adaptaciones permanentes que requiere el tejido productivo.[1]

Estructura de una Cualificación Profesional

Las cualificaciones son documentos formales que certifican que una persona ha completado con éxito un proceso de evaluación y validación. Estas certificaciones son otorgadas por una autoridad competente que determina que la persona ha alcanzado los resultados de aprendizaje establecidos por ciertos estándares o normas específicas.

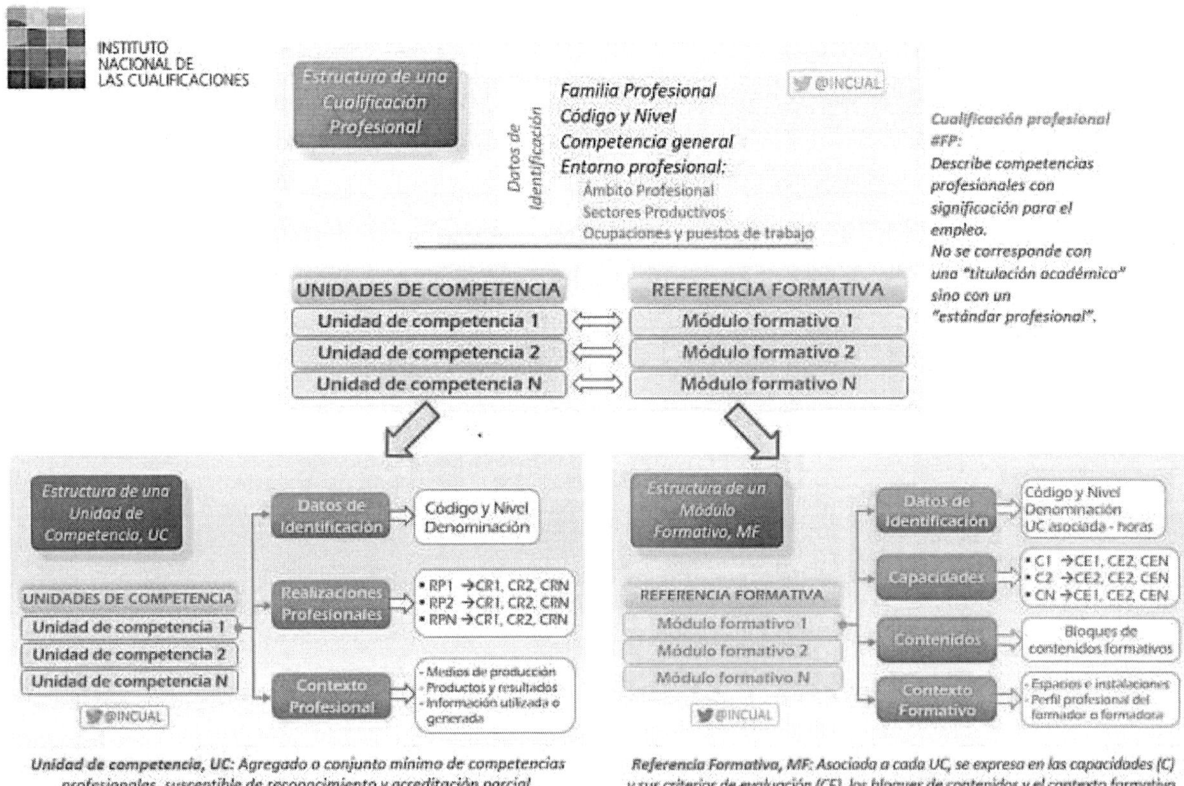

Figura 2.9. Estructura de una cualificación (Ministerio de Educación, 2023)

En otras palabras, las cualificaciones son la evidencia oficial de que alguien ha adquirido las habilidades y conocimientos requeridos según un criterio predeterminado [1]

[1] https://incual.educacion.gob.es/objetivos

La estructura de un certificado de profesional

La estructura de un certificado de profesionalidad se organiza en módulos formativos que abarcan las distintas competencias y habilidades necesarias para desempeñar un determinado trabajo o función.

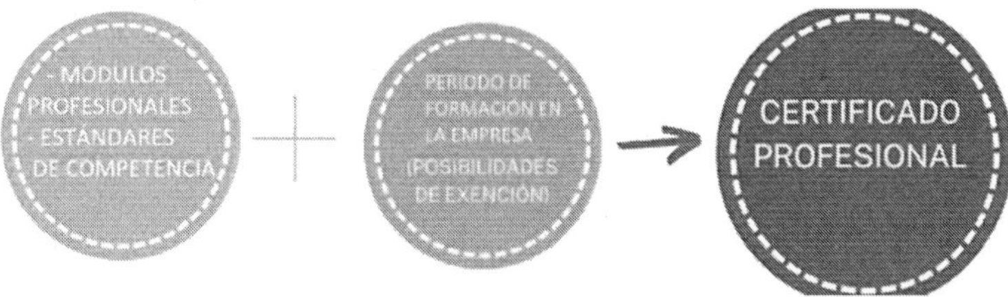

Figura 2.10. Estructura de un certificado (Ministerio de Educación, 2023)

Estos módulos están asociados a estándares de competencia que describen las habilidades y conocimientos que un profesional debe poseer para ejercer con eficacia en un campo específico.

La asociación entre los estándares de competencia y los módulos formativos es fundamental para garantizar que el proceso formativo prepare al alumnado para cumplir con los requisitos del puesto de trabajo y las expectativas del sector. Cada módulo formativo se estructura de manera coherente para abordar los estándares de competencia correspondientes.

Por ejemplo, si consideramos un certificado de profesionalidad en el área sociosanitaria, los estándares de competencia pueden incluir habilidades como la atención a personas dependientes, la promoción de la salud, la gestión de actividades sociosanitarias, entre otras. Cada uno de estos estándares se desglosa en módulos formativos específicos que cubren aspectos prácticos y teóricos relacionados con las competencias requeridas.

La asociación entre estándares y módulos permite una formación integral y coherente, donde los estudiantes adquieren los conocimientos, habilidades y actitudes necesarios para desempeñarse eficazmente en su campo profesional. Además, esta estructura facilita la evaluación del aprendizaje y la certificación de competencias, ya que cada módulo formativo está diseñado para cubrir aspectos específicos de los estándares de competencia establecidos.

2.9. Microcredenciales y Formación Profesional Dual: Innovaciones en la Educación y el Empleo

Las microcredenciales, una innovación educativa y laboral en ascenso, ofrecen reconocimiento específico y flexible de los logros de aprendizaje, distinguiéndose de los títulos tradicionales por su enfoque más detallado. Estas certificaciones validan los conocimientos adquiridos en cursos breves, evaluados transparentemente, en persona, en línea o mixta, y son proporcionadas por instituciones educativas y de formación profesional, públicas y privadas. Su rápida adopción en Europa y a nivel global las presenta como alternativas más ágiles a las cualificaciones tradicionales.

La Recomendación europea de las microcredenciales para el aprendizaje permanente y la empleabilidad, del Consejo de 16 de junio de 2022, publicada en el DOUE» núm. 243, de 27 de junio de 2022, páginas 10 a 25, destaca su importancia en un contexto marcado por la necesidad de actualizar habilidades para adaptarse a los cambios sociales y laborales, particularmente acentuados por la pandemia de COVID-19 y las transiciones digitales y ecológicas. Se resalta la escasez de habilidades pertinentes en el mercado laboral de la UE y la necesidad de sistemas educativos más flexibles y centrados en el estudiante. Por lo tanto, las microcredenciales emergen como una herramienta clave para certificar experiencias de aprendizaje selectivas y flexibles, pero se identifica una falta de definiciones y normativas comunes en Europa que limita su comprensión y aplicación.

Esta recomendación establece definiciones clave, como las de microcredencial, proveedores de microcredenciales y entornos de aprendizaje, sentando las bases para su desarrollo y aplicación efectiva en Europa. La citada propuesta aboga por la creación de microcredenciales transparentes y de calidad, promoviendo la colaboración entre instituciones educativas, proveedores de aprendizaje y empleadores. Se resalta su potencial inclusivo y su papel en iniciativas de la UE como la transición digital y ecológica. Al igual, que respalda la implementación de las microcredenciales y promueve su uso a través de programas como Europas y Erasmus+. Por tanto, desde Europa se anima a los Estados miembros a integrar las microcredenciales en sus políticas laborales y programas de formación, especialmente para grupos desfavorecidos.

La Formación Profesional Dual (FP Dual)

Esta Formación constituye una variante de la educación en la que se lleva a cabo un sistema de rotación entre el centro educativo y la empresa. Esta modalidad posibilita que el estudiante adquiera conocimientos en el ámbito educativo y, al mismo tiempo, aplique dichos conocimientos en un entorno laboral específico. La FP Dual se ha implementado en diversos países como una forma de mejorar la empleabilidad del estudiantado al proporcionarles habilidades prácticas y experiencia laboral relevante. Además, ayuda a las empresas a formar a futuros profesionales según sus necesidades específicas. En el marco legislativo actual, se rige para los grados C, D y, si corresponde, E. En esta modalidad, todo el alumnado realiza estancias en una o varias empresas, integrando parte de su formación en dicho entorno. La novedad legislativa destaca que los resultados de aprendizaje obtenidos durante la permanencia en la empresa prevalecerán sobre el tiempo dedicado a ella.

La promoción de colaboraciones público-privadas se manifiesta en la disposición de la ley para incorporar perfiles colaboradores adicionales en la formación profesional. Esta medida amplía las oportunidades para la participación activa de profesionales expertos del sector productivo en la enseñanza. Se introducen roles como el prospector de empresas y el experto sénior de empresa para fortalecer y mejorar el sistema educativo.

La normativa refuerza la conexión con otras formaciones al establecer las bases para fortalecer la relación entre la formación profesional de grado superior y la universidad. También regula las acciones formativas en empresas, que podrán complementarse con iniciativas adicionales de capacitación laboral promovidas por la administración laboral.

Son diversos los informes que avalan que escasean no solo los perfiles más avanzados, sino también profesionales de diversas índoles, con una marcada necesidad de perfiles técnicos (Bankia, Manpower, Adecco, 2022, 2021). El modelo educativo español, inicialmente basado en el referente alemán, demostró ser ineficaz al intentar replicar una estructura que no se ajustaba a nuestras particularidades. No obstante, según Sanz (Ministerio Educación 2022), la situación ha cambiado y ahora Europa considera a España un ejemplo a seguir. La nueva Formación Profesional adopta un sistema dual, donde la formación se reparte entre centros educativos y empresas, promoviendo la confianza mutua y evitando que los profesionales adquieran conocimientos obsoletos. Sanz destaca la importancia de la colaboración con empresas para ampliar las plazas disponibles y asegurar la incorporación efectiva de los profesionales formados. Y, donde este nuevo modelo trata de operar a dos niveles, gestionando el alta del alumnado y realizando contratos a los estudiantes de manera simultánea.

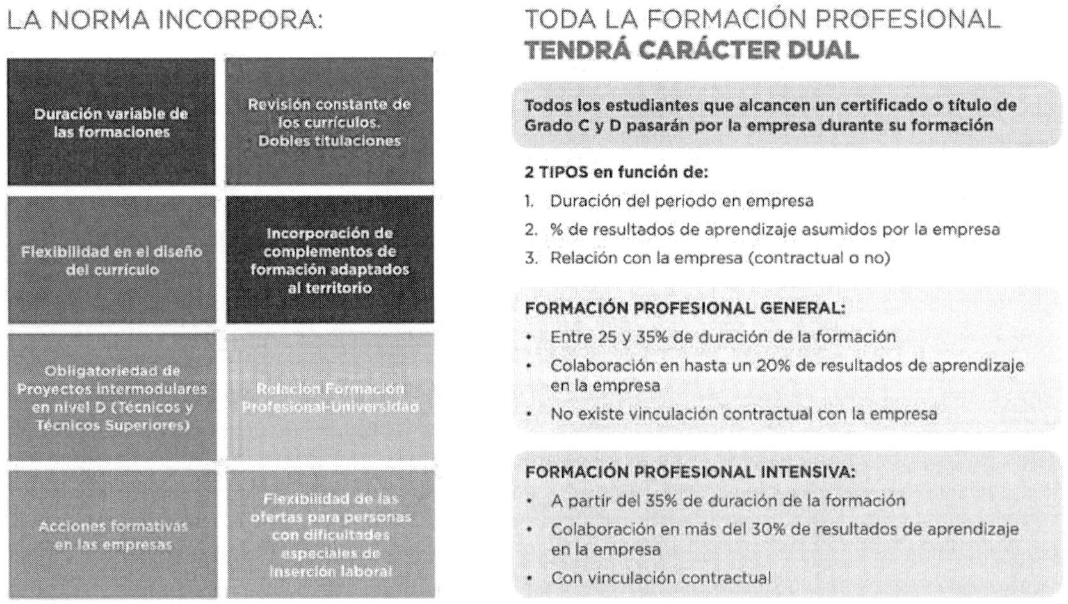

Figura 2.11. Novedades normativa FP (Ministerio de Educación, 2023)

2.10. Aprendizajes desde la Experiencia

Esta metodología se basa en la idea de que el aprendizaje se produce de manera más efectiva cuando los individuos están involucrados en experiencias prácticas y significativas. En lugar de recibir información de manera pasiva, los estudiantes tienen la oportunidad de participar activamente en actividades, reflexionar sobre sus experiencias y aplicar lo que han aprendido en situaciones reales (Dewey, 1958; Beard, 2010). A este respecto se desatacan algunos principios básicos a considerar:

- Inmersión activa: Los estudiantes están activamente involucrados en actividades prácticas y experiencias de aprendizaje que les permiten interactuar con el material de estudio de manera significativa.

- Reflexión y análisis: Después de participar en una experiencia, los estudiantes tienen la oportunidad de reflexionar sobre lo que han aprendido, identificar patrones y conectar nuevas ideas con conocimientos previos.

- Aplicación en situaciones reales: El aprendizaje desde la experiencia busca preparar a los estudiantes para aplicar lo que han aprendido en situaciones reales, ya sea en el lugar de trabajo, en la comunidad o en otros contextos relevantes.

- Aprendizaje colaborativo: Se fomenta el aprendizaje colaborativo a través del trabajo en equipo, la discusión y el intercambio de ideas entre los participantes

- Aprendizaje basado en proyectos: Los estudiantes trabajan en proyectos prácticos que requieren la aplicación de conocimientos y habilidades en un contexto real.

- Aprendizaje experiencial: Los estudiantes participan en actividades prácticas, como simulaciones, juegos de roles o ejercicios de resolución de problemas, para explorar conceptos y desarrollar habilidades.

- Aprendizaje servicio: Los estudiantes realizan actividades de servicio comunitario que están integradas en el plan de estudios y que les permiten aplicar lo que han aprendido para abordar necesidades reales de la comunidad.

- Prácticas laborales y pasantías: Los estudiantes tienen la oportunidad de ganar experiencia práctica en un entorno laboral real a través de pasantías o prácticas laborales supervisadas.

El aprendizaje desde la experiencia plantea así un enfoque dinámico y efectivo que puede ayudar a los aprendices a desarrollar habilidades prácticas, mejorar la retención del conocimiento y prepararse para enfrentar desafíos del mundo real. En cualquier caso, para que el aprendizaje desde la experiencia sea efectivo, es importante crear condiciones óptimas que fomenten la participación activa, la reflexión significativa y la aplicación práctica de los conocimientos adquiridos.

A continuación, se muestran algunas condiciones clave que pueden promover el aprendizaje efectivo desde la experiencia:

- Actividades prácticas y significativas: Las actividades de aprendizaje deben ser prácticas y relevantes para los estudiantes, proporcionándoles experiencias auténticas que puedan relacionar con su vida cotidiana, intereses y metas personales.

- Participación activa: Los estudiantes deben estar activamente involucrados en las actividades de aprendizaje, teniendo la oportunidad de explorar, experimentar y descubrir por sí mismos, en lugar de simplemente recibir información de manera pasiva.

- Contexto motivador: Es importante que las experiencias de aprendizaje estén contextualizadas y conectadas con situaciones de la vida real, permitiendo a los estudiantes ver la aplicabilidad y la utilidad directa de lo que están aprendiendo.

- Retroalimentación constructiva: Proporcionar retroalimentación regular y constructiva es fundamental para el aprendizaje desde la experiencia. Los estudiantes deben recibir comentarios sobre su desempeño y tener la oportunidad de reflexionar sobre sus experiencias para identificar áreas de mejora y consolidar su aprendizaje.

- Reflexión y metacognición: Se debe fomentar la reflexión activa sobre las experiencias de aprendizaje, ayudando a los estudiantes a pensar críticamente sobre lo que están aprendiendo, cómo lo están aprendiendo y cómo pueden aplicar ese conocimiento en el futuro.

- Colaboración y aprendizaje social: Fomentar la colaboración y el aprendizaje entre pares es importante para el aprendizaje desde la experiencia. Los estudiantes pueden beneficiarse al compartir ideas, trabajar juntos en proyectos y aprender unos de otros.

- Apoyo y orientación: Son importantes para el éxito del aprendizaje desde la experiencia. Los facilitadores y mentores deben estar disponibles para ayudar a los estudiantes a navegar por las actividades de aprendizaje, resolver problemas y ampliar su comprensión.

- Flexibilidad y adaptabilidad: Es importante ser flexible y adaptarse a las necesidades individuales de los estudiantes, así como a las circunstancias cambiantes. Permitir cierto grado de autonomía y personalización en el aprendizaje puede aumentar la motivación y el compromiso de los estudiantes.

Al crear estas condiciones para el aprendizaje desde la experiencia, se puede promover un ambiente de aprendizaje dinámico y estimulante que impulse el desarrollo integral de los estudiantes y los prepare para enfrentar desafíos del mundo real.

Atendiendo a este planteamiento, consideramos que la formación continua fortalece los vínculos de las personas con la organización, empresa o institución. Siempre deberá estar acompañada de una estabilidad laboral, económica y social del individuo dentro de la organización, de otro modo el esfuerzo podrá fácilmente salir por la puerta. La tesitura de algunos empleadores está, entre dotar de competencias o adquirir esas competencias en el mercado, contratar a nuevos trabajadores que ya las tengan, esta segunda opción poco rentable ya que las competencias cambian con frecuencia y la plantilla sería muy cambiante. La persona desempleada necesita adaptarse a las nuevas demandas del mercado laboral y puede que tenga que buscar oportunidades de empleo en campos diferentes a los que está acostumbrada.

Los desempleados tienen que adquirir o mejorar muchas competencias blandas y pre-laborales: Comunicación oral y escrita, gestión del tiempo, habilidades sociales, iniciativa, trabajo en equipo, interés por aprender, compromiso, flexibilidad, tolerancia a la frustración. Todo esto actualmente lo estamos trabajando en un servicio de las oficinas de empleo, al que hemos bautizado como “Desarrollo de competencias personales para la empleabilidad”.

La orientación laboral y su desconexión con el envío a acciones de formación deberá revitalizarse y volverse prioritaria en los próximos meses, actualmente el individuo entra en la web y solicita de manera aleatoria lo que le apetece, sin ajustarse a itinerario u orientación alguna. Los periodos de acogida del trabajador a la empresa o institución son cruciales para analizar, detectar y poder desarrollar competencias. Es probable que en este periodo habrá muchas competencias blandas que trabajar. El individuo tomará una mejor posición ante cambios si se trabaja de forma correcta el proceso de acogida; la resistencia al cambio es importante y deberá ser asumida desde el primer minuto en la empresa, igual que el trabajo en equipo o entre equipos.

La formación continua, o lo que podríamos llamar aprendizaje constante, es fundamental en el entorno actual. Contar con una buena intranet o espacio en la nube donde se compartan las preguntas frecuentes (FAQs), así como las respuestas proporcionadas por expertos, resultan importante para promover y facilitar el proceso de aprendizaje. Tener acceso a un repositorio de buenas prácticas es vital para que los recursos humanos trabajen de forma alineada y eficiente, lo que no solo ayuda a resolver dudas, sino que también fomenta la colaboración y el desarrollo.

Los itinerarios personalizados para la empleabilidad son fundamentales de ahí que se recojan algunos protocolos utilizados por los servicios de orientación, a saber:

- Una vez diagnosticada la situación del individuo el itinerario personalizado para el empleo IPE, plantean unos hitos por los que deberá ir pasando el demandante del servicio para la consecución de los objetivos. Aunque siempre se habla en términos de empleabilidad, en muchas ocasiones este horizonte está muy lejano y el objetivo que se plantea es mejorar la posición de la persona con relación al mercado de trabajo. A menudo, es necesario enfocarse con decisión en todas las habilidades previas al trabajo; de lo contrario, los hitos alcanzados pueden frustrar los objetivos. A veces, si no nos concentramos en desarrollar todas las habilidades necesarias antes de comenzar un proyecto importante, podríamos no alcanzar nuestros objetivos a pesar de haber alcanzado ciertos hitos importantes.

- Si un individuo no satisface sus necesidades básicas, es probable que intente evitar seguir el proceso adecuado y se lance directamente a la "Búsqueda Activa de Empleo", lo cual podría resultar en un desastre. Por ejemplo, imagine a alguien que está lidiando con problemas de vivienda y alimentación, pero en lugar de abordar estas necesidades fundamentales primero, decide dedicar todo su tiempo y energía a buscar trabajo. Es probable que esta persona encuentre dificultades para concentrarse en la búsqueda de empleo y pueda enfrentarse a desafíos adicionales debido a la falta de estabilidad en otras áreas de su vida. En este caso, saltarse el proceso de satisfacer las necesidades básicas antes de buscar trabajo puede conducir a resultados desfavorables.

- El itinerario personalizado para el empleo está vinculado a multitud de servicios, (anexo tabla) algunos de corta duración, pero otros como pueden ser los del grupo 4; donde puede consistir en estar 1 año contratado en una institución de interés social o ayuntamiento para poder adquirir meses de experiencia que serán vitales.

- La importancia de todo el itinerario no solo está en proponer y que se ejecute, hay que realizar un buen acompañamiento de lo que se hace de otro modo las propuestas se hacen por hacer sin más.

La formación para el empleo actualmente está bajo tres parámetros, a saber:

- Certificados profesionales.

- Píldoras formativas, para personas que no pueden afrontar formación de certificado.

- Acciones formativas con atractivo, que están pensadas para sacar a determinado colectivos del estado de letargo. Acciones para jóvenes como "adiestrador de perros" "actividades musicales" "rutas de paseo" "mecánicos de bicicletas".

En la actualidad, existen diversos programas para el empleo de los que destacamos algunos de ellos caso del *Programa de Apoyo a Mujeres en el ámbito Rural y Urbano (MRR)* que se dirige a la mejora de la capacitación de las mujeres de las áreas rurales y urbanas, suponiendo así un apoyo operativo al objetivo estratégico de la Inversión 2, «Empleo Mujer y transversalidad de género en las políticas públicas de apoyo a la activación para el empleo», incluida en el Componente 23 «Nuevas políticas públicas para un mercado de trabajo dinámico, recipiente e inclusivo», encuadrado en la política palanca VIII «Nueva economía de los cuidados y políticas de empleo» del Plan de Recuperación, Transformación y Resiliencia.

Las subvenciones tienen por objeto la financiación de los itinerarios individualizados a través de diferentes actuaciones (Diagnóstico de empleabilidad e itinerario personalizado de inserción; orientación laboral para facilitar la búsqueda de empleo de las participantes; acciones formativas de cualificación y recualificación profesional; talleres de competencias transversales y de empoderamiento y el refuerzo de la igualdad en el acceso al empleo; y acompañamiento durante el desarrollo del itinerario personalizado así como acompañamiento al inicio de la incorporación laboral; incentivos a la participación de las mujeres en el Programa; y prospección del mercado laboral del territorio en el que se desarrolle el Programa.

La Orientación Profesional para el Empleo y Asistencia al Autoempleo (OPEAS) se realiza a través de entidades colaboradoras que reciben subvenciones para reforzar las actuaciones de orientación según la legislación vigente, actualmente la establecida en la Cartera de Servicios Comunes del SNE. Los servicios públicos de empleo de las comunidades autónomas pueden considerar estas actuaciones como programa común, incluyéndolas en su correspondiente plan anual de empleo y comunicando, a través del SISPE (Sistema de Información de los Servicios Públicos de Empleo) los beneficiarios y presupuesto previsto y realizado. En las ciudades autónomas de Ceuta y Melilla se sigue lo establecido en la base normativa de las OPEAS. La base normativa de la Orientación Profesional para el Empleo y Asistencia al Autoempleo, OPEAS, es la Orden de 20 de enero de

1998 por la que se establecen las bases reguladoras para la concesión de subvenciones para la realización de acciones de orientación profesional para el empleo y asistencia para el autoempleo.

El Programa Integral de Orientación y Mejora de la Empleabilidad (PIOME) se pone en marcha, subvenciona y regula la Consejería de Empleo, Industria y Turismo, a través del Servicio Público de Empleo del Principado de Asturias a partir del año 2016 (Resolución de la Consejería de Empleo, Industria y Turismo de 11 de octubre de 2016, modificadas por resoluciones de la Consejería de Empleo, Industria y Turismo de 12 de julio de 2017 y de 29 de abril de 2019 (rectificación de errores por resolución de 9 de mayo de 2019). Este programa tiene una duración aproximada de 9 meses a lo largo de los cuales se realizan diferentes acciones (orientación profesional para el empleo, tanto individuales como grupales, que faciliten a los participantes la mejora de su empleabilidad en el mercado de trabajo y su búsqueda de empleo por cuenta ajena; motivación y asesoramiento para el autoempleo, tanto individuales como grupales; y acciones formativas dirigidas a mejorar las posibilidades de inserción de las personas desempleadas). Estas píldoras formativas son de corta duración y se elaboran ad hoc teniendo en cuenta los perfiles de los participantes y sus necesidades.

En cuanto a la formación a distancia debe recordarse que la experiencia de los servicios de empleo con la formación a distancia ha sido muy dispar. Por una parte, hemos podido llegar a lugares y personas que con la presencial no sería imaginable. En cualquier caso, debe indicarse que las dificultades de este enfoque se han centrado principalmente en la formación impartida a través de contratos formativos, formación y aprendizaje. A menudo, esta formación llegaba a los centros de trabajo y, lamentablemente, muchas veces quedaba relegada al olvido; aparcada en cajones. En numerosas ocasiones, durante las inspecciones laborales, los alumnos apenas tenían conocimiento de la parte formativa de su contrato. La reforma del 2011 trajo consigo cambios exigidos por la UE, y en la actualidad existe un mayor control del tiempo dedicado a la formación, así como de los contenidos impartidos, la obligación de conexión y, sobre todo, una supervisión más exhaustiva. Por todas estas razones, podemos concluir que nuestro modelo de formación es preferiblemente presencial o una combinación híbrida.

En cuanto al proceso de acreditación de competencias a través de las vías no formales o experiencia laboral se establecen los requisitos para evaluar y certificar las competencias obtenidas a través de la experiencia laboral o de vías no formales. El objetivo es certificar oficialmente las competencias profesionales adquiridas fuera de la educación formal. De esta forma, las personas podrían obtener el reconocimiento de sus competencias profesionales y cualificación profesional con independencia de cómo lo adquirieron. A manera de ejemplo podemos imaginar a una persona que ha estado trabajando como cuidador/a de personas mayores y dependientes en sus hogares durante varios años. A lo largo de su experiencia, ha desarrollado habilidades en cuidado personal, administración de medicamentos, asistencia en la movilidad, y atención emocional y social a los clientes. Aunque esta persona no haya recibido formación formal en cuidados de salud, su experiencia práctica en el campo le ha permitido adquirir un alto nivel de competencia y empatía en el cuidado de los demás.

Esta persona podría someterse a un procedimiento único de evaluación y acreditación de competencias adquiridas a través de la experiencia laboral en ayuda a domicilio. Este proceso de evaluación podría incluir demostraciones prácticas de sus habilidades, evaluaciones teóricas sobre cuidados básicos y ética profesional, así como revisiones de su historial laboral y testimonios de los clientes y supervisores.

Una vez completada la evaluación y acreditadas sus competencias, esta persona podría obtener un reconocimiento oficial de su cualificación profesional en el campo de la ayuda a domicilio o detectar que competencias profesionales tiene que reforzar para llegar a recibir la cualificación profesional. Esto le permitiría desarrollar sus competencias profesionales para su desarrollo de carrera, y en este sector en concreto, cumplir con los requisitos del convenio colectivo porque le exigen desde hace unos años tener la cualificación reconocida.

Más información en https://trabajastur.asturias.es/acredita-tus-competencias.

2.11. Reflexiones de síntesis

El capítulo sobre "Modelos y Modalidades de Formación" destaca una evolución significativa en la concepción de competencias en el ámbito laboral, reconociendo la importancia no solo de los conocimientos específicos, sino también de la adaptabilidad y la capacidad de desarrollo continuo en un entorno laboral cambiante. Se aborda la definición de competencia y se pone el énfasis en la autonomía y la capacidad de acción, elementos esenciales para el aprendizaje autónomo y la educación continua. La clasificación propuesta abarca competencias epistémicas, de reflexión y autoaprendizaje, interpersonales-asociativas y de organización y gestión, lo que refleja la diversidad de habilidades necesarias en el entorno laboral actual.

El capítulo también destaca la importancia de adoptar una visión integral en la formación, que incluya no solo competencias cognitivas, sino también habilidades interpersonales, organizativas y de autoaprendizaje.

En el marco de la legislación nacional, se señala la integración de las unidades de competencia, los módulos formativos y las cualificaciones profesionales según el Catálogo Nacional de Cualificaciones Profesionales de España, enlazado con el Marco Europeo de Cualificaciones. Este marco proporciona un sistema de referencia común que facilita la comprensión y comparación de las cualificaciones en Europa, promoviendo la movilidad laboral y educativa dentro del continente. El objetivo es alinearse a las directrices internacionales y promover en nuestro país las condiciones necesarias para modernizar el mercado laboral, elevar los niveles de empleo y garantizar la sostenibilidad de nuestros modelos sociales (Agenda de Cualificaciones y Empleo europea, 2023).

En el capítulo nos hemos centrado en el Servicio Público de Empleo de Asturias (SEPEPA), para ver cómo ha implementado itinerarios personalizados para el empleo con el propósito de mejorar la orientación laboral, la inserción en el mercado de trabajo a través de itinerarios personalizados de empleo. Estos itinerarios deben garantizar que la formación y el acompañamiento estén alineados con el perfil del individuo y las necesidades de la sociedad.

Estos itinerarios, diseñados con base en criterios técnicos y estadísticos, buscan brindar soluciones específicas a cada usuario, desde la identificación de oportunidades laborales hasta la búsqueda activa de empleo y el desarrollo de habilidades requeridas. Se destaca la creación de planes adaptados a cada perfil, con un seguimiento personalizado a cargo de orientadores laborales. Además, se ofrecen servicios adicionales como asesoramiento en la búsqueda de empleo, movilidad laboral y desarrollo de carrera. Este enfoque personalizado persigue fomentar la cultura del aprendizaje permanente, maximizar el éxito laboral y el crecimiento profesional de los individuos.

En resumen, el capítulo examina el concepto de competencias desde diversas perspectivas, analizando su estructura y desarrollo, y destacando la importancia de una formación integral. Se enfatiza la necesidad de proporcionar formación continua para adaptarse a los cambios laborales y sociales, con un enfoque en la evolución del mercado laboral y la importancia de ajustar la educación y la formación a las demandas actuales.

2.12. Transferencia

Después de explorar los conceptos clave relacionados con la transformación de la formación y el desarrollo de competencias, así como la importancia de la adaptabilidad en el entorno laboral actual, se puede realizar un estudio de caso como el siguiente.

Estudio de caso “Adaptación al Cambio”:

- Se presenta un caso ficticio o real que involucre un cambio significativo en el entorno laboral o educativo.
- El caso se describe una situación donde las personas se enfrentan a la necesidad de adquirir nuevas competencias o adaptarse a un nuevo entorno de trabajo.
- En primer lugar, identificar los desafíos específicos que enfrentan los personajes del caso y las competencias que necesitarían desarrollar para superar esos desafíos.
- Se discute en parejas cómo podrían aplicar los conceptos y perspectivas aprendidos en los capítulos anteriores para abordar la situación presentada en el caso.
- Se dedica un tiempo para que el estudiantado reflexione sobre cómo podrían implementar estrategias de aprendizaje continuo y desarrollo de competencias en su propia vida laboral o educativa.

Esta actividad permitirá al alumnado aplicar los conceptos teóricos discutidos en los capítulos a una situación práctica y relevante, fomentando la reflexión crítica y la conexión entre la teoría y la práctica.

2.13. Recordatorio básico a través de preguntas

- ¿Por qué se considera importante la formación continua en las organizaciones?
- ¿Cómo ha respondido la Unión Europea a la necesidad de formación y capacitación en un contexto de cambios laborales y económicos?
- ¿Por qué los criterios de evaluación de las cualificaciones profesionales están evolucionando hacia un enfoque centrado en los resultados del aprendizaje? Proporciona al menos dos razones que respalden este cambio.
- ¿Cuál es el propósito principal del Marco Español de Cualificaciones (MECU) y cómo se estructura?
- ¿Qué diferencia al MECU del Marco Español de Cualificaciones para la Educación Superior (MECES) y cómo afecta esto a la comprensión y la transparencia de las cualificaciones en España?
- ¿Por qué se considera que la gestión de la formación en la sociedad actual es un desafío complejo?
- ¿Cuál es la importancia de las competencias clave adaptadas del Consejo de la Unión Europea al sistema educativo español?
- ¿Cuál es el propósito principal de los itinerarios personalizados para el empleo implementados por el Servicio Público de Empleo de Asturias?
- ¿Qué elementos clave se mencionan en la fase de implementación de los itinerarios para garantizar el éxito del proceso?
- Describe la importancia del aprendizaje social y organizativo en los entornos laborales contemporáneos.
- ¿Cuáles son las ventajas y desventajas de la formación presencial en comparación con otras modalidades de formación?
- Define el concepto de formación a distancia y explora sus características y ventajas principales.
- ¿En qué consiste la formación híbrida, y cuál es su objetivo principal?
- ¿Cómo ha evolucionado el concepto de competencias desde las últimas décadas del siglo pasado hasta la actualidad?
- Según la aproximación funcional a las competencias presentada por Goñi, ¿cómo se define la competencia y qué elementos la componen?
- Describe la clasificación de competencias propuesta por Goñi para el ámbito formativo, destacando las categorías principales y su importancia en el desarrollo personal y profesional.
- ¿Cuáles son los principales desafíos identificados en la implementación de las microcredenciales en Europa, y cómo aborda la Recomendación estos desafíos?
- ¿Qué beneficios ofrece la Formación Profesional Dual (FP Dual) tanto para los estudiantes como para las empresas
- ¿Cuál es la importancia de la formación continua en relación con la estabilidad laboral y económica del individuo dentro de una organización?
- ¿Qué desafíos enfrentan los desempleados al adaptarse a las nuevas demandas del mercado laboral?

- ¿Qué tipo de competencias blandas y pre-laborales se enfatizan en el servicio de «Desarrollo de competencias personales para la empleabilidad»?
- ¿Cuál es la importancia de conectar la orientación laboral con las acciones de formación?
- ¿Por qué es crucial el periodo de acogida del trabajador en la empresa para el desarrollo de competencias?
- ¿Cuál es la diferencia entre los itinerarios personalizados para la empleabilidad y los servicios de orientación laboral tradicionales?
- ¿Qué tipos de programas y acciones se están implementando actualmente para mejorar la empleabilidad y el acceso al mercado laboral?
- ¿Cuáles son los desafíos asociados con la formación a distancia en el contexto de los contratos formativos y de aprendizaje?
- ¿Cómo se relaciona el proceso de acreditación de competencias con la experiencia laboral y la educación formal?
- ¿Cuál es el impacto de la acreditación de competencias en la trayectoria profesional y la empleabilidad de los individuos?

2.14. Lecturas complementarias, enlaces web y videoteca de apoyo

Dewey, J. (1958). *Experiencia y educación.* Losada.

Beard, C. (2010). *The experiential learning toolkit: blending practice with concepts.* Kogan Page.

FORMACIÓN PROFESIONAL

https://www.todofp.es/inicio.html

LEY ORGÁNICA DE LA FORMACIÓN PROFESIONAL

Ley Orgánica 3/2022, de 31 de marzo

MARCO EUROPEO DE CUALIFICACIONES

https://europa.eu/europass/es/herramientas-de-europass/el-marco-europeo-de-cualificaciones

MICROCREDENCIALES

https://www.sepe.es/HomeSepe/que-es-el-sepe/que-es-observatorio/Revista-cuadernos-del-mercado-de-trabajo/detalle-articulo?folder=/cuartarevolucionindustrialysuimpactoenelmercadolaboralylaformacion/microcredencialesunenfoqueeuropeoparaelaprendizajepermanenteylaempleabilidad#

ORDENACIÓN DEL SISTEMA DE FORMACIÓN PROFESIONAL

Real Decreto 659/2023, de 18 de julio

SISTEMA DE ACREDITACIÓN DE COMPETENCIAS

https://www.todofp.es/acreditacion-de-competencias.html

SISTEMA NACIONAL DE CUALIFICACIONES

https://incual.educacion.gob.es

TRECE TIPOS DE APRENDIZAJE

https://psicologiaymente.com/desarrollo/tipos-de-aprendizaje

Otras referencias de interés

- *LinkedIn Learning:* Esta plataforma ofrece una amplia gama de cursos sobre competencias profesionales, liderazgo, gestión del tiempo, comunicación efectiva y otros temas relevantes para el desarrollo profesional.

- *Harvard Business Review:* El sitio web contiene una gran cantidad de artículos sobre liderazgo, gestión del cambio, trabajo en equipo y desarrollo de competencias profesionales.

- *Forbes:* Proporciona una variedad de artículos y recursos sobre desarrollo profesional, tendencias laborales, habilidades del futuro y consejos para el éxito en el lugar de trabajo.

- Sitio web oficial del Marco Europeo de Cualificaciones (MEC): El sitio web proporciona información detallada sobre el marco, sus niveles, descripciones y cómo se relaciona con otros marcos de cualificaciones en Europa.

- European Training Foundation (ETF): La ETF ofrece una amplia gama de recursos y publicaciones sobre educación y formación profesional en Europa, incluyendo informes, estudios de caso y herramientas para el desarrollo de competencias.

- European Association for Quality Assurance in Higher Education (ENQA): Ofrece información sobre la calidad de la educación superior en Europa, incluyendo estándares, guías y buenas prácticas para la evaluación y garantía de calidad.

Capítulo

3

Detección de necesidades y desarrollo profesional

3.1. Introducción

El objetivo de aprendizaje de este capítulo se orienta a comprender la importancia de la gestión integral de recursos humanos.Por lo que tiene en cuenta la descripción y análisis de puestos de trabajo, la gestión por competencias desde la incorporación hasta la desvinculación laboral. Además se explora las dinámicas de las relaciones laborales en el entorno de trabajo, en respuesta a las demandas cambiantes del contexto socioeconómico, y a la necesidad de adaptación de las personas físicas y jurídicas a las nuevas realidades y exigencias.

En los capítulos previos hemos podido comprobar cómo las demandas emergentes de la sociedad condicionan, ineludiblemente, la formación de la ciudadanía desde nuevos referentes. Todo ello condiciona que las organizaciones en general y a las instituciones educativas en particular. De ahí, que el contexto socioeconómico actual influya de manera decisiva en cuestiones que hasta hace poco eran un elemento clave en las organizaciones laborales y sociales: las personas y su desarrollo personal, social y profesional.

La gestión de los recursos humanos en cualquier institución, entidad o empresa ha sido clave para el desarrollo de las organizaciones, ya que las personas son el motor que les permite adaptarse a nuevas realidades y exigencias (competitivas, tecnológicas, laborales, económicas, emprendedoras, etc.). Por tanto, la gestión del conocimiento en las instituciones se erige como pilar y factor determinante del éxito y la supervivencia de la propia organización. Los individuos que concurren en este espacio, con su experiencia, creatividad, conocimientos, habilidades y actitudes se convierten en referentes esenciales para alcanzar los objetivos establecidos.

En este escenario y a pesar de las dificultades, la formación de las personas adquiere una especial relevancia ya que cuanto más comprometidos, capacitados y adaptables sean los miembros de una organización (trabajadores, colaboradores, voluntarios, etc.), más fácil será encontrar soluciones que permitan afrontar nuevos problemas o dificultades.

3.2. El Valor Estratégico de la Formación en las Organizaciones

El acelerado ritmo de cambios que experimenta la sociedad y sus organizaciones es indudable. La globalización de los mercados y/o la difuminación de las fronteras económicas, sociales y políticas están originando nuevos escenarios impregnados de incertidumbre lo que requiere la adopción de estrategias que orienten los procesos de intervención intra e inter organizacionales.

López Camps (2005) nos había alertado hace décadas sobre la necesidad de incorporar medidas de carácter estructural (fomentando acuerdos sectoriales; adoptando normativas flexibles; mejorando condiciones laborales, etc.), institucional (especialización por ámbitos de actuación; funcionamiento de programas; ampliación de servicios, etc.), operacional (desarrollo de nuevas estrategias de acción, incorporación de nuevos sistemas de comunicación; control de calidad de los procesos, etc.). La mejora también se refiere a la formación, ya que tanto los elementos individuales como sus interdependencias se desarrollan en conjunción con el entorno. Por lo tanto, es crucial abordar estos aspectos desde una perspectiva sistémica

Abordar la formación en las organizaciones en este contexto es una tarea compleja ya que intervienen múltiples factores (difusión de las TIC; cambios en la gestión y en la dirección; nuevas formas de liderazgo; necesidad de mejorar la calidad y la singularidad de los servicios o productos, etc.). Además, la versatilidad económica obliga a una redefinición del concepto de formación lo que conlleva una constante readaptación en la gestión funcional de la organización que encuentra en el factor humano su fuente de cambio para la mejora continua. La experiencia nos indica que cuando muchas organizaciones se ven afectadas por la crisis es que los productos o servicios que se proporcionan no son los adecuados por lo que deben revisarse periódicamente los procesos que se siguen para obrar en consecuencia. En nuestra opinión ha finalizado el tiempo en el que determinados conocimientos (teóricos, prácticos y técnicos) adquiridos al principio de la vida profesional permitían a una persona desempeñar su quehacer profesional a lo largo de toda su vida. La capacitación y la formación inicial y continua adquieren ahora un nuevo significado que demanda una reorientación de las estrategias para poner en valor su importancia como herramienta de cambio, evolución y mejora.

A este respecto conviene retomar las tres "Ces" destacadas por Hamner y Campy (1984) hace décadas porque sigue vigente su impacto en las organizaciones desde las tres perspectivas reflejan, a saber:

- *Clientes*: personas, colectivos, usuarios e incluso instituciones de procedencia distinta, diferentes expectativas y variadas necesidades. El grado de exigencia es cada vez mayor, requiriendo productos o servicios específicos y de calidad.

- *Competencia:* existe una competencia cada vez mayor, diversa y compleja. No es suficiente con generar un servicio o desarrollar un producto, sino que debemos adaptarlo al contexto (mercado o ámbito comunitario) alcanzando un umbral competitivo que lo haga llegar a público potencial.

- *Cambio:* como hemos venido comentando, su naturaleza se va complejizando y los ciclos o fases de vida son más intensos y breves. En ocasiones los propios cambios que se adoptan no llegan a implementarse completamente por lo que las organizaciones deben adaptarse con rapidez para afrontar las dos cuestiones previas descritas.

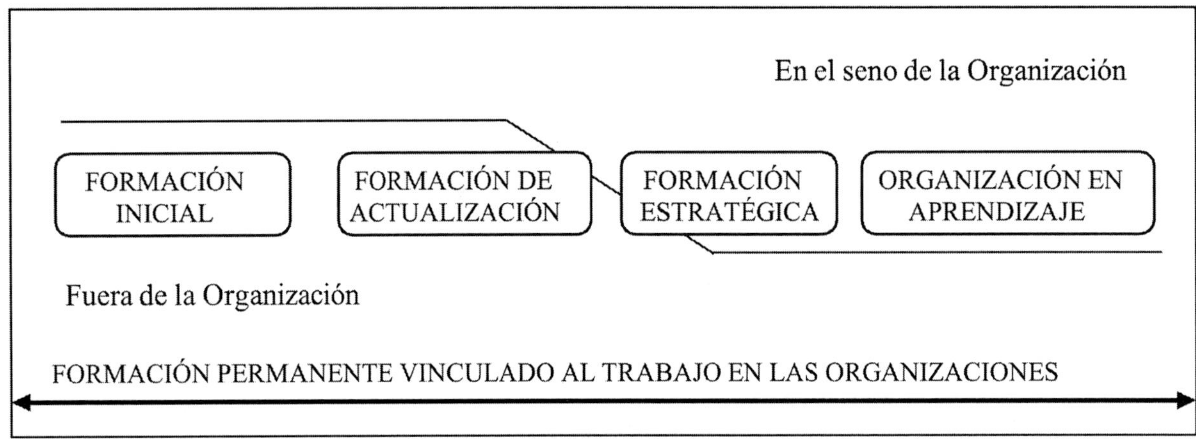

Figura 3.1. Continuo formativo en relación a las organizaciones (Pont, 1997)

Las exigencias derivadas de las 3 "ces" sitúan a la formación más allá de un simple requisito en la selección de un trabajador o colaborador ya que ahora pasa a considerarse parte inseparable de la estrategia de la organización si quiere disponer una mejor posición con relación al cambio. En esta línea Pont (1997; 321) sugiere entender la formación permanente como un continuo que se vincula al trabajo en las organizaciones lo que nos permite comprobar la importancia de desarrollar el aspecto instrumental y valorar las condiciones laborales, personales y sociales de los participantes.

El proyecto de organización debe orientar la formación que una organización necesita y a su vez, determinará el alcance que pueda tener. Estos dos ejes son los referentes para la planificación de cualquier iniciativa. Se trata de adoptar una concepción que entiende a las organizaciones como sistemas formativos, es decir, lugares de aprendizaje y de desarrollo humano.

Muchos autores de referencia como Drucker, Lewin, Rogers, Mc Gregor, Mc Clellad, Porter, Kaplan y Norton etc. ya han ido avanzando cuestiones con evidentes implicaciones en lo que se ha denominado *factor humano* y que posteriormente se ha denominado *desarrollo del factor humano*. A este respecto queremos retomar las aportaciones del profesor Oltra (2005; pág. 16) cuando plantea la formación como *"todo el conjunto de políticas y actividades que, en el seno de una organización, se llevan a cabo para identificar y mejorar las competencias de los trabajadores/colaboradores, así como su grado de satisfacción y compromiso con la organización. Todo ello con el objeto de mejorar tanto la diligencia y potencial profesional, como su nivel de motivación e implicación, posibilitando el refuerzo mutuo del logro de los objetivos organizativos y personales".*

La formación del factor humano se convierte así en una de las claves en el desarrollo organizativo. De ahí que recordemos cinco cuestiones fundamentales sobre este punto, a saber (Oltra, 2005; pág. 22):

- La importancia del factor humano no debe oponerse a la importancia de otras funciones de la organización.
- El impacto económico del factor humano (o de los recursos humanos) en la organización es difícilmente explicable en términos de resultados cuantitativos.
- Toda actividad empresarial o social necesidad de personas formadas y motivadas que la lleven a la práctica.
- Las personas son el motor de cualquier idea, cambio o innovación.
- Las personas son el activo fundamental de cualquier organización, especialmente en momentos cambiantes, complejos y contradictorios.

Estas ideas tampoco son novedosas ya que en la década de 1969 John Kenneth Galbraith ya introdujo el término capital intelectual para referirse a la capacidad de las organizaciones para desarrollar, crear, adaptar y gestionar el conocimiento dentro de la actividad a la que orientan su actuación. A este respecto y siguiendo la propuesta de Sánchez, Melián y Hormiga (2007), tenemos en cuenta tres grandes bloques a la hora de clasificar el valor del capital humano:

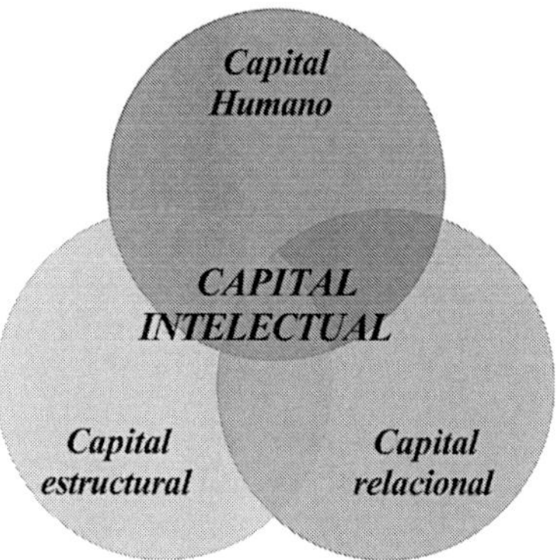

Figura 3.2. Dimensiones del capital intelectual (elaboración propia)

- ***Capital humano.*** Se trata de las capacidades, actitudes, destrezas y conocimientos que cada miembro de la organización aporta a ésta.
- ***Capital estructural.*** Se incluyen todos aquellos elementos de tipo organizativo interno que ponen en práctica para desempeñar las funciones de la manera óptima posible (bases de datos, cuadros de organización, manuales de procesos, propiedad individual, etc.)
- ***Capital relacional.*** Hace referencia a los posibles clientes/usuarios a los que va dirigido el producto/servicio de una organización y a la relación organización-cliente (acuerdos, alianzas, etc.); y también a los procesos de organización, producción y comercialización del producto o servicio (estrategias de cara al logro).

Si abordamos la formación como un continuo en las organizaciones y lo ponemos en relación con las propuestas del capital humano avanzamos hacia nuevas posiciones, como las ya propuestas por Senge (1994) y su concepto de *organización de aprendizaje.* Su propuesta plantea a las organizaciones como un sistema donde se desarrolla un aprendizaje continuo e ininterrumpido en el que se ven envueltas todas las partes. Atendiendo a sus planteamientos nos encontramos ahora con que una de las claves fundamentales es generar un sistema de pensamiento que permita:

- Crear una visión compartida.

- Difundir y compartir conocimientos para aprender en/como equipo.
- Generar mecanismos para estimular a los miembros a seguir conociendo.
- Desarrollar, adaptar y evaluar los modelos mentales desde los que trabajan los miembros de la organización.
- Entender la realidad desde el enfoque de un sistema, no como una cadena lineal, sino como una red interconectada con carácter cíclico y sistémico.

3.3. Análisis de Necesidades de Formación

A medida que la complejidad de las organizaciones se incrementa la formación continua adquiere nuevos matices. Al igual que Pineda (1995) entendemos que la formación en las organizaciones cabe situarla dentro del campo de la pedagogía laboral, si bien, en su evolución se ha ido asociando a varios campos tal (Teba y Tejero, 2005), a saber:

- ***Pedagogía de la formación*** **profesional** ***inicial reglada.*** Formación destinada a los jóvenes y cuyo objetivo es la inserción sociolaboral.
- ***Pedagogía de la formación profesional para jóvenes que no han finalizado la escolaridad obligatoria.*** Formación destinada a un colectivo específico de jóvenes en situación de riesgo en muchos casos y cuyo objetivo es, también, la inserción sociolaboral.
- ***Pedagogía de la formación profesional para personas desocupadas.*** Formación destinada a un colectivo que está buscando empleo y cuyo objetivo es facilitar la reinserción laboral, actualizando o ampliando competencias.
- ***Pedagogía de la formación profesional para trabajadores en activo.*** Formación destinada a adultos en el puesto de trabajo y cuyo objetivo es capacitarlos para ejercer mejor su desempeño profesional actual y futuro.

El último campo es donde se circunscribe la formación continua en las organizaciones de ahí que profundicemos en el mismo poniéndola en valor al interpretarla como desarrollo; como inversión y como una superación de los esquemas clásicos (ISD-Instructional System Desing; Dick, Carey y Carey, 2005) hacia diseños más eficaces que se adapten a la realidad de las organizaciones en la Sociedad del Conocimiento. Es por ello que, a lo largo de este apartado, trataremos de poner en valor la importancia de planificar, desarrollar y evaluar la formación con verdaderas garantías de calidad en las organizaciones.

Atendiendo a estas argumentaciones, el desarrollo de cualquier plan de formación implica una serie de fases o momentos tanto en las organizaciones con amplia experiencia en este tipo de acciones como en aquellas en las que las acciones formativas han sido más concretas. Es por ello que la organización debe adoptar un modelo flexible, pero con visión global que incorpore las principales fases de la formación y su relación con otros ámbitos de la propia organización, contemplando la detección de necesidades, el establecimiento de objetivos, la determinación de los contenidos y la definición de la estrategia de formación.

Una de las propuestas más habituales son las tres fases *(análisis, desarrollo y evaluación)* planteadas por Goldstein (1993) que acomodamos a cinco momentos fundamentales:

- Fase de detección de necesidades en la organización.
- Fase de diseño del plan de formación.
- Fase de ejecución del plan de formación.
- Fase de evaluación del plan de formación.
- Fase de valoración del impacto/transferencia y desarrollo profesional.

En el siguiente gráfico podemos observar las implicaciones de este proceso global y sus principales componentes:

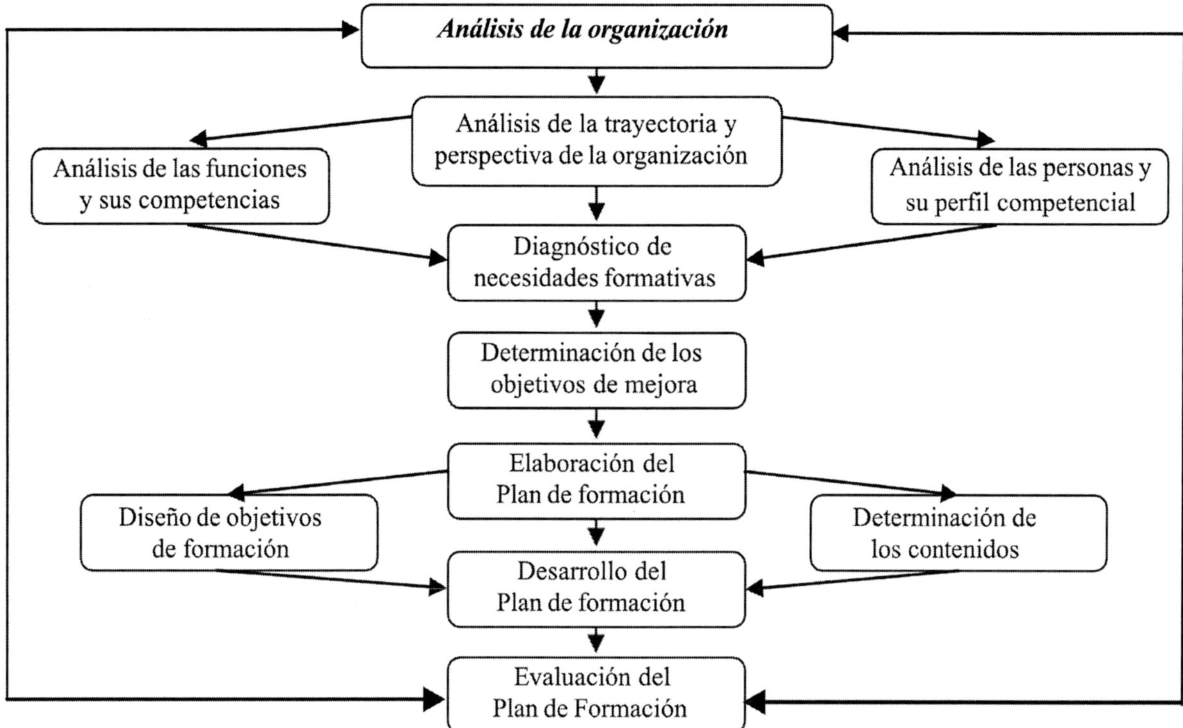

Figura 3.3. Fases y momentos implicados en la elaboración de un Plan de Formación (Adaptado de Teba y Tejada, 2005, pág. 157)

La detección de necesidades debe ser el inicio de toda planificación de la formación. A esta fase se le ha denominado, también, *evaluación de necesidades o análisis de necesidades*. El proceso se inicia con la identificación de una situación que puede ser susceptible de requerir una acción formativa. No se trata de diagnosticar necesidades formativas como listado de carencias competenciales de los miembros de la organización, sino que esta fase debe ser resultado de un análisis riguroso, participativo de la realidad interna de la organización y de los posibles escenarios externos a los que debe hacer frente a corto, medio o largo plazo. Los interrogantes principales a los que debe dar respuesta la detección de necesidades son *¿para qué formar?* y *¿por qué formar?*

El diagnóstico previo de necesidades implica, por tanto, a toda la organización y, con ella, a sus miembros. Las necesidades de formación pueden presentar distintos orígenes (cambios procedentes del contexto externo; modificaciones de la estrategia empresarial o línea de trabajo de la organización o, incluso, existencia de problemas concretos). Por ello, tal y como apuntan Teba y Tejero (2005), es necesario prestar atención a todas las fuentes de información que nos arrojen luz sobre las necesidades reales para identificarlas, analizarlas, estudiar sus posibles causas y las acciones para afrontarlas.

A este respecto Kauffam (1994) indica que pueden existir tres niveles de diagnóstico de necesidades en toda la organización:

- *Nivel mega.* Cuando las dificultades identificadas están referidas a cuestiones relacionadas con la misión, la estrategia, los objetivos de la organización o con cambios en el entorno.
- *Nivel macro.* Cuando las necesidades se identifican con los resultados de la organización.
- *Nivel micro.* Cuando las necesidades identificadas se vinculan con personas concretas o grupos de personas.

El proceso comienza con un análisis de la organización desde sus aspectos externos y globales, a sus cuestiones más internas y que pueden llegar a afectar a su cultura, al clima o a su misión. Analizamos, si existe, el Plan estratégico de la organización o el plan de trabajo anual y su vinculación con el entorno (coexistencia de oportunidades y amenazas).

En el ámbito interno existen situaciones que pueden constituir fortalezas o debilidades y que tienen su origen en la estructura organizativa, de los recursos disponibles, la política de recursos humanos que se ha realizado, etc. Será fundamental analizar y evaluar la formación desarrollada, al menos, en los últimos dos o tres años. Se revisarán los planes de formación, las acciones formativas puntuales (externas o internas), así como la posible percepción que se tiene de la formación recibida, su importancia y alcance.

Una herramienta útil y común en este apartado es el análisis DAFO, una técnica que se utiliza en distintos ámbitos para detectar Debilidades, Amenazas Fortalezas y Oportunidades de un programa, proyecto, desempeño profesional o académico. El objetivo es aprovechar las fortalezas, para alcanzar nuevas oportunidades, y corregir debilidades para hacer frente a las amenazas.

Tabla 3.1. Elementos del Análisis DAFO (Matriz)

Debilidades	Amenazas
Factores que constituyen aspectos débiles que es necesario superar	Factores del entorno que no se pueden impedir o provocar, pero cuya presencia puede afectar a la inclusión del alumnado
Fortalezas	*Oportunidades*
Factores propios que constituyen puntos fuertes en los cuales apoyarse para trabajar hacia el cumplimiento de las metas	Factores que pueden manifestarse en el entorno, sin que sea posible influir en su ocurrencia, pero que posibilitan aprovecharlos convenientemente si se actúa en esa dirección

El diagnóstico de necesidades continúa con el análisis de funciones y competencias para desempeñar el puesto de trabajo. Tradicionalmente se ha denominado a esta cuestión *análisis del puesto de trabajo* y, en algunos casos *adecuación persona-puesto* o *análisis ocupacional*. Se realizará una descripción de los conocimientos, habilidades, aptitudes y actitudes que una persona debe tener para desarrollar con éxito ese puesto u otro al que se destinará en un futuro inmediato.

Esta cuestión está íntimamente ligada al análisis de las personas y su perfil competencial. Tras el establecimiento de indicadores generales, se debe analizar el rendimiento, los motivos, las posibles causas o explicaciones para abordar la previsible discrepancia entre lo esperado y lo alcanzado. En algunas ocasiones se denomina a este proceso *análisis competencial*. Este análisis puede ir vinculado al plan de carrera que la organización pueda tener para sus miembros y, así, implementarse en las acciones previstas en ese plan que, posteriormente, abordaremos con más detalle.

Desde una visión tradicional del diagnóstico de necesidades se analiza, por tanto, la organización, las ocupaciones y las personas. En este proceso entran en juego una serie de aspectos como la situación óptima, la situación actual y sus posibles causas, así como las posibles necesidades. Del resultado de todo ello surgirían las necesidades formativas y las consiguientes demandas de formación.

Sin embargo, siguiendo a López (2005), el nuevo enfoque de diagnóstico trata de complementar estas cuestiones analizando la organización en su conjunto y cómo se relaciona con el entorno y aprende. Para ello, se establece la necesidad de analizar si existen vacíos relacionados con una serie de niveles de análisis (estratégicos, resultados y ocupación) y su vinculación con diferentes ámbitos de información y los tipos de análisis necesarios. Este proceso dará como resultado el establecimiento de objetivos de mejora y cuáles pueden ser alcanzados a través de la formación.

Entre otras herramientas para la detección de necesidades, encontramos las siguientes:

- Cuestionarios o entrevistas con los afectados y/o sus responsables.

- Técnicas de grupo nominal o focus group.
- Centros de evaluación o assessment center.
- Nivel de adecuación persona-puesto (enfoque por competencias).
- Resultados de la evaluación del desempeño.
- Observación directa.
- Revisión de documentación.

Tabla 3.2. Niveles de recogida de información para realizar el diagnóstico de necesidades (López Camps, 2005; pág. 87)

Niveles de análisis	*Ámbitos de formación*	*Tipo de análisis*
Nivel estratégico	Proyectos de cambio o nuevas acciones (inversiones, nuevas demandas, innovación, etc.) Cambios en el entorno y evolución de escenarios Percepción de los grupos de interés	Análisis organizativo
Nivel de resultados	Ámbitos de mejora de la organización	Análisis operativo
Nivel de ocupación	Evolución de las competencias profesionales	Análisis de las personas

Tras la recopilación de la información se deben identificar los principales vacíos o dificultades en la organización averiguando cuáles son sus causas e ir concretando desde las macro-causas, hasta las causas subyacentes. Para esta labor el diagrama de causa-efecto[1] (*Diagrama de Ishikawa* o *espina de pescado*) resulta de gran utilidad.

Este análisis permitirá formular acciones de formación que afronten con acierto las necesidades formativas y sus orígenes, priorizándolas para ordenarlas en el tiempo en función de su urgencia o importancia. La primera decisión a tomar será determinar si la necesidad detectada se puede abordar desde la formación, a este respecto Tejada y Tejero (2005, p. 164) proponen los siguientes criterios de priorización de necesidades formativas:

- Criterios ligados totalmente a la gestión de la organización: ¿Es la formación la forma más rentable de solucionar la necesidad detectada? Relación coste-beneficio.
- Requisitos y obligaciones legales.
- Exigencias de los órganos directivos.
- Colectivos y destinatarios (tamaño y repercusiones).
- Recursos disponibles…

Al final del proceso, con toda la información recabada, hemos de tener una idea global de la situación de la organización y estar en disposición de elaborar una matriz de necesidades de formación que, de manera gráfica, nos permita vincular los diferentes departamentos/servicios/áreas de la organización y los ámbitos de formación, recordando la importancia de priorizarlas para evitar falta de concreción en la formulación de las demandas formativas que se han de desarrollar en el Plan de Formación.

[1] La mayoría de los diagramas Causa-Efecto se representan de esta manera, estos se pueden elaborar siguiendo otros formatos como los sugeridos en la página web: http://www.educationoasis.com/curriculum/GO/cause_effect.htm

Tabla 3.3. Matriz de necesidades de formación

Área funcional Departamento Servicio	Áreas formativas y previsibles necesidades						
Perfeccionamiento directivo	Redes sociales	T.I.C.	Análisis de costes y la gestión financiera	Coaching ejecutivo	Modelos de negocios con éxito	Innovación y marketing:	Etc.
Dirección							
Compras							
Finanzas							
Producción							
Administración							
Comercial/ventas							
Marketing							
Control de Gestión							
Recursos Humanos							

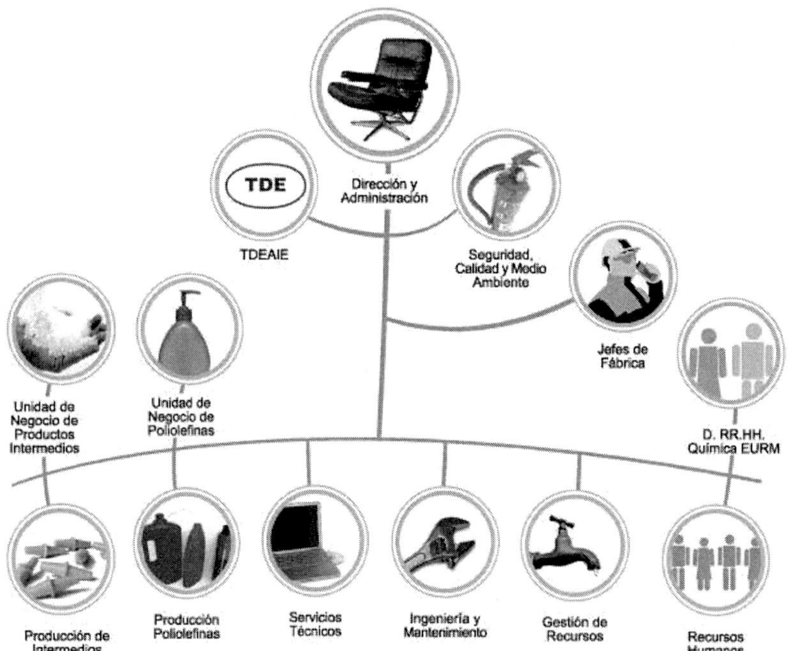

Figura 3.4. Organigrama de una gran empresa Repsol (Organigrama Química)

3.4. Estructura de las Organizaciones. Clima y Cultura

En el apartado anterior adelantábamos la necesidad de que las organizaciones adopten un **enfoque sistémico** ya que hablamos de *organizar*, de acuerdo con Fernández, 2010), como el proceso de estructurar las relaciones de trabajo con objeto de alcanzar los objetivos estratégicos.

Este proceso se apoya en dos conceptos claves: la diferenciación (división del trabajo y especialización) y la integración (coordinación). La estructura organizativa de las organizaciones tiene, por tanto, un carácter formal, otro informal y otra real.

- ***Estructura organizativa formal***: Relaciones entre los miembros de la organización que la dirección establece de forma consciente.
- ***Estructura organizativa informal***: Relaciones espontáneas o no previstas por la dirección. Lo integran relaciones que no se han definido previamente de forma consciente y que responden a las necesidades de relación entre los individuos que entran en contacto en el trabajo. Se generan centros de poder y procesos de decisión no oficiales.
- ***Estructura organizativa real:*** Es el resultado de la combinación de las formales e informales, siendo en la práctica imposibles separarlos.

Cuando se piensa en las organizaciones en términos de estructura formal, generalmente, acudimos a su organigrama que es la representación gráfica de su estructura. Incorpora, según los casos, las estructuras departamentales y/o las personas que las dirigen detallando las relaciones jerárquicas y competenciales de vigor en la organización. El organigrama es un modelo abstracto y sistemático que permite obtener una idea global de la estructura formal de una organización y tiene una doble finalidad de información y establecimiento de niveles de jerarquía y las relaciones entre ellos.

En el organigrama, generalmente, no se muestra toda la información de cómo es la estructura total de la empresa. Por eso hay diferentes tipos de organigramas:

- en función del contenido (integrales, funcionales; de puestos, plazas y unidades).
- por su disposición gráfica (vertical, horizontal, mixto, escalar y circular).
- y por su ámbito (generales y específicos).

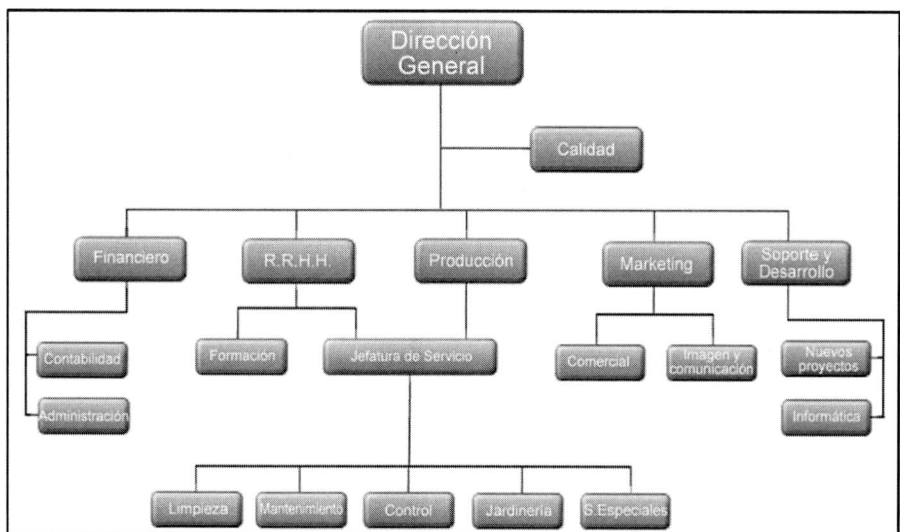

Figura 3.5. Organigrama de una empresa tipo de tamaño medio (*)

(*) Extraído de la página www.gestiondemercados.com Disponible en: http://gestiondemercados.com/estructura-organizacional-factor-clave-de-las-empresas/

En estos organigramas podemos observar, con ciertas diferencias, los cinco componentes básicos que sugiere Mintzberg (1996) como elementos de toda organización:

- *Núcleo de operaciones:* Hace referencia a aquellos trabajos que relacionan directamente con el trabajo básico de producción de bienes y servicios.
- *Línea media:* Formada por los mandos intermedios.
- *Ápice estratégico:* Formados por los directivos de máximo nivel y las personas que les asisten.
- *Tecnoestructura:* Formada por los analistas ajenos al flujo de trabajo de operaciones.
- *Staff o personal de asesoramiento:* Unidades especializadas cuya función consiste en proporcionar apoyo a la organización.

Por otro lado, al abordar la estructura informal de las organizaciones debemos analizar dos conceptos íntimamente ligados que definen la naturaleza intangible de una organización: el clima y la cultura. Así, reconocer que la organización en un ambiente sicológicamente significativo para sus miembros lleva al concepto del clima organizacional, un aspecto profundo de la organización y el de la cultura al enraizarse en las percepciones, los valores y las creencias.

El clima para Rodríguez (2005) difiere de unas organizaciones a otras e influye en el comportamiento de las personas que la conforman. Representa la personalidad de la organización, las percepciones, impresiones o imágenes de la realidad organizacional. Es una característica relativamente permanente de cómo el empleado/colaborador percibe el ambiente que le rodea de ahí que su importancia resulte fundamental. A este respecto pueden definirse las siguientes variables:

- ***del ambiente físico:*** *espacio,* ruido, climatización, luz.
- ***estructurales:*** tamaño y estructura organizacional, estilo de liderazgo, políticas desarrolladas, control y supervisión.
- ***del ambiente social***: conflictos, comunicaciones.
- ***personales:*** aptitudes, actitudes, motivaciones, expectativas.
- **del comportamiento organizacional:** productividad, ausentismo, rotación, satisfacción laboral, tensiones.

La cultura organizacional se define como un sistema de significados compartidos por todos los miembros de la organización, que incide en su comportamiento, en la productividad de la misma y en la satisfacción de quienes la integran (Robbins, 2004). Incluye, por tanto, el conjunto de valores, creencias, símbolos, lenguajes, rutinas y hábitos fundamentales compartidos por las personas de la organización.

Para Shein (2010), la fortaleza y grado de integración de una cultura depende de la estabilidad del grupo, el tiempo que éste haya estado junto y la intensidad de sus experiencias de aprendizaje. Además, la cultura incide en su productividad y en la satisfacción laboral de los miembros de la organización. La cultura define el contexto en el cual las relaciones entre las personas se desarrollan y operan, y son la base para los contratos implícitos que guíen y forman las decisiones. La cultura organizacional es un sistema de relaciones complejo que se forja con el paso del tiempo y la acumulación de experiencias. Por lo tanto, es un elemento muy arraigado en las personas, en las formas de relacionarse y de trabajar que explica en gran medida el comportamiento de las organizaciones de ahí que resulte muy resistente a los cambios. Desde esta perspectiva las relaciones informales pueden llegar a ser más importantes que las formales. Shein (2010) señala tres niveles que están presentes en la cultura de las organizaciones:

Un primer nivel lo integran *los "artefactos",* que se refiere a todo lo que se siente y observa al entrar en contacto con una cultura. Son elementos visibles y claros, cuyo significado profundo no siempre se comprende en los primeros contactos (rutinas, símbolos, lenguaje, historias –mitos o héroes-, etc.)

- El segundo nivel comprende los valores, los estándares de conducta, los ideales, las normas de grupo, los principios morales y las premisas básicas de trabajo (procesos directivos, procedimientos formales e informales, recursos asignados, etc.). Cuando se indaga con referencia al significado de los artefactos del primer nivel, generalmente, la explicación o búsqueda de sentido conduce a este nivel.

- El tercer nivel es el de los "supuestos subyacentes" e incluye lo que sostiene y está detrás de los valores. Incluye creencias profundas y la explicación de las inconsistencias y los fenómenos, lo inconsciente, lo que se da por sentado, los hábitos de percepción, pensamiento, sentimiento y valores.

3.5. Gestión Estratégica de Recursos Humanos

La gestión estratégica de Recursos Humanos (RRHH) ha evolucionado a lo largo del tiempo, pasando por diferentes etapas: administrativa, gestión, desarrollo, estratégica y sistémica como en este manual manifestamos. Actualmente, está desplegando una etapa sistémica donde las políticas de RRHH se integran con la estrategia general de la organización. Factores como el entorno externo, la fuerza laboral, la cultura organizativa, la estrategia y la tecnología influyen en la orientación de estas políticas. Esta visión de RRHH busca mejorar los resultados de la organización, involucrando a todos los departamentos. Por otro lado, la gestión de RRHH basada en competencias se enfoca en identificar y evaluar las habilidades y comportamientos de los empleados. Se dividen en dos tipos principales: técnicas o profesionales, relacionadas con conocimientos específicos, y conductuales o blandas, centradas en habilidades interpersonales. Este enfoque permite alinear las habilidades de los empleados con los objetivos organizacionales, facilitar el desarrollo profesional y mejorar el rendimiento laboral. Atendiendo a este planteamiento se puede definir la gestión integral de RR.HH. basa den competencias como un conjunto de políticas y procesos que abordan las competencias de manera cuantitativa y objetivo y con un lenguaje común. Esto sucede desde el momento en que la persona entra a formar parte de la compañía y se extiende hasta que se desvincula de ella ya en ese tiempo se considera que es un recurso de la mismo. Por tanto, esa persona / recurso se tiene en cuenta en todas las políticas y procesos concurrentes en la compañía.

Figura 3.6. Gestión integral basada en competencias, Amits, 2012

La gestión integral de los recursos humanos basadas en competencias es una gestión que de forma cuantitativa y objetiva puede analizar, formar y desarrollar a los trabajadores de una organización desde que se incorporan en la empresa hasta que se desvinculan de ella (AMITS, 2012). El denominador común de esta gestión son las competencias que tiene correlación en el ámbito nacional con el Instituto Nacional de las Cualificaciones y a nivel europeo con el Marco Europeo de Cualificaciones Profesionales.

La elaboración de itinerarios de formación flexibles y con reconocimiento para el empleo y en negociación colectiva son de vital importancia para el desarrollo de carrera. Un itinerario de formación puede comenzar con una fase de información y orientación, seguida del asesoramiento personalizado, la evaluación del progreso, la formación específica, la evaluación y nuevamente la orientación sobre las oportunidades para su desarrollo de carrera. Este proceso es necesario implicar a orientadores, asesores y evaluadores laborales y educativos para garantizar que los individuos estén bien preparados para su máximo desarrollo y alineados con la estrategia de la organización en la que trabajan. Así es que existen herramientas de ayuda, donde a través del propio Instituto Nacional de las Cualificaciones, que nos ofrecen recursos humanos para la autoevalución, guías de evidencia, etc, en función del sector y familia profesional y nivel de cualificación. Estos recursos son fundamentales para el proceso de evaluación de competencias y pueden ser utilizadas por los consultores de formación para ayudar a los empleados a comprender y desarrollar sus habilidades laborales de manera efectiva.

Desde los planteamientos descritos, la organización debe adoptar un enfoque sistémico que sitúa el conocimiento como fuente de valor diferencial y el aprendizaje como mecanismo generador de desarrollo. En este contexto, la gestión de los Recursos Humanos (RRHH) ha experimentado una importante transformación en las últimas décadas del siglo XX, provocada por el cambio de visión indicado y, también, por los cambios producidos en la evolución de las organizaciones y del entorno donde se desarrollan:

(1) Etapa administrativa

(2) Etapa de gestión

(3) Etapa de desarrollo

(4) Etapa estratégica

Actualmente, las políticas de recursos humanos se sitúan en la etapa estratégica lo que implica que las acciones deben tratar de facilitar la integración de la organización en su entorno y contribuir a garantizar su éxito. Esto implica, además, que la dirección de RRHH debe formar parte de la dirección de la organización, tanto vertical como horizontalmente, haciendo partícipes al resto de departamentos, unidades o servicios y facilitando la toma de decisiones. En este sentido Baron y Kreps (1999) proponen cinco grandes factores que determinan la orientación de las políticas de recursos humanos en la empresa pero que pueden servir de referencia para cualquier organización:

- el entorno externo (social, político, legal, económico, mercado laboral, ...).
- la fuerza del trabajo con la que cuenta la organización.
- la cultura organizativa.
- la estrategia de la organización.
- la tecnología y la organización del trabajo.

El profundo cambio que la interrelación de estos factores genera en la actualidad, hace que la misión de los departamentos o servicios de RRHH de las organizaciones definan sus misiones desde una doble perspectiva. Por un lado, encontrar nuevas y efectivas vías para generar conocimiento y, por otro, implicación y compromiso entre las personas y la organización de forma que promueva el desarrollo personal, profesional e institucional y se convierta en una ventaja competitiva.

La visión y gestión estratégica de los RRHH que se debe adoptar tiene como objetivo principal alcanzar y mejorar los resultados de la organización. Esto requiere de una serie de factores que, de manera directa, inciden en la consecución de esta gestión estratégica:

- Conseguir el apoyo de la dirección de la organización.
- Adoptar una visión única a cerca de los recursos humanos.
- Participar desde el inicio de la función de recursos humanos.
- Desarrollar un sistema fiable de comunicación.
- Potenciar la implicación y aceptación de todos los miembros y servicios.
- Establecer un buen sistema de evaluación (retroalimentación).

La gestión estratégica de RRHH debe estar ligada al desarrollado de la organización, ya que supone un plan o un conjunto de acciones que marcan las pautas y que contribuyen a optimizar la eficiencia de los recursos humanos para lograr los objetivos de la organización en un momento temporal concreto y con una proyección futura. La elaboración de una estrategia de RRHH incorpora una serie de fases:

- ***Análisis estratégico*** (análisis de la estrategia corporativa general; análisis externo; análisis interno y fijación de objetivos estratégicos).
- ***Formulación*** (provisión de personal por selección interna o externa; reclutamiento interno o externo; evaluación del desempeño; plan de retribuciones y formación y desarrollo profesional).
- ***Implantación*** (líneas generales de actuación y su concreción).
- ***Evaluación*** (evaluación continua que implique retroalimentación y mejora de futuras estrategias).

El desarrollo de estas fases requiere, según Ulrich (1997) cuatro facetas diferentes y que, en buena medida, resumen el valor estratégico que hemos venido destacando en cuanto a la función de los RRHH:

- Ser un socio estratégico de la dirección de las organizaciones.
- Liderar los procesos de cambio desde un enfoque de desarrollo humano.
- Gestionar los sistemas necesarios para optimizar al máximo los recursos.
- Defender los intereses de las personas como miembros de la organización.

Estos aspectos se interrelacionan para que el Departamento de RRHH desarrolle su actividad atendiendo a cuatro perspectivas:

- orientación a las personas;
- enfoque operativo;
- orientación a los sistemas y
- enfoque estratégico.

De esta forma, las funciones de los RRHH se articularán desde diferentes sistemas buscando sinergias de colaboración ya que, de manera conjunta, contribuyen al cambio y desarrollo de la organización para el logro de los objetivos estratégicos.

Los diferentes sistemas desde los que se puede desarrollar la función de RRHH son los que a continuación se recogen y que abordaremos con mayor detalle en los siguientes apartados:

- Selección, acogida e inclusión de las personas en la organización.
- Formación y gestión de equipos de trabajo.
- Evaluación de personal.
- Política retributiva.
- Planes de carrera.
- Comunicación, negociación y liderazgo.

Las tendencias actuales en materia de dirección y gestión de RRHH se orientan a la mejora de la eficacia en la organización, tomando como referencia los objetivos generales, facilitando la toma de decisiones, optimizando al máximo los recursos disponibles, potenciando las capacidades del personal y diagnosticando de manera acertada el entorno de la organización, analizando las amenazas y oportunidades que pueden presentarse.

La dirección de los RRHH debe orientarse, por tanto, a la productividad, pero también, y de manera clara, a mejorar la calidad de las relaciones en la organización y el compromiso y participación de sus miembros. Este reto requiere, sin dudas, situar **la formación como herramienta de cambio.**

3.6. Valor de los procesos de Selección de Personal: Análisis, Perfil, Reclutamiento y Acogida

El éxito de una organización depende, en gran medida, de la oportunidad y acierto en la elección de sus miembros para que desempeñen una correcta labor desarrollando las tareas, servicios o productos que le son encomendados.

Una organización debe seleccionar de manera acertada a sus miembros, formando y promocionando, también, a los que ya forman parte de ella. Se trata de tener presentes los enfoques —operativo y estratégico— que tiene la función de selección, ya que será clave para no abocar a la organización a un fracaso.

La selección dentro del sistema estratégico de recursos humanos tiene como objetivo promover en la organización a nuevas personas válidas; encontrar a las personas apropiadas para el desempeño de nuevos laborales y planificar las necesidades de captación de personas (dentro y fuera de la organización) para su incorporación a corto y medio plazo.

En cuanto a las fases del proceso de selección, de manera tradicional se han distinguido generalmente tres tipos:

- Fases previas que implican el análisis del puesto de trabajo, la descripción del perfil, el reclutamiento y el proceso de selección.
- Fases centrales donde se desarrolla las pruebas establecidas en el proceso de selección (profesionales, psicotécnicas, entrevista, etc.) y se comprueban las referencias y credenciales de los candidatos.
- Fases finales en las que se toman las decisiones, se realiza la acogida e integración del nuevo miembro en la organización, se evaluación durante el periodo de prueba y seguimiento y, finalmente, si es el caso, se procede a la contratación.

A continuación, analizamos las principales fases del proceso de selección, entendiendo que es un intercambio bilateral (AAVV, 2005) entre la organización y los posibles candidatos y que, este movimiento proyecta en el contexto socioeconómico y en la opinión pública una imagen de la organización, por lo que este proceso debe seguir un protocolo estructurado.

Análisis y descripción del puesto de trabajo

En este primer momento del proceso de selección, el análisis y descripción del puesto de trabajo implica conocer la estructura de la organización, sus cometidos y actividades, las responsabilidades de los diferentes puestos, los niveles de exigencia requeridos, etc. Esta primera fase implica recoger sintéticamente, estructurada y clara la información de un puesto de trabajo concreto de una organización. Aquí se destacan los siguientes aspectos (AAVV, 2008):

- *Análisis: Recopilación de información general sobre el puesto de trabajo, base que permitirá –tras su análisis– elaborar el documento.*
- *Descripción:* Determinación de la información esencial del puesto de trabajo, necesaria para desarrollar la política de recursos humanos.
- *Documentación:* Redacción final de un documento que recoja información, según las necesidades y las aplicaciones requeridas por el proceso en función de la política de recursos humanos.

Un importante número de investigadores han analizado el concepto de análisis de puestos de trabajo y, de manera generalizada, podemos acotar conceptualmente este proceso como *análisis ocupacional* y definirlo siguiendo a Brannick y Levine (1998, p. 181) como *"el proceso sistemático de descubrir y describir los componentes de un trabajo. El proceso puede incluir todo o ser reducido en función de las necesidades del analista. Éste puede explorar las metas, procedimientos y procesos del trabajo (funciones, tareas, etc.), los diversos tipos de atributos personales requeridos a los sujetos para desarrollar el trabajo (conocimientos, destrezas, aptitudes y otras características), y el contexto laboral, entendido de una manera amplia".*

Este proceso debe ser selectivo, claro, estructurado, objetivo y debe realizarse en un contexto organizativo concreto. Las metodologías de obtención de información y documentación pueden ser muy diversas (entrevista personal, descripción de puestos, entrevista al supervisor, cuestionario) y deben orientarse a la definición de factores de desempeño eficaz (Rodríguez-Serrano, 2005):

- 1) educación,
- 2) conocimientos y experiencia,
- 3) competencias,
- 4) aplicación de estándares de gestión eficaz,
- 5) satisfacción e
- 6) identificación.

El objetivo del análisis implica obtener datos que, según Hernández (2006), se denominan descriptores y que se refieren a la misión y responsabilidad de la persona a seleccionar, las actividades que deberá realizar y el contexto en el que desempeñará su labor. De manera general, la descripción del puesto de trabajo implicaría

- Denominación del puesto de trabajo
- Resumen puesto de trabajo
- Área o sector de la actividad
- Lugar de trabajo
- Empresa u organismo que realiza el contrato
- Funciones y tareas concretas
- Condiciones de trabajo (tipo de contrato que se va a realizar, horarios, viajes, riesgos, etc.)

Definición del perfil

El diseño del perfil psicoprofesional será clave para la difusión del puesto a cubrir y la selección de posibles candidatos. Los requisitos y cualidades necesarias para cubrir un puesto de trabajo se suelen agrupan en tres categorías:

- Formación requerida o requerimientos objetivos.
- Aptitudes (rasgos técnicos incluidos en el ámbito de los conocimientos).
- Actitudes (rasgos psicosociales referidos a las habilidades, la forma de desenvolverse, las capacidades personales, etc.).

En el caso de la existencia de un sistema de gestión por competencias, Gan y Triginé (2006, pág. 68) presentan un *modelo de perfil profesional* donde recogen dos grandes apartados:

Requerimientos objetivos

- Características personales (edad, estado físico, imagen, etc.)
- Formación (Reglada y complementaria)
- Idiomas (MCERL[2])
- Experiencia (en el propio sector o en otros)
- Otros (movilidad, disponibilidad, carné de conducir, etc.)

Competencias

- Competencias corporativas (Exigibles a la totalidad de la plantilla)
- Competencias funcionales (Propias para el conjunto de actividades dentro de la organización)
- Competencias técnicas (Específicas de la función de la persona que ocupe el puesto de trabajo).

Tanto esta fase de definición del perfil, como el análisis y descripción del puesto, constituyen momentos fundamentales que suponen una inversión importante de la que puede depender el éxito y calidad del proceso de selección.

Tabla 3.4: Ejemplo de descripción de puesto de trabajo

Denominación del puesto de trabajo
• Técnico en Integración Social en Régimen Laboral indefinido en el marco del proceso de consolidación de empleo temporal de la Mancomunidad de la Sidra.
Resumen puesto de trabajo
• Informar, orientar y valorar las demandas sociales planteadas por los usuarios de Servicios Sociales e intervenir cuando sea necesario, para mejorar su calidad de vida, así como prevenir y solucionar situaciones problemáticas en colaboración con el resto de profesionales que participan en el Área de Servicios Sociales.
Área o sector de la actividad
• Área de participación social e integración en la comunidad en el Proyecto RETEMANCOSI (Red de Teleasistencia de la Mancomunidad Comarca de la Sidra).
Empresa u organismo que realiza el contrato
• Mancomunidad "Comarca de la Sidra" (MANCOSI). Entidad Local con personalidad jurídica independiente de las que la integran, que son los Consejos de Bimenes, Cabranes, Colunga, Nava, Sariego y Villaviciosa, y tiene plena capacidad jurídica con sujeción a la normativa legal de carácter local vigente.
Funciones
• Prestar apoyo psicosocial al usuario o familiares mediante el contacto diario con ellos. • Colaborar en el desarrollo programas preventivos y de envejecimiento saludable. • Diseñar actividades que fomenten la adquisición de habilidades de autonomía personal y social. • Programar, organizar y evaluar intervenciones de integración social. • Informar de distintos aspectos relacionados con la salud (alimentación, medicación, caídas, sueño, etc.). • Participar, junto con el resto de miembros del Equipo Multiprofesional, en la supervisión del estado físico, psíquico y social de los usuarios mediante la implantación de sistemas de domótica. • Facilitar la comunicación con profesionales y técnicos, y con familiares y entre usuarios a través de la red.

[2] MCERL. Marco común europeo de referencia para las lenguas: aprendizaje, enseñanza y evaluación

Tareas concretas

- Proporcionar información y asesoramiento a los usuarios sobre los recursos, programas y servicios existentes, así como de los requisitos para acceder a ellos.
- Recabar, estudiar y verificar las informaciones necesarias para valorar las demandas de los usuarios con entrevistas, visitas a domicilio y/o estudio de la documentación requerida para determinar el tipo de intervención a realizar o derivar hacia otros profesionales o instituciones.
- Elaborar y programar intervenciones de carácter social específicas a cada demanda: fijación de objetivos, determinación del plan de actuación, aplicación de recursos, etc.
- Llevar a cabo programas de intervención, proporcionando apoyo y tratamiento social al usuario, así como realizar el seguimiento y evaluación de la eficacia y adecuación de los recursos aplicados en cada caso y/o de las intervenciones iniciadas.
- Planificar, desarrollar y evaluar actividades de autonomía personal, comunicación e inserción ocupacional.
- Participar en la elaboración, planificación, desarrollo y evaluación de iniciativas, con carácter social, de la Mancomunidad.

Condiciones de trabajo

- La plaza que se oferta es en Régimen Laboral con contrato indefinido.
- La plaza convocada se adscribe al grupo y clasificación siguiente: Grupo C, Subgrupo C1, del Convenio Colectivo del Personal Laboral de la Mancomunidad de la Sidra.
- El horario semanal es de 35 horas, con un horario diario matutino de lunes a viernes de 08:30 a 14:30 h. y un día, de libre elección por el/la trabajador/a en acuerdo con el resto de miembros del equipo multiprofesional en horario vespertino de 15:30 a 20:30 h.
- El lugar del puesto de trabajo comprende íntegramente el territorio geográfico de los Concejos que integran la Mancomunidad.
- El/la trabajador/a recibirá una remuneración, en concepto de desplazamiento, de acuerdo al baremo establecido anual en los Presupuestos Generales de la Mancomunidad.

Requisitos y cualidades necesarias para cubrir dicho puesto de trabajo

- Podrán participar en la selección quienes reúnan los siguientes requisitos con carácter general.
- Tener la nacionalidad española o ser nacional de otros Estados en los términos previstos en la Ley 7/2007, de 12 de abril, del Estatuto Básico del Empleado Público.
- Tener cumplidos los dieciséis años de edad y no exceder de la edad máxima de jubilación forzosa, salvo que una ley disponga otra edad máxima.
- No haber sido separado/a, mediante expediente disciplinario, del servicio de cualquiera de las administraciones públicas, del Estado, Comunidades Autónomas o Entidades Locales, salvo prescripción de las sanciones correspondientes.
- En el caso de titulaciones obtenidas en el extranjero, se deberá estar en posesión de la credencial que acredite su homologación.
- Tener, en vigor, el carnet de conducir B-1 y vehículo propio o a disposición personal.

Formación requerida

Imprescindible mínimo el Título de Técnico Superior en Integración Social. Se valorará positivamente la posesión de cualquier otro título de Técnico de la familia profesional de Servicios a la Comunidad.

Aptitudes

Creatividad, comunicación, dinamismo, comprensión verbal, expresarse correctamente, adaptándose a las expectativas y necesidades de las personas; capacidad de improvisación y respuesta a las contingencias; capacidad para el análisis de situaciones complejas; capacidad de trabajo en equipo.

Actitudes

Decisión, organización, métodico/a, amabilidad, empatía, iniciativa, responsabilidad, sensibilidad hacia la diversidad cultural y social.

El reclutamiento y la preselección son fundamentales para contar con un número suficiente de candidaturas. Este proceso, tal y como apunta Osca (2006), llega a ser agresivo en empresas de gran tamaño, llegando a calificarse como *guerra por el talento*. Sin embargo, cualquier organización social y laboral no puede descuidar el reclutamiento pues garantiza, la captación de candidatos válidos y su retención el tiempo necesario (Barber, 1998) y, la organización se presenta y divulga su cometido ante la sociedad, ofreciendo oportunidades de empleo/colaboración según sus necesidades.

La planificación del reclutamiento consta de un conjunto de procedimientos donde se deben tener en cuenta, siguiendo a Teba y Tejero (2005):

- *la fuente del reclutamiento*. Puede ser interna (permite contactar y buscar a candidatos dentro de la propia organización) o externa (la búsqueda se establece fuera de la organización).
- *el canal de difusión.* Cuando el proceso está orientando, fundamentalmente, a un reclutamiento externo, los medios pueden ser diversos: visitas a otras organizaciones; candidaturas espontáneas; bases de datos interna de la organización; prensa; referencias de otros miembros; Administración Pública; Bolsas de empleo y Agencias de colocación; Asociaciones y/o colegios profesionales; Agencias de empleo privadas; Empresas de Trabajo Temporal-ETT; Instituciones formativas; *Head hunters* (caza talentos); Servicios de *outplacement*; etc.
- *el mensaje* que se quiere transmitir. Se debe definir cuidadosamente los aspectos relacionados con los anuncios que la organización realice, especialmente, la imagen, el contenido y la eficacia.

Tabla 3.5. Aspectos clave en la redacción de un anuncio para el reclutamiento de candidatos (Adaptado de Teba y Tejero, 2005; pág. 124)

Imagen	• Tamaño suficiente • Encabezado atractivo • Identificación de la organización • Tipografía legible
Contenido	• Estilo acorde al puesto y perfil del destinatario • Redacción clara, explícita y positiva • Destacar qué se requiere y qué se ofrece • Orientar y/o destacar la oferta que se hace
Eficacia	• Que se distinga • Publicación en un medio adecuado para el destinatario/audiencia • Escoger de manera meditada el día, las páginas más visibles y leídas • Precisar la forma de contacto

Tras la fase de reclutamiento, debemos acometer la preselección cuyo objetivo fundamental es filtrar las candidaturas, eliminando aquellas poco interesantes o las que no se ajustan a los requerimientos del puesto. Las principales vías de preselección son:

- Carta de solicitud o carta de presentación.
- Curriculum vitae.
- Impreso de solicitud de empleo/colaboración.
- Entrevista (telefónica generalmente).
- Otros tipos de pruebas (pruebas grafológicas, por ejemplo, currículos creativos, etc.

El objeto de la selección

La selección consiste en la fase más larga y quizás más compleja ya que supone el contacto directo con los candidatos para conocerlos en profundidad, la realización de pruebas de diferente naturaleza y la valoración del grado de adecuación de la persona al puesto y su previsible eficiencia en el desempeño profesional.

Tal y como apuntan Teva y Tejero (2005, pág. 126) “el objetivo de la selección es obtener, contrastar y comprobar toda la información necesaria con la finalidad de poder tomar una decisión respecto a cada candidato o participante en el proceso”. Así, el sentido de la selección podemos encontrarlo en las diferencias individuales; los diversos comportamientos, las variadas percepciones de las situaciones y de diferentes ejecuciones y cumplimiento de tareas. El proceso de selección debe proporcionar, además de un diagnóstico, un pronóstico tanto de las capacidades de aprendizaje de una persona como del nivel de ejecución alcanzado tras ese aprendizaje. La selección de personal se configura como un proceso de comparación y decisión, teniendo en cuenta, por un lado, los requisitos del puesto y el perfil de búsqueda y, por otro, a los perfiles personales.

La información que necesitamos obtener en el proceso de selección es, fundamentalmente: Historia personal, académica, profesional, estilo de vida, conocimientos y capacidades profesionales específicas, aptitudes, competencias y motivaciones. Para ello, existen un conjunto de pruebas orientadas a obtener información e impresionantes de los participantes en el proceso de selección:

- *Ampliación curricular.* Permite ampliar la información que el candidato a dado en su Currículum a través de fichas, protocolos, cuestionarios, etc.

- *Test, pruebas de conocimiento o exámenes profesionales.* Permiten obtener un perfil en cuanto a inteligencia general, personal, aptitudes, perfil motivacional, etc.

- *Pruebas situaciones.* Situaciones que enfrentan al candidato con la resolución práctica de contextos similares a los que podrá encontrar en el puesto al que opta. Entre los ejemplos más destacados encontramos juegos de negocio; discusión en grupo; ejercicio de análisis; presentaciones orales; *In-basket* (Inmersión y control de incertidumbre); entrevista simulada, etc.

- *Entrevista.* Es el recurso más frecuente de selección de personal y dada su importancia la abordaremos con mayor detalle en el siguiente apartado.

La entrevista de selección

La entrevista es, probablemente, el momento de mayor peso que debe tener un proceso de selección ya que permite valorar la idoneidad del candidato, evaluando su potencial singular sin la estandarización y generalización más propia de las pruebas.

Una entrevista es una situación de interacción organizada, intencionada y dinámica mediante el lenguaje, generalmente entre dos personas (entrevistador y entrevistado) donde se produce un intercambio de información, opiniones, actitudes, etc., para recoger datos, informar y motivar. El objetivo del entrevistador es la evaluación del candidato con relación al puesto a cubrir y para el entrevistado, el fin es evaluar el puesto y demás circunstancias en función de sus intereses personales (AAVV, 2008).

Toma de decisiones y acogida

Una vez finalizada la fase de selección, se debe decidir quién es el más idóneo para el puesto a ocupar. Se deben interpretar los datos significativos del candidato, emitir una evaluación sobre los factores que motivan la decisión y redactar un informe justificativo que contendrá, al menos, la siguiente información (Teba y Tejero, 2005):

- Información personal.

- Formación.

- Experiencia profesional.

- Valoración de la trayectoria y estimación del potencial.

- Resultados de test o pruebas que se hayan realizado.

- Resumen.

- Orientaciones sobre el valor añadido acerca de qué liderazgo se debe ejercer sobre el candidato seleccionado para obtener el máximo rendimiento de su potencial personal y profesional.

Como resultado de todo el proceso de selección, se elige a un candidato que parece reunir las mejores condiciones para el puesto. Dado que se ha invertido un importante tiempo y esfuerzo en dicho proceso no se puede descuidar, en ningún caso, *la acogida e integración en la organización.* Los primeros momentos serán fundamentales para el nuevo miembro que debe acomodarse a la nueva realidad de la organización y, también, para la propia organización que debe valorar si se ha tomado la mejor decisión o, por el contrario, debe cambiarse. Esta primera etapa es clave en la socialización profesional por lo que las organizaciones desarrollan acciones o *Planes de Acogida* que se define como "la planificación de la toma de contacto de nuevos miembros con la organización, así como del seguimiento del proceso de integración" (Teba y Tejada, 2005; pág. 142).

En algunas instituciones existe el "Manual de bienvenida" o el "Tríptico inicial" donde generalmente se recogen los aspectos más formales y evidentes de la organización. Sin embargo, con el Plan de Acogida se pretende ayudar en el proceso de integración de los nuevos miembros de la organización; facilitar un grado de autonomía adecuado; ofrecer medio para que el nuevo empleado/colaborador se familiarice con los valores y objetivos de la organización; reducir los miedos e incertidumbres lógicas de toda nueva fase y, finalmente, planificar de manera organizada la incorporación del personal en las organizaciones.

Las fases del Plan de Acogida suelen guardar elementos similares entre las organizaciones. Así, de manera general, podríamos identificar los siguientes momentos (Gan y Triginé, 2006; Teba y Tejada, 2005):

- *Toma de contacto o bienvenida.* Primeras impresiones; ofrecer una visión global de la organización; su organigrama; la responsabilidad de todos sus miembros; las condiciones de trabajo; la política de RRHH; el sistema retributivo; presentación de compañeros y superiores inmediatos.
- *Incorporación:* Definir los objetivos de su puesto o área; concretar las metas de su Departamento o área; procesos habituales de trabajo, protocolos, etc.
- *Seguimiento:* Apoyar al nuevo miembro de la organización a adaptarse a su nueva realidad; descubrir sus puntos fuertes y débiles; establecer un plan individual de formación; motivar hacia nuevos resultados; valorar su actuación, etc. La figura del tutor o compañero-guía, será fundamental.
- *Evaluación:* Se debe valorar cómo ha funcionado todo el proceso y proponer mejoras para futuras acciones similares.
- La integración de nuevos miembros en una organización y su duración estará condicionada por la dificultad de la función, las condiciones de la organización, el clima y las condiciones del nuevo miembro. En todo este proceso la participación de los directivos será clave.

3.7. Itinerarios de Formación para el Desarrollo de Competencias

La identificación y evaluación de competencias en los empleados son fundamentales para la gestión de recursos humanos basada en competencias. Estas competencias, tanto técnicas como conductuales, son esenciales para el éxito en roles laborales específicos.

Por consiguiente, la implementación de itinerarios de formación para el desarrollo de competencias se convierte en un componente clave para optimizar el desempeño y el crecimiento profesional. La importancia de ofrecer itinerarios integrales de formación radica en su capacidad para guiar a los individuos a lo largo de su trayectoria profesional y personal de manera efectiva para lograr la sostenibilidad.

Tomando como referencia los procesos de acreditaciones de competencias a través de la experiencia o vías no formales, los itinerarios formativos a proponer podrían estar compuestos por varias fases que podemos denominar "Desarrollo Profesional: De la Formación a la Orientación Laboral Continua" y en ella nos encontramos:

1. **Información y Orientación**: En esta fase, se proporciona a los individuos información relevante sobre las oportunidades de formación y desarrollo profesional disponibles. También se les orienta sobre las opciones de carrera y las competencias requeridas en diferentes sectores laborales.

2. **Asesoramiento**: Los individuos reciben asesoramiento personalizado para identificar sus fortalezas, intereses y metas profesionales. Los asesores pueden ayudarles a explorar diversas opciones educativas y laborales y a tomar decisiones informadas sobre su futuro.

3. **Evaluación y Autoevaluación**: En esta etapa, se evalúa el progreso y las habilidades de los individuos en relación con sus objetivos profesionales. La autoevaluación es relevante, ya que permite a los profesionales reflexionar sobre su desempeño, identificar fortalezas y áreas de mejora y ajustar sus planes de formación en consecuencia. Además, es fundamental que los individuos se **auto organicen**, estableciendo prioridades, gestionando su tiempo de manera efectiva y tomando la iniciativa en su proceso de desarrollo profesional. La combinación de evaluación, autoevaluación y autoorganización garantiza un crecimiento continuo y una adaptación exitosa a las demandas del mercado laboral.

4. **Formación y Autoformación**: Los individuos reciben la formación necesaria para adquirir las habilidades y competencias requeridas en su campo elegido, ya sea a través de cursos, talleres, pasantías u otras experiencias de aprendizaje prácticas. Además, la autoformación cobra importancia significativa en este proceso, ya que permite a los individuos asumir la responsabilidad de aprender, explorar nuevas áreas de conocimiento y mantenerse actualizados en un entorno laboral cada vez más. La combinación de formación tradicional y autoformación proporciona a los profesionales las herramientas necesarias para desarrollarse y sobresalir en su carrera.

5. **Asesoramiento y guía continua**: Tras finalizar la formación, se proporciona a los individuos asesoramiento adicional sobre las oportunidades laborales disponibles, los requisitos del mercado laboral y las posibles vías de desarrollo profesional continuo.

Este proceso, al que llamamos "Desarrollo Profesional: De la Formación a la Orientación Laboral Continua", representa una cadena de valor que implica a orientadores, asesores y evaluadores. Su objetivo es garantizar que la formación sea efectiva y que los individuos estén bien preparados para afrontar los desafíos y aprovechar las oportunidades del mercado laboral actual y futuro. Por lo que los departamentos de Recursos Humanos y los consultores pueden aprovechar los recursos disponibles en el INCUAL para ayudar a los empleados de una organización a comprender y mejorar sus habilidades laborales. Específicamente, las guías de evidencia y los auto cuestionarios son herramientas clave en este proceso de desarrollo de competencias.

Las guías de evidencia ofrecen orientación sobre el tipo de evidencia que los empleados deben recopilar para demostrar que poseen las competencias necesarias. Detallan los tipos de documentos, trabajos, proyectos u otras manifestaciones prácticas que pueden servir como prueba de las habilidades y conocimientos del empleado. Esta herramienta ayuda al empleado a recopilar y organizar la documentación necesaria para respaldar su solicitud de evaluación de competencias y analizar su perfil competencial.

Por otro lado, la autoevaluación es un proceso mediante el cual el empleado reflexiona sobre su propio desempeño y nivel de competencia en relación con los estándares y criterios establecidos. A través de la autoevaluación, el empleado evalúa sus fortalezas, debilidades y áreas de mejora en función de los requisitos del perfil profesional o de las competencias que está buscando validar. La autoevaluación se puede realizar con cuestionarios disponibles en el INCUAL.

En resumen, la guía de evidencias proporciona instrucciones sobre qué evidencias recopilar, mientras que la autoevaluación permite al empleado reflexionar sobre su propio desempeño y preparación en relación con las competencias que está buscando validar. Ambas herramientas son fundamentales en el proceso de evaluación de competencias a través de la experiencia y las vías no formales. Además, pueden usarse por orientadores laborales, consultores de formación para ayudar a los empleados a comprender y desarrollar sus habilidades laborales eficazmente.

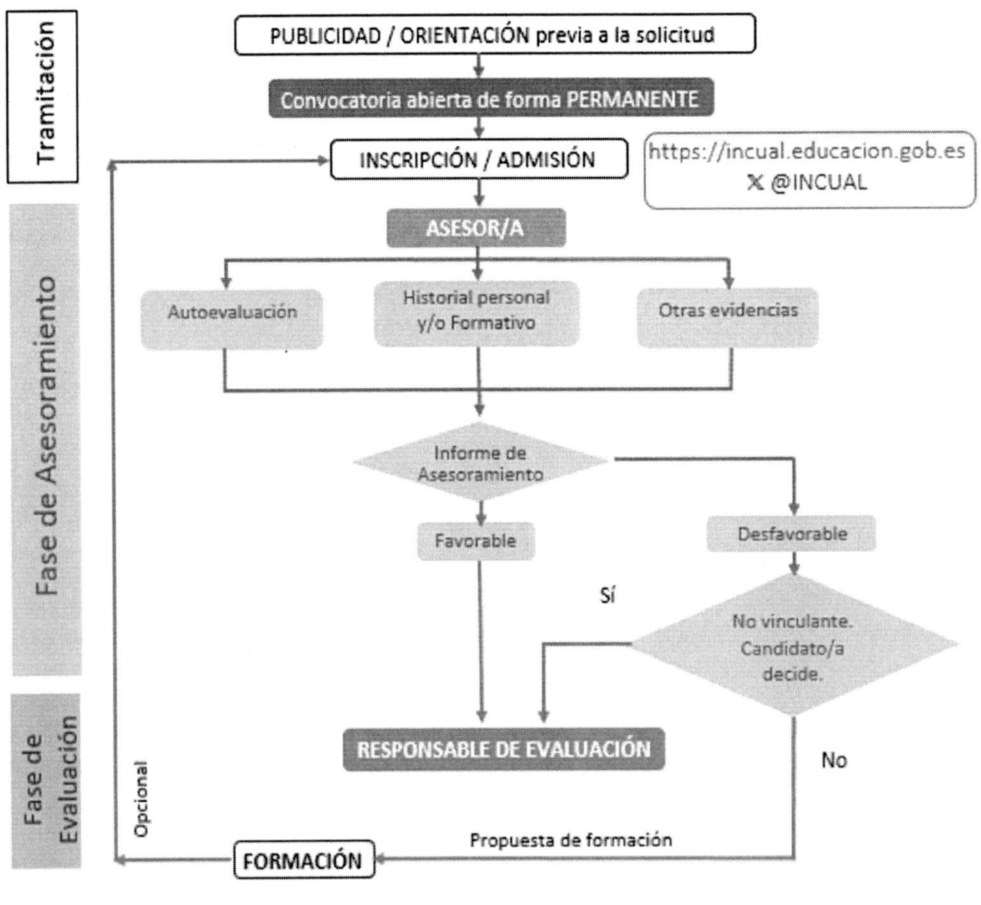

Octubre 2023

Figura 3.7. Diagrama de flujo de la fase de asesoramiento

"Según se establece en la Ley Orgánica 3/2022, de 31 de marzo, de Ordenación e integración de la Formación Profesional en su ***Disposición transitoria tercera:*** *"Hasta que se proceda al desarrollo reglamentario de lo previsto en la presente ley en relación con el Catálogo Nacional de Estándares de Competencias Profesionales, mantendrá su vigencia la ordenación del Catálogo Nacional de Cualificaciones Profesionales recogida en el Real Decreto 1128/2003, de 5 de septiembre, por el que se regula el Catálogo Nacional de Cualificaciones Profesionales.*

El Instituto Nacional de las Cualificaciones mantendrá la organización, estructura y funciones previstas en el Real Decreto 375/1999, de 5 de marzo, por el que se crea el Instituto Nacional de las Cualificaciones hasta que se proceda a la ordenación reglamentaria de dicho organismo en el marco de la presente ley".

3.8. Elementos Clave para el Desarrollo Organizacional y Profesional

Como hemos visto hasta el momento, el ámbito de la gestión de recursos humanos y el desarrollo organizacional es fundamental para el funcionamiento eficaz y sostenible de cualquier empresa u organización. En este sentido, la formación, el análisis de necesidades, la estructura organizacional, el clima laboral, la gestión estratégica de recursos humanos, los procesos de selección de personal, los itinerarios de formación y el desarrollo de competencias, así como las relaciones laborales y las cuestiones legales y retributivas, juegan un papel fundamental.

En este contexto, cada apartado que a continuación presentamos reflejarán elementos clave que permitirá el éxito y eficiencia de las organizaciones en el complejo entorno laboral en el que se desenvuelven.

Regulación del entorno laboral

En este sentido, es crucial entender los derechos y deberes que corresponden a ambas partes dentro del ámbito laboral así:

- *Los trabajadores tienen derechos que garantizan condiciones laborales justas y equitativas, así como también tienen deberes que implican el cumplimiento de las normativas laborales y el respeto hacia la empresa y sus políticas internas.*

- *Los empleadores también tienen derechos y responsabilidades importantes.*

- *Los convenios colectivos son instrumentos clave en la regulación de las condiciones laborales, ya que establecen acuerdos entre los representantes de los trabajadores y los empleadores sobre aspectos como salarios, horarios, y beneficios laborales.*

Convenio colectivo

Un convenio colectivo es un acuerdo negociado entre un empleador o un grupo de empleadores y un sindicato o un grupo de sindicatos que representan a los trabajadores. Este acuerdo establece las condiciones laborales, salariales y de trabajo para los empleados cubiertos por el convenio. Las disposiciones típicas pueden incluir:

- *Salarios y beneficios:* Establece los salarios mínimos, bonificaciones, beneficios *sociales, horas extras, entre otros aspectos económicos.*

- *Condiciones laborales:* Define las horas de trabajo, los días de descanso, las vacaciones, los permisos por enfermedad, las políticas de seguridad y salud laboral, entre otros aspectos relacionados con las condiciones de trabajo.

- *Procedimientos de resolución de conflictos:* Establece mecanismos para resolver disputas entre empleadores y empleados, como la mediación, el arbitraje, o la conciliación.

- *Derechos y deberes de las partes:* Define los derechos y responsabilidades tanto del empleador como de los empleados, así como las obligaciones del sindicato en la representación de los trabajadores.

Los convenios colectivos son importantes porque ayudan a regular las relaciones laborales y a garantizar condiciones justas y equitativas para los trabajadores. Además, promueven la estabilidad laboral y contribuyen a prevenir conflictos laborales[3].

Derechos de los Trabajadores

- *Derecho al trabajo digno:* Todo trabajador tiene derecho a condiciones laborales justas y respetuosas de su dignidad.

[3] https://www.mites.gob.es/es/Guia/texto/guia_12/contenidos/guia_12_24_3.htm

- *Derecho a la igualdad de oportunidades:* Los trabajadores deben ser tratados de manera justa y sin discriminación por motivos de género, edad, raza, religión, orientación sexual, entre otros.

- *Derecho a la seguridad y salud en el trabajo:* Los empleadores deben proporcionar un entorno laboral seguro y saludable, así como la formación necesaria para prevenir accidentes laborales y enfermedades profesionales.

- *Derecho a la libertad sindical y negociación colectiva:* Los trabajadores tienen derecho a sindicarse y participar en actividades sindicales para proteger sus intereses laborales. Además, tienen derecho a negociar colectivamente con los empleadores sobre condiciones de trabajo y salarios.

- *Derecho a la remuneración justa:* Los trabajadores tienen derecho a recibir una remuneración justa y equitativa por su trabajo, incluyendo salario mínimo, horas extras, y otros beneficios laborales.

Deberes de los Trabajadores

- *Deber de cumplir con las normas laborales:* Los trabajadores deben cumplir con las políticas y regulaciones establecidas por el empleador y las leyes laborales vigentes.

- *Deber de cuidado y diligencia:* Los trabajadores deben realizar sus tareas con cuidado y diligencia, respetando los estándares de calidad y seguridad establecidos.

- *Deber de lealtad:* Los trabajadores deben actuar de manera leal hacia su empleador, protegiendo sus intereses y manteniendo la confidencialidad de la información sensible.

- *Deber de colaboración:* Los trabajadores deben colaborar con sus colegas y superiores para lograr los objetivos organizacionales y mantener un ambiente de trabajo armonioso.

Derechos y Deberes de los Empleadores

- *Derecho a dirigir y organizar el trabajo*: Los empleadores tienen derecho a dirigir y organizar el trabajo de sus empleados, de acuerdo con las necesidades y objetivos de la empresa.

- *Deber de proporcionar condiciones laborales adecuadas:* Los empleadores deben proporcionar un entorno laboral seguro, saludable y respetuoso de los derechos de los trabajadores.

- *Deber de respetar los derechos laborales:* Los empleadores deben respetar los derechos laborales de sus empleados, incluyendo el derecho a la libertad sindical, la igualdad de oportunidades y la remuneración justa.

- *Deber de promover la igualdad y diversidad:* Los empleadores deben promover la igualdad de oportunidades y la diversidad en el lugar de trabajo, evitando cualquier forma de discriminación.

- *Deber de cumplir con las obligaciones legales:* Los empleadores deben cumplir con las leyes laborales y las regulaciones vigentes, incluyendo el pago de salarios, el registro de horas trabajadas y el pago de impuestos y contribuciones sociales.

Estos son algunos de los derechos y deberes fundamentales en el entorno laboral, pero pueden variar según la legislación laboral de cada sector y las políticas internas de las empresas. Es importante que tanto empleadores como trabajadores estén informados y cumplan con estas regulaciones para garantizar un ambiente laboral justo, seguro y productivo.

Planes de Igualdad

Las empresas deben garantizar la igualdad de trato y oportunidades laborales, implementando Planes de Igualdad en los casos de tener cincuenta o más empleados, según la Ley Orgánica 3/2007 y el Real Decreto 901/2020, por disposición del convenio colectivo aplicable, o por requerimiento de la autoridad laboral como medida sancionadora. La elaboración e implementación de estos planes es opcional para otras empresas, tras consulta con la representación legal de los trabajadores. Se calcula el número de empleados considerando la plantilla total, sin importar el número de centros de trabajo o la modalidad de contratación, contando cada persona con contrato a tiempo parcial como una unidad.

Comisiones Paritarias

Esta figura desempeña un papel crucial en la interpretación y aplicación de estos convenios colectivos. Su función principal es *velar por el cumplimiento de los acuerdos establecidos y mediar en caso de conflictos laborales, garantizando así un ambiente laboral justo y equitativo para ambas partes.* Por lo tanto, la regulación del entorno laboral involucra una serie de derechos y deberes tanto para los trabajadores como para los empleadores, y los convenios colectivos y las comisiones paritarias son herramientas fundamentales en este proceso de regulación y mediación laboral.

Estas comisiones también son importantes en el análisis de las necesidades de formación en el entorno laboral. Aquí cabe destacar:

- ***Análisis de las habilidades y competencias:*** *Es necesario para desempeñar eficazmente los distintos roles laborales dentro del sector o industria cubierta por el convenio colectivo.*
- ***Evaluación de tendencias y cambios en el mercado laboral.*** *Es fundamental para las comisiones paritarias mantenerse al tanto de las tendencias y cambios en el mercado laboral que puedan afectar las necesidades de formación y desarrollo profesional de los trabajadores.*
- ***Revisión de avances tecnológicos y regulaciones:*** *La rápida evolución tecnológica y los cambios en las regulaciones laborales pueden requerir la actualización de habilidades y conocimientos por parte de los trabajadores. Las comisiones paritarias pueden evaluar cómo estos avances impactan en las necesidades de formación.*
- ***Colaboración con instituciones educativas y centros de formación:*** *Las comisiones paritarias pueden establecer colaboraciones con instituciones educativas y centros de formación para diseñar programas de formación que aborden las necesidades identificadas y aseguren la empleabilidad de los trabajadores.*
- ***Desarrollo de planes de formación y capacitación:*** *Según el análisis de necesidades, las comisiones paritarias pueden contribuir a diseñar y desarrollar planes relevantes, accesibles y efectivos para los trabajadores cubiertos por el convenio colectivo.*
- ***Evaluación de programas de formación:*** *Las comisiones paritarias pueden monitorear y evaluar la efectividad de los programas de formación implementados, asegurando que cumplan con los objetivos establecidos y contribuyan al desarrollo profesional de los trabajadores.*

Al integrar el análisis de necesidades de formación en su trabajo, las comisiones paritarias pueden jugar un papel clave en garantizar que los trabajadores estén equipados con las habilidades y competencias necesarias para enfrentar los desafíos del mercado laboral actual y futuro.

La composición exacta de una comisión paritaria varía según la legislación, el sector industrial y las prácticas de las empresas y sindicatos involucrados. La función principal de estas comisiones es negociar y regular las condiciones laborales dentro de una empresa o sector, así como resolver conflictos laborales y supervisar el cumplimiento de los convenios colectivos.

La importancia de la cultura organizacional en el desempeño laboral y la satisfacción de los empleados radica en su capacidad para definir los valores, creencias y comportamientos compartidos dentro de una empresa.

Una cultura organizacional sólida puede influir en la motivación de los empleados, su compromiso con la empresa y su capacidad para colaborar efectivamente en equipo. Para fomentar un clima laboral positivo y productivo, es fundamental implementar estrategias que promuevan la comunicación abierta, el reconocimiento del trabajo bien hecho y el equilibrio entre vida laboral y personal. Este enfoque ayuda a crear un ambiente donde los empleados se sientan valorados, respetados y motivados para alcanzar sus objetivos individuales y los de la empresa. A este respecto también debe destacarse:

- El impacto de la diversidad y la inclusión en el ambiente de trabajo y el rendimiento organizacional es significativo. La diversidad en el lugar de trabajo promueve la creatividad, la innovación y la toma de decisiones más informadas. La inclusión, por otro lado, asegura que todos los empleados se sientan valorados y respetados, lo que contribuye a un ambiente laboral más colaborativo y productivo.

- El desarrollo de competencias profesionales, es crucial identificar las habilidades y competencias clave para el éxito profesional en cada área de trabajo. Las estrategias para el desarrollo y mejora continua de estas habilidades pueden incluir programas de formación, mentoría, participación en proyectos desafiantes y retroalimentación constructiva.

- El rol del mentor-acompañante es fundamental en el crecimiento profesional de los empleados. Los mentores pueden ofrecer orientación, apoyo y retroalimentación basada en su experiencia y conocimientos, lo que ayuda a los empleados a desarrollar sus habilidades y avanzar en sus carreras de manera más efectiva.

- El análisis del entorno laboral y las tendencias del mercado es crucial para anticipar cambios y adaptarse a nuevas oportunidades. Evaluar las tendencias del mercado laboral permite identificar áreas de crecimiento y desarrollo profesional, así como también anticipar posibles desafíos y amenazas en el entorno laboral.

- La identificación de oportunidades emergentes y áreas de crecimiento en diferentes sectores industriales es esencial para la planificación estratégica y el desarrollo de carrera. Esto permite a los empleados estar al tanto de las demandas del mercado laboral y prepararse para roles futuros que sean relevantes y gratificantes.

Abordar estos aspectos en el ámbito sociolaboral es fundamental para el crecimiento y desarrollo tanto de los empleados como de las organizaciones en las que trabajan. En resumen, cabe destacar las siguientes cuestiones asociadas al entorno laboral como relevantes:

- ***Cultura Organizacional:*** Define valores y comportamientos compartidos, influyendo en la motivación y compromiso de los empleados.

- ***Diversidad e Inclusión:*** Promueven la creatividad, innovación y toma de decisiones informadas, al mismo tiempo que aseguran que todos los empleados se sientan valorados y respetados.

- ***Desarrollo de Competencias Profesionales:*** Identifica habilidades clave y estrategias para su mejora, como programas de formación, mentoría y retroalimentación constructiva.

- ***Mentoría y Acompañamiento:*** Los mentores desempeñan un papel fundamental al ofrecer orientación basada en su experiencia, facilitando el crecimiento profesional de los empleados.

- ***Análisis del Entorno Laboral y Tendencias del Mercado:*** Permite anticipar cambios y adaptarse a nuevas oportunidades, identificando áreas de crecimiento y desarrollo profesional.

En conjunto, abordar estos aspectos es esencial para el crecimiento y desarrollo tanto de los empleados como de las organizaciones en las que trabajan.

3.9. Relaciones en el Trabajo, Derecho Laboral y Retribuciones

El *trabajador* podrá ser cualquier persona que cumpla las siguientes cuestiones:

- Edad: ser mayor de 18 años, con 16 y 17 años requerirá la autorización de padres o tutores legales o estar emancipado.

- Incapacidad: no se podrá contratar ni trabajar si así lo determina una sentencia judicial.
- Nacionalidad: los ciudadanos de la Unión Europea sí pueden trabajar libremente en España, pero los ciudadanos no comunitarios lo podrán hacer si tienen permiso de residencia en vigor.
- Titulación. Se deberá estar en posesión del título necesario para el ejercicio de ciertas profesiones.

El empresario podrá ser cualquier persona que cumpla las siguientes cuestiones

- Edad: ser mayor de 18 años o mayores de 16 años si están emancipados.
- Incapacidad: según sentencia judicial las personas con determinados grados de discapacidad serán asistidas por sus representantes legales.
- Podrá hacerlo una persona jurídica y no física.

Los *elementos del contrato* son fundamentales. Así destacamos:

- La forma: El contrato puede celebrarse por escrito o verbalmente pero sólo pueden suscribirse verbalmente los contratos indefinidos ordinarios y el contrato eventual por circunstancias de la producción
- El contenido: El contenido mínimo será identidad de las partes, fecha de comienzo y duración, domicilio social de la empresa y el centro de trabajo, categoría o grupo profesional, tareas a realizar, salario base y complementos salarias, jornada de trabajo ordinaria, vacaciones, preaviso en caso de extinción de contrato y convenio colectivo aplicable[4].

Los contratos pueden clasificarse pueden clasificarse en función de diferentes criterios si bien aquí se muestran una tipología asociada a su duración:

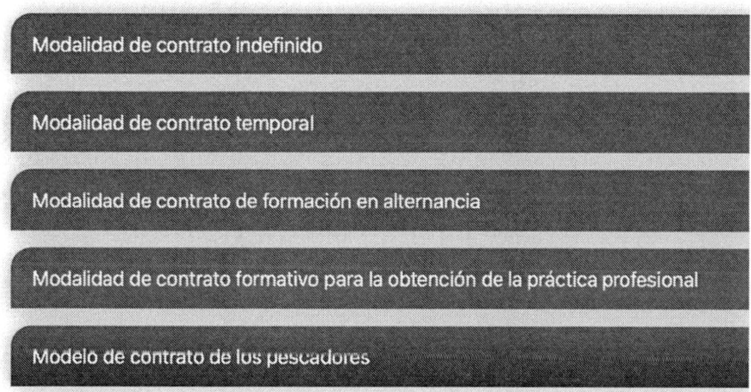

Figura 3.8. Modalidades de contrato según su duración

El contrato se realiza en una jornada laboral que, de manera normal, es de 40 horas semanales de trabajo efectivo de promedio anual, es decir, pueden existir semanas con más horas de trabajo y otras con menos. Existen sectores que tienen la jornada ampliada o reducida y constituyen excepciones (tragadores del mar, hostelería, comercio, etc.). No obstante, existen una serie de límites, de condicionantes, así como jornadas de diferente naturaleza (continua, partida y especiales).

Finalmente queremos recordar la importancia de que exista un buen sistema retributivo que estimule el rendimiento y la eficacia, que favorezca el sentimiento de pertenencia a la organización, así como el progreso personal de los empleados. A este respecto el *salario* lo constituye la totalidad de las prestaciones económicas (dinero o especie) que reciben los trabajadores por la prestación de servicios laborales por cuenta ajena. Se retribuyen permisos, fiestas y vacaciones. La estructura del salario es la siguiente:

[4] Ministerio de Empleo y Seguridad Social «BOE» núm. 255, de 24 de octubre de 2015. Real Decreto Legislativo 2/2015, de 23 de octubre, por el que se aprueba el texto refundido de la Ley del Estatuto de los Trabajadores.

- Salario base: es la parte de retribución fijada para cada trabajador según su categoría profesional.
- Complementos: son las cantidades que se suman al salario pase para retribuir determinadas circunstancias entre las que destacan:
  - Complementos personales: antigüedad, idiomas, títulos, etc.
  - Complementos de puesto de trabajo: nocturno, peligrosidad, difícil desempeño, etc.
  - Complementos del producto: cantidad, calidad, productividad, asistencia, puntualidad, etc.

3.10. Aprendizaje desde la Experiencia

En España sigue existiendo una importante cultura vinculada al salario fijo a diferencias de otros países donde los salarios tiene un parte variable que está en función del rendimiento, premiando el esfuerzo, satisfaciendo las necesidades individuales y elevando el grado de motivación de los miembros de la organización.

En primer lugar, es imperativo que el sistema educativo, especialmente en lo que respecta a la Formación Profesional, mantenga una estabilidad legislativa a lo largo del tiempo. No podemos permitirnos que cada cambio político genere una nueva ley educativa, ya que esto afecta negativamente a la calidad del sistema. Los docentes necesitan tiempo para adaptarse y la ciudadanía, en algún momento, comienza a confundirse con la constante variación de leyes y siglas.

No deseo caer en el pesimismo ni ser demasiado agorero, pero a veces percibo que estos temas se abordan desde un enfoque excesivamente académico. Si bien es importante reflexionar, también debemos tener la mente abierta y corregir de manera oportuna aquello que no funciona. No debemos aferrarnos a situaciones que han demostrado no ser realistas.

Otra contribución que me gustaría hacer es la necesidad de involucrar a los profesionales que trabajan día a día en la Formación Profesional en la creación de estas leyes. No solo debemos consultar a personas que ocupan cargos en despachos y que a menudo están desconectadas de la realidad. Aunque pueda sonar poco convencional, a estos últimos les llamo "desertores de la pizarra" o "desertores de la tiza", aunque ya no se use tiza.

Además, es fundamental que el profesorado de Formación Profesional esté bien preparado tanto en aspectos prácticos como teóricos. Últimamente, parece que se busca otorgar prestigio únicamente en función de la titulación universitaria del profesorado, lo cual es un error. La Formación Profesional ha sido históricamente impulsada por profesionales de la propia industria, algunos denominados "profesores de taller" y otros "profesores de bata blanca". Necesitamos ambos perfiles para que la Formación Profesional siga siendo efectiva.

Otro aspecto importante es el sistema de acreditación profesional, una práctica común en Europa que debemos adoptar. Este sistema valora las habilidades prácticas, no solo los conocimientos teóricos, lo que añade valor a la Formación Profesional y ofrece tranquilidad al público sobre las habilidades de los profesionales que los atienden.

La acreditación de competencias profesionales también ayuda a prevenir el intrusismo profesional y fomenta el desarrollo profesional dentro de las organizaciones. Es esencial que las personas sientan que tienen oportunidades de progreso en sus carreras y que el sistema de Formación Profesional sea lo suficientemente flexible para adaptarse a las necesidades cambiantes del mercado laboral.

Por último, aunque antes defendía la Formación Dual, creo que es necesario reconsiderar su aplicación. Nuestro entorno empresarial se compone principalmente de microempresas y autónomos cuyo objetivo principal no es la formación. Si bien es crucial el contacto con el mundo laboral, no debemos imponer un sistema simplemente porque esté de moda. Hay diversos modelos en Europa, además del alemán, que podrían adaptarse mejor a nuestra realidad.

En resumen, es fundamental mantener la estabilidad legislativa en el ámbito educativo, involucrar a los profesionales en la toma de decisiones, garantizar la preparación integral del profesorado de Formación Profesional, adoptar sistemas de acreditación, y ser flexibles en nuestros enfoques educativos para satisfacer las necesidades del mercado laboral actual.

3.11. Reflexiones de Síntesis

En este capítulo, hemos abordado la necesidad de adaptación de las organizaciones ante los cambios constantes y globales en la sociedad. Se destaca la importancia de implementar medidas estructurales, institucionales y operativas para orientar los procesos internos de las organizaciones. Además, se enfatiza en la complejidad de la formación en un entorno globalizado, donde factores como la difusión de las TIC, cambios en la gestión y la dirección, y nuevas formas de liderazgo influyen en las estrategias de formación. Las últimas crisis han llevado a una redefinición del concepto de formación, que ahora se considera una herramienta clave para el cambio y la adaptación organizacional. Se plantea la importancia del desarrollo del factor humano y la necesidad de considerar a las personas como un activo fundamental en las organizaciones. Además , se aborda el clima y la cultura organizacional como elementos intangibles de una organización. El clima influye en el comportamiento de los empleados, mientras que la cultura comprende valores, creencias y símbolos compartidos. mientras que estrategias como la diversidad e inclusión, el desarrollo de competencias profesionales y el análisis del entorno laboral contribuyen al crecimiento y desarrollo tanto de los empleados como de las organizaciones.

En cuanto a la estructura, la organización de las empresas implica una combinación de elementos formales e informales, incluyendo diferenciación e integración. Los organigramas representan la estructura formal, mientras que el clima y la cultura organizacional son aspectos fundamentales que influyen en el comportamiento y la productividad de los miembros. Por lo que se distinguen tres tipos de estructuras organizativas: formal, informal y real. El organigrama representa la estructura formal, el sociograma recoge las relaciones informales y el conjunto del sistema de relaciones que se establecen determinan el clima y la cultura de la organización.

Asimismo, queda patente que la evolución de la gestión de los Recursos Humanos ha evolucionado hacia una etapa más sistémica, integrando políticas con la estrategia general de la organización. Considera factores como el entorno externo, la fuerza laboral, la cultura organizativa y la tecnología para mejorar los resultados y promover una visión unificada de los recursos humanos.

En el capítulo se enfatiza en la necesidad de disponer de una gestión integral de recursos humanos basada en competencias que permita analizar, formar y desarrollar a los trabajadores de una organización de manera objetiva, alineada con el Marco Europeo de Cualificaciones Profesionales y los recursos del Instituto Nacional de las Cualificaciones. Y, donde los itinerarios de formación flexibles y reconocidos son esenciales, desde la orientación inicial hasta la evaluación del progreso y la alineación con la estrategia organizacional. Herramientas como guías de evidencia y cuestionarios de autoevaluación facilitan el proceso de evaluación de competencias, impulsando el desarrollo efectivo de habilidades laborales

En todo este proceso, el análisis de necesidades formativas es fundamental para el desarrollo estratégico de una organización, siendo un proceso que abarca desde la detección de vacíos y dificultades hasta la priorización de acciones formativas. Se enfoca en entender la realidad interna y externa de la empresa, así como las competencias requeridas para cada puesto. Utilizando herramientas como el análisis DAFO, Guías de Evidencia y la Autoevaluación, los empleados pueden demostrar sus habilidades y alinear su desarrollo con las demandas del mercado laboral. Al utilizar las técnicas de evaluación, se identifican áreas de mejora y se establecen criterios de priorización para diseñar un plan de formación efectivo y adaptado a las necesidades reales de la organización y sus empleados.

Por último, el capítulo proporciona una visión integral de aspectos fundamentales relacionados con el entorno laboral, los derechos y deberes de los trabajadores y empleadores, y destaca el papel crítico de las comisiones paritarias en la gestión de competencias y la formación para mantener un ambiente laboral justo, seguro y productivo.

3.12. Transferencia

Actividad: Desarrollo de Itinerario Formativo Flexible con el INCUAL

Objetivo: Diseñar un plan de formación adaptable a las necesidades de la organización y los empleados utilizando la base de datos y recursos del Instituto Nacional de las Cualificaciones (INCUAL).

Pasos a seguir:

Identificación de competencias: Identifica la familia profesional, sector y nivel de cualificación del trabajador. Analizar las competencias requeridas para cada puesto laboral en la organización, considerando habilidades técnicas y competencias transversales, ayudándote de las guías de evidencias y las autoevaluaciones

Consulta del INCUAL: Utilizar la base de datos para encontrar perfiles profesionales y cualificaciones pertinentes que se alineen con las competencias identificadas.

Selección de cualificaciones: Elegir las cualificaciones más adecuadas para los distintos roles dentro de la organización, considerando nivel de complejidad y pertinencia.

Diseño del itinerario: Crear un itinerario formativo flexible que combine diversos métodos de aprendizaje, como cursos presenciales, formación en línea y mentoría, adaptado a las preferencias y necesidades de los empleados.

Evaluación y ajustes: Realizar una evaluación continua del plan formativo para asegurar su efectividad y relevancia, realizando ajustes según sea necesario para adaptarse a cambios en el entorno laboral y nuevas necesidades.

La actividad utiliza el INCUAL para desarrollar un plan de formación flexible que fortalezca las competencias de los empleados, mejorando así su desempeño y contribución a los objetivos organizacionales.

3.13. Recordatorio básico de contenidos a través de preguntas

1. ¿Cuáles son las tres ces destacadas por Hamner y Campy que siguen vigentes en las organizaciones, según el texto?

2. Según López Camps ¿qué medidas estructurales, institucionales y operacionales son necesarias para abordar los cambios en las organizaciones?

3. ¿Qué significa para Pont entender la formación permanente como un continuo vinculado al trabajo en las organizaciones?

4. ¿Cuáles son las tres dimensiones del capital intelectual según la propuesta de Sánchez, Melián y Hormiga?

5. ¿Cuál crees que podría ser la relación entre el análisis de competencias para el desempeño laboral y la detección de necesidades de formación en una organización? Explique cómo esta relación puede influir en la efectividad de los programas de capacitación.

6. ¿Cuáles son los componentes básicos de una organización según Mintzberg y qué papel desempeñan en la estructura organizativa?

7. ¿Por qué es crucial la cultura organizacional en el contexto del desempeño laboral y la satisfacción de los empleados? Explique con ejemplos.

8. ¿Cuáles son algunas estrategias efectivas para fomentar un clima laboral positivo y productivo en una organización? Proporcione ejemplos concretos de cómo estas estrategias pueden impactar en el ambiente laboral.

9. ¿Cómo influyen los factores externos, la cultura organizativa y la tecnología en la gestión estratégica de Recursos Humanos dentro de una organización? Explique cómo estos elementos pueden influir en la orientación de las políticas de RRHH y en la consecución de los objetivos organizacionales.

10. Reflexione sobre la evolución de la gestión estratégica de Recursos Humanos desde sus etapas administrativas hasta su enfoque actual. ¿Cómo puede la gestión contribuir a mejorar los resultados y la eficiencia de una organización?

11. ¿Cuáles son los elementos clave de la gestión integral de recursos humanos basada en competencias, y cómo se relacionan con el desarrollo de carrera y la estrategia organizacional?

12. ¿Cómo pueden las organizaciones asegurarse de que el proceso de selección de personal sea efectivo y equitativo, especialmente en términos de diversidad e inclusión?

13. ¿Qué papel desempeña la fase de acogida e integración del nuevo empleado en la organización en términos de retención del talento y adaptación al entorno laboral?

14. ¿Cuál es la importancia de los convenios colectivos en el ámbito laboral y qué elementos suelen incluir estos convenios?

15. ¿Cuál es la función de las comisiones paritarias en el contexto de los convenios colectivos y cómo pueden contribuir al desarrollo profesional de los trabajadores?

3.14. Lecturas complementarias, enlaces y videoteca de

SCHEIN, E.H. (2010). *Organizational culture and leadership.* Jon Wiley & Sons.

SENGE, P. (1994). *La Quinta disciplina. El arte y la práctica de la organización abierta al aprendizaje.* Granica.

CONGRESO INTERNACIONAL DE LA FORMACIÓN PROFESIONAL

https://www.todofp.es/sobre-fp/congreso-internacional-fp.html

CONTRATOS DE TRABAJO

https://www.sepe.es/HomeSepe/empresas/Contratos-de-trabajo.html

CUALIFICACIONES PROFESIONALES

https://canal.uned.es/video/5a6f539eb1111f24408b5e9a?track_id=5a6f539fb1111f24408b5e9c

GUÍAS DE EVIDENCIAS

https://incual.educacion.gob.es/instrumentos/nivel1/deportivas

OBSERVATORIO DE LA FORMACIÓN PROFESIONAL

https://www.observatoriofp.com

TIPOS DE CONTRATOS

https://www.sepe.es/HomeSepe/empresas/Contratos-de-trabajo/modelos-contrato.html

Capítulo

4

Programas de formación en contextos sociales y laborales

4.1. Introducción

En el entorno empresarial actual, la planificación, implementación y evaluación efectiva de programas de formación son imperativos para cultivar un entorno de aprendizaje dinámico y orientado al crecimiento. Este capítulo pretende comprender los procesos involucrados en el desarrollo y la evaluación de la formación laboral y social, con un enfoque específico en la mejora del desempeño individual y organizacional.

Al explorar la importancia de establecer objetivos de aprendizaje claros y alineados con sus metas estratégicas, los lectores obtendrán las herramientas necesarias para diseñar programas de formación que fomenten el desarrollo de habilidades relevantes y la consecución de resultados estratégicos de la organización.

A través de la evaluación rigurosa de la calidad de la formación y del desempeño de los participantes, este capítulo busca equipar a los líderes profesionales de recursos humanos con los conocimientos y las habilidades necesarias para medir el impacto de la formación en el logro de objetivos organizacionales y en el desarrollo del talento humano.

Además, al destacar la importancia estratégica de los planes de carrera y desarrollo profesional, se pretende guiar a los lectores en la creación de oportunidades significativas de crecimiento y desarrollo que fomenten la retención del talento y fortalezcan la competitividad de la organización en un mercado en constante cambio.

En este capítulo se propone una guía práctica y orientada a resultados para diseñar, implementar y evaluar programas de formación empresarial que impulsen el desarrollo individual y organizacional, reflejando el compromiso continuo con el aprendizaje y la excelencia empresarial.

4.2. Plan de Formación

El ciclo de la formación se inicia con la identificación y priorización de las necesidades y requiere de un propósito claro que son los objetivos de la formación, eje vertebral de todo Plan. Los objetivos podrán establecer acciones de mejora en la organización o el grado de competencias que se pretenden desarrollar en sus miembros. Sólo cuando el establecimiento de estos objetivos esté claro podremos definir las acciones de formación. En esta ocasión la pregunta a la que tratamos de responder es ¿cómo formar? Un esquema general de un Plan lo tenemos en la figura adjunta.

Dado que el Plan de Formación se realiza en el contexto de una organización empresarial o social con un colectivo concreto de personas, será conveniente tener presente algunos de los principios básicos de todo aprendizaje de adultos (López Cams, 2005; págs. 132-134):

- Los adultos son autónomos y autodirigen su proceso de aprendizaje.
- La experiencia es el gran recurso para el aprendizaje de las personas adultas.
- Las personas adultas quieren tener metas y objetivos claros.
- Las personas adultas valoran la pertinencia y alcance de los aprendizajes.
- Los adultos son prácticos.
- La motivación de los adultos para aprender es, fundamentalmente, interna a la persona.
- Los participantes de la formación quieren ser tratados con respeto y consideración por lo que ya saben y lo que pueden aportar.

Las aportaciones de la psicología, en cuanto a estilos de aprendizaje puede servir, también, de referencia para el diseño de las acciones formativas. A finales de la década de los ochenta, Peter Honey y Alan Mumford partieron de la base de David Kolb y su *Ciclo de aprendizaje a partir de la experiencia* para crear un cuestionario de Estilos de Aprendizaje enfocado al mundo empresarial y denominado LSQ (*Learning Styles Questionaire*).

El objetivo de este instrumento era averiguar qué elementos inciden en el aprendizaje para que dos personas que comparten un mismo contexto y elemento de aprendizaje tengan resultados diferentes. A partir de aquí se construye la denominada *Relación de Estilo de Aprendizaje* (en inglés *LSI*).

Estos autores llegaron a la conclusión de que existen cuatro Estilos de Aprendizaje:

- *Activo.* Son personas abiertas, entusiastas, sin prejuicios ante las nuevas experiencias, incluso aumenta su motivación ante los retos.

- *Reflexivo.* Son individuos que observan y analizan detenidamente. Consideran todas las opciones antes de tomar una decisión. Les gusta observar y escuchar, se muestran cautos, discretos e incluso a veces quizá distantes.

- *Teórico.* Personas que presentan un pensamiento lógico e integran sus observaciones dentro de teorías lógicas y complejas. Buscan la racionalidad, la objetividad, la precisión y la exactitud.

- Pragmático. Son personas que intentan poner en práctica las ideas. Buscan la rapidez y eficacia en sus acciones y decisiones. Se muestran seguros cuando se enfrentan a los proyectos que les ilusionan.

En España la profesora Catalina Alonso fue quien adaptó el cuestionario LSQ al ámbito académico y nuestro entorno cultural denominándolo cuestionario CHAEA (Cuestionario Honey-Alonso sobre Estilos de Aprendizaje).

4.3. Desarrollo Integral de un Plan de Formación: Objetivos, Diseño y Evaluación

Desde estos referentes debemos abordar el desarrollo global de un plan de formación cuyo proceso, necesariamente, pasa por una serie de fases que se reflejan en la figura 4.2.

Definición de objetivos

El diseño del Plan comienza determinando los objetivos que contendrá y donde podemos distinguir:

Objetivos formativos que hacen referencia a lo que se espera que los participantes alcancen al concluir la acción formativa. Son objetivos que pueden trascender la propia formación y estar ligados a la organización que aprende. Se pueden distinguir entre:

Objetivos generales que expresan el resultado de la formación, el comportamiento profesional esperado.

Objetivos específicos que se traducen en el conjunto de competencias que el participante puede adquirir con la acción formativa.

Los objetivos deberán reflejar los conocimientos, habilidades, destrezas y actitudes necesarias para el desarrollo de un trabajo/servicio efectivo y de calidad y para ello definirán:

- Qué debe saber (adquisición de conocimientos)

- Qué debe saber hacer (adquisición de habilidades)

- Qué debe actuar (desarrollo de actitudes)

Objetivos de desempeño vinculados a lo que se espera que los participantes puedan hacer en su puesto tras recibir la formación. Este tipo de objetivo, algunos autores lo denominan *objetivos operativos* ya que expresan lo que la persona debe hacer y las condiciones de realización.

- Estos objetivos deben formularse teniendo en cuenta tres aspectos:

- La definición de lo que debe hacer el participante (conducta final observable).

- Las condiciones para el desempeño laboral (situación propia del puesto).
- El nivel que debe alcanzar el participante (criterio de evaluación).

Figura 4.1. Fases del Plan de Formación

En la definición de objetivos, podemos recordar que Bloom en los años 50 creó una clasificación, *Taxonomía de Bloom*, que cuenta con un amplio listado de posibles objetivos en función del tipo de aprendizaje implicado.

Esta propuesta ha experimentado cambios a lo largo de los años, pero, en general, puede servir de orientación para la fase de formulación, especialmente, en la actualización realizada por Andrew Churches en 2009. Por tanto, cabe manifestar que la Taxonomía de Bloom está de plena actualidad ya que se han intentado extraer nuevos análisis de sus propuestas en consonancia con el alcance de las TIC y las redes sociales. Para ilustrar esta cuestión y, de manera anecdótica, circula por la red la figura 4.3 que vincula los términos claves de la propuesta de Bloom con los programas de uso habitual en los teléfonos móviles modelo *Iphone.*

De acuerdo con Teba y Tejada (2005), los objetivos deben tener las siguientes características para que su formulación sea correcta y útil:

- Estar definido de un modo claro y preciso.
- Utilizar verbos en infinitivo que expresen acciones.
- Ser alcanzable y, por tanto, viable.
- Ser evaluable.
- Suponer un reto que genere motivación en el participante.
- Tener una limitación temporal.
- Contemplar diversos niveles de prioridad e importancia.

Es fundamental que se formulen correctamente los objetivos, pues van a guiar las acciones formativas, servirán de referencia para comprobar si la acción se adapta a las expectativas de los participantes y del conjunto de la organización y, también, porque son el elemento que permitirá contrastar el grado de consecución y logro de la formación impartida. En este contexto, fomentar la curiosidad y evitar el aprendizaje meramente orientado a la aprobación mediante la memorización se erige como un imperativo. Este cambio de perspectiva se alinea con la promoción de intraemprendedores, individuos que no solo adquieren conocimientos, sino que también cultivan una mentalidad emprendedora dentro de las organizaciones.

La Taxonomía de Bloom (nivel máximo) revela una señal significativa: el nivel más elevado, el décimo, es alcanzado por aquellos que poseen la capacidad de crear. Sin embargo, es esencial reconocer que la creatividad y la capacidad de creación florecen a partir de una sólida base de conocimientos. En este sentido, la adquisición de conocimientos se presenta como el primer paso esencial para alcanzar las cimas de la creatividad. En conclusión, el dominio del "saber hacer" es un atributo valioso por lo que las empresas están dispuestas a invertir y remunerar. La combinación de curiosidad, habilidades intraemprendedoras, un sólido bagaje de conocimientos y la capacidad de crear itinerarios formativos personalizados establece el terreno fértil para el florecimiento del talento y la generación de valor en el entorno profesional.

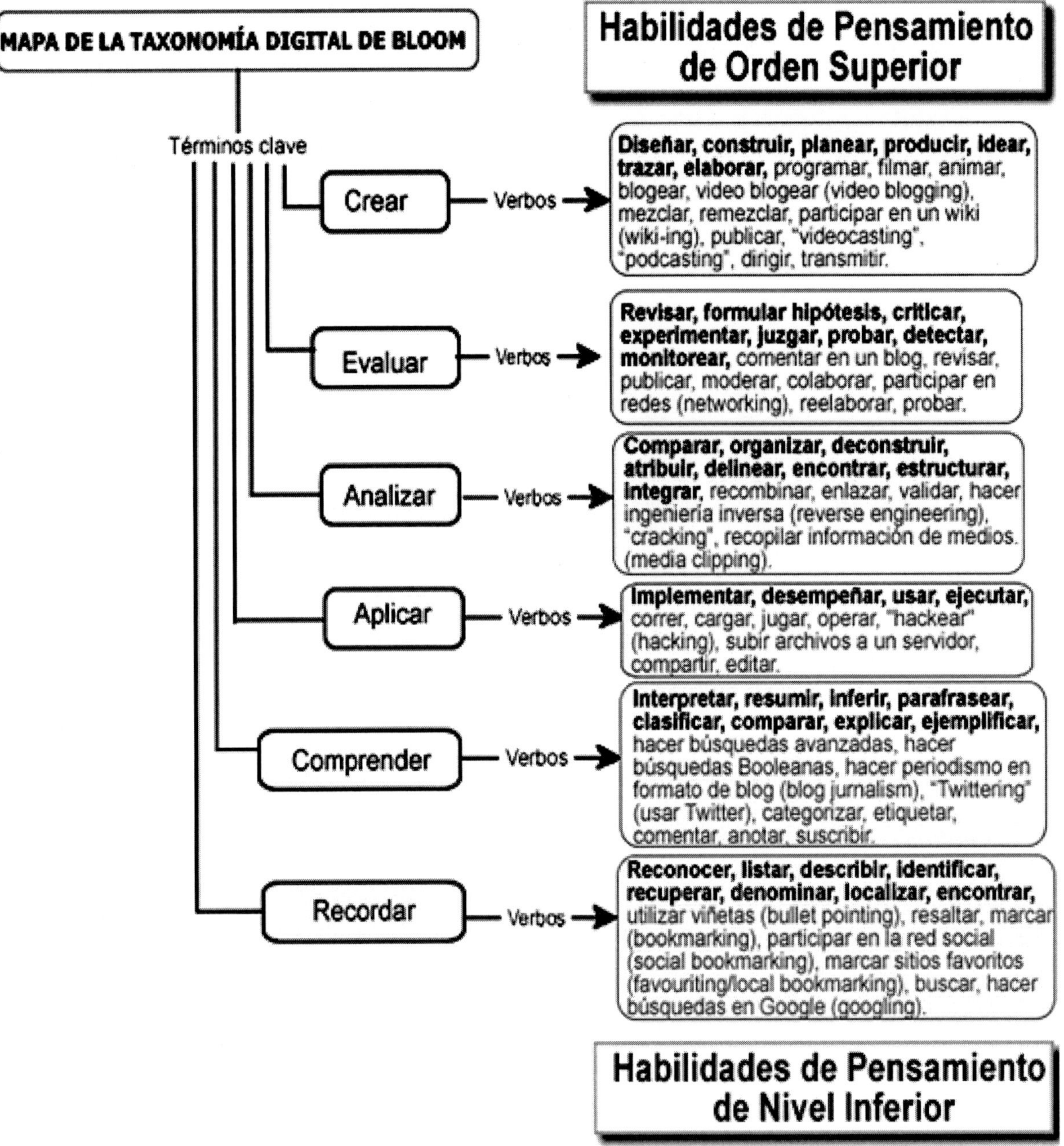

Figura 4.2. Taxonomía de Bloom para la era digital

Diseño de las acciones formativas

Las acciones formativas, en su diseño y desarrollo, pueden adoptar el formato de curso, seminario, taller, programa, etc. Dependerá, en gran medida, de la naturaleza de la formación y de la modalidad de formación elegida.

Adicionalmente, cabe reseñar que, en un entorno laboral dinámico, la creación de itinerarios formativos personalizados emerge como una necesidad ineludible. No podemos obviar que todos aquellos profesionales que están trabajando y deben compaginar sus responsabilidades laborales con la formación requieren flexibilidad y opciones adaptadas a sus circunstancias.

Tabla 4.1. Elementos de una acción formativa I

Título de la actividad	Buscar un nombre atractivo a la acción formativa, así como los subtítulos necesarios. La publicidad es fundamental.
Marco o justificación	Breve comentario sobre dónde se enmarca la acción formativa en el conjunto del Plan de Formación, destacando las repercusiones positivas que implica su realización.
Objetivos	Se detallarán los objetivos generales a los que contribuye acción, así como los objetivos específicos. Cuando sea necesario pueden incorporarse objetivos de desempeño.
Contenidos formativos	Detallar los conocimientos teóricos y prácticos se van a impartir, así como los diferentes bloques de contenidos en los que se puede estructura la actividad.
Destinatarios	Especificar las características de los participantes a los que se destina la acción, distinguen cuando proceda, los criterios de selección que se estimen convenientes para una mayor efectividad.
Cronograma y calendario	Indicar en qué periodo del año se va a realizar la acción. Especialmente sería relevante justificar, cuando se presenta la propuesta, la idoneidad de las fechas que se barajan.
Duración y Jornada	Establecer la duración máxima que tendrá la acción teniendo en cuenta los objetivos propuestos, las necesidades de producción/servicios de la organización, así como la conciliación profesional y laboral de los participantes.
Modalidad	De acuerdo con la naturaleza de la acción y las características de los contenidos y los destinatarios se debe elegir por una modalidad de formación concreta: presencial, a distancia, semipresencial o mixto, en el puesto de trabajo, etc.

La posibilidad de crear itinerarios propios no solo facilita la conciliación laboral y formativa, sino que también potencia la adquisición de habilidades pertinentes y actualizadas para el contexto laboral en constante cambio. Por lo tanto, será fundamental contemplar en este apartado todos los elementos que se detallan a continuación adaptados de las propuestas realizadas por la Fundación Tripartita para la Formación en el Empleo y Teba y Tejero (2005).

Tabla 4.2. Elementos de una acción formativa II

Metodología	Es necesario indicar y detallar, en parte, la estructura metodológica que seguirá la acción indicando las metodologías que se van a combinar (exposiciones, actividades prácticas, resolución de problemas, simulaciones, dinámicas de grupo, etc.)
Medios didácticos	Señalar el conjunto de recursos que se van a emplear durante el desarrollado de la acción formativa (impresos, visuales, auditivas, audiovisuales, multimedia, tecnologías, etc.). Incluso se deben señalar el uso de otros espacios que se vayan a emplear.
Formadores	Cuando se propone una acción formativa es acertado contar con el formador(es) que la va a desarrollar. En ocasiones, su prestigio o experiencia son el reclamo más importante de una acción. Al presentar una propuesta de formación es necesario indicar quiénes la imparten y los criterios/características que se han adoptado como referentes para su selección (grado de empatía, habilidades comunicativas, prestigio profesional, competencias técnicas. El formador/a puede ser un superior, un compañero de la organización, el responsable de RRHH, un especialista de otra organización o un asesor externo.
Lugar de impartición	Es importante prever y justificar la conveniencia de dónde se debe realizar la acción formativa y que estará condiciona por las cuestiones previas (objetivos, contenidos y modalidad preferentemente) y por las posibles limitaciones económicas.
Presupuesto	El presupuesto de la actividad debe estar enmarcado en el presupuesto del Plan de Formación y debe contemplar varios conceptos y partidas (desplazamientos, dietas, alojamiento y comidas, materiales y manuales, consultores externos, alquiler de salas y/o medios audiovisuales, publicidad, etc.)
Difusión	Es fundamental que la actividad tenga una buena difusión en el conjunto de la organización o, al menos, en el colectivo al que está destinada. Para ello es necesario desarrollar estrategias de marketing interno (Carteles anunciadores, correos informativos, tablones exclusivos para formación, dípticos/trípticos, etc.)
Evaluación	Exponer brevemente cuáles serán las técnicas y procedimientos para evaluar la acción formativa y donde deben valorarse, al menos, la reacción de los participantes, el nivel de aprendizaje, el grado de aplicación de los aprendizajes y los resultados derivados de este proceso promovido por la formación.

Debemos distinguir entre la propuesta formativa que se hace en el ámbito de la organización con la propuesta formativa que se difunde entre sus miembros. De acuerdo con ello, los apartados presentados tendrán mayor nivel de concreción.

Desarrollo del Plan de formación

El desarrollo de los Planes de Formación estará íntimamente ligado al tipo de plan que se haya diseñado (Rodríguez, 2006):

- *Planes específicos* que desarrollan, de manera sectorial, el Plan de formación global de una organización.
- *Planes individuales* o también denominados *planes de carrera* que son específicos para un miembro de la organización. En el último apartado de este capítulo los abordaremos con mayor profundidad.
- *Acciones puntuales.* Se trata de actuaciones concretas que se hacen necesarias en momentos puntuales bien para la organización o para una parte de sus miembros.
- *Menús de cursos.* No se trata específicamente de un plan de formación pues consiste en la oferta de acciones formativas diversas que presenta a la organización un asesor externo, otra organización, una consultoría, etc. Su principal ventaja es que la formación ya está diseñada pero la desventaja es que no está contextualizada.

En el desarrollo hay dos elementos fundamentales que no se pueden perder de vista. De una parte, la necesaria coordinación entre todos los agentes implicados (formadores, directivos, participantes, etc.) y, de otra parte, la observación constante para reaccionar rápidamente ante los desajustes que se estén produciendo respecto al diseño inicial. Así, tal y como propone Gan (1996) las funciones del gestor de formación en esta etapa de ejecución son:

- Efectuar una campaña de comunicación presentado la formación a sus potenciales destinatarios.
- Concretar, junto al formador cuando proceda, las metodologías y las técnicasn apropiadas a cada acción.
- Asistir personalmente y, si es posible, a la acción formativa o al menos al inicio y final.
- Ser accesible para los participantes facilitándoles que manifiesten sus comentarios, aportaciones y críticas.
- Efectuar una recogida de información constante de todos los implicados.
- Garantizar la disponibilidad y uso de las infraestructuras y medios previstos.
- Buscar soluciones para superar los imprevistos.
- Efectuar un riguroso seguimiento presupuestario.

Por tanto, el gestor de la formación juega un importante papel de adaptación y reorganización ante las dificultades que puedan surgir que, en ocasiones, se evidencia de manera clara en la falta de comunicación y relación entre los agentes implicados en el desarrollo del plan de formación que requiere de un importante seguimiento de los plazos previstos.

El *Diagrama de Gantt* es una popular herramienta gráfica cuyo objetivo es mostrar el tiempo de dedicación previsto, en este caso, a las acciones formativas. No indica, necesariamente, las relaciones existentes entre acciones, pero la posición de cada una de ellas en el tiempo hace que puedan ser identificadas fácilmente y que puedan identificarse algunas interdependencias que se puedan producir.

A continuación, recogemos un ejemplo de Diagrama de Gantt del Plan Estratégico de COCEMFE 2009-2012 y referido a la distribución de tareas para fortalecer la calidad de la organización.

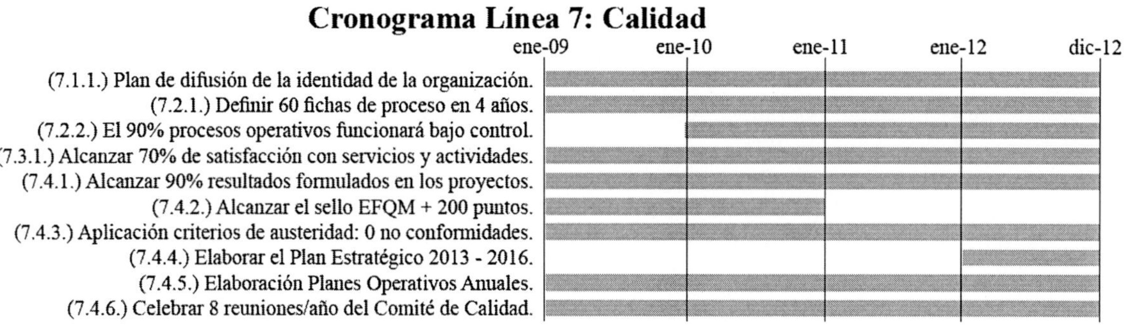

Cronograma Línea 7: Calidad

ene-09 ene-10 ene-11 ene-12 dic-12

(7.1.1.) Plan de difusión de la identidad de la organización.
(7.2.1.) Definir 60 fichas de proceso en 4 años.
(7.2.2.) El 90% procesos operativos funcionará bajo control.
(7.3.1.) Alcanzar 70% de satisfacción con servicios y actividades.
(7.4.1.) Alcanzar 90% resultados formulados en los proyectos.
(7.4.2.) Alcanzar el sello EFQM + 200 puntos.
(7.4.3.) Aplicación criterios de austeridad: 0 no conformidades.
(7.4.4.) Elaborar el Plan Estratégico 2013 - 2016.
(7.4.5.) Elaboración Planes Operativos Anuales.
(7.4.6.) Celebrar 8 reuniones/año del Comité de Calidad.

Figura 4.3. Diagrama de Gantt. Plan Estratégico de COCEMFE 2009-2012

En el desarrollo del Plan de Formación se debe prestar especial atención a las dificultades de un adulto. En el marco de un estudio de la Fundación Formación y Empleo Miguel Escalera (FOREM, 2000) se identificaron un conjunto de dificultades –intrínsecas y extrínsecas- que afectan a la formación continua:

Factores intrínsecos:

- Factores relacionados con una escasa motivación.
- Hábitos de estudio perdidos.
- Experiencias anteriores adversas.
- Menos curiosidad y ganas de aprender.
- Agilidad mental en retroceso.
- Conocimientos previos que condicionan los nuevos.
- Miedo al fracaso.
- Personas pragmáticas que valoran los aprendizajes como poco prácticos y aplicables.

Factores extrínsecos:

- Oferta formativa desestructurada, desordenada o desorganizada.
- Composición de los grupos heterogéneos respecto a intereses y conocimientos previos.
- Tiempos de aprendizaje condicionados y cansancio.
- Contenidos de aprendizaje.
- Materiales y estrategias didácticas no adaptadas y continuistas de modelos escolares.

Evaluación del Plan de Formación

El desarrollo de un Plan de formación debe concluir, necesariamente, con un proceso de evaluación que nos permita contrastar las previsiones iniciales y condiciones de partida con la situación posterior a la formación. No obstante, hay factores que se pueden señalar y que condicionarán en buena medida el éxito de un Plan de Formación (Rodríguez, 2006):

- Es necesario e imprescindible implicar a la línea jerárquica de la organización en el diseño, desarrollo y evaluación del Plan de formación.
- El Plan será más eficaz si se lleva a cabo de arriba hacia abajo, es decir, que la dirección de la organización participe en las acciones formativas.
- Implicar a los mandos en la detección de problemas.
- El Plan de formación ha de ser flexible.
- El Plan de formación debe contemplarse dentro de los retos estratégicos de la organización.
- Deben quedar claramente especificados los objetivos del Plan de formación y los elementos que lo componen.
- El Plan de Formación deben abarcar todos los niveles.
- El Plan de Formación ha de encuadrarse en la política de promoción y gestión de personal de la organización a la que va dirigido.
- El Plan de Formación debe tener una pervivencia en el tiempo.
- El Plan de formación es, necesariamente, un elemento de gestión.

Este conjunto de aspectos puede servir de referente para que, durante las fases de diseño y desarrollo del Plan, se vaya realizando una evaluación de carácter formativo que permita ir tomando decisiones que ajusten expectativa y realidad.

La evaluación debe contemplar el proceso global del Plan de Formación abarcando desde su gestión hasta su implementación en cada una de las acciones formativas que lo integren. Por tanto, los objetivos de la evaluación son comprobar si la formación desarrollada gracias al Plan ha producido las modificaciones esperadas en los destinatarios; demostrar si los resultados de la formación muestran relación con la consecución de los objetivos de la organización y comprobar su las acciones y técnicas formativas empleadas han sido las más idóneas y si se han ajustado a los participantes. En este sentido, Rodríguez (2006) establece que la evaluación presenta una serie de características entre las que cabe señalar:

1. Se trata de un proceso sistemático y planificado.
2. Se adecuan los criterios establecidos con anterioridad.
3. Se utilizan instrumentos variados para la recogida de información.
4. Se emplea para la mejora del sistema de formación.
5. Es adecuada para la toma de decisiones necesaria para la mejora continua del proceso.
6. Se debe evaluar cada acción formativa y el conjunto del Plan de Formación.

La información recogida durante todo el proceso de evaluación debe organizarse en torno a cuatro criterios fundamentales propuestos por López Camps (2006; pág. 417):

1. *Criterios de eficacia.* Permiten conocer cuál es la relación entre los objetivos formulados y los resultados finalmente obtenidos.

2. *Criterios de eficiencia.* Permiten el conocimiento de la relación existente entre la eficacia y el gasto realizado, ayudando a calcular el binomio coste/beneficio.

3. *Criterios de transferencia.* Facilitan información acerca de cómo se transforman los aprendizajes en competencias y si, en conjuntos, contribuyen al logro de los objetivos de mejora y cambio de la organización.

4. *Criterios de satisfacción.* Informan sobre el grado de satisfacción de los diversos agentes participantes en la formación.

La evaluación, por tanto, debe aportar información adecuada para la toma de decisiones que contribuyan a mejorar el proceso formativo, de ahí el interés entre los aspectos de evaluación y la toma de decisiones (Gairín, 2010). Al abordar el sistema evaluativo para la formación debemos distinguir cuatro niveles de análisis propuestos por Kirkpatrick y Kirkpatrick (2006) en los años sesenta y que se ha ido revisando progresivamente:

- *Nivel 1: Reacción.* En este nivel estamos evaluando la respuesta de los participantes tras las acciones formativas, es decir, su efecto sobre las opiniones y la satisfacción personales. La herramienta empleada habitualmente es el cuestionario o formulario de satisfacción.

- *Nivel 2: Aprendizaje.* Aquí evaluamos si se ha producido un cambio en los aprendizajes de los participantes. Se analiza si han mejorado sus competencias por tener nuevos conocimientos, habilidades o desarrollar actitudes. El instrumento más idóneo para este nivel es una evaluación del desempeño que abordaremos más adelante.

- *Nivel 3: Conducta.* Comprobamos en este nivel si los participantes han experimentado algún cambio de conducta en sus ocupaciones tras haber participado en el proceso formativo. Será necesario, por tanto, dejar pasar un tiempo entre la finalización de la formación y la evaluación. Además de la evaluación de desempeño, de manera particular este nivel puede ser evaluado mediante un cuestionario o entrevista específica.

- *Nivel 4: Resultados.* Se centra en evaluar los resultados finales que la organización obtiene tras el proceso de formación. Los resultados pueden presentarse de múltiples maneras ya que pueden entenderse como mejora de la productividad, reducción de costes, aumento de beneficios, incremento en la satisfacción de los usuarios, etc. Una *evaluación o feedback 360º* puede ser una herramienta acertada que pretende dar a los miembros de una organización una perspectiva de su desempeño lo más adecuada posible, al obtener información desde todos los ángulos: Jefes, compañeros, subordinados, clientes/usuarios, etc.

Autores como Wades y Pineda (cit. en López Camps, 2006; pág. 423) añaden o modifican estos niveles proponiendo la existencia de seis apartados:

- Nivel 1. Satisfacción de los agentes interesados.

- Nivel 2. Logro de los objetivos de aprendizaje.

- Nivel 3. Coherencia pedagógica del proceso formativo.

- Nivel 4. Transferencia de los aprendizajes al puesto que se ocupa.

- Nivel 5. Impacto de la formación en los objetivos de la organización.

- Nivel 6. Rentabilidad de la formación para la organización.

Es especialmente destacable la propuesta que hace Pineda (2002) de incorporar el nivel 3 para evaluar cuál es el grado de coherencia pedagógica del diseño de la estrategia de formación. La autora insiste en que el sistema evaluativo debe poner énfasis, también, en todos los elementos que intervienen en el diseño y desarrollo de la formación (objetivos, contenidos, secuencia didáctica, metodología y recursos, etc. El proceso debe concluirse con la redacción de un informe o memoria del Plan donde se presenten claramente las intenciones iniciales, los logros obtenidos, las mejoras incorporadas durante el desarrollo del Plan de Formación, así como las propuestas de mejora que deben servir de referencia para nuevas iniciativas similares.

4.4. Evaluación de la Calidad de la Formación

Es innegable que existe una importante preocupación por la calidad de las acciones formativas en todos los ámbitos ya que, por una parte, es una señal de distinción y valor añadido que posee una organización y por otra se debe valorar el impacto social y económico de la formación en término de inversión y no de gasto. De ahí la necesidad de que los esfuerzos realizados se traduzcan en acciones con impacto en la organización, sus participantes y en los productos/servicios que desarrolla. El *European Centre for the Development or Vocational Training* publicó un estudio en 1997 que sugería la importancia de la calidad en la formación si bien, existen diferentes perspectivas desde donde valorarla (López Camps, 2006):

- La calidad desde el *punto de vista pedagógico*. La eficacia del sistema formativo y la optimización del proceso de aprendizaje.
- La calidad desde el *punto de vista macroeconómico*. La rentabilidad de las inversiones en formación y la optimización de los costes de la formación.
- La calidad desde el *punto de vista social*. La formación no puede ser fuente de exclusión y debe optimizar la respuesta adecuada a las necesidades de las personas.
- La calidad desde el *punto de vista del cliente/usuario*. Brindar una respuesta a las demandas de los usuarios y optimizar las propuestas que se realicen en esta línea.
- La calidad desde el *punto de vista de la gestión*. La eficiencia en la organización y en el diseño y desarrollo del plan, optimizando los organismos y los procesos formativos.

Siguiendo las propuestas de López Camps (2006), recogemos a continuación algunos sistemas de evaluación de la calidad ampliamente contrastados y que ofrecen modelos que permiten asegurar la calidad en la formación:

*Modelo del Sistema Q*For*

Es un sistema creado a través del Programa Leonardo de la Unión Europea y desarrollado por la Fundación CEDEO para evaluar la calidad de la formación desde el punto de vista de sus usuarios. Las principales fases del modelo implican:

- Estudiar la institución
- Encuestar a los usuarios
- Visitar la institución tras ser evaluada
- Elaborar el informe final de evaluación

Normas ISO

Las Normas ISO (Organización Internacional de Normalización) están elaboradas por una federación mundial de organismos nacionales de normalización (organismos miembros de ISO). El trabajo de preparación de las normas internacionales generalmente se realiza a través de los comités técnicos de ISO. Estos normas se utilizan para garantizar la calidad de un producto o servicio pero, aun cuando la experiencia de estas normas en el mundo de la enseñanza y la formación siga siendo limitada, se puede afirmar que los requisitos tangibles y con frecuencia obligatorios que plantean las normas (política de la calidad, manual y procedimientos de la calidad, auditorías regulares, ...) proporcionan un instrumento general y accesible para la instauración de un sistema de la calidad, utilizable por toda organización (Doutor Van den Vergé, 1998).

Modelo del referencial de variables

Este modelo se basa en el establecimiento de varios criterios con sus indicadores. Su peculiaridad es que no se trata de un sistema general que debe concretarse en cada organización. La importancia del modelo es la existencia de indicadores rigurosos que permitan evaluar la calidad sin las apreciaciones subjetivas comunes en estos procesos.

Modelo EFQM

El modelo EFQM que surge en la década de los 80 es un referente en el ámbito de la Unión Europea y se ha convertido en el modelo más generalizado para muchas Administraciones y Empresas públicas, así como entidades privadas en los diferentes países miembros de la UE. El modelo de excelencia propuesto por la *European Foundation for Quality Management*, La Fundación asume su papel como clave en el incremento de la eficacia y la eficiencia de las organizaciones europeas, reforzando la Calidad en todos los aspectos de sus actividades, así como estimulando y asistiendo el desarrollo de la mejora de la Calidad. Los principales conceptos que conforman el modelo EFQM son los siguientes:

- Orientación hacia los resultados.
- Orientación al cliente.
- Liderazgo y coherencia.
- Gestión por procesos y hechos.
- Desarrollo e implicación de las personas.
- Proceso continuo de aprendizaje, innovación y mejora.
- Desarrollo de alianzas.
- Responsabilidad social de la organización.

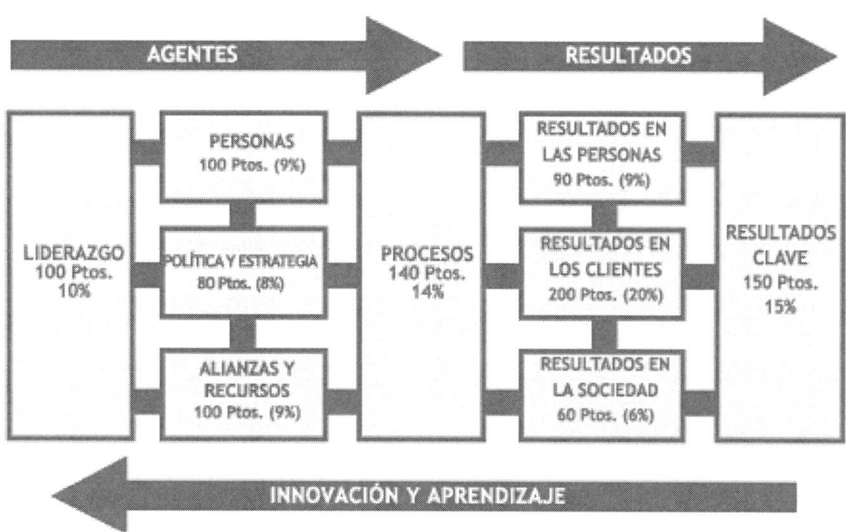

Figura 4.4. Modelo de Excelencia EFQM

El modelo EFQM es un buen referente para la planificación de la formación con calidad y la evaluación de la calidad de la propia organización. El enfoque del EFQM orienta la gestión de la formación desde su inicio bajo el prisma de la calidad ya que es un instrumento global que permite, junto con la autoevaluación de la organización o de la actividad formativa, identificar los puntos de mejora y acumular referentes de la experiencia formativa. El modelo permite redefinir los propósitos, valores y objetivos, los procesos y actividades de una organización para conseguir la validad del producto o servicio.

4.5. Evaluación del Desempeño

La evaluación de las personas en la organización es un aspecto fundamental que está íntimamente ligado a su mejora y vinculado a la formación que se desarrolla como mecanismo para lograr tal fin. La evaluación de las personas es el sistema que permite conocer y valorar la actuación y potencial de las personas en el desempeño de sus funciones, en relación con su equipo y su aportación al conjunto general de la organización.

Teba y Tejero (2005; pág. 181) definen la evaluación del desempeño de personas como "un instrumento o procedimiento que pretende apreciar, de la forma más sistemática y objetiva posible, el rendimiento, actitudes y potenciales de los empleados (o colaboradores) de una organización en vistas a lograr una serie de objetivos que permitirán obtener beneficios a todas las partes implicadas". No se trata, por tanto, de un proceso cuyo único objetivo sea la valoración, sino que es una herramienta que proporciona información sobre:

- El grado de ajuste entre la persona y su puesto.
- El trabajo desarrollado y su vinculación con los objetivos fijados.
- Las responsabilidades asumidas.
- El grado de adaptación de la persona a su equipo de trabajo.
- Las necesidades formativas de la persona.
- Las posibilidades de desarrollo profesional de la persona.

La evaluación ilumina permite así mejorar propuestas de desarrollo profesional; plantear acciones formativas; establecer remuneraciones variables e, incluso, rotaciones, promociones o cambios en la carrera profesional de los participantes. Se trata, por tanto, de una herramienta de gestión que forma parte de la estrategia de la organización, coherente con su cultura y comprometida con el logro de sus fines. Respecto a los objetivos de la evaluación, Teba y Tejero (2005) definen una serie de objetivos operativos y estratégicos que la evaluación de personas persigue y que contribuyen, en buena medida a motivar al trabajador para que realice mejor su trabajo y mejorar la organización en múltiples aspectos (liderazgo, comunicación, promoción del potencial humano, equidad en los sistemas de retribución, etc.).

Desde este planteamiento podemos distinguir dos enfoques complementarios en cuanto a la evaluación de personas. Por una parte, un *análisis retrospectivo del comportamiento (o evaluación de desempeño)* y, por otra parte, un *análisis prospectivo del comportamiento (o evaluación del potencial de la persona).* En el primer caso se trata de una evaluación del desempeño profesional evaluado de manera progresiva en los últimos meses y el segundo caso consiste en hacer una estimación del desempeño potencial de una persona en el futuro anticipando las posibilidades de su adecuación ante un nuevo contexto en la organización. Hay autores que distinguen, además, entre *evaluación de rendimiento* (qué hace) y *evaluación de desempeño* (qué hace y cómo lo hace).

Autores como Teba y Tejero (2005) proponen una serie de principios genéricos que debería cumplir cualquier sistema de evaluación de personas y que permiten aclarar sus propósitos generales:

- Los objetivos establecidos deben ser mutuamente acordados entre responsable y trabajador/colaborador.
- Los objetivos de desarrollo que guían la evaluación deben estar basados en la cultura y valores de la organización, así como las necesidades del puesto de trabajo.
- El proceso debe motivar al trabajador en la búsqueda de la mejora continua.
- El sistema debe ser percibido como justo y equitativo para todos.
- Los directivos deben tener capacidad de gestionar el sistema de evaluación, promoviéndolo y haciendo un seguimiento de su implementación.
- El proceso debe ser flexible y fácil de desarrollar.

- Los instrumentos para emplear deben ser comprensibles y fáciles de aplicar.

Para cualquier organización, la evaluación de personas debe contemplar dos ejes básicos: el resultado del trabajo y el modo en qué se realiza y, de ahí, que la evaluación por desempeño sea considerada como uno de los asuntos clave en la gestión de recursos humanos.

La *evaluación del desempeño* puede entenderse como un proceso sistemático y con cierta periodicidad que permite estimar –tanto cualitativa como cuantitativamente- el grado de eficacia en el que las personas desarrollan sus actividades y responsabilidades en los puestos que desempeñan. Esta evaluación comporta tres aspectos:

1) la *descripción* (identificar las áreas que deben ser analizadas y que están relacionadas con la mejora y éxito de la organización);

2) la *medición* (las valoraciones realizadas sobre el rendimiento del trabajador/colaborador para determinar puntos fuertes y débiles, y

3) el *desarrollo* (la evaluación tiene como finalidad analizar el desempeño de un puesto en un período concreto para informar en futuras tomas de decisiones).

Por ello, tal y como apunta Casco (1995) la evaluación del desempeño contribuye a que las organizaciones puedan:

- adoptar decisiones administrativas.
- aportar *feedback* a los trabajadores sobre su desarrollo personal y profesional.
- validar los procesos de selección de personal o formación realizados.

Los objetivos fundamentales que tiene la evaluación del desempeño son varios y destacamos algunos a continuación (AAVV, 2005), pero debe quedar claro que la finalidad que se persigue a todos los niveles es una gestión eficaz del rendimiento de las personas que se encuentran dentro de una organización:

- Mejorar la comunicación y la información en la organización.
- Contribuir al desarrollo profesional.
- Determinar resultados y objetivos.
- Detectar posibles necesidades de formación.
- Estimación del potencial de los trabajadores/colabores.
- Desarrollar la motivación.
- Asesorar en el diseño de la política retributiva.

Así, la evaluación del desempeño aporta una fuente de información vital para el resto de las áreas de desarrollo de los recursos humanos dentro de una organización. Su desarrollo de la requiere de una serie de fases fundamentales identificadas por Braceen, Limerick y Churcha (2001) que se resumen las siguientes:

- *Preparación*. Decidir si la organización está preparada para incorporar un sistema de evaluación de esta naturaleza y analizar si existen los recursos necesarios para llevarlo a cabo. En esta fase se deben definir los objetivos, destinatarios e implicados.
- *Diseño del sistema*. Aquí se debe optar por el enfoque metodológico, así como los criterios e instrumentos.

- *Recoger y analizar la información obtenida.* Consiste en la puesta en marcha aplicando los instrumentos y, especialmente, la entrevista de evaluación.
- *Ofrecer feedback* a los participantes determinando cómo y cuándo se dará la información.
- *Evaluar el sistema* aplicando los mecanismos de control previstos.

Figura 4.5. Implicaciones de la evaluación del desempeño

Las ventajas derivadas de la implantación de un sistema de evaluación del desempeño han sido ampliamente estudiando en las organizaciones de todo tipo, incluidas, las que ponen en valor esta herramienta en las Administraciones públicas (Cortés, 2009) y sus empleados. Estudios como el realizado por Candy y Robines (1994) aportan algunas de las ventajas que tanto empleados como directivos atribuyen a la evaluación del desempeño.

Ventajas para los directivos:

- Identificar las diferencias en el desempeño de los distintos trabajadores.
- Mejorar el conocimiento de los trabajadores y sus posibilidades de futuro.
- Operatividad las dimensiones y aspectos del desempeño de los empleados que contribuyen a la mejora de la organización.
- Identificar los criterios para la evaluación individual, grupal y organizacional.
- Disponer de información que sirva para aportar el feedback que se da a los empleados.
- Ampliar las oportunidades de comunicación y diálogo.
- Ayudar a realizar un seguimiento cercano del cumplimiento de los objetivos.
- Tener documentación que se pueda presentar en caso de demandas o recursos contra la organización.

Ventajas para los empleados:

- Recibir información adecuado sobre su desempeño en el puesto de trabajo.

- Conocer cómo se actúa para mejorar.
- Garantizar uniformidad y comunicación en la valoración que merece el trabajador ante su superior inmediato.
- Ayudar a fijar objetivos de mejora.
- Fomentar la justicia organizacional.

Sin embargo, a pesar de estas ventajas claras que repercuten en el conjunto de la organización, existen una serie de condiciones necesarias que se deben cumplir para que la implantación de la evaluación del desempeño no fracase En esta línea, siguiendo Quijano (1997, cit. en Osca, 2008; pág. 309) podemos señalar una serie de aspectos básicos que se requieren para que la evaluación del desempeño cumpla con sus objetivos:

- Que se realice en un momento adecuado.
- Una voluntad clara y decidida por parte de la dirección que se materialice en recursos y apoyos a las decisiones que se deban adoptar.
- Un clima y cultura organizacional favorable a la participación de sus miembros.
- Unos objetivos claros, conocidos y compartidos por todos los participantes.
- Unas tareas claramente definidas.
- Asegurar el rigor en la recogida de la información.

Un elemento fundamental en una evaluación del desempeño es la formulación de lo que se pretende evaluar –medir- y cómo se pretende hacerlo. Ambas cuestiones están estrechamente vinculadas entre sí, con los resultados y las conductas del trabajador. Los criterios son los puntos clave sobre los que se basa la apreciación por lo que es necesario adoptar un enfoque de uniformidad lo que permite adoptar una visión global del proceso y hacer comparaciones a medida que se desarrolle. En la formulación debe considerarse:

- Seleccionarlos en función de los objetivos de la organización.
- Concretos y definidos.
- Observables claramente.
- Diferenciados y diferenciables.
- Importantes para el desempeño del puesto.

La identificación y selección de los criterios de la evaluación se puede hacer de acuerdo al perfil del empleado ideal, teniendo en cuenta las cuestiones vinculadas con la misión, cultura y gestión de la organización; así como las características básicas que doten de eficacia y eficiencia el desempeño de un puesto. El establecimiento de criterios puede partir de la definición de grados en el desarrollo de las competencias profesionales estableciendo, por ejemplo, un sistema de rúbricas que permita satisfacer las evidencias observadas del trabajador con la formulación de tales criterios de evaluación.

Una vez que se han definido los criterios, el foco de atención está en los métodos y técnicas de evaluación. La elección de uno u otro dependerá de numerosos aspectos (tipo de puesto; aspectos o características que se desean medir; cultura de la organización; objetivos; elementos coyunturales; etc.). No existe un método ideal, ya que todos los posibles tienen ventajas e inconvenientes que deben valorarse según los aspectos indicados.

Tabla 4.3. Metodologías de evaluación (Adaptado de Teba y Tejero, 2005)Además de estos métodos, detallamos a continuación por su importancia y alcance la *entrevista* de evaluación del desempeño y la *evaluación 360º*.

Métodos	Ventajas	Inconvenientes
Evaluación por objetivos	• Se establecen objetivos vinculándolos a los resultados de cada persona y puesto. • Incremento de los niveles de objetividad, al establecer metas concretas y medibles. • La evaluación no se centra en el análisis de la persona, sino en el de sus logros. • Es una evaluación personalizada, pues tiene en consideración las funciones y peculiaridades de cada puesto de trabajo. • Se modifica el papel del evaluador, quien se convierte en guía. • Da una mayor iniciativa al evaluado que puede darse cuenta más fácilmente de sus progresos y de sus deficiencias.	• Es difícil establecer objetivos concretos, realistas, alcanzables, controlables y de acuerdo con los objetivos de la empresa. • Requiere una serie de habilidades y conocimientos específicos por parte del evaluador. • La elaboración de esos objetivos requiere más tiempo que otro tipo de evaluaciones.
Métodos de incidentes críticos o acontecimientos significativos	• El evaluador deja constancia en un documento de todos los acontecimientos que a él le han parecido significativos.	• La opinión del evaluador se formula basándose en los diferentes acontecimientos anotados como índices de actuación global.
Método de escala gráfica o puntuación	• El fácil de comprender • Relatividad simplicidad	• Sesgos en rasgos de personalidad • Criterios no definidos • Susceptibles subjetividad
Método de frases descriptivas	• El evaluador presenta un listado que se describen comportamientos y las conductas que describen y caracterizan el desempeño y señala las que más se ajusten • Es fácil y de rápida ejecución	• El grado de subjetividad puede llegar a ser importante.
Método de elección forzosa	• El evaluador presenta un listado de frases en pares que describen el desempeño y elige el mejor ajuste. • Elimina conductas de favoritismo. • Suprimir prejuicios en la evaluación. • Es sencillo de cumplimentar.	• La elaboración es compleja. • La información que proporciona puede ser poco relevante. • El grado de subjetividad puede llevar a ser importante.
Método de distribución forzosa	• El evaluador clasifica a los empleados según una distribución de Campana de Gauss preestablecida • Se premia o castiga de manera significativa a las personas y grupos	• Es un método excesivamente rígido • No contempla una distribución diferente. • Se potencia o penaliza en función del reflejo de la realidad.
Método de clasificación jerarquizada	• Se establece un criterio general de evaluación y se clasifica a los empleados dentro de un rango + o – • Se clasifican y jerarquiza a todos los empleados	No establece diferencias reales a pesar de ser un método comparativo • Si el número de trabajadores es muy alto exige implica mucha dificultad.
Método de comparación por pares	• Sistema de clasificación jerárquica de empleados en función de la comparación con los demás, comparando de dos en dos. • Resulta más sencillo realizar comparaciones par por par	• Es un método muy complejo que es adecuado en el caso de organizaciones con un número reducido de miembros.
Método de autoevaluación	• La propia persona se evalúa. Normalmente es más útil en directivos. • Permite la reflexión profesional que hace la persona descubriendo puntos fuertes y débiles.	• El grado de subjetividad puede llevar a ser importante. • Sobrevaloración de los méritos. • Requiere cierto grado de madurez personal y profesional.

La entrevista

La entrevista es un diálogo entre el superior y el trabajador/colaborador sobre su actuación y los resultados obtenidos en un tiempo determinado, y sobre su desarrollo personal para mejorar los resultados futuros. La entrevista supone una fase más del proceso de evaluación del desempeño, pero brinda una clara oportunidad que permite optimizar la valoración del desarrollo personal y profesional. Es un momento significativo que permite el contraste de opiniones pero que no tiene como objetivo comunicar o apoyar decisiones de carácter administrativo (incrementos salariales, promociones, traslados, etc.) aunque puedan interesar al trabajador/colaborador. La finalidad es mejorar el rendimiento y el desarrollo personal del trabajador. Por ello, se debe procurar que la entrevista permita (AAVV, 2008):

- Proporcionar un *feedback* a las personas sobre su situación.
- Establecer compromisos para el próximo período.
- Promover el desarrollo de la persona en su puesto mediante la identificación de sus necesidades de formación y motivándoles para que mejoren.

La entrevista de evaluación del desempeño, habitualmente se estructuran en las siguientes etapas:

- *Preparación.* En esta fase, el evaluador debe convocar de manera anticipada (fijando la fecha, el lugar y la hora) al trabajador proporcionándole la información necesaria y, si procede, los instrumentos que se van a emplear. Ahora es fundamental que el evaluador se documente adecuadamente, revise las funciones o responsables del puesto y se asegure de conocer cuál ha sido la actuación de la persona a entrevistar.
- *Inicio.* El inicio de cualquier entrevista siempre implica cierta tensión por lo que es conveniente generar un clima relajado y de confianza. Se debe informar al colaborador los objetivos de la entrevista y su estructura, así como la finalidad que se pretende alcanzar con el conjunto de la evaluación.
- *Desarrollo.* Esta fase es la principal ya que el objetivo es analizar, con el evaluado, los resultados conseguidos durante el período de evaluación que se ha establecido. El evaluador tendrá que presentar su valoración y el evaluado debería explicar su punto de vista para llegar a un consenso sobre la valoración.

La presentación de la valoración que haga el evaluador, debe realizarse en términos positivos sobre la actuación y, posteriormente, analizar los aspectos negativos admitidos por los dos participantes en la entrevista. En el momento de realizar la entrevista de evaluación es necesario tener en cuenta una serie de aspectos como los siguientes:

- Proporcionar información sobre el rendimiento del trabajador y no sobre sus características personales, es decir sobre lo que hace y no sobre lo que es.
- Dar información específica, no vaga o general.
- Orientación hacia el futuro.
- El tiempo dedicado a comentar los aspectos negativos y positivos debe ser proporcional a los errores y aciertos del trabajador.
- Conviene separar las entrevistas en que se habla sobre el desarrollo y rendimiento del individuo de aquellas en las que se tratan temas de incentivos y salarios.
- Escuchar lo que el trabajador tiene que decir sobre su propio rendimiento.
- Hacer preguntas sobre lo que expone.
- Proporcionar información al trabajador sobre los resultados de la evaluación.

- Establecer objetivos nuevos.
- Establecer un programa de seguimiento.

Conclusión. En la fase final de la entrevista, el evaluador y el trabajador deben acordar los compromisos que se deben alcanzar durante el período que medie hasta la próxima entrevista. Será fundamental que los consensos tengan en cuenta:

- Los resultados a conseguir.
- Las necesidades de formación.
- Los objetivos de desarrollo.
- Los compromisos de cambio de actitudes.
- El Plan de acción a desarrollar.

Al concluir la entrevista, el evaluador resumirá lo abordando durante la conversación exponiendo las conclusiones que estime más oportunas y permitiendo que el trabajador presente sus consideraciones, manifestando su opinión sobre el grado de acuerdo o desacuerdo con el proceso y el sistema de evaluación. Tras esta entrevista, momento clave en el que se valora el desempeño del trabajador, se realizarán reuniones de seguimiento para verificar y contrastar el grado de consecución de los compromisos y objetivos establecidos para identificar los desajustes respecto a los planes previstos; programar acciones de ajuste; establecer prioridades y garantizar que la evaluación del desempeño se ajuste constantemente a las actividades del trabajador y a la situación de la organización.

Evaluación *360º*

Otras de las técnicas más comunes en la evaluación del desempeño es la *evaluación de 360º* que permite tener una visión global y objetiva brindando al empleado la imagen que tienen de él distintos participantes o interlocutores de su organización. Se ofrece información cuantitativa y cualitativa de carácter poliédrico. Generalmente se materializa su aplicación a través de un cuestionario que cumplimentan diferentes personas implicadas con el evaluado (superiores, compañeros, subordinados, etc.).

A diferencia de otros sistemas que aportan información negativa sobre el desempeño, la evaluación 360º permite analizar esas divergencias ya que, como afirma Osca (2006; pág. 326) "con este sistema, la información proviene de diferentes fuentes y además se refiere a conductas específicas y suele aceptarse de mejor grado". Sin embargo, los principales inconvenientes que tiene este método de evaluación es que para aplicarse requiere una organización madura, con experiencia en procesos de evaluación y, sobre todo, garantizar que entre los evaluados exista un acuerdo de sobrevaloración.

Diferentes autores (Braceen, 1996; Lévy-Leboyer, 2000; Teba y Tejero, 2005) coinciden en afirmar la importancia que tiene para este método de evaluación una serie de factores que deben tenerse en cuenta para desarrollar con ciertas garantías de éxito una evaluación de 360º:

- Los objetivos, el procedimiento y el impacto en los empleados de la adopción de esta evaluación deben clarificarse de manera anticipada.
- La implicación de la dirección de la organización es fundamental.
- La confianza de los empleados en la organización y en la evaluación debe ser un elemento clave. Los resultados obtenidos solo deben entregarse al empleado para que se interpreten adecuadamente.
- La estabilidad de la organización es un requisito ya que incorporar una evaluación de este tipo en momentos de cambios puede ser contraproducente.

- La evaluación debe realizarse con un número importante de evaluadores (5 ó 6 personas) para que sea posible el anonimato.

- La organización debe promover que el feedback que aporta la evaluación sea considerado como una contribución a la mejora y no como una amenaza.

- Es conveniente establecer perfiles colectivos de las competencias comunes de un departamento o servicio de la organización y que servirán para diseñar planes de formación.

- El proceso debe concluir con la elaboración de un informe en el que se pongan de manifiesto los puntos fuertes y débiles del empleado evaluado y que constituyen las áreas de mejora para el plan de formación.

Además de estas cuestiones de referencia, es importante tener presente que cualquier aplicación de una evaluación del desempeño conlleva dificultades o errores frecuentes en los que cualquier evaluador puede caer inconsciente o conscientemente. A continuación, recogemos esos principales errores (AAVV, 2008):

1. *Tendencia central.* Consiste en evaluar permanentemente a las personas en el punto medio.

2. *Efecto halo.* Se trata de evaluar a una persona por un único factor o criterio que se generaliza.

3. *Actuación reciente.* Es la tendencia a evaluar la actuación del evaluado, fijándose única y exclusivamente en un período cercano.

4. *Comportamiento colectivo.* Consiste en evaluar un grupo de trabajadores en función de sus resultados, otorgando una misma evaluación para todos

5. *Efecto espejo.* Es la tendencia a valorar de forma más positiva a aquellas personas que tienen características, habilidades o criterios más similares o cercanos a los del propio evaluador.

6. *Inconsistencia sistemática.* Es la incoherencia o falta de constancia del evaluador para valorar los diferentes criterios o personas.

7. *Evaluación por estereotipos.* Consiste en la valoración errónea de un comportamiento por coincidir con un juicio de valor.

8. *Primera impresión.* Consiste en dejarse influir por el juicio inicial que se obtiene del evaluado, ignorando otras informaciones que permitieran modificar esa impresión.

El desarrollo de la evaluación de desempeño ha generado numerosas propuestas de protocolos e instrumentos que faciliten la labor del evaluador. Destacamos las realizadas por Gan y Triginé (2008; págs. 195-207) que recogen modelos para la evaluación de los objetivos y guía para la entrevista de evaluación y aplicación de la evaluación 360º.

4.6. Planes de Carrera y Desarrollo Profesional

Los planes de carrera se han convertido en organizaciones, fundamentalmente laborales, en una herramienta clave para dar oportunidades y recursos que contribuya a que los empleados planifiquen y desarrollen su trayectoria profesional, ya que las personas no deben estancarse sino progresar y requiere apoyo y orientación.

Los planes de carrera pueden entenderse como el proceso por el cual se realizará la promoción, rotación, formación y gestión del personal de la organización consiguiendo con ello mejores niveles de desempeño, enriqueciendo y mejorando la consecución de objetivos dentro de la organización. A este respecto Curós (2005; pág. 216) define la *carrera profesional* como la "sucesión de actividades laborales y puestos de trabajo desempeñados por una persona a lo largo de la vida, junto con las actividades y reacciones asociadas que experimenta". Los objetivos de los planes de carrera son (AAVV, 2008):

- Evaluar el potencial de las personas clave en la organización.
- Favorecer la retención de personal clave.
- Detectar los puestos clave.
- Asegurar la continuidad gerencial.
- Posibilitar el desarrollo y la realización personal, estableciendo un plan de desarrollo que permita adquirir experiencia, conocimiento y habilidades.

Los planes de carrera deben contener nuevos retos profesionales, ser flexibles, orientarse al empleado en cuanto a sus posibilidades de la promoción y rotación dentro de la organización. Los planes de carrera deben estar respaldados por una estrategia de comunicación que ponga de relieve las virtudes de este medio y las acciones previstas (promoción, rotación interna, enriquecimiento de tareas). Es una herramienta que permite satisfacer las necesidades de la organización y de sus miembros combinando formación, desarrollo y orientación

Necesidades de la *organización*

- ¿Cuáles son las cuestiones estratégicas más importantes de la organización para los próximos 2 ó 3 años?
- ¿Cuáles son las necesidades y las exigencias clave que tendrá que afrontar la organización en los 2 ó 3 próximos años?
- ¿Qué habilidades, conocimientos, experiencias clave se necesitarán para responder a dichas exigencias?
- ¿Qué niveles de contratación serán necesarios?
- ¿Dispone la organización de la fortaleza necesaria para responder a las exigencias clave?

Cuestión

- ¿Se están perfeccionando los empleados o participantes de tal forma que la eficacia y su satisfacción personal se estén vinculando al logro de los objetivos estratégicos de la organización?

Necesidades profesionales *individuales*

- Cómo encontrar oportunidades profesionales dentro de la organización que permita a los empleados o colaboradores…
- Utilizar sus propias capacidades
- Satisfacer sus necesidades de mejora y perfeccionamiento
- Encontrarlas estimulantes
- Considerarlas adecuadas a sus intereses y valores

La planificación de la carrera profesional debe ser considerada como un elemento estratégico en las organizaciones ante un contexto cambiante y de fronteras desdibujadas como el actual. Los beneficios que reporta su desarrollo es amplio (Curós, 2005):

- Contribuye a la coordinación de las estrategias generales de la organización con las necesidades de sus miembros.
- Promueve el desarrollo de los empleados con potencial de promoción.
- Facilita la ubicación internacional o la expansión de servicios o productos.

- Disminuye la tasa de rotación.
- Satisface las necesidades psicosociales del empleado.

El desarrollo de planes de carrera profesional implica una serie de fases, pero requiere de una serie de aspectos fundamentales previos a su diseño (GREF, 2009[21]):

- Es imprescindible hacer un análisis y un diagnóstico profesional preciso y exhaustivo, tanto de la trayectoria anterior como de la situación actual, destacando las responsabilidades asumidas, los pasos que se han dado, los logros, los errores o fracasos y sus motivos, las competencias, aptitudes, conocimientos, etc.

La pregunta que debe hacerse el empleado es: ¿Estoy *actuando de verdad como gestor de mi propia carrera?*

- Otro análisis ha de referirse a la organización en la que se trabaja actualmente, a otras organizaciones y al mercado en general. Es importante valorar los resultados, la evolución, los proyectos y sus desarrollos y la imagen que tienen en el mercado.

La pregunta que debe hacerse el empleado es: ¿Realmente *ha cubierto una etapa y ha conseguido resultados en su actual posición?*

- Una fuerte motivación para conseguir lo que uno quiere es uno de los elementos clave en el desarrollo profesional y, también, personal. Hay que revisar honestamente las prioridades personales. Es necesario pensar si se está a gusto en la organización actual y en el puesto que se ocupa y no olvidar las necesidades personales y familiares.

La pregunta que debe hacerse el empleado es: ¿Quiero cambiar? y en su caso, ¿por qué quiero realmente cambiar?

- La importancia de fijar un nuevo objetivo, a la medida de las aspiraciones personales, capacidades propias y posibilidades de mercado es esencial. Este objetivo debe ser realista y tener en cuenta todo lo anterior pues si no, se corre el riesgo de quedar definitivamente frustrado y, además, resentido.

Las preguntas que debe hacerse el empleado son: ¿Dónde quiero llegar?, ¿qué posibilidades de desarrollo tengo en esta organización?

Es el momento de elaborar o diseñar un plan con un conjunto de acciones que se desarrollarán a corto y a medio plazo. El Plan no tiene que consistir únicamente en transmitir la voluntad de cambio al mercado, sino que puede implicar la adquisición de contenidos formativos, la consolidación del *networking*, etcétera.

La pregunta que debe hacerse el empleado es: ¿Sería *capaz de defender y argumentar este plan de acción que puedo necesitar?*

La elaboración de un plan de desarrollo profesional, por tanto, podrá incluir planes de carrera, sucesión y/o promoción, pero, en cualquier caso, su implementación en las organizaciones requiere de cuatro fases en las que intervienen otros procesos y herramientas de la gestión de recursos humanos:

- *Fase I: Premisas básicas.* En esta fase se deben abordar todas las cuestiones señaladas que permitan valorar el grado de idoneidad de las personas o grupos donde poder realizar planes de desarrollo, adoptando y formulando los criterios que se estimen más oportunos para definir sus destinatarios.
- *Fase II: Situación actual- futura.* En esta fase se debe describir/revisar los puestos de trabajo desde una perspectiva de contraste entre la situación actual y la futura. A partir de aquí se diseñan los perfiles de puestos y se implementan las necesidades de evolución de capacidades de acuerdo a estos perfiles y a la situación del empleado que los ocupa o podrá ocupar.
- *Fase III: Establecimiento de mapas de carreras.* Expresar de manera gráfica las rutas profesionales que una persona puede seguir en una organización.

- *Fase IV: Planes de sucesión.* Tanto la sucesión como la promoción consisten en la elección por parte de directivos de miembros de la organización que, previsiblemente, podrán sustituir o preparase para la sucesión en algún cargo. Para ello es necesario identificar y seleccionar al personal con alto potencial de desarrollo; identificar los puestos-destino a medio y largo plazo y, en su caso, diseñar planes de carrera individuales implementados para esta finalidad.

Las estructuras organizativas tienden a hacerse más complicadas y, en un contexto de incertidumbres en los niveles económicos, social y formativo, parecen disminuir las posibilidades de cambio en las líneas jerárquicas de las organizaciones. Aunque, su implementación en las organizaciones podría comenzar con evaluaciones de desempeño y planes de acción que tienen un objetivo común: mejorar a nivel profesional y personal, y con ello la mejora de la organización en su conjunto.

4.7. Aprendizajes desde la Experiencia

En el contexto del análisis sobre Gestión y Desarrollo de la Formación en las Organizaciones Sociales y Laborales (Álvaro Fernández, 2024) destaca la importancia de alinear el futuro profesional con las demandas del mercado laboral actual, enfocándose en competencias tecnológicas y habilidades lingüísticas, como el dominio del inglés, debido al auge del sector tecnológico y la creciente tendencia hacia el trabajo remoto y las oportunidades internacionales.

El punto de partida de una evaluación de desempeño en las organizaciones implica considerar los diversos roles y niveles de experiencia de los trabajadores. En el caso de perfiles junior, se evalúan competencias como la orientación a resultados, la gestión de conflictos, el trabajo en equipo y la comunicación. A continuación, se adjunta un ejemplo de Entrevista por Competencias para ilustrar este proceso.

Es importante considerar la dinámica laboral de las organizaciones, las cuales suelen estar estructuradas por departamentos. Dentro de estos departamentos, es común encontrar un líder o responsable, así como técnicos especializados. Por ejemplo, en un instituto, el orientador puede coordinar al resto del personal técnico o de apoyo educativo. Para realizar la evaluación de desempeño dentro de cualquier organización debemos de tener en cuenta los diferentes puestos, tareas y roles que desempeñan los trabajadores. Evidentemente, no se le aplicara la misma evaluación a una persona que lleva 1 año en la empresa que a otra que lleva 10 años.

Por ejemplo, en el caso de un perfil Junior (Becario de un año de experiencia, contrato de prácticas o perfil inferior a 2 años de experiencia laboral) las competencias asociadas a valorar irán enfocadas a:

- Orientación de resultados.
- Gestión de conflictos.
- Orientación al cliente.
- Orientación a la calidad.
- Trabajo en equipo.
- Gestión del tiempo.
- Flexibilidad.
- Mejora continua.
- Comunicación.

Temporalización

La temporalización suele ser anual, con seguimientos trimestrales o semestrales entre trabajador y responsable. Se establecen indicadores de satisfacción e impacto para medir los resultados de la formación recibida, con criterios específicos que permiten evaluar el nivel de satisfacción y el impacto en el desempeño laboral. Los resultados se miden a corto y mediano plazo para garantizar la efectividad de la formación y su aplicación práctica en el trabajo diario. En la mayoría de las organizaciones, la evaluación de desempeño suele ser anual, y la podemos compensar con seguimientos trimestrales o semestrales entre trabajador y responsable. A la hora de realizar el seguimiento. Se deberá concertar una reunión individual con responsable y posteriormente con el trabajador (siempre en el mismo día). A ambos se les lanzará preguntas para poder obtener feedback.

Medición de los resultados

Para medir los resultados de la evaluación de desempeño que hacemos a los trabajadores de la empresa establecemos diferentes indicadores. A continuación, se indica un ejemplo de aplicación de Evaluación de desempeño con indicadores:

(A) Algunos de ellos pueden ser Satisfacción e Impacto. En el indicador de "Satisfacción" a cerca de la formación recibida, el trabajador lo debe evaluar calificándolo de 1 a 5 puntos dadas las siguientes preguntas:

(B) Los contenidos del curso han respondido a mis necesidades formativas

(C) Ha habido una combinación adecuada de teoría y aplicación práctica

(D) La forma de impartir el curso por la/ el formador/a ha facilitado el curso.

(E) Se ha dado un ambiente de cooperación en las actividades en grupo

(F) El / la formador /a tiene capacidad para motivar y fomentar el trabajo en grupo, dar instrucciones claras, facilitar el trabajo.

(G) La duración del curso ha sido suficiente según los objetivos y contenidos.

(H) El número de alumnos del grupo ha sido el adecuado para el correcto desarrollo del curso.

(I) El curso ha estado bien organizado (información, cumplimiento fechas y de horarios, entrega de material).

(J) El/la formador/a cuenta con facilidad para mantener relaciones interpersonales, apertura y saber escuchar.

(K) La duración de cada clase ha sido la adecuada.

(L) Me ha permitido adquirir nuevas habilidades/capacidades que puedo aplicar al puesto de trabajo.

(M) Considero que a medio o largo plazo aplicaré o seguiré aplicando conocimientos adquiridos.

(N) A modo global ¿Cómo calificarías a formación recibida?

Esta evaluación la aplicaremos 3 meses después de que hayan realizado la formación y si la media es inferior a 3,5 puntos anularemos la formación para el siguiente año.

Otra forma de medir la evaluación es con el indicador de "Impacto", haríamos lo mismo, puntuación de 1 a 5 y media de 3,5 con la variación de que este indicador se aplicaría 6 meses después de realizar la evaluación:

a. La formación recibida ha favorecido mi desarrollo profesional.

b. La formación recibida me ha permitido ampliar mis conocimientos en la materia.

c. Considero que los conocimientos adquiridos tienen un impacto directo en el desempeño de mis funciones.

d. Considero que, de no haber realizado la formación, podría verse reflejado negativamente en mi desempeño.

e. Describe situaciones reales en las que pones o pondrás en uso los conocimientos adquiridos en la formación.

La entrevista por competencias

La entrevista por competencias es una técnica que evalúa habilidades, conocimientos y comportamientos relevantes para un puesto, buscando ejemplos específicos de experiencias pasadas del candidato para predecir su desempeño futuro.

Si a traves de una entrevista por competencias queremos buscar información sobre una serie de habilidades y características del candidato, tales como:

- Iniciativa y autonomía
- Dinamismo y energía
- Orientación al cliente
- Capacidad de aprendizaje
- Productividad
- Adaptabilidad y flexibilidad
- Liderazgo
- Persuasión e influencia
- Trabajo en equipo
- Tolerancia a la presión
- Estabilidad emocional
- Resolución de problemas
- Visión de sí mismo
- Adecuación persona-puesto-empresa
- Expectativas de desarrollo profesional
- Motivación frente al nuevo cargo

Iniciativa- autonomía

- ¿Qué has hecho en tu trabajo actual o pasado para que fuera más gratificante o efectivo? ¿Es éste el logro del que más orgulloso te sientes?
- Dame un ejemplo de una idea o sugerencia que le hayas propuesto a tu superior en los últimos meses. ¿Cómo fue? ¿Cómo la implementaste? ¿Cuáles fueron los resultados?
- ¿En qué ocasiones de tu trabajo actual sientes que tienes que consultar a tu jefe antes de actuar?
- ¿Cuál son las tareas que más te gustan hacer en tu trabajo actual? ¿Y las más aburridas?

- Cuéntame un ejemplo de un proyecto o idea que hayas llevado a cabo a pesar de las limitaciones u oposiciones de algunos compañeros de trabajo. ¿De qué se trataba el proyecto?
- Cuéntame algo que no te pidió nadie que hicieras en su momento y de lo que ahora te arrepientes.
- Cuéntame la última vez que no estuviste de acuerdo con una decisión de tu jefe

Dinamismo- energía

- Dame un ejemplo de una tarea o proyecto que te haya demandado un esfuerzo importante durante un largo periodo de tiempo. ¿Cómo la emprendiste? ¿Cuál fue el resultado?
- ¿Cómo se desarrolla un día de trabajo típico? ¿Cuáles son los problemas diarios propios de tu trabajo? ¿Qué haces para resolverlos?
- ¿En qué situaciones laborales has sentido la necesidad de dejar una tarea sin resolver?

Orientación al cliente

- Define para ti el concepto de atención al cliente.
- ¿De qué forma captas sus necesidades?
- Coméntame un episodio en el que pudiste brindar una óptima respuesta ante las demandas de un cliente.
- Descríbeme una situación en la que has tenido que trabajar duro para satisfacer el pedido de un cliente.
- ¿Qué has hecho para crear relaciones positivas con los clientes con los que interactúas?
- ¿Qué cambiarías de la actual política de tu empresa de atención al cliente?
- ¿Cuál ha sido el último cliente que has perdido? ¿Por qué razón? ¿Qué soluciones pudieron haberse implementado y no se hicieron?
- ¿Qué procedimientos utilizas para evaluar la satisfacción del cliente con respecto a los servicios prestados?
- ¿Recuerdas alguna mejora que has tenido que implementar por una insatisfacción particular de un cliente?
- Cuéntame la última vez que tuviste que convencer a un cliente de que aquello que te estaba solicitando iba en contra de sus propios intereses. ¿Cómo se manejan las objeciones de un cliente?

Capacidad de aprendizaje

- Describe alguna situación laboral en la que te haya costado aprender algo. ¿Dónde residía la dificultad?
- ¿Cómo te mantienes informado de los cambios importantes en tu campo de trabajo?
- ¿Cuáles han sido los problemas a los que has tenido que adaptarte en tu trabajo actual?

Productividad

- ¿Recuerdas alguna situación donde tu desempeño consideras que no fue todo lo exitoso que te hubiera gustado?
- Describe alguna situación que haya representado un auténtico desafío para ti.

- ¿Cuáles fueron los objetivos asignados para ti el año pasado? ¿Cuál fue el grado de cumplimiento?
- Comenta alguna situación en la que tu desempeño haya sido más alto que el promedio. ¿En base a qué parámetros lo mides? ¿A qué atribuyes el que haya sido así?

Adaptabilidad- flexibilidad

- Supongo que habrás tenido que hacerte cargo de tareas que no eran usuales o propiamente tuyas. ¿Cómo las abordaste?
- En ocasiones las formas de actuar que son buenas en una situación dada dejan de serlo.
- ¿Te ha ocurrido esto alguna vez? ¿En qué situación?
- ¿Cuáles han sido las situaciones de cambio más importantes a las que te has enfrentado?
- ¿Qué aprendizaje sacaste de ellas?
- ¿Qué diferencias percibes entre tu anterior empleo y el actual? ¿Qué diferencias hay entre la cultura actual y la anterior? ¿Cómo te adaptaste a ese cambio?
- ¿Cómo te sientes cuando alguien censura alguno de tus comportamientos?

Liderazgo

- ¿En qué condiciones estaba tu equipo antes de que tú lo dirigieras? ¿Qué acciones implantaste para que tu equipo mejorara su desempeño?
- ¿Qué nivel de decisiones delegas en tu equipo y cuáles no?
- ¿Cómo motivas a tus colaboradores? ¿Qué métodos te han resultado ser los mejores?
- ¿Qué te hace ser un buen líder?
- ¿Qué procedimientos utilizas para evaluar a tus colaboradores? ¿Y para evaluar tu propio trabajo?
- ¿Qué estrategias utilizas para hacer que acepen tus ideas u objetivos?
- ¿Con qué frecuencia te reúnes con tus colaboradores? ¿Cómo se preparan esas reuniones?
- Describe una situación en la que has tenido que reprender a alguno de tus colaboradores por falta de rendimiento o porque había hecho algo que no estaba bien ¿Cómo se maneja esa situación?
- Ante una tarea compleja asignada al grupo al que coordinas, ¿Cómo lograste que todos respondieran?
- ¿Has tenido algún subordinado difícil de manejar? ¿Cómo se resolvió ese problema?
- ¿Cuentas con un plan de desarrollo de carrera para tus colaboradores? ¿En qué consiste?
- ¿Cómo detectas sus necesidades?
- Describe a tu jefe ideal.

Persuasión- Influencia

- Cuéntame una ocasión en la que has tenido que ganarte el apoyo de los demás respecto a una idea o recomendación tuya.

Trabajo en equipo

- Descríbeme un logro importante que hayas obtenido siendo miembro de un equipo.
- ¿Cuáles son los aspectos que más valoras cuando trabajas en equipo?
- Cuéntame una situación en la que has tenido que trabajar con unos compañeros o jefe que no eran de tu agrado.
- ¿Con qué grupos o personas te has sentido más cómodo y has rendido mejor?
- Tolerancia a la presión
- Describe la situación laboral más tensa que has tenido. ¿Cómo se resolvió?
- ¿Cómo tratas de descargar la presión diaria del trabajo y desconectar?
- Cuéntame alguna situación en la que has tenido que trabajar dentro de límites muy estrictos de tiempo.
- ¿Cuáles son las condiciones labores más frustrantes para tí?
- ¿En qué condiciones laborales trabajas más eficazmente?

Estabilidad emocional

- Describe una situación donde un aspecto personal haya influido en tu rendimiento profesional.
- Cuéntame una situación en la que admitiste públicamente haber cometido un error.

Resolución de problemas

- Descríbeme una situación en la que te fue difícil cumplir con lo que habías prometido. ¿Cómo se resolvió?
- Cuéntame la última vez que te enfrentaste a una situación difícil y cómo la resolviste.

Visión de sí mismo

- ¿Qué aspectos de tu personalidad son los más valorados por las personas más cercanas a ti y qué otros suelen motivar el enfado de estas?
- ¿Cuáles son tus puntos fuertes y débiles?
- ¿Qué tienes que aprender como profesional? ¿Has tomado medidas para conseguir ese aprendizaje?

Adecuación persona- puesto- empresa

- ¿Cómo describirías tu situación de trabajo ideal?
- ¿Qué aspectos valoras más de una empresa? ¿Qué factores tienen que estar presentes en un puesto de trabajo para que estés motivado?
- ¿Qué impacto tiene la actividad que realizas en los objetivos de tu actual empresa?

Expectativas de desarrollo profesional

- ¿Cuáles son tus objetivos profesionales inmediatos y a largo plazo?

Motivaciones frente al nuevo cargo

- ¿Cuáles son las razones que te llevarían a aceptar este puesto?
- ¿Cuáles son las insatisfacciones de tu empleo actual?
- ¿En cuántos procesos de selección estás participando? ¿Para qué puestos? ¿Cuál es tu interés por estas ofertas?
- Para concluir el apartado sobre Aprendizajes desde la Experiencia, cabe destacar la importancia de alinear el desarrollo profesional con las demandas cambiantes del mercado laboral, enfocándose en competencias tecnológicas y habilidades lingüísticas, especialmente en el contexto de la creciente digitalización y globalización del trabajo.

4.8. Reflexiones de síntesis

El enfoque integral de los planes de formación se centra en la gestión de todo el proceso de formación, desde el análisis hasta la evaluación. Destaca la relevancia del plan de acogida y el acompañamiento para el crecimiento profesional. Se resalta la importancia del upskilling (mejorar las habilidades existentes para adaptarse a los cambios en el entorno laboral) y reskilling (habilidades completamente nuevas que una persona no tiene) en contextos laborales, especialmente con la expansión del teletrabajo. Reconoce a los empleados como el principal activo de la organización y promueve el uso de plataformas con inteligencia artificial para la autoformación y la detección de necesidades de aprendizaje.

4.9. Transferencia

Estudio de Caso: Mejorando la Comunicación Interpersonal en un Entorno Educativo Contexto: La Escuela Primaria “Luz y Saber” es una institución educativa en una comunidad rural. Pese a contar con un equipo comprometido de docentes y personal administrativo, es urgente mejorar la comunicación interpersonal entre los diferentes miembros de la comunidad educativa: profesores, personal administrativo, estudiantes y padres de familia.

Desafíos:

- Falta de canales efectivos de comunicación entre docentes y personal administrativo.
- Dificultades en la comunicación entre docentes y estudiantes, lo que afecta el proceso de enseñanza-aprendizaje.
- Escasa participación y colaboración de los padres de familia en las actividades escolares debido a barreras comunicativas.

Objetivos:

Generales:

- Mejorar la comunicación interpersonal en la Escuela Primaria “Luz y Saber”.

Específicos:

- Establecer canales de comunicaciónefectivosentre el personal docente y administrativo.
- Promover una comunicación abierta y respetuosa entre docentes y estudiantes para favorecer un ambiente de aprendizaje positivo.
- Involucrar activamente a los padres de familia en la vida escolar de sus hijos mediante una comunicación transparente y frecuente.

Contenidos Formativos:

- Técnicas de comunicación efectiva.
- Estrategias para mejorar la comunicación en el aula. Herramientas para involucrar a los padres en la vida escolar.
- Resolución de conflictos y manejo de situaciones difíciles en la comunicación.

Destinatarios:

- Personal docente.
- Personal administrativo.
- Estudiantes de todos los niveles.
- Padres y representantes legales de los estudiantes.

Cronograma y Calendario: La acción formativa se llevará a cabo durante el período de receso escolar de verano, aprovechando la disponibilidad de los participantes y facilitando la participación en las actividades propuestas.

Duración y Jornada: La duración total de la acción formativa será de 2 semanas, con sesiones diarias de 4 horas de lunes a viernes.

Modalidad: Presencial, con actividades prácticas, talleres y simulaciones que fomenten la interacción y el aprendizaje experiencial.

Metodología: Se emplearán metodologías participativas, como dinámicas de grupo, role-playing, estudio de casos y reflexión guiada.

Medios Didácticos:

- Presentaciones multimedia.
- Material impreso.
- Espacios para actividades grupales.
- Recursos audiovisuales.

Formadores: Equipo de facilitadores con experiencia en comunicación interpersonal y pedagogía, seleccionados por su habilidad para motivar y guiar procesos de aprendizaje colaborativo.

Lugar de Impartición: El auditorio de la escuela y aulas equipadas para la realización de actividades prácticas y dinámicas de grupo.

Presupuesto: El presupuesto incluirá gastos de material didáctico, honorarios de los formadores, refrigerios y la adecuación de espacios para la formación.

Integración de Recursos Financieros: Se tratará de bonificar el coste de la formación a través de los seguros sociales, gestionado a través de la FUNDAE y/o que sea subvencionado por la administración educativa o/y Centro de Recursos del Profesorado.

Difusión: La difusión se realizará a través de carteles informativos en la escuela, comunicados electrónicos dirigidos al personal y a los padres de familia, y reuniones presenciales con los diferentes actores involucrados en la comunidad educativa.

Evaluación: Se realizarán evaluaciones formativas y sumativas, que incluirán la retroalimentación de los participantes, la observación directa de las interacciones y el análisis de indicadores de mejora en la comunicación interpersonal dentro de la escuela.

Título de la Actividad II: "Explorando Plataformas de Aprendizaje con IA"

Descripción de la Actividad: En esta actividad, los participantes tendrán la oportunidad de explorar diversas plataformas de aprendizaje impulsadas por inteligencia artificial (IA) para identificar sus características, funcionalidades y capacidades para detectar necesidades de aprendizaje.

Metodología:

La actividad se llevará a cabo en una sesión de medio día, dividida en dos partes:

- Exploración de Plataformas (2 horas):
- Introducción a las plataformas de aprendizaje con IA y su importancia en el desarrollo profesional.
- Demostración en vivo de diversas plataformas, como Coursera, Udemy, LinkedIn Learning, FUNDAE, entre otras.
- Ejercicios prácticos para familiarizarse con la interfaz y las herramientas de detección de necesidades de aprendizaje.

Taller de Análisis y Discusión (2 horas):

- Grupos de discusión para analizar las características y ventajas de cada plataforma. Identificación de las necesidades de aprendizaje individuales y colectivas.
- Desarrollo de estrategias para aprovechar al máximo las plataformas seleccionadas en función de las necesidades identificadas.

Recursos Necesarios:

- Acceso a internet y dispositivos electrónicos (computadoras portátiles, tabletas o teléfonos inteligentes) para acceder a las plataformas.
- Material de apoyo impreso o digital sobre las plataformas presentadas.
- Facilitadores con experiencia en el uso de plataformas de aprendizaje y detección de necesidades de aprendizaje.

Objetivos de Aprendizaje:

- Familiarizarse con las plataformas de aprendizaje con inteligencia artificial.
- Comprender cómo las plataformas utilizan la IA para personalizar la experiencia de aprendizaje.
- Identificar y priorizar las necesidades de aprendizaje individuales y grupales.

Evaluación: Se realizará una evaluación formativa al final de la actividad mediante encuestas de satisfacción y discusiones grupales para recopilar comentarios y sugerencias de mejora. Además, se alentará a los participantes a continuar utilizando las plataformas de aprendizaje para seguir desarrollando sus habilidades y conocimientos.

4.10. Recordatorio básico a través de preguntas

1. Describe y comenta un Plan de Formación.
2. ¿Qué son los itinerarios formativos temáticos?
3. ¿Cuáles son los elementos de una acción formativa?
4. ¿Cuáles son los términos claves en el mapa de la taxonomía digital de Bloom?
5. Escribe cinco verbos / acciones relacionados con crear.
6. Escribe cinco verbos / acciones relacionados con evaluar.
7. Escribe cinco verbos / acciones relacionados con analizar.
8. Escribe cinco verbos / acciones relacionados con aplicar.
9. Escribe cinco verbos / acciones relacionados con comprender.
10. Escribe cinco verbos / acciones relacionados con recordar.
11. ¿Qué es la evaluación 360º? Explícala brevemente.
12. ¿Qué es la evaluación de desempeño? Explícala brevemente.
13. Indica cinco problemas que dificulten el desarrollo de programas de formación en las organizaciones
14. Indica cinco oportunidades que permiten desarrollar programas de formación en las organizaciones

4.11. Lecturas complementarias, enlaces web y videoteca de apoyo

DICK, W.; CAREY, J. Y CAREY, J.O. (2005). *The systematic design of instruction.* Pearson.

GAIRÍN, J. (2010). La evaluación del impacto en programas de Formación. *Revista Iberoamericana sobre Calidad, Eficacia y Cambio en Educación*, Vol. 8, núm. 5. Disponible en: http://www.rinace.net/reice/numeros/arts/vol8num5/art1.pdf

GAN, F. y COL. (1996). *Manual de programas de desarrollo de recursos humanos.* Apóstrofe.

GAN, F. Y TRIGINÉ, J. (2006). *Manual de instrumentos de gestión y desarrollo de las personas en las organizaciones.* Ediciones Díaz de Santos.

KIRKPATRICK, D. Y KIRKPATRICK, J. (2006). *Evaluación de las acciones formativas. Los cuatro niveles.* EPISE y Gestión 2000.

RODRÍGUEZ, M. (2006). *Gestión de la Formación. La importancia de la Formación en el Ámbito Empresarial Actual.* Ideaspropias editorial.

Vídeos de apoyo

9 CONSEJOS PARA CLAVAR TU ENTREVISTA DE TRABAJO

https://www.youtube.com/watch?v=JO_FfJ-CgP4

COMO DEBES CONTESTAR A 25 PREGUNTAS INCÓMODAS EN LA ENTREVISTA O VIDEO ENTREVISTA DE TRABAJO

https://www.youtube.com/watch?v=SGh2PqXM_-8

EVALUACIÓN DE DESEMPEÑO LABORAL

https://www.youtube.com/watch?v=8ZSvJhSJj4o

DISEÑO DE PLANES DE CARRERA PROFESIONAL, INCENTIVOS Y PLANES DE FORMACIÓN

https://www.youtube.com/watch?v=JkD9oyd5GF0

QUÉ ES LA EVALUACIÓN 360 DE DESEMPEÑO: CONCEPTO, VENTAJAS Y EJEMPLOS

https://blog.hubspot.es/service/evaluacion-360

DESCRIBE EL MODELO EFQM, SU DESPLIEGUE Y EL SELLO EFQM

https://acortar.link/y5Wepd

Capítulo

5

Metodologías, Técnicas y Recursos para la Formación

5.1. Introducción

Objetivo de aprendizaje

El objetivo de este capítulo es sumergir al lector en aspectos vinculados a la gestión de las personas que conforman las organizaciones, y cómo repercute en la mejora del rendimiento y bienestar de los individuos.

Epígrafes Integrados

Gestión de Equipos para la Formación.

Para llegar al éxito de las organizaciones es necesario complementar el papel de los miembros del equipo, pues, la cohesión de grupo adquiere una importancia clave ya que, si se aborda con decisión este elemento, la organización experimenta enormes ventajas al atajar los múltiples y profundos problemas que pueden generar los grupos y repercute en mayores niveles óptimos de rendimiento.

Equipos de formación versus grupos de formación.

Dentro del trabajo con personas, la diferencia entre los equipos y los grupos es esencial, pues, la complementariedad entre los roles y la comunicación o escucha son claves para llegar a un objetivo común.

Tipología de equipos.

La reflexión sobre la tipología de equipos según variables como la duración, formalidad, estructura, tipología de liderazgo, etc dan lugar a diversidad de equipos.

Roles dentro de los equipos.

Dentro de los equipos nos encontramos con perfiles distintos con roles diversos, algunos más centrados en las tareas, otros más en aspectos emocionales.

Etapas o fases de un grupo.

Entender que los equipos son un elemento vivo en proceso constante con fases de crecimiento y evolución, con etapas de crisis y de reorganización, que conlleva emplear técnicas adecuadas a cada momento.

Liderazgo: tipologías.

Son múltiples los tipos de liderazgo y la evolución del concepto a lo largo de la historia. Está ampliamente reconocido que la tipología de liderazgo repercute en la dinámica interna del grupo, así como, en las relaciones que se establecen entre sus miembros.

Técnicas para la gestión de equipos de trabajo.

Las técnicas para la gestión de los equipos son diversas, las cuales deben adaptarse en función del número de miembros del grupo, como en función del grado de conocimiento mutuo entros los miembros del equipo y del objetivo a conseguir.

En este caso se ha decidio utilizar una agrupación de las diferentes técnicas en cuatro dimensiones si bien somos conscientes de que pueden utilizarse en unas u otras fases en función de la orientación que se les de por parte de los promotores de la tarea. La clasificación es la siguiente:

- Presentación
- Técnicas de Diagnóstico
- Técnicas de Desarrollo y Participación y
- Técnicas de Evaluación

Preguntas introductorias

Contexto General:

¿Cómo se relaciona una buena gestión de los equipos con un mayor rendimiento?

¿Cómo se relaciona el tipo de liderazgo con la eficacia y satisfacción entre los miembros de los equipos?

¿Cuál es la importancia de generar un clima de confianza y de participación para despertar el interés por el propio trabajo?

Equipo versus Grupo:

¿Cómo afecta tener un objetivo común aceptado por todos los miembros para poder hablar de un equipo?

¿Cuál es el papel del aprovechamiento del talento colectivo en la generación de equipos de trabajo y la calidad del rendimiento?

Tipología de equipos:

¿Cómo influye la existencia de metas en la creación de equipos?

¿Cuáles son los metas que repercuten en el aumento de la motivación?

Roles en los equipos:

¿Cómo afecta en los equipos la existencia de roles facilitadores?

¿Qué papel juegan los roles obstaculizadores?

¿Los roles son absolutos o pueden variar?

Fases del equipo:

¿Existen fases en el desarrollo de los equipos? ¿Todos los equipos deben pasar por todas las etapas?

¿Cuáles son los factores que favorecen o entorpecen la transición por las distintas fases de los equipos?

Liderazgo y tipos:

¿Cuáles son los principales desafíos y retos de los lideres dentro de las organizaciones?

¿Cómo ha evolucionado la perspectiva sobre el papel del lider dentro de las organizaciones?

¿Qué habilidades personales deben tener los lideres en las organizaciones?

Técnicas de gestión equipos:

¿Cuáles son los criterios que influyen en el uso de las técnicas de gestión de equipos?

¿Qué tipologías de técnicas son necesarias para la gestión eficaz de un equipo?

5.2. Gestión de Equipos para la Formación

La gestión de la formación en una organización requiere de habilidades de gestión de grupos de trabajo bien como gestor, bien como formador o, sencillamente, como promotor de equipos en el desarrollo normal de la actividad de la organización ya que constituyen un factor de éxito que no puede obviarse. Sin embargo, los equipos no son siempre eficaces y generan en sus miembros sensaciones de pérdida de tiempo, frustración y desmotivación.

El logro de los objetivos estratégicos de una organización requiere de la participación efectiva de todos sus miembros desde el ámbito personal y colectivo de las responsabilidades delegadas o asumidas. Es por ello que el objetivo o la meta de un equipo de trabajo será el faro que guía toda la actividad, pero la gestión de las relaciones interpersonales que se generan, indiscutiblemente, en el seno de un equipo se convierten en el timón de la organización para que pueda seguir un rumbo claro, mejore su rendimiento, motive a sus empleados/colaboradores, genere un buen clima de trabajo y permita reflexionar sobre *cómo se trabaja en equipo y de qué manera se optimiza dicho trabajo.*

Los directivos tienen a su cargo un conjunto de personas que desempeñan distintas funciones y que, además, transmiten información a la organización, a sus superiores y al exterior de la organización. Esta cuestión es clave en el desarrollo organizacional y personal, bien como elemento propiamente estructural –se trabaja en y con personas- o, también, como elemento estratégico –se trabaja más cuando las personas trabajan mejor entre ellas-.

La cohesión de grupo adquiere, entonces, una importancia clave ya que si se aborda con decisión este elemento, la organización experimenta enormes ventajas al atajar los múltiples y profundos problemas que pueden generar los grupos. De ahí la necesidad de formar a las personas con responsabilidad y, en general, a todos los miembros de la organización sobre técnicas que facilitan la creación de equipos y que aporten estrategias para que un gestor o formador pueda integrar las diferentes fuerzas e interacciones que operan en un equipo de trabajo.

Si consideramos que el trabajo en equipo es un factor clave del éxito en las organizaciones actuales, reconoceremos que su importancia se sitúa en que facilitan un mayor conocimiento e información; la organización obtiene un mayor número de enfoques sobre un mismo problema o situación; e simplifica la comprensión de las decisiones y, en consecuencia, se incrementa el compromiso sobre la puesta en práctica de las decisiones que se han adoptado. En este capítulo tratamos, por tanto, de mostrar la importancia del equipo de trabajo en y para la formación y, de manera general, para la gestión de cualquier organización. Recogemos algunas pinceladas teóricas que nos permitan alumbrar y clarificar conceptos, características y condiciones necesarias y presentamos una batería de técnicas y estrategias para fomentar y desarrollar de manera eficaz equipos de trabajo.

5.3. Equipos de Formación versus Grupos de Formación

Un equipo de trabajo, a diferencia de otras formas de agrupación social, se forma con la finalidad de afrontar una tarea, una actividad o un objetivo concreto y común que permite que el resultado sea mejor que la suma de los trabajos individuales que cada uno de sus miembros pueden hacer por separado. Se trata, por tanto, de "*un conjunto de personas que se necesitan mutuamente para actuar, aprovechando el talento colectivo, producido por cada persona en su interacción con los demás*" (Hofstadt y Gómez, 2006; p. 298).

Sin embargo, conviene aclarar algunas cuestiones de carácter conceptual ya que, aunque todos los equipos son grupos de personas, no todos los grupos son equipos ya que tanto *agrupamiento, grupo* o *equipo* se utilizan de manera indiferenciada. Para aclarar estas cuestiones partimos de la situación de un grupo que se reúne por primera vez. La situación que se experimenta en ese momento inicial es la de agrupamiento/grupo, pero no existe aún las condiciones básicas para considerarlas un equipo (interés común, comunicaciones y clima). Un equipo es un determinado tipo de grupo donde se desarrollan ciertas condiciones de eficacia y eficiencia y constituido por un número de personas con habilidades complementarias y con un propósito común y mutuamente responsables de la realización del cometido encomendado. Como afirman Hofstadt y Gómez (2006) un equipo implica la socialización y el aprovechamiento del talento colectivo generado en las relaciones de los integrantes del equipo. A continuación, distinguimos las características entre grupo y equipo:

Tabla 5.1. Características de los grupos y equipos (Adaptado de Hofstadt y Gómez, 2006)

Grupo	Equipo
• Las interacciones ya que cada miembro del grupo se relaciones con los demás de forma directa. • El grupo crea sus propias normas, a veces implícitas, que regulan el comportamiento de sus integrantes. • Cada grupo existe y se dota a sí mismo de una razón de ser, de unos objetivos comunes que justifiquen su propia existencia y oriente su actuación. • Los integrantes de un grupo se sienten identificados con emociones y sentimientos colectivos. • Los diferentes miembros del grupo tienden a especializarse en determinadas funciones grupales (estructura informal del grupo).	• Objetivos comunes y acordados, claramente definidos y compartidos. • Tareas definidas y negociadas. • Procedimientos explícitos para la solución de problemas, toma de decisiones, acceso a la información, fluidez en el trabajo, etc. • Buenas relaciones interpersonales en un clima de respeto, confianza, libertad e igualdad que promueve el sentido de pertinencia. • Alto grado de interdependencia, fomentando la cooperación y las estructuras horizontales de comunicación.

En la década de los sesenta, autores como Douglas McGregor y Rensis Likert comenzaron a destacar el concepto de equipo y su trascendencia como parte fundamental de las organizaciones y su gestión, identificando algunos aspectos que favorecen el que un grupo se transforme en un verdadero equipo eficaz de trabajo:

- Cohesión: atracción que ejerce la condición de ser miembro de un grupo.
- Asignación de roles y normas: todos los grupos asignan roles a sus integrantes y establecen normas.
- Comunicación: una buena comunicación interpersonal es vital para el desarrollo de cualquier tipo de tarea.
- Definición de objetivos aceptados por los miembros del equipo.
- Interdependencia positiva: sus miembros se necesitan unos a otros y cada uno aprende de los demás compañeros, con los que interactúa día a día.
- Existencia de un clima de trabajo armónico, informal y donde se produce bastante discusión, permitiendo y promoviendo la participación de los integrantes para buscar una mejora en el desempeño.
- Integración armónica de funciones y actividades desarrolladas por diferentes personas.
- Responsabilidades compartidas por los miembros.
- Se procura que la mayoría de las decisiones se adopten por consenso tras escuchar de manera activa a los participantes del equipo.
- La crítica en el seno del grupo es frecuente, pero con un enfoque constructivo.
- Las personas deben sentirse libres para expresar sus sentimientos.
- El líder del grupo no lo domina o controla, simplemente lo gestiona y facilita los recursos para su mejor funcionamiento.
- Necesita que las actividades desarrolladas se realicen en forma coordinada.
- Necesita que los programas planificados en equipo apunten a un objetivo común.
- El equipo debe ir adquiriendo una autoconciencia de su propia eficacia.

5.4. Tipología de equipos

Cuando el trabajo en equipo se desarrolla de manera organizada, estructurada y con apoyo desde la organización, y se dan las condiciones descritas, las consecuencias positivas son múltiples para el conjunto de la organización, para el equipo y para las propias personas que lo integran. De esta forma, los equipos que necesitan las organizaciones son aquellas que tienen como metas las siguientes y que afectan al ámbito personal, a la organización y su productividad (AAVV, 2005).

Metas personales:

- Mejora de la motivación.
- Mejora de la cualificación.
- Flexibilidad en el trabajo (horarios y turnos).
- Mayor colaboración entre los compañeros.
- Participación de todos los miembros en las decisiones que afectan al equipo.

Metas organizativas:

- Concentrar la responsabilidad en equipos concretos para mejorar la toma de decisiones.
- Mejorar el flujo de información.
- Potenciación de las propuestas desde la base hasta la dirección.
- Propuestas para mejorar los medios, los procesos y la organización.

Metas productivas:

- Aumento de la calidad.
- Flexibilidad en la producción.
- Aumento de la productividad.
- Disminución del absentismo.
- Optimización de instalaciones y recursos.

Las metas descritas no deben entenderse como las metas finales de todo equipo de trabajo en una organización ya que la naturaleza de éstos puede variar según el objetivo que se plantee y en función del número de componentes, la especialización técnica, etc. Se pueden realizar, por tanto, diferentes clasificaciones de los equipos de trabajo y en el caso de las organizaciones los más comunes son:

- *Equipo dirigido* (Modelo clásico, un responsable que dirige y el resto colaboradores).
- *Equipo de progreso o desarrollo* (Resolver un problema de un área o servicio y sus miembros participan de esa estructura, pero no voluntariamente).
- *Equipo de proceso* (Abordar la mejora de un proceso específico y sus miembros tienen carácter interfuncional y no participan voluntariamente).
- *Equipo autogestionado /autodirigido* (Grupo que administra su propia existencia y desarrollo y que busca la heterogeneidad y horizontalidad)

- *Círculo de calidad* (Grupo integrado por un número de personas que desarrollan su actividad en la misma área y que, junto a un superior, se reúnen voluntariamente para analizar problemas vinculados a su propia actividad y buscar soluciones compartidas).

Las clasificaciones de equipos también pueden adoptar otras perspectivas en función del criterio que se adopte y que no son excluyentes entre sí:

Tabla 5.2. Criterios de clasificaciones de los equipos de trabajo

Criterio	Tipo de Equipo
Temporal	• Equipos permanentes • Equipos temporales o creados ad hoc
Formalidad	• Equipos formales • Equipos informales
Finalidad	• Equipos de producción • Equipos de solución de problemas • Equipos de resolución de conflictos • Equipos de cambio y desarrollo organizacional
Jerarquía	• Equipos con diferenciación vertical • Equipos con diferenciación horizontal
Estructura	• Equipos con actividad grupal • Equipos con actividad individual

5.5. Roles dentro de los equipos

Dentro de cualquier grupo el elemento fundamental para que funcione es la participación e implicación activa de sus componentes, aspecto que requiere de una cuidadosa planificación, un compromiso efectivo de los miembros y un tratamiento coherente de los problemas principales que en todo grupo se presenta (interdependencia y conflictos). Por ello, el rol que adopten los participantes en los equipos será una cuestión clave en las relaciones sociales y en el desempeño efectivo de la tarea del grupo.

Los principales roles que encontramos en los equipos podemos distinguirlos entre roles positivos o facilitadores y roles negativos u obstaculizantes (AAVV, 2008):

Tabla 5.3. Roles en los equipos de trabajo (Adaptado de AAVV, 2008; p. 441)

Roles facilitadores		Roles obstaculizantes	
Rol	Características	Rol	Características
Líder	Fuerte personalidad, buena capacidad de expresión, convicción, influye sobre el equipo y se implica en los conflictos.	Dominador	Ataca al equipo, influye a través del miedo, la manipulación y el chantaje.
Coordinador	Orienta y guía al equipo, lo reconduce a los objetivos, a las normas. Facilita las relaciones interpersonales y afectivas.	Resistente	Se opone de forma sistemática por temor a perder su "status". Desanima o bloquea cualquier iniciativa.
Investigador	Recoge los datos de los hechos acerca de la tarea que hay que realizar. Actúa ofreciendo informaciones objetivas.	Manipulador	Orienta al equipo hacia sus propios objetivos personales, enmascarándolas en las tareas del grupo.

Roles facilitadores		Roles obstaculizantes	
Rol	Características	Rol	Características
Animador	Amistoso, benévolo, comprende y estimula a los miembros. Ofrece satisfacciones personales no vinculadas con el objetivo del equipo.	Acusador	No comprometido con las actuaciones del equipo. No participa, pero acusa a los demás de sus fracasos y errores.
Portavoz	Recoge y expone con fidelidad los puntos de vista y las opiniones que se expresan. Registra el progreso del trabajo. Es la memoria grupal.	Inhibido	Se comporta de modo indiferente y pasivo. Cuando participa se desvía del tema.
Observador	Observa con objetividad los aspectos de la reunión. Supervisa la evolución de ambiente y el clima dentro del equipo.	Sentimental	Busca la simpatía del grupo, exponiendo sus problemas y sentimientos para obtener el apoyo del grupo.
Jefe formal	Tiene el poder oficial en el equipo, influye sobre el equipo por su "status" de poder formal.	Gracioso	Interrumpe continuamente el trabajo del grupo con bromas o imitaciones desviándolo de sus objetivos.

5.6. Etapas o fases de un grupo

El desarrollo de los grupos pasa por una serie de fases que, generalmente, se han identificado como cinco o seis, según los autores. Sin embargo, no todos los grupos experimentan todas las fases ni, tampoco, las viven de manera lineal:

- *Fase inicial o de formación.* Los miembros del equipo toman contacto entre sí, evalúan sus normas, definen los objetivos y las tareas a desarrollar y las emociones manifiestan ilusión y optimismo.
- *Fase de crisis o agitación.* Se inician los conflictos, las divisiones y las fricciones entre los participantes en el grupo. Aparecen dificultades y se generan tensiones, sentimientos de ineficacia, impaciencia, etc.
- *Fase de normalización o crecimiento.* Supone un momento de cambio para el equipo porque se desarrolla la interdependencia, aumenta la cohesión grupal y la confianza mutua. Los participantes muestran sus opiniones y emociones libremente y se extiende la conciencia de la necesidad de entenderse.
- *Fase de madurez o realización.* En ella, el equipo controla su propio trabajo, sus componentes han aprendido a trabajar juntos y la actividad productiva está en su mejor momento por el sentido de unidad que se ha generado.
- *Fase agotamiento.* La tarea o actividad del grupo está casi finalizada, aunque siguen quedando asuntos pendientes. Los miembros del grupo comienzan a perder ilusión y el rendimiento se desploma. Es el momento de cerrar la tarea y disolver el equipo o reformularlo.
- *Fase de reformulación.* Surge la necesidad de replantearse los objetivos, las necesidades y las tareas a realizar. El equipo hace un esfuerzo por pensar en "sí mismo" y obtener conclusiones que le empujar al cambio bien de manera interna o bien a través de nuevos requerimientos.

5.7. Liderazgo: tipologías

En todas estas fases o tipos de grupos que hemos descrito anteriormente hay un elemento común que influirá de manera decisiva en la propia gestación, desarrollo y funcionalidad del grupo: el *liderazgo* que se ejerza. En este sentido, ya en la década de los sesenta Davis (1967: 163) entendía el liderazgo como

> *la habilidad de convencer a otros de que trabajen con entusiasmo para lograr los objetivos definidos. El factor humano une a un grupo y lo motiva hacia sus objetivos. Las actividades de la dirección, como la planificación, la organización y la toma de decisiones no son efectivas hasta que el líder estimula el poder de la motivación en las personas y las dirige hacia sus objetivos.*

El problema inicial que existe cuando se aborda el liderazgo es el conjunto de ideas preconcebidas que sobre este aspecto se han ido generando y que Bennis y Goldsmith (2010) resumen de la siguiente manera:

- El liderazgo es una cualidad rara. Las personas corrientes pueden ser líderes en las organizaciones.
- Los líderes nacen no se hacen. Las principales cualidades y habilidades del liderazgo se pueden aprender, no es fácil pero se puede.
- El liderazgo sólo existe en la parte alta de la organización. Cualquier miembro de la organización puede asumir roles de liderazgo en función del momento o la tarea encomendada.
- Los líderes son carismáticos. Algunos lo serán otros no. El carisma parece ser más el resultado del ejercicio de un liderazgo efectivo y se otorga no se desarrolla.
- El líder controla, dirige, manipula a los demás. El liderazgo no es tanto el ejercicio del poder como de apoderamiento que reciben los otros (*empowerment*).

Por tanto, analizados los principales mitos sobre el liderazgo, conviene pensar de acuerdo con Curós y Díaz (2005; p. 250) que las principales cualidades observadas en los líderes son confianza en sí mismo; sentido de la misión; aprender conjuntamente; vocación de servir; irradia energía positiva; conocimiento de los demás; emocionalmente equilibrada; enérgico; ejercita la autoevaluación; etc. Sin embargo, además de estas características más comunes de los líderes, tradicionalmente se han identificado tres estilos diferentes de liderazgo a partir de las investigaciones de Lewin en la década de los cincuenta y sesenta:

- *Liderazgo autoritario.* Es el líder que se centra más en la tarea que en la relación. Toma todas las decisiones y solo delega la ejecución de las mismas en el resto de miembros de la organización. Los participantes son ejecutores de las órdenes dictadas desde instancias superiores. Las reacciones de los colaboradores generalmente son de frustración, reacciones muy negativas extensivas al ámbito externo de la organización y rendimiento en disminución. Quizás sea un estilo oportuno en los momentos iniciales cuando el equipo carece de experiencia.
- *Liderazgo democrático.* El responsable pretende adoptar acuerdos entre los objetivos y las necesidades individuales de los miembros del equipo. Intenta promover la participación y el compromiso de todos los miembros tanto en la planificación y desarrollo como en la evaluación. Los empleados/colaboradores suelen mostrar buenas relaciones, se busca el contacto y apoyo de los otros, se fomenta la cohesión y conciencia de grupo. El líder se considera y es tratado como uno más y, aunque a veces el rendimiento es menor en su fase inicial la madurez del grupo lo incrementa. Este estilo es muy oportuno cuando el grupo es maduro y se trata de tomar decisiones de calidad y promover la creatividad.
- *Liderazgo laissez-faire.* Desde este estilo, el directivo facilita la información que es necesaria para que el resto de miembros tomen las decisiones que estimen oportunas sin hacer valer su autoridad o influencia. La planificación, la organización y desarrollo de las tareas son competencia exclusiva de los equipos y sus integrantes. El rendimiento de los colaboradores desde este estilo de liderazgo es, generalmente, el más bajo en comparación con los dos anteriores. Se tiende a la desautorización del líder y se buscan líderes internos en el grupo; no se fomenta la cohesión y el trabajo que se desarrolla puede ir en contra de los propios objetivos establecidos. Existe cierto consenso en que este tipo de liderazgo como tal puede tener consecuencias muy negativas en la organización y sus miembros.

En cualquier caso, lo más importante para la persona que dirige un equipo o una organización son los valores organizaciones y los objetivos que se pretenden conseguir, pues Mintzberg (1996) aporta seis razones por las que las organizaciones, a pesar de lo que muchos puedan pensar, necesitan personas que las dirijan:

- El objeto primordial es asegurar que la organización cumpla su función básica: producción o desarrollo de productos o servicios.
- El directivo ha de mantener la estabilidad de los procesos.

- Se debe hacer cargo del sistema de determinación de estrategias en la organización y adaptarlo a los cambios que se producen en el entorno.
- Ha de asegurarse que la organización satisfaga los propósitos de los directivos.
- El directivo constituye el vínculo de información y comunicación entre la organización y su entorno.
- Es el responsable del funcionamiento jerárquico de su organización.

Abordar el liderazgo y la dirección de personas requiere, por tanto, superar el simple control de asistencia, puntualidad y eficiencia para impulsar al personal de una organización a lograr los más altos niveles de productividad exigidos en un entorno cada vez más competitivo. Se han ido generando teorías como la del *Liderazgo situacional* que promueve que el líder adopte un estilo u otro de dirección en función de las circunstancias (conducta de tarea, conducta de relación y madurez del equipo) y, también, se han impulsado dos modelos de gran implantación en contextos anglosajones como consecuencia del sentido de responsabilidad social por el bienestar de sus empleados que han desarrollado muchas directivos y organizaciones:

- el *empowerment*: Se trata de delegar sin perder el control de las situaciones no de las personas de la organización.
- el *coaching*: Proceso de acompañamiento profesional donde el coach ayuda al colaborador a identificar, controlar o eliminar obstáculos internos que le impiden desarrollarse y optimizar su rendimiento.

5.8. Técnicas para la Gestión de Equipos de Trabajo

El liderazgo de un gestor de equipos de trabajo tendrá que contar necesariamente con el conjunto de estrategias para el trabajo en equipo que permita la participación activa de todos sus miembros en un clima de confianza que despierte el interés por el propio trabajo, que promueva la manifestación de sentimientos y la convivencia y genere motivación en la organización. Así, las técnicas grupales o de gestión de grupos se pueden definir desde diferentes perspectivas:

- Procedimientos para una vez identificado un problema, buscar las soluciones, optimizar la mejor de éstas y decidir cuál es la más adecuada
- Herramientas que orientan al equipo sobre cómo debe trabajar y que le indican la ruta a seguir, ya que facilitan la consecución de objetivos propuestos.
- Las maneras, procedimientos o medios sistematizados de organizar y desarrollar actividades del equipo.
- Los medios o métodos empleados en situaciones grupales, buscando la interacción de todos los miembros de un equipo a fin de lograr los objetivos propuestos.

Diversos autores (Martín Quintana, 1998; Fernández, 2000; Martín, 2001; Gil y Alcover de la Hera, 2004; López Noguera, 2005) han abordado en profundidad el uso de las técnicas de grupo en la gestión de las organizaciones, en el trabajo de grupos humanos o en equipos de trabajo. No obstante, hay toda una serie de condicionantes que deben ser tenidas en cuenta para su correcta utilización:

- Objetivo a conseguir
- Madurez, formación y nivel cultural del grupo
- Tamaño del equipo y características individuales de sus miembros
- Aspectos sociales y culturales del entorno
- Espacio y tiempo del que se dispone

A pesar de las diversas clasificaciones de técnicas grupales que existen nos has parecido interesante recoger algunas de las que utilizamos habitualmente asociándolas a su potencial uso (presentación, diagnóstico, desarrollo/participación, evaluación y satisfacción). En cualquier caso, todas ellas son susceptibles de interpretación y mejora en cuanto a la información, las metodologías y la evaluación, los diferentes aspectos considerados se muetran a continuación:

- Título
- Objetivos
- Duración y recursos
- Desarrollo
- Otras cuestiones y posibles variantes
- Ejemplo

5.9. Descripción de Técnicas

A continuación, a modo de listado general, recogemos las técnicas a exponer en los siguientes apartados.

Tipo de técnica		Técnicas a desarrollar
I	Técnicas de Presentación	• Face to face • Mi tarjeta de visita • Objetos personales, historias compartidas • Si yo fuera... • Cuestionario curioso • Collage/Dibujo y me presento • La maleta viajera y la tela de araña • La estrella • El reloj curioso
L	Técnicas de Diagnóstico y planificación	• Diagrama de Ishikawa • Brainstorming • Scamper • Brainwriting • Diagrama de Pareto • Bola de nieve • Ventana de Johari • Benchmarking • Creatividad colectiva
P	Técnicas de Desarrollo y Participación	• Puzle o Jigsaw • Seis sombreros para pensar • Las Viseras • Búsqueda de información • Perdidos en Marte • Estudio de casos • Juegos de rol y simulaciones profesionales • La coctelera

Tipo de técnica		Técnicas a desarrollar
E	Técnicas de Evaluación	• Análisis DAFO • Técnica CAME • Metaplán • Origami • Seis pares de zapatos para actuar • Seminario • Mesa redonda • Mapa conceptual • Cómo vine, cómo estuve, cómo me voy
S	Técnicas de Satisfacción	• El rumor • Cómo me veo y cómo me ven • La avenida complicada • La tarta • Mi casa ideal • Figuras geométricas • Mensajes incompletos
–	*Otras técnicas destacadas*[1]	• Philips 66, 55, 44...; • Diálogos simultáneos; • Debates; Debates virtuales; • Conferencia, • Fórum; • Aprendizaje Basados en Problemas; • Panel; • Dilemas morales; • Videoconferencia; Video-fórum; audio-fórum; • etc.

[1] Estas técnicas se mencionan por su relevancia y uso generalizado, aunque no se detallan en esta obra.

Técnicas de Presentación

Título	FACE TO FACE	I
Objetivos	• Permitir una presentación rápida y eficaz. • Romper los temores iniciales en un grupo. • Generar un clima de confianza. • Ofrecer al formador/gestor del grupo información sobre los participantes.	
Duración y recursos	• Duración variable dependiendo del número de personas. • 2 minutos por pareja. • El tiempo podrá reducirse en función de la información que debe intercambiarse. • Se necesita cronómetro y un espacio diáfano para facilitar el desplazamiento de los miembros del grupo.	
Desarrollo	Esta técnica sigue un desarrollo similar a un *speed dating* (sistema de citas de corta duración que permite conocer varias personas en un intervalo reducido de tiempo). • Se divide el grupo a la mitad procurando que resulten subgrupos con el mismo número de miembros. • Se dispone a los miembros de un grupo en una fila. • El otro grupo se pone frente a las personas que están ya coladas en fila de tal manera que todos tengan una pareja. • Se decide qué fila de personas quedará inmóvil y qué final se irá moviendo. • Se comunica que cada pareja tendrá 2 minutos de tiempo para presentarse y que cuando finalice, todos guardarán silencio y los miembros de la fila que se moverá dan un paso a la derecha, quedando situados frente a otro miembro de la fila que está inmóvil. • Cuando se hayan producido los desplazamientos se comienza un nuevo tiempo y se continúa de esa manera hasta que se vuelva al comienzo y cada miembro del grupo se encuentre con su respectiva pareja inicial.	
Otras cuestiones y posibles variantes	• No es el método ideal para conocer en profundidad, pero sí suficiente para hacer una primera impresión. • Se podría hacer un bucle y organizar la técnica, en un segundo momento, con los miembros de cada una de las filas que no han tenido la oportunidad de presentarse entre sí. • Los participantes pueden llevar una etiqueta con su nombre pegada en el pecho para facilitar el conocimiento mutuo. • Una variante general de la técnica es poder usarla como selección de personal, evaluación de conocimientos e, incluso, aporte de ideas en una fase inicial del desarrollo de una tarea o proyecto.	

Título	MI TARJETA DE VISITA	I
Objetivos	• Promover un clima cómodo. • Evitar las inhibiciones en el grupo. • Facilitar el conocimiento mutuo entre los participantes.	
Duración y recursos	• 20-25 minutos aproximadamente. • Tarjetas blancas, útiles para escribir y proyector.	
Desarrollo	• Se entrega una ficha a cada participante. • Se proyecta la imagen de la posible tarjeta de visita con la información que se desea solicitar a los miembros del grupo. • La información puede ser general o estar vinculado a cuestiones profesionales. • Cuando los participantes hayan cumplimentado su ficha, incluido el coordinador del grupo, se comienza una ronda. • Cada miembro del grupo expone su nombre y el resto de la información.	
Otras cuestiones y posibles variantes	• Es una técnica indicada para un grupo con 20-30 personas. • Se puede aplicar en las primeras sesiones. • Puede complementar la técnica "Face to face". • El coordinador puede realizar asociaciones por coincidencias iniciando la puesta en común con su tarjeta y luego los miembros del grupo que coinciden en algunas cuestiones.	
Ejemplo	Mi comida favorita / Dos cosas que hago bien / Una canción que me guste **Nombre por el que me gusta que me llamen** Dos adjetivos que me definan / Dos cosas que hago mal / Lo que compraría con 500 euros ¿Qué he estudiado? / ¿Dónde he trabajado? / ¿Qué puestos he desempeñado? Dos cualidades para dirigir una organización / **Mi nombre y de dónde soy** / Dos cualidades para comunicarse en una organización Dos desilusiones laborales / Dos aspiraciones laborales / Dos satisfacciones laborales	

Título	OBJETOS PERSONALES, HISTORIAS COMPARTIDAS	I
Objetivos	• Romper el hielo inicial que se produce en cualquier grupo. • Ofrecer una aproximación sobre el gusto de los participantes. • Fomentar la cohesión grupal. • Promover la creatividad. • Generar un clima de trabajo distendido.	
Duración y recursos	• 30-35 minutos. • Objetos personales con los que cada miembro del grupo se identifique. • Folio de colores y útiles para escribir.	
Desarrollo	• Previamente a la sesión se debe pedir a los participantes que traigan un objeto con el que se identifiquen personalmente o que les guste. • En la sesión se distribuye a los participantes en pequeños grupos (3-5 personas). • Se solicita que elabore una narración (cuento, historia, fábula, ...) que ocupe como máximo una cara de un folio Din-A4. • La narración debe contener: - Un título - Los nombres de los componentes del pequeño grupo - Los objetos personales de cada miembro - Una asociación original entre los nombres y los objetos personales. - Tras finalizar las respectivas redacciones, cada grupo presenta su historia mostrando al gran grupo los objetos personales mencionados en la historia.	
Otras cuestiones y posibles variantes	• Se puede añadir a las indicaciones algún elemento concreto que los participantes deben incorporar en sus historias (persona con discapacidad; Departamento de Recursos Humanos; el concepto de formación, etc.) • Hacer un dibujo alusión a la historia creada. • Realizar un role-playing donde se escenifique la historia y representarla ante el grupo. • Sacar una fotografía a cada historia, a los objetos o al grupo de tal forma que permita su difusión en las oportunas redes sociales.	

Título	SI YO FUERA	I
Objetivos	• Romper el hielo inicial que se produce en cualquier grupo. • Ofrecer una aproximación sobre la personalidad de los participantes. • Crear un clima abierto y distendido. • Facilitar las interacciones en el grupo.	
Duración y recursos	• 30 minutos aproximadamente. • Copias de la hoja que contiene el listado de frases "Si yo fuera..."	
Desarrollo	• Se entrega a cada participante una copia del listado de frases. • Los participantes completan las frases con la información que deseen. • Cuando todos los miembros han finalizado, se forman grupos al azar (3 ó 4 personas) y se intercambia la información. • También se puede realizar este intercambio en el grupo y proceder de manera similar a la técnica "Mi tarjeta de visita".	
Otras cuestiones y posibles variantes	• Es una técnica adecuada para un grupo mediano que inicie su trabajo (20-25 personas). • Es útil para emplear en una primera sesión de trabajo o en algún momento de relax en el desarrollo del grupo. • Algún miembro del grupo puede abandonar el lugar mientras se cubre la ficha y al entrar adivinar a quién pertenece algunas de ellas por la información que contiene. • Puede complementar la técnica "Face to face".	
Ejemplo	**Si yo fuera...** Si yo fuera un árbol sería ______ porque ______ Si yo fuera una paisaje sería ______ porque ______ Si yo fuera una máquina sería ______ porque ______ Si fuera un clima (lluvioso, nublado, soleado, etc.) sería ______ porque ______ Si fuera un animal sería ______ porque ______ Si yo fuera un coche sería ______ porque ______ Si yo fuera perfume sería ______ porque ______ Si yo fuera fruta sería ______ porque ______ Si yo fuera color sería ______ porque ______ Si yo fuera material sería ______ porque ______ Si yo fuera una de las cuatro estaciones sería ______ porque ______	

Título	EL CUESTIONARIO CURIOSO	I
Objetivos	• Romper el hielo inicial que se produce en cualquier grupo. • Fomentar el conocimiento de los miembros del grupo. • Crear un clima relajado de sintonía afectiva. • Facilitar el uso del espacio.	
Duración y recursos	• 50 minutos aproximadamente. • Cuestionario individual fotocopiado. • Útiles para escribir.	
Desarrollo	• Se reparte una cartulina o una pegatina a cada participante, pidiendo que escriban en ella su nombre y la coloquen en un lugar visible. • Se reparte el cuestionario y se pide a los participantes que lo rellenen atendiendo a la siguiente consigna: • Vas a rellenar el cuestionario siguiente. Hay que buscar entre los participantes, las personas que reúnan las características que se exponen en cada pregunta. Sigue las siguientes normas: - Puedes consultar, hablar, moverte por el espacio. - Intenta no repetir nombres durante el cuestionario. • Si ya tienes datos acerca de una persona, busca a otra. • Una vez cumplimentados los cuestionarios (o bien cuando transcurra el tiempo estimado) se pasa a la sesión final con todo el grupo. • Se pide a un voluntario que comente lo que ha aprendido. • El coordinador se implica en la técnica también. • Comentario final y valoración.	
Otras cuestiones y posibles variantes	• Adaptar el cuestionario, teniendo en cuenta la situación y las características del grupo. Al hacerlo se debe mantener el contenido de las preguntas 6 y 12 del cuestionario. • El coordinador puede realizar asociaciones por coincidencias iniciando la puesta en común con su tarjeta y luego los miembros del grupo que coinciden en algunas cuestiones. • Darle al ejercicio un aire cómodo y relajado con cierto desenfado.	
Ejemplo de cuestionario	1. Una persona cuyo nombre empiece por la misma letra que el mío: 2. Una persona del grupo que nació fuera de Asturias: 3. Una persona del grupo que ha leído el mismo libro que yo: 4. Una persona del grupo que es más pequeña que yo: 5. Una persona del grupo que calza mí mismo número de zapato: 6. Una persona del grupo que me cayó bien nada más verla: 7. Una persona a quien no le cueste trabajo relacionarse con otros: 8. Una persona que ha visto alguna película de Harry Potter: 9. Una persona del grupo que le guste cocinar: 10. Una persona del grupo cuyo color favorito sea el verde: 11. Una persona del grupo que sólo haya cambiado una vez de casa: 12. Una persona del grupo a la que te gustaría conocer mejor: 13. Una persona del grupo que toque algún instrumento musical: 14. Una persona que haya dormido en una tienda de campaña:	

Título	COLLAGE/DIBUJO Y ME PRESENTO	I
Objetivos	• Crear un clima de confianza y comunicación en el grupo. • Reforzar la imagen positiva de sí mismo y de los demás miembros del grupo. • Fomentar el conocimiento mutuo. • Movilizar al grupo para actividades posteriores.	
Duración y recursos	• 30-60 minutos. • Para el collage: revistas, periódicos, publicidad grandes almacenes, etc. • Tijeras, pegamento, cartulinas, papeles de colores, post-it.	
Desarrollo	• Se divide al grupo en pequeños equipos (5 ó 6 personas) y se entrega a cada equipo el material necesario para realizar un collage. • Se darán las siguientes indicaciones: “Vais a realizar un collage que represente las cualidades positivas que tiene cada una de las personas”. • El grupo deberá dialogar y acordar qué elementos comunes se tienen y, posteriormente, construir el collage. • Tras realizar el collage, se explica en gran grupo cada una de las producciones artísticas realizadas. • Valoración de la técnica.	
Otras cuestiones y posibles variantes	• Es una técnica útil para grupos grandes. • Es susceptible de ser adaptada a grupos pequeños. • En lugar de collage se puede pedir a los miembros que dibujen en un post-it aquello con lo que se identifican y explicarlo o construir una historia en grupo.	
Ejemplo		

Título	LA MALETA VIAJERA Y LA TELA DE ARAÑA	I
Objetivos	• Entrenar el control y la práctica de la expresión no verbal. • Mejorar el conocimiento de los miembros del grupo. • Facilitar un ambiente positivo. • Reformar la comunicación en el grupo.	
Duración y recursos	• 20-30 minutos. • Ovillo de lana. • Sala con espacio suficiente para formar un círculo con los participantes.	
Desarrollo	• Se indica al grupo que debe imaginar un próximo viaje. • Se forma un círculo con los miembros del grupo. • Un miembro del grupo con un ovillo de lana sujeto por un extremo, comienza a presentarse a qué lugar se irían de viaje y qué tres objetos llevarían a ese viaje indicando los motivos. • Posteriormente debe lanzar el ovillo de lana a otro compañero/a (sujetando el extremo de forma que la lana cuelgue entre ambos). • El siguiente miembro repetirá la operación y volverá a lanzar el ovillo a otra persona distinta, pero siempre sujetando el trozo de lana. • Cuando termine la presentación, se formará un entramado similar al de una tela de araña, ahora para deshacer la tela se hará de forma inversa devolviendo el ovillo a la persona que lo dio, para ello se debe recordar el mayor número de datos posible. • Si no se consigue deshacer el lío, (cosa bastante normal), no hay que preocuparse, ya que se habrá conseguido que los participantes se presenten y además que empiecen a verse como un grupo	
Otras cuestiones y posibles variantes	• Es una técnica adecuada para un grupo mediano (20-25 personas). • La técnica puede variarse en cuanto a la información, solicitando que la presentación sea de acuerdo a otros criterios: nombre, aficiones, edad, procedencia, etc.	
Ejemplo	 	
Imágenes tomadas de las webs:	http://www.lac.gnrc.net/news/2010/05/28/0001 http://teinfantil.blogspot.com.es/2011/02/entrecruzando-amistades.html	

Título	LA ESTRELLA	I
Objetivos	• Romper el hielo inicial que se produce en cualquier grupo. • Ofrecer una aproximación al conocimiento en el grupo • Fomentar la cohesión grupal. • Promover la creatividad. • Generar un clima de trabajo distendido.	
Duración y recursos	• 30-35 minutos. • Una pizarra y tizas para dibujar la estrella.	
Desarrollo	• Cada miembro del grupo dibujará una estrella y en cada punta de la estrella, una palabra, que hace referencia a algo personal, como lugar de nacimiento, hobbie, etc. • Uno a uno, las personas del grupo lanzarán preguntas para tratar de adivinar qué significa esa palabra. • Por ejemplo ¿es tu lugar de nacimiento? Y la persona solo podrá responder si o no- • La dinámica finaliza cuando se han adivinado todas las palabras.	
Otras cuestiones y posibles variantes	• Es una técnica adecuada para un grupo mediano que inicie su trabajo (20-25 personas). • Es útil para emplear en una primera sesión de trabajo o en algún momento de relax en el desarrollo del grupo.	

Título	El RELOJ CURIOSO	I
Objetivos	• Romper el hielo inicial que se produce en cualquier grupo. • Ofrecer una aproximación al conocimiento en el grupo • Fomentar la cohesión grupal. • Mejorar el conocimiento de los miembros del grupo. • Facilitar un ambiente positivo.	
Duración y recursos	• 30-45 minutos. • Podemos proyectar el reloj y las preguntas • Sala con espacio suficiente para que el grupo pueda moverse	
Desarrollo	• Se indica al reloj que tenemos sun reloj muy curioso que quiere saber de los miembros del grupo. • Para eso, cada hora, el reloj propondrá una pregunta para que en parejas puedan conocer qué opina el compañero sobre ese tema. • Pero las horas no dejarán de pasar, así que no tendrán un tiempo limitado para responder a cada pregunta. Puede ser 2 minutos. • Se iniciará siempre así. Son las 3 d ela tarde y el reloj quiere saber ...Ejemplo de preguntas ¿cuál es nuestro viaje soñado? • ¿Comida favorita? • Si pudieras ser un animal ¿cuál serías? • Un miedo o fobia, etc • Antes de iniciar las preguntas, - 1. Repartiremos a los alumnos la plantilla A del reloj con huecos a rellenar - 2. Invitaremos a que busquen en 5/7 minutos 12 compañeros con los que después quedarán a la hora señalada.	
Otras cuestiones y posibles variantes	• Es una técnica adecuada para un grupo mediano (20-25 personas). • La técnica puede variar en cuanto a la información solicitada, de acuerdo con otros criterios como: nombre, aficiones, edad, procedencia, etc. • Las cuestiones se pueden resolver en parejas, pero pueden aguparse en grupos de 3 para evitar que nadie quede sin pareja.	
Ejemplo	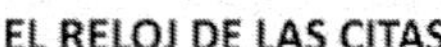 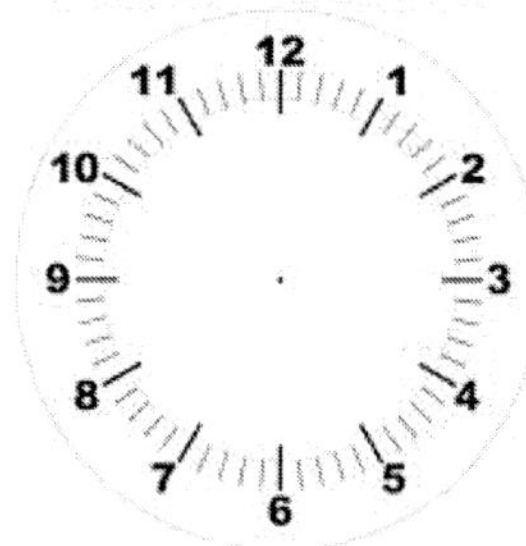	
Imágenes tomadas de las webs:	https://www.orientacionandujar.es/2017/02/15/aprendizaje-cooperativo-reloj-las-citas-plantilla-editable/ aprendizaje-cooperativo-el-reloj-de-las-citas-plantilla-editable1/	

Técnicas de Diagnóstico y Planificación

Título	DIAGRAMA DE ISHIKAWA, ESPINA DE PESCADO o DIAGRAMA DE CAUSA-EFECTO	L

Objetivos

- Ordenar ideas mediante el criterio de sus relaciones de causalidad.
- Obtener una visión sencilla y concentrada de las causas que contribuyen a crear una situación compleja.
- Facilitar la capacidad de comunicación.
- Construir de manera gráfica las interrelaciones entre un efecto y sus posibles causas ordenadas de manera clara y precisa.

Duración y recursos

- 30-60 minutos.
- Papel en blanco o con la imagen básica del diagrama de Ishikawa.
- Bolígrafos de diferentes colores.

Desarrollo

- Definir, sencilla y brevemente el efecto cuyas causas deben identificarse.
- Colocar el efecto dentro del rectángulo a la derecha de la superficie de escritura y dibujar una flecha que, corresponderá al eje central.
- Identificar posibles causas que contribuyan al efecto de estudio.
- Identificar las causas principales e incluirlas en el diagrama
- Añadir subcausas en cada rama principal.
- Comprobar la validez lógica de cada cadena causal.
- Comprobar la interpretación del diagrama: conclusión y resultado.

Otras cuestiones y posibles variantes

- Esta técnica es una herramienta frecuentemente utilizada para obtener explicaciones sobre relaciones de causa-efecto en un proceso lógico paso a paso.
- Se puede utilizar para estructurar muchas ideas “dispersas” fruto, por ejemplo, en una Tormenta de ideas.

Ejemplo

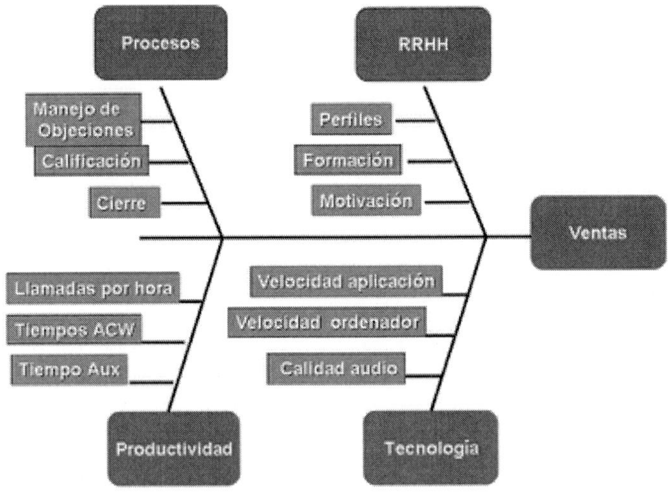

Imagen de web: http://fti500wilmeroyola.blogspot.com.es/2010_04_01_archive.html

Título	BRAINSTORMING	L
Objetivos	• Potenciar la participación de todo el grupo. • Promover la creatividad al abordar un problema o una situación. • Facilitar la discusión de un problema evitan las inhibiciones que pueden causar las críticas. • Lograr la aportación libre de ideas, opiniones y conocimientos. • Obtener una visión concreta y sencilla de las causas que contribuyen a generar la situación objeto de estudio.	
Duración y recursos	• 45-60 minutos. • Papel y útiles para escribir. • Pizarra o papelógrafo.	
Desarrollo	• Elegir un coordinador y seleccionar un tema o problema objeto de estudio. • Prepara la logística de la sesión dando la siguiente instrucción: "Vamos a ir aportando soluciones al problema que nos hemos planteado, teniendo en cuenta que todas las ideas propuestas van a ser aceptadas y que no se admiten discusiones o críticas en este momento inicial". "La única cuestión a tener en cuenta es que no se pueden repetir las ideas o propuestas ya sugeridas". • Se debe generar una atmósfera de participación. • Comienza la tormenta de ideas y todas las aportaciones se anotarán en una pizarra. • Se concluye la tormenta y se tratan las ideas, explicando las que ofrecen dudas, agrupando las ideas según criterios, etc.	
Otras cuestiones y posibles variantes	• Es una herramienta útil si el grupo no es muy grande pero tampoco reducido. • Es una técnica muy eficaz si el grupo está cohesionado y se dispone de suficiente tiempo para afrontar un problema y tratar de buscar y gestionar posibles soluciones. • Puede complementar el "Diagrama de Ishikawa"	

Título	SCAMPER	L
Objetivos	• Potenciar la participación de todo el grupo. • Promover la creatividad al abordar un problema o una situación contestando un listado preestablecido de siete preguntas.. • Facilitar la discusión de un problema evitan las inhibiciones que pueden causar las críticas. • Lograr la aportación libre de ideas, opiniones y conocimientos.	
Duración y recursos	• 45-60 minutos. • Papel y útiles para escribir. • Pizarra o papelógrafo.	
Desarrollo	• Se establecen tres fases: • Identificación del problema, situación o foco creativo. • Formulación de preguntas SCAMPER. El proceso creativo no debe detenerse y, si no surgen ideas o respuestas a alguna de las preguntas, hay que saltar al siguiente apartado. S: SUSTITUIR C: COMBINAR A: ADAPTAR M: MODIFICAR/MAGNIFICAR P: PROPONER OTROS USOS E: ELIMINAR R: REORDENAR • Después de la generación de respuestas a las preguntas, hay que evaluar y decidir qué ideas son las más validas y adecuadas para la empresa.	
Otras cuestiones y posibles variantes	• Es una herramienta útil si el grupo no es muy grande pero tampoco reducido. • Es una técnica muy eficaz si el grupo está cohesionado y se dispone de suficiente tiempo para afrontar un problema y tratar de buscar y gestionar posibles soluciones.	
Ejemplo	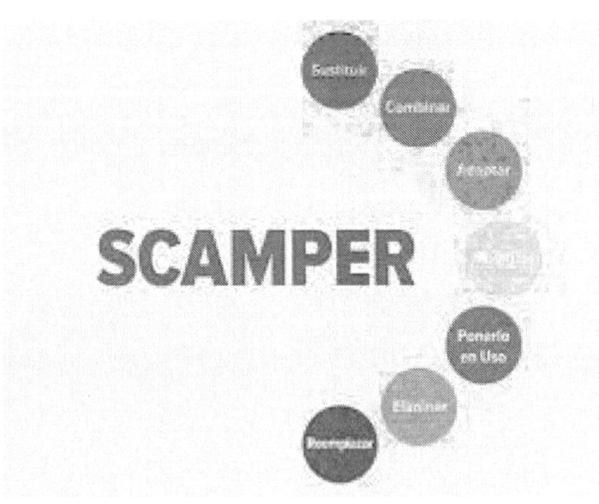	
Imagen web:	https://www.iempresa.net/creatividad/scamper-tecnica-de-creatividad/	

Título	BRAINWRITING	L
Objetivos	• Potenciar la participación de todo el grupo. • Promover la creatividad al abordar un problema o una situación. • Facilitar la discusión de un problema evitan las inhibiciones que pueden causar las críticas. • Lograr la aportación libre de ideas, opiniones y conocimientos. • Obtener una visión concretada y sencilla de las causas que contribuyen a generar la situación objeto de estudio.	
Duración y recursos	• 45-60 minutos. • Papel y útiles para escribir. • Pizarra o papelógrafo.	
Desarrollo	• Se escriben ideas, cada una en una hoja de papel, ya sea de una sesión creativa anterior o generada en el momento, tantas como participantes del grupo haya. • Cada integrante toma una hoja y agrega sus ideas generadas mediante estimulo de la idea escrita en el papel. • Se cambian las hojas de forma circular o al azar y cada uno agrega sus ideas generadas mediante estimulo de las ideas ya escritas. • Se repite la última fase hasta que todas las hojas estén llenas. • Una vez terminado, se analizan las ideas como en cualquier otro método.	
Otras cuestiones y posibles variantes	• El motor de esta técnica creativa es que al leer las anotaciones anteriores en la hoja de papel el cerebro de cada integrante reacciona mejor para generar nuevas ideas: las anotaciones previas funcionan como detonadores creativos. • Funciona bien con grupos que no se conocen. • La confidencialidad fomenta el flujo de las ideas más irracionales y creativas. • Una variante con varias hojas. Cada integrante tomará una hoja en blanco y escribirá en la parte superior de la misma la primera idea que se le ocurra. Luego este pasará la misma a la persona de derecha y recibirá de esta forma otra hoja. También se pueden intercambiar hojas colocando todas en un montón y repartiendo las mismas de forma aleatoria, aunque esta forma no asegura que todos los miembros tengan igual exposición a cada idea principal. Una vez que se recibe una nueva hoja, se coloca una idea o comentario debajo de la última línea escrita, y se repite el proceso hasta haber llenado todas o la mayoría de las hojas.	

Título	DIAGRAMA DE PARETO	L
Objetivos	• Identificar el grado de importancia de los factores que contribuyen a un efecto. • Realizar una comparación cuantitativa y ordenada (jerarquizada) de los elementos o factores que inciden en la situación objeto de estudio. • Permitir la unificación de criterios con cierta objetividad • Facilita la comunicación clara, evidente y global del resultado de un análisis de comparación y priorización. • Mostrar gráficamente el principio de Pareto (pocos vitales, muchos triviales), es decir, que hay muchos problemas sin importancia frente a unos pocos graves.	
Duración y recursos	• 45-60 minutos. • Papel y útiles para escribir. • Fotocopias con el Diagrama de Pareto. • Pizarra o papelógrafo.	
Desarrollo	• Preparación de los datos • Mediante la gráfica colocamos los “pocos vitales” a la izquierda y los “muchos triviales” a la derecha. • Cálculo de las contribuciones parciales y totales. Ordenación de los elementos o factores incluidos en el análisis. • Calcular el porcentaje y el porcentaje acumulado para cada elemento de la lista ordenada. • Trazar y rotular los ejes del diagrama. • Dibujar un gráfico de barras que representa el efecto de cada uno de los elementos que contribuyen. • Señalar los elementos “poco vitales” y los “muchos triviales”.	
Otras cuestiones y posibles variantes	• Es una técnica útil para asignar prioridades a problemas, identificar las caulas. • Puede complementar el “Diagrama de Ishikawa”	
Ejemplo	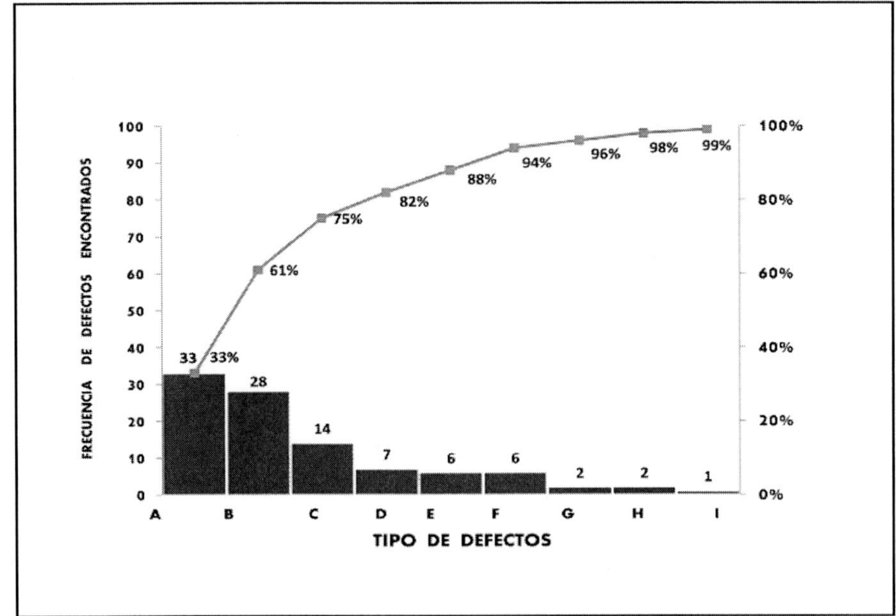	

Título	BOLA DE NIEVE	L
Objetivos	• Favorecer el desarrollo del pensamiento autónomo. • Promover e intercambio de opiniones e ideas sobre un tema. • Potenciar la comunicación entre los miembros del grupo, mejorando su expresión. • Contribuir a incrementar la motivación y participación.	
Duración y recursos	• 60 o 90 minutos aproximadamente. • Papel y útiles para escribir.	
Desarrollo	• Se explica a los participantes la técnica en líneas generales y se expone el caso o situación objeto de estudio. • Los participantes se organizan en parejas. • Posteriormente se unen dos parejas formando grupos de cuatro con objeto de informarse mutuamente. • Nuevamente se duplicarán en grupos de ochos personas que intercambiarán la información y discutirán cómo presentarla al resto. • Más tarde se presentan las conclusiones en gran grupo.	
Otras cuestiones y posibles variantes	• Se puede solicitar al participante que anote individualmente sus aprendizajes y dudas para compartirlas posteriormente en la pareja, en el grupo de cuatro y en el de ocho. • La exposición al gran grupo puede ir acompañada de información gráfica o dibujos.	
Ejemplo		
Imagen web:	http://redtutorespaa2011.blogspot.com.es/2011/04/formas-de-trabajo-en-grupotecnica-bola.html	

Título	VENTANA DE JOHARI	L
Objetivos	• Ofrecer una herramienta que facilite el autoconocimiento y la reflexión. • Analizar la interacción, comunicación y retroalimentación con lo demás. • Representar la dinámica de las comunicaciones interpersonales y su repercusión en la persona.	
Duración y recursos	• 30-45 minutos. • Sillas puestas en semicírculo de manera que se logre una buena vista de todos los participantes y de la pizarra o papelógrafo. • Marcadores y cinta adhesiva • Algunas hojas tamaño carta para tapar parte del cartel • Una cartulina con el dibujo de la Ventana • Una fotocopia del modelo de la Ventana para cada participante	
Desarrollo	• Coordinador publica la Ventana ya preparada en una cartulina. • Las denominaciones de las cuatro áreas están inicialmente tapadas con una hoja. • Se explica el propósito principal de la Ventana para introducir después las cuatro variables que determinan las áreas de la Ventana en sus respectivas áreas. - Área abierta. Aquello que conozco de mí mismo, y lo que los demás también conocen y son evidentes (edad, sexo, raza, nombre...) - Área oculta. Aquello que yo conozco de mí, pero los demás ignoran (sentimientos, vivencias, opiniones, experiencias íntimas, etc.). - Área ciega. Aquello que yo ignoro en mí mismo, pero los demás sí ven o conocen (impresiones que causo, sentimientos que muestro, etc.). - Área desconocida. Aquello que yo ignoro, y que también ignoran los demás (instintos, inconciencias, vivencias reprimidas u olvidadas, etc.) • Se pide que verbalicen la idea/contenido de cada área.	
Otras cuestiones y posibles variantes	• Al no tratarse de un ejercicio en el sentido propio, la introducción y explicación de la Ventana junto con la presentación y/o elaboración de ejemplos ya integran el procesamiento. • Por su alto grado de abstracción es indispensable tener preparado buenos ejemplos ya que la realización de la técnica parece sencilla pero no lo es.	
Ejemplo	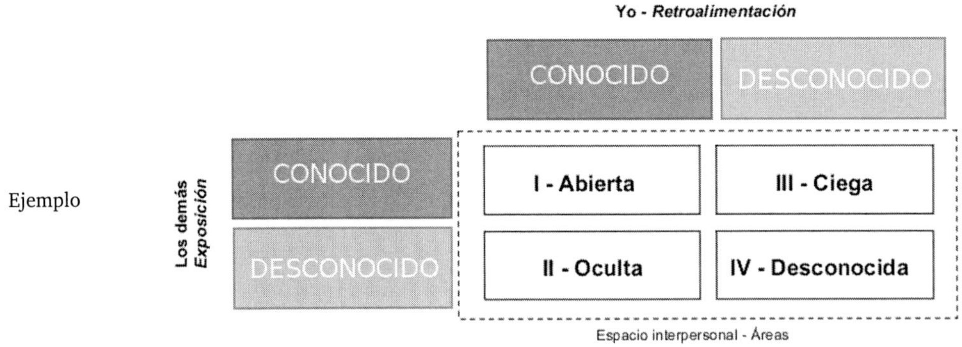	

Título	BENCHMARKING	L
Objetivos	• Identificar factores críticos de éxito. • Conocer las operaciones y los procesos propios en una organización. • Recoger y analizar datos que permitan comparar. • Reconocer quién es el mejor y averiguar cómo trabaja. • Descubrir los agentes facilitadores (procesos, prácticas o métodos que facilitan que la actuación sea mejor).	
Duración y recursos	• Papel y útiles para escribir.	
Desarrollo	• Seleccionar el equipo de trabajo correcto y el tipo y método de benchmarking más adecuado al objetivo de mejora. • Ser realistas en la formulación del objetivo de búsqueda y sus potenciales resultados. • Seleccionar el proceso de Benchmarking más ligado a los objetivos estratégicos de la organización y a sus procesos centrales o clave. • Desarrollar una amplia búsqueda de información dentro y fuera del sector. • Comunicar durante el proceso los distintos avances obtenidos. • Seleccionar adecuadamente los "partners" o compañías objeto de comparación dentro y fuera del sector. • Generar incentivos a las instituciones objeto de análisis (reconocimiento, publicaciones, menciones especiales, premios). • Focalizarse en las mejores prácticas, no solamente en la comparación de datos. • Incluir en el equipo de benchmarking tanto a defensores como escépticos del proceso. • Desarrollar un código de conducta que asegure el uso trasparente y objetivo de la información.	
Otras cuestiones y posibles variantes	• Podemos distinguir tres tipos de benchmarking: • internos (en grandes empresas formadas por numerosos departamentos) • competitivo (hay competencia agresiva, y se compara con los competidores más directos o con los líderes del mercado), y • funcional (compararse con organizaciones que no pertenecen al mismo campo).	

Título	CREATIVIDAD COLECTIVA	L
Objetivos	• Propiciar la creatividad • Promover la figura del compañero como fuente de aprendizaje • Disminuir la competitividad • Desarrollar la interacción entro compañeros • Desarrollar la escucha activa	
Duración y recursos	• Possits • Ficha de evaluación del Nivel de impacto • Cartas de Dixiet	
Desarrollo	• Cada persona debe enfrentar un reto o solución en torno a un problema durante 7 minutos. • Cada persona cuenta con un bloque de pos-it, incluye una posible solución por pos-it, durante 7 minutos escriben cualquier solución. • Tras las aportaciones individuales, se forman grupos de como tope cinco personas, se ponen en común las aportaciones. • Cada miembro va indicando sus aportaciones, es muy importante que entre cada aportación y aportación se deje un breve espacio de tiempo, pueden surgir otras ideas al hilo de las de un compañero/a. • Una vez que se han escuchado todas las soluciones individuales y se han logrado nuevas aportaciones fruto de las intervenciones de los compañeros, se facilitan las cartas dixit para que el grupo encuentre nuevas soluciones. • Herramienta de filtro analítico - Se seleccionan y clasifican todas las ideas, aquellas repetidas se desechan. - Todas las ideas son sometidas a los filtros analíticos: impacto de implementación / facilidad de realización.	
Otras cuestiones y posibles variantes	• No hay limitaciones para las soluciones que se les ocurra. • Es muy importante que si una carta dixit no funciona se facilite rápidamente otra para que encuentren nuevas asociaciones. • Es importante la escucha activa, no estar esperando a nuestro turno sin escuchar, las aportaciones pueden surgir nuevas ideas.	

NIVEL DE IMPACTO		
	+ Impacto - Fácil	+ Impacto + Fácil
	- Impacto - Fácil	- Impacto + Fácil
	FACILIDAD DE IMPLEMENTACIÓN	

Técnicas de Desarrollo y Participación.

Título	PUZLE O JIGSAW (Aronson, 1978)
Objetivos	• Generar una interacción intensa entre los participantes. • Desarrollar la escucha y la atención. • Promover actitudes positivas hacia el trabajo en equipo. • Aumentar la autoestima y reducir las hostilidades, tensiones y prejuicios. • Disminuir su competitividad y favorecer la empatía. • Promover la figura del compañero/a como fuente de aprendizaje.
Duración y recursos	• 70-100 minutos aproximadamente • Papel y útiles para escribir.
Desarrollo	• Presentación inicial por parte del coordinador de los objetivos a conseguir y de la técnica a aplicar. • División del gran grupo en grupos cooperativos heterogéneos y presentación antes de leer el texto (5-10 min. aprox.) • División del material en tantas partes como miembros tiene el grupo, de forma que cada miembro del equipo sólo posee una parte de la información necesaria para preparar la tarea. • Lectura y estudio por parte de cada componente del grupo del material que tiene asignado (10-15 min. aprox.). • Formación de equipos de expertos donde se reúnen los participantes de los distintos grupos que han preparado el mismo material. Puesta en común de las distintas aportaciones (25-30 min. aprox.). • Cada uno de los expertos vuelve a su grupo de origen y pone en común las distintas aportaciones del equipo de expertos (30-45 min. aprox.). • Reelaboración dentro del grupo de las diferentes aportaciones.
Otras cuestiones y posibles variantes	• Para orientar y ayudar a los participantes en el desarrollo de la técnica se puede emplear un libreto en formato Din-A3 con las principales fases de esta técnica y las acciones que en cada una de ellas se deben realizar.
Ejemplo	• Fase inicial 1 2 / 3 4 1 2 / 3 4 1 2 / 3 4 1 2 / 3 4 • Grupo de expertos 1 1 / 1 1 2 2 / 2 2 3 3 / 3 3 4 4 / 4 4 • Retorno al grupo inicial 1 2 / 3 4 1 2 / 3 4 1 2 / 3 4 1 2 / 3 4

Título	SEIS SOMBREROS PARA PENSAR (De Bono, 1986)
Objetivos	• Abordar un desafío creativo sistemáticamente desde todas las perspectivas típicas de una dinámica grupal. • Realizar un análisis desde un rol específico (representado por cada uno de los seis sombreros). • Favorecer el respeto a las opiniones de los demás • Promover mayor intercambio de ideas entre personas.
Duración y recursos	• 30-60 minutos. • Sala dispuesta para el trabajo en pequeño grupo (3 ó 6 personas). • Papel y útiles para escribir.
Desarrollo	• Se presenta el caso o situación objeto de estudio y se explica la técnica indicando que los seis sombreros representan seis maneras de pensar y se deben considerar como pensamientos no etiquetas. • División del gran grupo en grupos pequeños y se reparte a cada miembro una hoja con los seis sombreros. • Se indica que para cada sombrero se pondrá como tiempo máximo seis minutos. • Se recuerda la importancia de no volver hacia atrás cuando la técnica se va desarrollando.
Otras cuestiones y posibles variantes	• Los sombreros nunca deben ser utilizados para categorizar a los individuos. • Sería recomendable poder contar con gorros de los diferentes colores o, al menos, algún elemento que recuerde los seis colores. • La actividad podría desarrollarse con una hoja en blanco y que cada miembro del grupo cogiera el sombrero antes de hablar y no seguir la estructura lineal de la hoja que se propone como ejemplo.
Ejemplo	**Seis sombreros para pensar**

BLANCO	ROJO	NEGRO	AMARILLO	VERDE	AZUL

Título	LAS VISERAS
Objetivos	• Comprobar la presión de las expectativas del grupo sobre sus miembros. • Analizar cómo se produce la conducta en respuesta a las actitudes y demandas del grupo. • Valorar la importancia de adjudicar y asumir roles.
Duración y recursos	• 40 minutos. • Cartulinas para realizar unas viseras que llevarán uno cita adhesiva donde poner un cartel, posteriormente, con un rol son que lo vea la persona a la que se lo pone el coordinador.
Desarrollo	• El grupo debería participar íntegramente y, en caso contrario, pedir el número de voluntarios necesarios para que tengan una visera con un rol. • A cada miembro se le coloca la visera. • Posteriormente se pegan los carteles con los roles en la visera de cada participante sin que la persona que lo lleva puesta lo pueda ver. • Se propone un tema de debate interesante o se elige en el grupo. • Se advierte a los participantes que personalmente actúen como cada uno es pero que deben actuar en función de lo que cada persona ve en las viseras de los demás sin mencionarlo. • Realizar una valoración entre los participantes que han participado y, si procede, entre todos los miembros del grupo.
Otras cuestiones y posibles variantes	• Útil en grupos medianos. • Si se ha generando un clima de debate previo en el grupo sobre un asunto, la técnica resulta muy divertida y puede aportar recursos interesantes para la reflexión.
Ejemplo	Posibles ejemplos de roles a usar y pegar en las viseras: • *Jefe:* obedecedme • *Bromista:* reíros de mi • *Experto:* consultadme • *Novato:* enseñadme • *Tonto:* ignorarme • *Desgraciado:* tenerme lástima • *Creador:* pedidme propuestas • *Tenso:* discutidme todo • *Mentiroso:* no me creáis • *Blanco*

Título	BÚSQUEDA DE INFORMACIÓN
Objetivos	• Búsqueda y análisis de documentación sobre el contenido del trabajo grupal.
Duración y recursos	• 7-10 horas aproximadamente. • Ordenadores y útiles para escribir.
Desarrollo	• Se forman pequeños grupos (5 ó 6 personas). • Se presenta o se elige el caso o situación objeto de estudio y se explica. • Se detalla que la dinámica consiste en buscar documentación posterior al año 2005 en la red, bibliotecas, bases de datos sobre el tema grupal y cumplimentar unas fichas establecidas para cada uno de los recursos siguientes: 1. *Un artículo en pdf o Word* que esté en la red o en alguna base de datos (Dialnet,) o en Revistas (Bordón, Revista de Investigación Educativa, Revista de Educación, Revista Iberoamérica de Educación, Siglo XXI, Aula Abierta...). 2. *Un vídeo* (Youtube innumerables vídeos que pueden utilizarse lo que hay es que seleccionar uno que interese por algún motivo concreto). 3. *Una película* (Internet genera cientos de resultados con películas ya comentadas y con imágenes, como en el caso anterior hay que elegir una). 4. *Un blog* sobre cualquier aspecto que esté relacionado con el tema del trabajo grupal... (igual que los anteriores). 5. *Una imagen, un cuadro...* (esta selección supone un mayor o menor grado de creatividad que queda a vuestra elección) 6. *Un archivo de audio o una canción* (esta selección supone un mayor o menor grado de creatividad que queda a vuestra elección). 7. *Página web* (optativo para las personas que van a exponer y obligatorio para los alumnos no presenciales). 8. *Webquest* (optativo para las personas que van a exponer y obligatorio para los alumnos no presenciales). 9. *Noticia de periódico o revista* (optativo para las personas que van a exponer y obligatorio para los alumnos no presenciales). 10. *Tres enlaces* de Instituciones públicas o privadas o de empresas o de centros educativos... que sean relevantes para el tema grupal. • Tras la búsqueda de información por parte de todos los miembros del grupo, se fusionan los resultados de las búsquedas individuales y se presentan al resto de los grupos participantes en la actividad.

Título	PERDIDOS EN MARTE
Objetivos	Tomar conciencia de las ventajas que aporta la colaboración y la participación de todos a la resolución de los problemas. Desarrollar algunas estrategias para llegar a acuerdos de grupo.
Duración y recursos	45 minutos aproximadamente. Fotocopia para cada miembro con información y cuadro.
Desarrollo	Cada participante realiza de manera individual el ejercicio después de recibir las instrucciones siguientes: *Los miembros del grupo se convierten en la tripulación de una nave espacial que va a reunirse con la nave nodriza en la cara iluminada de la Luna. Debido a problemas mecánicos tienen que alunizar en un lugar que queda a unos 300 Km. del lugar de encuentro. Durante el alunizaje gran parte del equipo de la nave quedó dañado. Hay que llegar a la nave nodriza para sobrevivir por lo que hay que elegir los artículos más para llevárselos. La tarea consiste en ordenar todos estos artículos de acuerdo con su importancia y utilidad para ayudarles a llegar a la nave nodriza.* Segunda Parte: En pequeño grupo (4-6) se ordenan artículos -consenso. Tercera Parte: El coordinador proporciona las soluciones al ejercicio comunicando cuál es la ordenación más correcta. Cuarta Parte. Reflexión grupal.
Otras posibles variantes	Una variante de esta actividad es *El refugio subterráneo* La clasificación de la NASA es la siguiente:15-4-6-8-13-11-12-1-3-9-14-2-10-7-5
Ejemplo	1. Una caja de cerillas 2. Diez cajas de píldoras alimenticias 3. Veinte metros de cuerda de nylon 4. Un paracaídas de seda de nylon 5. Una estufa portátil 6. Diez pistolas del calibre 45 7. Una caja de leche en polvo 8. Dos recipientes con 100 l. de oxígeno 9. Un mapa de estrellas de la constelación lunar, el cielo visto desde la luna 10. Una barca inflable de salvamento 11. Una brújula (o Compás magnético) 12. 25 litros de agua potable 13. Tres cohetes de señales luminosas 14. Un botiquín de primeros auxilios con agujas hipodérmicas 15. Un aparato de radio FM (emisor-receptor) con batería solar

Título	ESTUDIO DE CASOS
Objetivos	• Potenciar las competencias de saber, saber hacer, trabajo en equipo, comunicación y toma de decisiones. • Formar y perfeccionar a los participantes en la capacidad de identificación de problemas, de análisis y de síntesis de situaciones, y de búsqueda de posibilidades alternativas. • Fomentar las habilidades de toma de decisiones, de relacionar la teoría con la práctica, de comunicación y de trabajo en grupo. • Consolidar el aprendizaje a situaciones de la vida real.
Duración y recursos	• Depende de la complejidad del caso. • Que no sea muy pequeño (unos 15 participantes, como mínimo) ni excesivamente grande (unos 40 como máximo).
Desarrollo	• El formador proporciona un informe, que puede tener desde una a sesenta páginas, donde se describe un problema o situación vivida por una empresa real y la información adicional necesaria. • Cada uno de los componentes tiene que elegir el caso y estudiarlo en profundidad. Hacer una primera lectura para familiarizarse con la problemática tratada en el caso. • Volver a leer e identificar los temas más relevantes, los problemas y las posibles alternativas para tratarlos. • Se discute de forma constructiva, en pequeño grupo para reflexionar sobre lo que sucede y sobre lo que habría que hacer.
Otras posibles variantes	• El material con el informe del caso. Acostumbra a tener un hilo argumental y una serie de documentos adjuntos con las informaciones pertinentes.
Ejemplo	Ejemplo: *La prostitución es un serio problema en muchos países, entre ellos en España. Son muchas las mujeres que practican la prostitución, la mayor parte de ellas en condiciones muy precarias, con frecuencia sometidas a redes que las explotan e incluso las obligan a prostituirse bajo amenazas. Gran parte de ellas son extranjeras, en condiciones de mayor vulnerabilidad. Aunque la actividad no está legalizada en nuestro país, se practica abiertamente y en la mayoría de los periódicos se publican muchos anuncios bajo el título eufemístico de servicios de relax. La policía realiza de vez en cuando alguna redada para controlar la práctica y evitar que crezca. Algunos colectivos de mujeres han solicitado que se legalice la prostitución, pasando a ser un trabajo más regulado por la ley, alegando que de ese modo podrían mejorar su situación y evitar ser explotadas. El gobierno tiene capacidad para atender esa petición y convertir la prostitución en un trabajo más, si bien hay grupos que consideran que en ningún caso debe legalizarse una actividad que degrada a quien la practica, tanto hombres como mujeres.* ¿Qué medidas legales se podrían tomar? ¿Qué acciones de mejora se pueden implementar?

Título	JUEGOS DE ROL y SIMULACIONES PROFESIONALES
Objetivos	• Estimular la participación, potenciar conocimientos próximos a la vida real y su aplicación a situaciones cotidianas. • Consolidar conocimientos de uso frecuente y aplicarlos. • Promover la capacidad de percibir relaciones.
Duración y recursos	• El tamaño del grupo debe ser grande, aunque también puede hacerse con grupos pequeños, y hay más posibilidades de participación por parte de los integrantes del grupo. • La duración dependerá del grupo y la naturaleza de la simulación. Se recomienda 60 minutos como máximo. • Los miembros del grupo deben estar sentados en una misma mesa de forma semicircular de manera que sean visibles por parte del auditorio. • Mesa, equipo de expertos y moderador
Desarrollo	• *Preparación:* El problema o situación puede ser previsto de antemano surgir en un momento dado. En todos los casos debe ser determinado y expuesto con toda precisión. • *Dramatización:* Los intérpretes dan comienzo y desarrollan la escena con la mayor naturalidad posible. • *Debate y reflexión:* Al finalizar se procede al comentario y discusión de la representación, dirigido por el director o coordinador. En primer término, los intérpretes dan sus impresiones, explicar su desempeño, descubrir su estado de ánimo. Posteriormente todos pueden participar.
Otras cuestiones y posibles variantes	• La fiabilidad de la simulación depende de que el modelo propuesto refleja la realidad del fenómeno que se está estudiando. Con este recurso se pone al sujeto ante condiciones hipotéticas en que se prueba su comportamiento y conocimientos en situaciones concretas, capacidad de analizar alternativas y consecuencias. • Esta técnica requiere habilidades y se aconsejan grupos maduros. • Conviene comenzar con escenas bien estructuradas en las cuales los intérpretes deben improvisar lo menos posible.
Ejemplo	• Situación: Relaciones padres-hijos • Primera escena: *Un adolescente trata de exponer a sus padres un problema que él no ha resuelto, pero lo hace en términos poco apropiados. Les habla de cosas que usan sus amigos, que él no puede permitirse porque son demasiado caras. Bruscamente su padre le corta la palabra: "Dí francamente lo que quieres. ¿Es que no estás contento con el dinero que se te da? Cómo se ve que no sabes lo que es ganarse la vida. ...! A tu edad...". Y el chico se encierra en el silencio.* • Segunda escena: *Conversación entre padres que no comprenden la agresividad del hijo; Están dispuestos a hacer por él lo que sea posible, desean ayudarle. Pero ¿cómo?* • Tercera escena: *El chico, sólo en su habitación, airado, critica a sus padres que no le comprenden y que, piensa él, no le quieren. "Pues bien, si así lo quieren, nos declararemos la guerra".*

Título	LA COCTELERA
Objetivos	• Promover la colaboración entre los diferentes equipos. • Valorar la transferibilidad de la técnica a otros contextos. • Mejorar proyectos de grupo gestionando el conocimiento de los equipos. • Mejorar el clima de convivencia y reducir la competitividad.
Duración y recursos	• 120 minutos distribuidos en dos sesiones. • Envases, papel, sombrero, pinturas, revistas, periódicos y tijera.
Desarrollo	• Se distribuyen los estudiantes en el aula en los equipos de trabajo que ya tengan asignados para trabajar su proyecto. • Se da un sombrero por grupo para identificar al portavoz y una coctelera con un pliego de examen. • Se dice que vamos a preparar un coctel para una fiesta con (revistas, pinturas... que se colocan en una mesa para uso colectivo). • Se dan tareas de 4 o 5 minutos, cuando el equipo la finaliza la introduce en la coctelera y a una señal dada se pasa la coctelera al siguiente equipo siguiendo el movimiento de lad agujas del reloj. Al final se presentan, se debaten y se comentan las aportaciones así como la utilidad de la técnica.
Otras cuestiones y posibles variantes	• En función del tipo de envase que se utilice se puede cambiar el nombre a la actividad (la pelota saltarina, la fiesta del taper,...) • La técnica puede utilizarse para aprendizaje basado en proyectos, para resolución de problemas...
Ejemplo	• A manera de ejemplo se presentan algunas tareas: • Primera tarea: Escribe el título de vuestro proyecto, el objetivo y alguna idea en la que estéis trabajando para su presentación. Guarda, cierra y pasa. • Segunda tarea: Abre, lee y pon otro título al proyecto además de elaborar un slogan. Guarda, cierra y pasa. • Tercera tarea: Abre, lee y dibuja logotipos para difundir este proyecto en África, en Asia... Guarda, cierra y pasa. • Cuarta tarea: Abre, lee y define el proyecto con al menos 3 adjetivos. Guarda, cierra y pasa. • Quinta tarea: Abre, lee y haz una propuesta para difundir el proyecto en la Edad Media. Guarda, cierra y pasa. • Sexta tarea: Abre lee y haz una propuesta para difundir el proyecto en el año 2100. Guarda, cierra y pasa. • Séptima tarea: Abre, lee e indica como trabajarías con este proyecto a través de aplicaciones de Smartphone, Tablet... Guarda, cierra y pasa. • Octava tarea: Abre, lee e indica cómo evaluarías el proyecto. Guarda, cierra y pasa. • Novena tarea: Abre, lee e indica a que instituciones o colectivos les podría interesar este proyecto. Guarda, cierra y pasa. • Décima tarea: Abre, lee y saca una foto a la parte del proyecto que te parezca más interesante, hacer una autofoto o *selfi* al equipo y subirlo al twitter de la asignatura y a tus redes sociales.

Técnicas de Evaluación

Título	DAFO
Objetivos	• Ayudar a una organización a encontrar sus factores estratégicos críticos, para una vez identificados, usarlos y apoyar en ellos los cambios organizacionales • Promover en la organización la consolidación de las fortalezas, minimizando las debilidades, aprovechando las ventajas de las oportunidades, y eliminando o reduciendo las amenazas. • Realizar un profundo análisis interno y externo de una organización. • Promover la participación de los miembros de una organización.
Duración y recursos	• 60 minutos aproximadamente. • Papel y útiles para escribir. • Fotocopias de la Matriz DAFO.
Desarrollo	• Se forman pequeños grupos (5 ó 6 personas). • Se presenta o se elige el caso o situación objeto de estudio y se explica. • Se proporciona a cada miembro la Matriz DAFO y se comienza por el análisis interno y externo: - Análisis Interno de la organización (Liderazgo, estrategia, personas, alianzas/recursos y procesos). - Análisis Externo de la organización (Mercado, sector y competencia).
Otras cuestiones y posibles variantes	• El Análisis DAFO se puede realizar individualmente, en pareja, en pequeños grupos o en gran grupo. • Se recomiendo comenzar con pequeños grupos y, a modo de bola de nieve, ir incrementando la información que se genera en los grupos.
Ejemplo	Ejemplo de Matriz DAFO 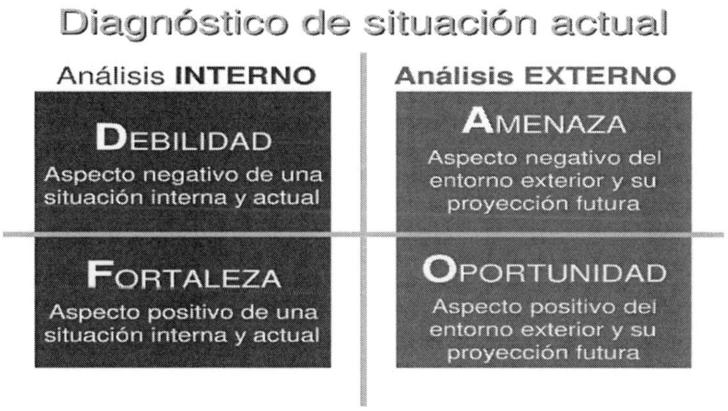 Diagnóstico de situación actual Análisis **INTERNO** / Análisis **EXTERNO** DEBILIDAD: Aspecto negativo de una situación interna y actual AMENAZA: Aspecto negativo del entorno exterior y su proyección futura FORTALEZA: Aspecto positivo de una situación interna y actual OPORTUNIDAD: Aspecto positivo del entorno exterior y su proyección futura
Imagen web:	http://runningpacense.blogspot.com.es/2012/02/analisis-dafo-de-mis-posibilidades-en.html

Título	CAME
Objetivos	• Promover la participación de los miembros de una organización. • Planificar decisiones estratégicas • Diseñar acciones concretas que conduzcan a la consecución de las metas marcadas.
Duración y recursos	• 60 minutos aproximadamente. • Papel y útiles para escribir. • Fotocopias de la Matriz DAFO y CAME
Desarrollo	• Se forman pequeños grupos (5 ó 6 personas). • Se presenta o se elige el caso o situación objeto de estudio y se explica. • Se proporciona a cada miembro la Matriz DAFO con el análisis realizado y la MATRIZ CAME • Selecciona cada una de las debilidades, amenazas, fortalezas y oportunidades más relevantes y asocia a ellas acciones para corregirlas, afrontarlas, mantenerlas o explotarlas, según corresponda. - Para corregir debilidades se diseña Estrategias de supervivencia - Para Afrontar amenazas se diseña Estrategias de reorientación - Para mantener fortalezas diseña Estrategias ofensivas - Para Explotar Oportunidades se diseña Estrategias Ofensivas
Otras cuestiones y posibles variantes	• El Análisis CAME se puede realizar individualmente, en pareja, en pequeños grupos o en gran grupo. • Se recomiendo comenzar con pequeños grupos y, a modo de bola de nieve, ir incrementando la información que se genera en los grupos.
Ejemplo	Ejemplo de Matriz CAME 
Imagen web:	https://informaticapolo.com/podcast/049-la-matriz-came/

Título	METAPLÁN
Objetivos	• Facilitar la moderación de reuniones de trabajo de manera efectiva. • Promover la generación de ideas. • Facilitar la relación e interdependencia de ideas o problemas. • Analizar las causas. • Definir las prioridades de actuación. • Permitir la búsqueda de soluciones y acuerdos
Duración y recursos	• Tablero o pizarra, en los que se pueda escribir y borrar fácilmente. • Tarjetas de diferentes formas o colores si es posible. • Bolígrafos de diferente color para cada participante, si es posible. • Cinta Adhesiva para sujetar las tarjetas en la pizarra. • Cámara fotográfica o móvil para fotografía los resultados provisionales.
Desarrollo	• Se explica el objeto de estudio y se reparte a cada participante un conjunto de tarjetas. Se pueden utilizar diferentes tarjetas según su forma/ color. • Cada participante recibe el mismo número limitado de tarjetas y se dan las siguientes indicaciones: • Una idea por tarjeta; tres líneas por tarjeta como máximo; escribir con rotulador negro • emplear letras mayúsculas y minúsculas; Procurar no hablar con otros mientras • dure esta fase. • En la medida de lo posible, afirmaciones explicativas, sólo en los encabezamientos. • Escribir de un modo legible para todos los presentes en la sala. • Recoger en primer lugar todas las tarjetas, luego debatirlas y estructurarlas. • Cuando se decide mantener el anonimato de los escritores, sólo puede revelarse voluntariamente por los escritores mismos.
Ejemplo	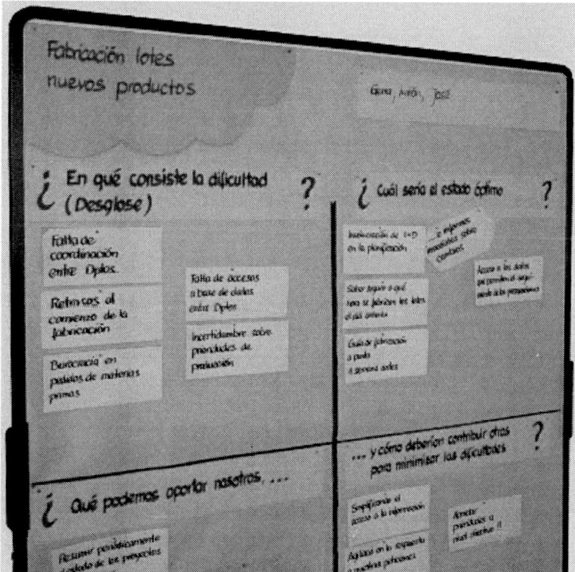

Título	ORIGAMI
Objetivos	• Analizar AL grupo cuando se propone alcanzar las metas fijadas. • Comprar las previsiones sobre la capacidad propia con la tarea real. • Comprobar la capacidad del grupo para colaborar.
Duración y recursos	• 60 minutos. • Taco de papeles (tipo post-it pero sin adhesivo) para cada participante. • Un cuestionario para cada participante.
Desarrollo	• Se entrega a cada participante un taco de papeles cuadrad y se explica que la tarea consiste en doblar esos palees el mayor número que se pueda, pero siguiente las siguientes reglas: *Cada papel se ha de doblar por separado uno a uno y debe quedar doblado con la mayor exactitud posible.* • Cuando se haga una señal se debe de doblar papeles. • Individualmente, cada participante debe realizar lo siguiente: • Hacer un cálculo del número de papeles que cree poder doblar en tres minutos y lo anota. • Durante el tiempo fijado doblará papeles hasta la señal. • Se hace una valoración de si se acertó en la predicción o no. • Se reparte el cuestionario "Análisis de mis objetivos" y se rellena. • En equipos de seis personas, se discuten las respuestas de cada miembro. • Se realiza una puesta en común y se valora la técnica.
Otras cuestiones y posibles variantes	• Útil para un grupo de entre 20 y 25 personas. • Puede utilizarse para conocer y valorar el grado de cohesión de grupo y comprobar las diferencias.
Ejemplo	• Ejemplo del cuestionario "Análisis de mis objetivos". 1. Has establecido un objetivo: • *Muy reducido, para tener la seguridad de cumplirlo.* • *Un poco más pequeño de lo que en realidad creía poder cumplir.* • *Ajustado a lo que en realidad pensaba que podía hacer.* • *Algo elevado, como desafío a mí mismo.* • *Mucho más elevado de lo que podía hacer.* 2. ¿Han influido los resultados de la prueba en la meta que te has marcado? 3. ¿Cómo te has sentido durante el ejercicio? 4. ¿Cómo te has sentido después de haber terminado? 5. Ordena tus motivaciones durante el juego de la más importante a la menos motivadora.

Título	LA COCTELERA
Objetivos	• Promover la colaboración entre los diferentes equipos. • Valorar la transferibilidad de la técnica a otros contextos. • Mejorar proyectos de grupo gestionando el conocimiento de los equipos. • Mejorar el clima de convivencia y reducir la competitividad.
Duración y recursos	• 120 minutos distribuidos en dos sesiones. • Envases, papel, sombrero, pinturas, revistas, periódicos y tijera.
Desarrollo	• Se distribuyen los estudiantes en el aula en los equipos de trabajo que ya tengan asignados para trabajar su proyecto. • Se da un sombrero por grupo para identificar al portavoz y una coctelera con un pliego de examen. • Se dice que vamos a preparar un coctel para una fiesta (revistas, pinturas... que se colocan en una mesa para uso colectivo). • Se dan tareas de 4 o 5 minutos, cuando el equipo la finaliza la introduce en la coctelera y a una señal se pasa la coctelera a otro equipo siguiendo el movimiento de las agujas del reloj. Al final se presentan, se debaten y se comentan las aportaciones, así como la utilidad de la técnica.
Otras cuestiones y posibles variantes	• En función del tipo de envase que se utilice se puede cambiar el nombre a la actividad (la pelota saltarina, la fiesta del taper,...) • La técnica puede utilizarse para aprendizaje basado en proyectos, para resolución de problemas...
Ejemplo	• A manera de ejemplo se presentan algunas tareas: • Primera tarea: Escribe el título de vuestro proyecto, el objetivo y alguna idea en la que estéis trabajando para su presentación. Guarda, cierra y pasa. • Segunda tarea: Abre, lee y pon otro título al proyecto además de elaborar un slogan. Guarda, cierra y pasa. • Tercera tarea: Abre, lee y dibuja logotipos para difundir este proyecto en África, en Asia,... Guarda, cierra y pasa. • Cuarta tarea: Abre, lee y define el proyecto con al menos 3 adjetivos. Guarda, cierra y pasa. • Quinta tarea: Abre, lee y haz una propuesta para difundir el proyecto en la Edad Media. Guarda, cierra y pasa. • Sexta tarea: Abre lee y haz una propuesta para difundir el proyecto en el año 2100. Guarda, cierra y pasa. • Séptima tarea: Abre, lee e indica como trabajarías con este proyecto a través de aplicaciones de Smartphone, Tablet,... Guarda, cierra y pasa. • Octava tarea: Abre, lee e indica cómo evaluarías el proyecto. Guarda, cierra y pasa. • Novena tarea: Abre, lee e indica a que instituciones o colectivos les podría interesar este proyecto. Guarda, cierra y pasa. • Décima tarea: Abre, lee y saca una foto a la parte del proyecto que te parezca más interesante, hacer una autofoto o *selfi* al equipo y subirlo al twitter de la asignatura y a tus redes sociales.

Título	CÓMO VINE, CÓMO ESTUVE, CÓMO ME VOY	þ
Objetivos	• Analizar el proceso del grupo en el proceso de aprendizaje • Comprobar la evolución sufrida	
Duración y recursos	• 30-60 minutos. • Sala dispuesta para el trabajo en gran grupo. • 3 sillas para que los miembros puedan sentarse en las sillas, según el momento formativo que evalua	
Desarrollo	• Individualmente cada persona debe sentarse en las tres sillas, iniciando en cómo cin, después cómo estuve y por último cómo me voy • Para reflexionar sobre la evoluación vivida en el proceso de aprendizaje • El docente puede aprovechar para anotar aspectos que se repiten y abrir un diálogo centrado en los avances.	
Otras cuestiones y posibles variantes	• Se puede realizar en gran grupo, o en pequeño grupo para luego compartir las ideas claves. • Se recomiendo comenzar con pequeños grupos y, a modo de bola de nieve, ir incrementando la información que se genera en los grupos.	

Título	SEMINARIO	þ
Objetivos	• Estudiar intensivamente un tema. • Analizar un problema y proponer alternativas de solución. • Recibir una información básica desde diferentes puntos de vista. • Descomponer un tema o asunto complejo dividiéndolo en partes lógicas, para ser tratado y asimilado más fácilmente.	
Duración y recursos	• Dividir el gran grupo entre diferentes grupos pequeños (5 – 10 personas). • La duración hay que establecerla en varias sesiones de trabajo cada día. • Espacio físico donde poder trabajar sin ser molestado. • Salas pequeñas de reunión. • Material y de fuentes de información.	
Desarrollo	• El grupo decide el área o áreas temáticas juntamente con el formador, y éste distribuye el trabajo formando tantos grupos como considere necesario. • Se prepara el tiempo y el espacio necesario para su estudio, el material, las fuentes de información, etc. • En cada subgrupo que trabajará en el seminario se nombra un responsable y se decide el día/s y el plan de trabajo que se va a seguir. • Cada grupo realiza su tarea y lleva un informe de las sesiones de trabajo para ser presentado al resto de miembros del seminario en la reunión plenaria.	
Otras cuestiones y posibles variantes	• Es necesario contar con una programación previa. Lo esencial de un seminario es la colaboración científica entre el director del seminario (y/o los profesionales o especialistas científicos que participan en él) y los alumnos. Para motivar el desarrollo del trabajo y para que sea útil es importante que la elección del tema y de los objetivos sea decisión conjunta del formador y los estudiantes.	

Título	MESA REDONDA þ
Objetivos	• Crear una atmósfera óptima para la comunicación. • Ofrece diferentes puntos de vista con un nivel de información variado y amplio. • Proporcionar hechos y opiniones sobre problemas y temas de discusión. • Facilitar el interés hacia determinadas cuestiones, motivando al grupo a la investigación o a la acción, hacia la búsqueda de soluciones. • Informar de los diferentes aspectos de una materia o de los criterios existentes sobre ella.
Duración y recursos	• 90 minutos aproximadamente. • Sala amplia favorecer la comunicación entre la mesa y el auditorio.
Desarrollo	• Primera fase: Planificación de la sesión por parte de los expertos y del moderador: - Asignación de las partes de la temática y turnos. - Los expertos preparan los puntos y apartados asignados. - El moderador prepara las preguntas que centrarán el debate. • Segunda fase: Desarrollo de la sesión. - El moderador presenta el tema y los componentes de la mesa. - Los expertos exponen su opinión o información respecto al debate, con claridad, energía y concisión. - Turno de preguntas entre los miembros de la mesa y el auditorio. - El moderador interviene en la discusión para hacer preguntas, interpretar, reconducir la discusión al tema central, resumir y dar por acabado un punto de discusión y pasar a otro tema. • Tercera fase: Al final tiene que hacer la síntesis de la reunión o debate
Otras cuestiones y posibles variantes	• Se deben tratar temas de actualidad y aportar bibliografía sobre el tema. • Se debe llevar a cabo cuando las personas estén bien preparadas • Seleccionar los miembros de la mesa de manera que se pueda garantizar el debate y el contenido a debatir. • El moderador tiene que ser imparcial durante las intervenciones.
Ejemplo	*II Ciclo de Conferencias y Mesas Redondas* Pensando en futuro... ¿CÓMO CAMBIAR LA EDUCACIÓN HOY?

Título	MAPA CONCEPTUAL
Objetivos	• Representar de manera gráfica ideas o conceptos que están relacionados jerárquicamente. • Aprovechar el poder conceptual de las imágenes, facilitando el aprendizaje y el recuerdo de un contenido. • Aprender a organizar información, sintetizarla y presentarla. • Facilitar la exposición y desarrollo oral un tema de manera lógica y ordenada.
Duración y recursos	• El tiempo es variable • 30-60 minutos máximo.
Desarrollo	• Explicar la técnica y facilitar el material de lectura. Posteriormente... • *Primero.* Lee un texto e identificar las palabras que expresen las ideas principales o palabras clave. No se trata de incluir mucha información en el mapa, sino la más relevante. • *Segundo.* Cuando haya concluido con lo anterior, subrayar las palabras identificadas asegurando de que se tratan de las más importantes y que nada sobre o falte. • *Tercero.* Identificar el tema o asunto general y escribirlo en la parte superior del mapa conceptual, encerrado en un óvalo o rectángulo. • *Cuarto.* Identificar las ideas que constituyen los subtemas ¿qué dice el texto del tema o asunto principal? Escribirlos en el segundo nivel, también encerrados en óvalos o rectángulos. • *Quinto.* Trazar las conexiones correspondientes entre el tema principal y los diferentes subtemas. • *Sexto.* En el tercer nivel colocar los aspectos específicos de cada idea o subtema, encerrados en óvalos o rectángulos. Las ramificaciones de otros niveles (cuarto, quinto, etc.) se podrán incluir si se considera que poseen suficiente relevancia y aportan claridad.
Otras cuestiones y posibles variantes	• Se puede complementar con la técnica "Bola de nieve" y fusionar los mapas conceptuales individuales para crear uno de carácter grupal. • Se pueden utilizar programas informáticos para hacer los mapas. Entre los más destacados está el *CmapTools* o, incluso, el *Prezi.*
Ejemplo	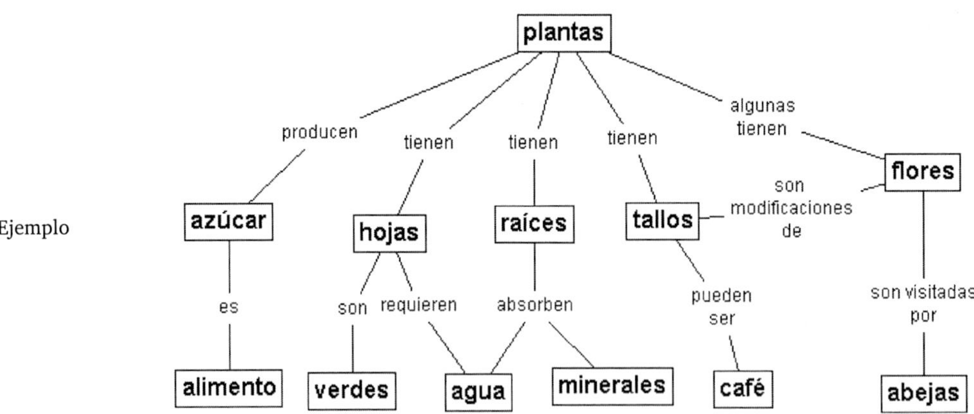

Técnicas de Satisfacción

Título	EL RUMOR	J
Objetivos	• Comprobar cómo la información se distorsiona a partir de la interpretación que cada uno le da. • Facilitar la discusión de cómo nos llegan en la realidad las noticias y acontecimientos, y cómo se dan a conocer.	
Duración y recursos	• 30-45 minutos. • Historia o mensaje sobre el que se centra la técnica.	
Desarrollo	• El coordinador prepara un mensaje escrito. • Se piden un mínimo de 6 voluntarios, que se numeran y abandonan el lugar para no escuchar el mensaje. • Se da lectura a todos los mensajes. • El resto de los participantes son los testigos del proceso de distorsión que se da al mensaje y van anotando lo que va variando de la versión inicial. • Posteriormente, se elige al azar a un participante para que le cuenta al primer voluntario el mensaje que se le permite su regreso a la sesión. • Luego se llama al Nº 2. El Nº 1 le comunica la Nº 2 lo que le fue leído, sin ayuda de nadie. Así sucesivamente, hasta que pasen todos los voluntarios. • El último compañero, cuenta a todo el grupo el mensaje. • Posteriormente se da lectura nuevamente el mensaje original y se realiza una valoración de lo que ha sucedido y de la técnica.	
Otras variantes	• El ejercicio permite reflexionar sobre la distorsión de comunicación por no tener claro el mensaje, ya que nos queda en la memoria aquello que nos llama más la atención, o lo que creemos que es más importante.	
Ejemplo	• El Sr. Polanco ha decidido reunir al consejo de dirección el próximo día 20 de diciembre para comunicarles la posibilidad de expedientar a D. Enrique Frutos Ruiz. Dicho trabajador ha reducido de forma estrepitosa su rendimiento en las últimas fechas con la consiguiente pérdida de beneficios en su sección. La facturación del departamento de ventas al que pertenece el Sr. Frutos ha descendido un 16% en los últimos dos meses, por lo que la compañía ha tenido que abortar el lanzamiento de un nuevo producto electrónico en el municipio de Cuenca para paliar esas pérdidas. • Además, algunas compañeras de trabajo del Sr. Frutos, vienen quejándose de una actitud irrespetuosa frente a ellas ya que vierte comentarios sexistas subidos de tono en las reuniones de su departamento y ha llegado incluso a incomodar físicamente a algunas compañeras de trabajo. • A la reunión del consejo que se realizará en las dependencias de la empresa en la calle Pimiento nº 12, asistirá el Director de Recursos Humanos de la empresa, Sr. Alcalá y la abogada de la empresa la Sra. Muñoz, la cual se ha incorporado recientemente a la empresa después del disfrute de su permiso de maternidad.	

Título	CÓMO ME VEO Y CÓMO ME VEN	J
Objetivos	• Favorecer un mejor conocimiento de sí mismo a través de la percepción propia y mutua. • Movilizar al grupo para las tareas posteriores. • Crear un clima relajado de trabajo y de confianza. • Facilitar el proceso comunicativo entre los integrantes del grupo.	
Duración y recursos	• 60 minutos aproximadamente. • Papel y útiles para escribir. • Cinta Adhesiva. • Ordenador y equipo de sonido.	
Desarrollo	• Se reparte a cada participante una hoja (folio Din-A4). En una cara de la hoja hay que poner de título "Me veo..." aquí hay que escribir cualidades positivas sobre sí mismo. • Posteriormente, en la otra cara de la hoja el título es "Los demás me ven...". Esta cara de la hoja se pega en la espalda de cada persona de tal manera que nadie pueda ver lo que cada uno a escrito sobre sí mismo. • Cuando todos tengan la hoja en blanco con el título "Los demás me ven..." pegada a su espalda, el coordinador pondrá música y dirá a todos que deben escribir algún aspecto positivo sobre cada compañero en la hoja pegada a su espalda. • Concluida esta fase, cada uno retira el papel de su espalda y lee los mensajes que le han puesto. • Se realiza una pues en común donde los participantes que quieran pueden comentar algunos de los mensajes e intentar adivinar quién se lo ha escrito.	
Otras cuestiones y posibles variantes	• Una variante de la dinámica es dejar mensajes personales anónimos en un buzón o caja con indicación de su destinatario.	

Título	LA AVENIDA COMPLICADA	J

Objetivos

- Experimentar una situación de trabajo en grupo en la que deban solucionar un problema de forma eficaz.
- Promover la cohesión de grupo.
- Impulsar la confianza entre los miembros del grupo.

Duración y recursos

- 30-60 minutos
- Papel y útiles para escribir.
- Fotocopia con los datos de la Avenida Complicada.

Desarrollo

- El coordinador organizará la sesión en pequeños grupos e introducirá la actividad "La Avenida complicada" transmitiendo lo siguiente: *Hay cinco casas, cada una de las cuales se caracteriza por un color diferente, por un coche cada uno de una marca, por una bebida preferida y por un animal doméstico distinto en cada casa.*
- Basándose en las informaciones que aparecen en la fotocopia hay que buscar la correspondencia entre cada casa y el resto de los elementos mencionados".
- A partir de entonces el dinamizador dará comienzo al trabajo de los distintos grupos.
- Cada grupo intentará solucionar el problema del texto, participando todos, poniéndose de acuerdo en el método, aportando sus pistas...
- Ganará el grupo que primero presente la solución del problema.
- Terminado el ejercicio, cada grupo evaluará el grado de participación de sus miembros en la tarea que han realizado.
- Esta actividad termina con una sesión conjunta de todos los grupos y el coordinador para valorar lo experimentado en la actividad.

Ejemplo

La avenida complicada

En esta "Avenida complicada" hay cinco casas numeradas: 801, 803, 805, 807 y 809, de izquierda a derecha. Cada casa se caracteriza por un color diferente, por un coche cada uno de una marca, por una bebida preferida y por un animal doméstico distinto en cada casa. Las informaciones que posibilitan la solución son:

- Las cinco casas están localizadas en la misma avenida y en la misma acera.
- El mexicano vive en la casa roja.
- El peruano tiene un coche Mercedes.
- El argentino tiene un cachorro.
- El chileno bebe Coca-Cola.
- Los conejos están a la misma distancia del Cadillac que de la cerveza.
- El gato no bebe café ni habita en la casa azul.
- En la casa verde se bebe whisky.
- La vaca es vecina de la casa donde se bebe coca-cola.
- La casa verde tiene como vecina a su derecha la casa gris.
- El peruano y el argentino son vecinos.
- El propietario del Volkswagen cría conejos.
- El Chevrolet pertenece a la casa blanca.
- Se bebe Pepsi en la casa tercera.
- El brasileño es vecino de la casa azul.
- El propietario de Ford bebe cerveza.
- El propietario de la vaca es vecino del dueño del Cadillac.
- El propietario del Chevrolet es vecino del dueño del caballo.

Solución:

	801	*803*	*805*	*807*	*809*
Color					
Coche					
Bebida					
Animal					
Propietario					

Título	LA TARTA	J
Objetivos	• Facilitar un primer acercamiento personal entre los participantes. • Proporcionar los primeros contactos entre los participantes. • Fomentar el conocimiento mutuo. • Crear un ambiente de encuentro y confianza. • Disminuir el nivel de tensión por estar entre desconocidos.	
Duración y recursos	• 20-30 minutos. • Folios • Útiles para escribir.	
Desarrollo	• Se reparte a los participantes una hoja de papel y algo para escribir. • El dinamizador pide que cada uno dibuje un círculo en su papel. • Entonces sugiere que cada uno se imagine que ese círculo es una tarta que representa el tiempo y cada persona dividirá el círculo en trozos proporcionales al tiempo que dedica en cada uno. Así, de manera gráfica, se presentan el tiempo que se emplea en el trabajo, en las relaciones, la familia, etc. • El mediador propone que se formen parejas de libre elección y durante unos minutos (5 ó 6 minutos) se describen mutuamente los dibujos realizados. • A continuación, pueden unirse las parejas de dos en dos y en estos grupos de cuatro personas, cada miembro de la pareja presenta la tarta del otro miembro a la nueva pareja que se les ha unido. • Finalmente se hace una puesta en común con preguntas como: - ¿Qué te ha parecido su tarta? ¿Te ha sorprendido? - ¿Te ha resultado fácil elegir compañero? - ¿Te has sentido cómodo en los diálogos mantenidos? - ¿Las tartas de los otros miembros eran parecidas o distintas? - ¿Qué otras tartas has visto por ahí?	
Ejemplo	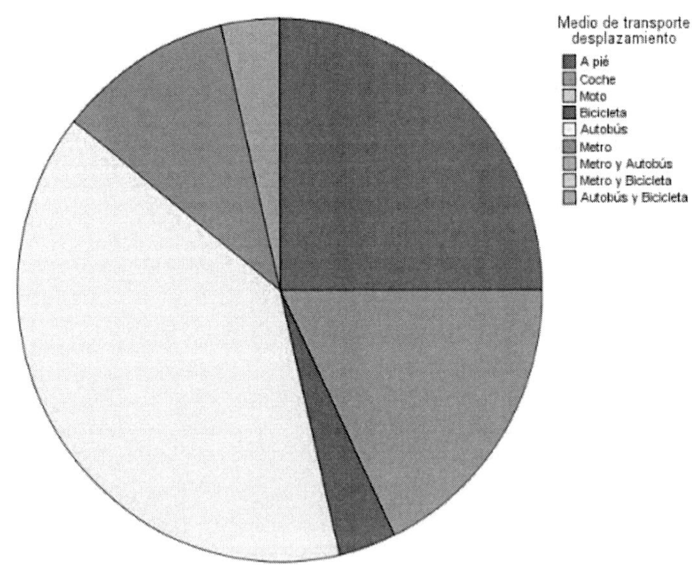 	

Título	MI CASA IDEAL	J
Objetivos	• Facilitar un primer acercamiento personal entre los participantes. • Proporcionar los primeros contactos entre los participantes. • Fomentar el conocimiento mutuo. • Crear un ambiente de encuentro y confianza. • Disminuir el nivel de tensión por estar entre desconocidos.	
Duración y recursos	• 20-30 minutos. • Folios. • Útiles para escribir y pintar.	
Desarrollo	• Se reparte a los participantes una hoja de papel y algo para escribir. • El dinamizador pide que cada uno pinte su casa ideal en el papel. • Entonces sugiere que cada uno señale en su dibujo aquel rincón de la casa que más le guste o que recuerde con más cariño. Puede servir cualquier casa que cada participante considere o haya considera como suya. • El mediador propone que se formen parejas de libre elección y durante unos minutos (5 ó 6 minutos) se describen mutuamente los dibujos de sus respectivas casas. • A continuación, pueden unirse las parejas de dos en dos y en estos grupos de cuatro personas, cada miembro de la pareja presenta la casa del otro miembro a la nueva pareja que se les ha unido. • Finalmente se hace una puesta en común con preguntas como: - ¿Qué te ha parecido el ejercicio? - ¿Hay algo de tu casa que haya llamado la atención de otros? - ¿Te ha costando elegir la pareja? - ¿Te has sentido cómodo en los diálogos mantenidos? - ¿Has sorprendido en algo a tus compañeros? - ¿Qué casas te han sorprendido a ti?	
Ejemplo		

Título	FIGURAS GEOMÉTRICAS	J
Objetivos	• Analizar la importancia de una comunicación amplia de ambas partes. • Analizar la limitación de la comunicación en una sola dirección.	
Duración y recursos	• 15-30 minutos aproximadamente. • Papel y útiles para escribir. • Muestra de dibujo (1 copia).	
Desarrollo	• Se trata de que los participantes dibujen dos series de cuadros, siguiendo las indicaciones que se van dando. • El que este coordinando, o alguien del grupo, vuelto de espaldas a los participantes empieza a explicar cómo dibujar los cuadros de la figura Nº 1, sin que el grupo vea el dibujo. • Los participantes no pueden hablar ni hacer preguntas a quien está haciendo la explicación. • Concluida la explicación del dibujo Nº 1, se repite lo mismo con la figura Nº 2 (el dibujo que han hecho de la Nº 1 lo guardan) pero el que explica la figura dos lo debe hacer de frente a los participantes, sin hacer gestos. Se permite que hablen y que pregunten (pero no ver el dibujo). • Cada uno confronta los dos dibujos que ha hecho. • Quien coordina pone las muestras en la pizarra. • Lo que importa es ver la ubicación de los cuadros, no el tamaño, para ver si se ha seguido el orden de los dibujos. • Luego se compara el tiempo que tomó en explicar cada figura, y cuál de los dos dibujos es más preciso. • Se podría realizar por parejas de espaldas y cada uno explica una figura al otro miembro de la pareja. • Se puede sustituir las figuras nº 1 y nº 2 por la nº 3 o por cualquier otra que se desee con similares características.	
Ejemplo	Figura Nº 1 Figura Nº 2 Figura Nº 3	

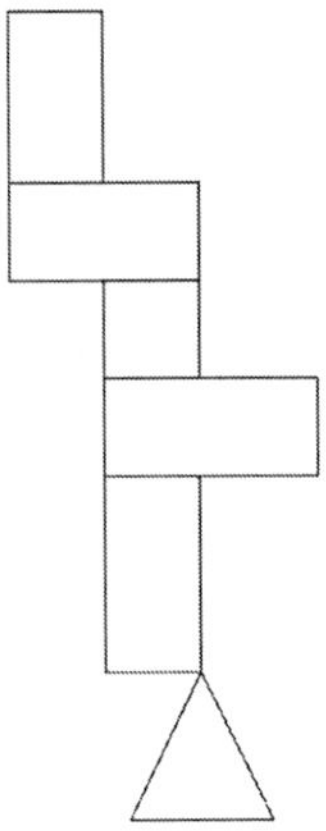

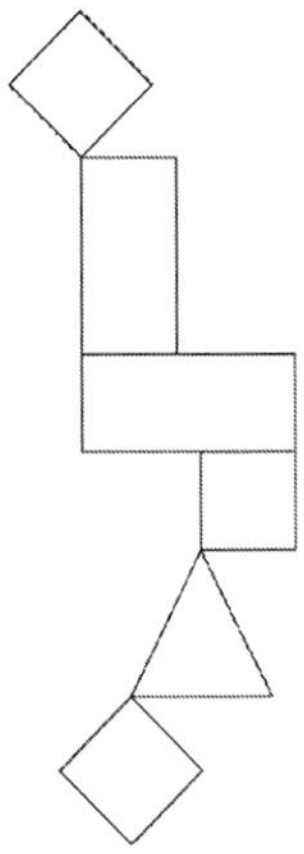

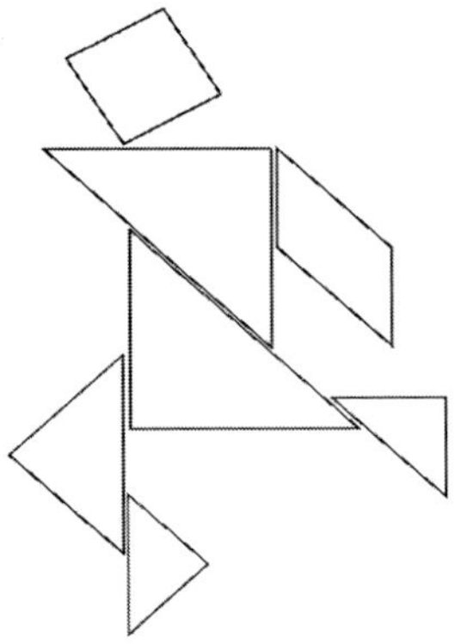

Título	MENSAJES INCOMPLETOS	J

Objetivos	• Experimentar estrategias de cooperación. • Evaluar comportamientos competitivos frente a cooperativos. • Crear una situación en la que se potencie la toma de decisiones.
Duración y recursos	• • 20-30 minutos aproximadamente. • Un sobre grande con cinco sobres pequeños (uno por participante). • Un espacio donde poder trabajar en grupo. • Cada sobre contiene unas tarjetas con diferentes palabras que no pueden formar una frase con sentido entre sí mismas.
Desarrollo	• Se forman grupos de cinco personas. • Se les entrega el material y se dan las siguientes indicaciones: *"Cada persona debe formar una frase con sentido, pero no se puede hablar, ni si quiera por señas o escribiendo". La única forma d conseguirlas es esperando que otro miembro del equipo quiera entregarlas". Si un participante no puede emplear alguna de las palabras, la dejará en el centro de la mesa. La tarea finalizada cuando cada jugador tiene ante sí una frase con sentido".* • Se hace una puesta común y una valoración de la técnica.
Otras cuestiones y posibles variantes	• Es una técnica útil en grupos medianos y grandes. • No necesita de una especial cohesión de grupo. • Las frases pueden tener un carácter de eficacia y ser modificadas en función de la naturaleza del objetivo. • Se puede solicitar a cada grupo que elabore una pequeña historia a partir de las frases que han ordenado.
Ejemplo	SOBRE 1. La primavera; empezado; ganas hacia SOBRE 2. Llegado; ha cegado han; corrió; la SOBRE 3. ha; El; empezar; a leer; Los SOBRE 4. luz del sol; a ladrar Tengo; gato; casa SOBRE 5. La, me; perros; de

4.10. Aprendizaje desde la Experiencia

La utilización de las metodologías activas en las aulas y en los centros de trabajo vienen siendo avaladas en las últimas décadas como referentes fundamentales para mejorar los resultados de aprendizaje y la adquisición de compentencias. En nuestro caso, hemos sido participantes en el entorno educativo, laboral y social de sus ventajas para preparar a las personas para enfrentar los desafíos del mundo y el mercado laboral actual, al tiempo que contribuyen al logro de los Objetivos de Desarrollo Sostenible mediante el fomento de habilidades relevantes y la promoción de valores de colaboración, innovación y adaptabilidad. Por supuesto, hay una variedad de estudios e investigaciones que respaldan nuestras argumentaciones en cuanto a su grado de eficacia y de satisfacción. Aquí hay algunos ejemplos:

1. **Investigción de Johnson, Johnson y Smith (1998).** En su estudio sobre el aprendizaje cooperativo, encontraron que los métodos activos de aprendizaje promueven un mayor rendimiento académico, una retención de conocimientos más sólida y una actitud más positiva hacia el aprendizaje en comparación con los métodos tradicionales de enseñanza.

2. **Investigación de Prince (2004).** En su trabajo examinó el impacto de la enseñanza centrada en el estudiante frente a la enseñanza centrada en el profesor en el aprendizaje de ingeniería. Sus hallazgos demostraron que los enfoques centrados en el estudiante, que incluyen actividades activas como resolución de problemas y discusiones en grupo, tuvieron como impacto un mayor compromiso de los estudiantes y un mejor rendimiento académico.

3. **Investigación de Dunlosky et al. (2013):** Este trabajo desarrollado por varios autores les llevó a revisar numerosas estrategias de aprendizaje y encontró que prácticas como la autoevaluación, el aprendizaje basado en problemas y la elaboración activa (por ejemplo, resumir información en sus propias palabras). Los resultados obtenidos informan que son altamente efectivas para mejorar el aprendizaje y la retención a largo plazo.

4. **Investigación de Wiggins y McTighe (2005):** En su libro "Understanding by Design", estos autores defienden un enfoque educativo centrado en la comprensión profunda y el pensamiento crítico. Argumentan que las actividades de aprendizaje activas, que involucran a los estudiantes en la exploración, la investigación y la aplicación del conocimiento, son fundamentales para lograr estos objetivos educativos.

5. **Estudio de McKinsey Global Institute (2018):** Este informe destaca la importancia de las habilidades blandas, como la creatividad, la comunicación y el pensamiento crítico, en la economía del futuro. Señala que las habilidades blandas son cada vez más valoradas por los empleadores y son fundamentales para el éxito en el mercado laboral actual y futuro.

Estos estudios y muchos otros proporcionan evidencias sólidas del valor de las metodologías activas en cuanto al grado de eficica y satisfacción que generan para promover un aprendizaje más profundo y duradero, y además también son cruciales para desarrollar las habilidades necesarias para prosperar en el mundo y el mercado laboral actual. Entre otras ventajas queremos destacar las siguientes:

1. **Fomenta la participación y la colaboración:** Las metodologías activas involucran a los participantes en el proceso de aprendizaje o trabajo de manera más directa y participativa. Esto promueve la colaboración, el intercambio de ideas y la resolución conjunta de problemas. En un mundo laboral cada vez más interconectado, la capacidad de trabajar en equipo y colaborar eficazmente es esencial para enfrentar desafíos complejos.

2. **Estimula el pensamiento crítico y la creatividad:** Al involucrar activamente a las personas en el proceso de aprendizaje o trabajo, se les desafía a pensar de manera crítica y a encontrar soluciones creativas a los problemas. Estas habilidades son fundamentales para adaptarse a un mundo en constante cambio y para innovar en un mercado laboral competitivo.

3. **Favorece el desarrollo de habilidades blandas:** Las metodologías activas no solo se centran en la adquisición de conocimientos teóricos, sino que también fomentan el desarrollo de habilidades blandas como la comunicación efectiva, el trabajo en equipo, la empatía y la resolución de conflictos. Estas habilidades son

cada vez más valoradas por los empleadores y son cruciales para construir relaciones interpersonales sólidas y contribuir al desarrollo sostenible en un entorno laboral y social.

4. **Promueve el aprendizaje continuo y la adaptabilidad:** Al adoptar metodologías activas, las personas se vuelven más receptivas al aprendizaje continuo y a la adaptación a nuevos entornos y tecnologías. En un mercado laboral donde la única constante es el cambio, la capacidad de aprender rápidamente y adaptarse es esencial para mantenerse relevante y competitivo.

Sin embargo, también pueden presentar desafíos, como la necesidad de una mayor planificación y organización, así como la adaptación a diferentes estilos de aprendizaje. Es por ello que queremos presentar algunas de las dificultades derivadas de nuestra experienca, nos referimos a:

1. Requieren una mayor preparación y experiencia por parte de los docentes y líderes, ya que es necesario diseñar actividades y recursos que fomenten la participación y el aprendizaje activo.

2. Se generan resistencias por parte de aquellos que están acostumbrados a metodologías más tradicionales, lo que puede dificultar su implementación de manera generalizada.

3. Necesitan de una evaluación continua y formativa para asegurar que se están alcanzando los objetivos de aprendizaje y desarrollo de habilidades que se hayan planteado.

4. Exigen un dedicación y seguimiento sistemático por parte de los facilitadores, para garantizar que todos los participantes estén involucrados y se sientan apoyados en su proceso de aprendizaje.

Atendiendo a estas argumentaciones cabe indicar que las metodologías activas requieren un espacio dentro de los planes docentes universitarios y en la formación a lo largo de la vida de los profesionales. Sea como fuere, se reconoce que, en la formación, el peso de los contenidos es importante pero la gestión de las personas y de los equipos requieren el uso de metodologías activas fundamentas. En el mercado laboral las personas que conforman las organizaciones, gracias al empleo de las metodologías activas el clima de trabajo se beneficia con la mejora del rendimiento en la consecución de los objetivos y la implicación de los miembros de las organizaciones.

4.11. Reflexiones de síntesis

En la actualidad, para enfrentamos a la transformación constante, es necesario hacer uso de la inteligencia colectiva desde una perspectiva colaboración para encaminarnos a la consecución de los metas asentados en la participación dentro de un clima de confianza y de crecimiento. Para eso el trabajo con las personas debería realizarse dentro de los equipos de trabajo con objetivos tanto personales, organizativas, etc conocidos por todos, consensuadas y donde la comunicación vertical es la herramienta clave.

Además, las persons que conforman los grupos deberían ser personas con capacidades diversas y por tanto con roles complementarios encaminados a facilitar el desarrollo individual y colectivo, generador de eficacia y eficiencia. En este contexto, el líder es unos de esos roles donde recaen una mayor evolución a lo largo del tiempo. Y la tipología de liderazgo tiene una correlación directa con el tipo de equipo que se generan y las relaciones que se establecen entre los miembros. Es necesario para desarrollar este nuevo tipo de liderazgo, necesario para hacer frente a los desafíos de nuestros contextos, personas con habilidades personales.

Se destaca la necesidad de analizar a los equipos como entidad viva de la organización compuesta por individualidades todas alineadas en la consecución de los objetivos. Para acompañar esa evolución de los equipos es necesario el uso de técnicas grupales que favorezcan la evolución natural de los equipos y la complementariedad. Esas técnicas no deben utilizarse forma aleatoria o ajustándose a modas, sino que deben responder a unos objetivos claros y definidos de antemano conocidos por los miembros del grupo. Además, previo a su uso, debemos reflexionar sobre cuestiones tales como número de personas que conforma el equipo, relaciones entre los miembros del equipo, objetivo a conseguir con esa técnica, experiencia del equipo en la utilización de las técnicas, etc

El beneficio del empleo de las técnicas es reconocido a nivel empresarial, especialmente en las grandes empresas donde gracias al empleo de esas técnicas favorece la innovación y la obtención de productos o mejores resultados. Aunque dentro de las entidades sociales se ha ido extendiendo el empleo de las técnicas grupales especialmento en proyectos como los desarrollados con colectivos de con dificultades o en situación de vulnerabilidad. Siendo notables los beneficios de tipo actitudinal, especialmente en la motivación y autoestima.

4.12. Transferencia

Actividad: Gestión de equipos de un grupo de trabajo

Diseñar la intervención grupal en un grupo de trabajo a través de un estudio de un caso *especifico mediante el empleo de técnicas grupales.*

Objetivo de la tarea: Diseñar un plan / estrategia de intervención para mejorar un grupo de trabajo. Ten en cuenta lo que se ha aportado en este capítulo y sobre el valor que damos a cuestiones como la tipología de roles, la fase del grupo en el que se encuentan y tomando un rol de liderazgo acorde a tus habilidades personales y al grupo concreto.

Fases a seguir

Análisis y diagnóstico inicial:

Evaluar el estado actual del grupo descrito en el estudio de caso en términos de tipología de grupo, roles existentes, fase o momento en el que se encuentra el grupo, objetivo a conseguir, etc. Identificar las necesidades y desafíos específicos del grupo de trabajo.

Definición de objetivos y metas:

Establecer metas claras y alcanzables para la mejora del rendimiento y clima grupal.

Priorizar áreas de intervención basadas en el análisis inicial del caso.

Diseño de estrategias de intervención:

Desarrollar planes de acción a través del empleo de técnicas de grupales detalladas para abordar las áreas identificadas para la mejora del clima y la consecución de los objetivos marcados.

Implementación:

Ejecutar las estrategias diseñadas, asegurando una buena comunicación y coordinación con el grupo.

Monitorear de cerca la implementación para realizar ajustes según sea necesario.

Evaluación y seguimiento:

Evaluar periódicamente el progreso hacia los objetivos establecidos.

Recolectar datos cuantitativos y cualitativos para medir el impacto de las intervenciones.

Realizar ajustes en las estrategias según los resultados de la evaluación.

Sostenibilidad y escalabilidad:

Identificar prácticas exitosas y desarrollar planes para mantener y expandir esas prácticas en el futuro.

Buscar formas de involucrar a los participantes en el proceso de mejora continua.

Comunicación y difusión:

Compartir los resultados y aprendizajes del proceso de mejora con los miembros del grupo

Fomentar la transparencia y la participación en el proceso de mejora.

Estas fases proporcionan un marco general para abordar la mejora de la gestión del grupo. Sin embargo, es importante adaptar este proceso a las necesidades específicas y el contexto único de cada grupo. No lo olvides.

4.13. Recordatorio Básico a través de preguntas

1. *¿Cómo impacta* la gestión de equipos en su rendimiento?
2. *¿Cuáles son las* grandes diferencias entre grupo y equipo de trabajo?
3. Enumera aspectos que favorecen la evolución de un grupo en equipo
4. Las organizaciones necesitan equipos de trabajo con una serie de metas que afectan a 3 ámbitos. ¿Cuáles son?
5. Señala la repercusión en las personas el reconocimiento de las metas personales
6. Señala la repercusión en las personas el reconocimiento de las metas organizativas
7. Señala la repercusión en las personas el reconocimiento de las metas productivas
8. Indica las distintas clasificaciones existentes de los equipos de trabajo
9. Indica los criterios de clasificaci*ón* de los equipos de trabajo
10. Indica los distintos roles facilitadores y cómo influyen en la dinámica de trabajo de los equipos
11. Comenta roles que obstaculizan la dinámica de trabajo de los equipos
12. Comenta roles del observador y del manipulador
13. El desarrollo de los grupos pasa por una serie de fases. Indícalas.
14. *¿Todos los grup*os evolucionan igual? Razona tu respuesta
15. Enumera al menos 4 mitos sobre la figura del liderazgo
16. Señala al menos 5 cualidades observadas en los líderes.
17. Qué estilos de liderazgo conoces y cuál consideras más beneficioso.
18. Comenta lo que es el empowerment y el coaching.
19. Enumera las diferentes tipologías de las técnicas grupales.
20. Señala 5 condicionantes para el uso de las técnicas grupales.
21. Señalas 5 tipologías de técnicas que hemos señalado.
22. Pon un ejemplo de dinámica grupal de cada tipología
23. ¿Con qué objetivos utilizarías la Coctelera? ¿Y el Metaplan?

Lecturas complementarias, enlaces web y videoteca como complemento y apoyo

ÁLVAREZ-ARREGUI, E. (2007). Mosaicos culturales para la acción directiva: influencia del liderazgo en los centros educativos. *Revista Española de Pedagogía, Bordón 59*(1), 177-214.

DAVENPORT, T. H. y PRUSAK, L. (2001). *How organizations manage what they know*. Harvard Business School Press.

FULLAN, M. (1991). *The Meaning of Educational Change*. Teachers College Press.

HALL, B. (2000). El desarrollo de los valores y las organizaciones que aprenden. En A. VILLA (Coord.), *III Congreso Internacional sobre Dirección de Centros Educativos: Liderazgo y organizaciones que aprenden* (pp. 27-53). ICE de la Universidad de Deusto

SENGE, P. M. (1990). *The Fifth Discipline. The Art and Practice of the Learning Organization*. Dobuleday.

DIBUJO GUIADO

https://www.youtube.com/watch?v=rBeb-Q35X4g

LA TORRE DE VASOS DE PAPEL

https://www.youtube.com/watch?v=fI13j3p0j8M

¿CÓMO HACER UNA LLUVIA DE IDEAS?

https://www.youtube.com/watch?v=obtZtbm45a8

ANÁLISIS DAFO Y CAME

https://www.youtube.com/watch?v=AX0SM7PFjF0

DESIGN THINKING

https://www.youtube.com/watch?v=percRs8VUGo

DINÁMICA CONOCIMIENTO: ADIVINA MI PERFIL

https://www.youtube.com/watch?v=tKE1_ZLiws0

DINÁMICA PRESENTACIÓN - OVILLO

https://www.youtube.com/watch?v=h0P9s1_SZ5o

https://www.youtube.com/watch?v=PTkja6xhinw

TÉCNICAS DE GESTIÓN DE EQUIPOS

https://www.filmijob.com/blog/6-tecnicas-de-gestion-de-equipos-segun-los-mejores-expertos

TÉCNICAS DE DINÁMICA DE GRUPOS

https://www.andaluciaesdigital.es/c/document_library/get_file?uuid=798eb388-3108-4f36-9c65-9cbfa-b82f587&groupId=20195

METODOLOGÍA DE INTERVENCIÓN CON GRUPOS

https://elcasopablo.com/2018/02/21/metodologia-de-intervencion-con-grupos/

DESARROLLO DE EQUIPOS DE TRABAJO Y DIRECCIÓN PARTICIPATIVA

https://servicios.unileon.es/formacion-pdi/files/2013/03/DESARROLLO-DE-EQUIPOS-2014.pdf

MANUAL DE TÉCNICAS Y DINÁMICAS GRUPALES VOLUMEN II

http://www.intranet.cij.gob.mx/Archivos/Pdf/MaterialDidacticoPreventivo/MANUALDETECNICASYDINAMICASGRUPALES.pdf

COMPETENCIA DE TRABAJO EN EQUIPO :DEFINICIÓN Y CATEGORIZACIÓN

https://www.ugr.es/~recfpro/rev153COL8.pdf

TRABAJO EN EQUIPO

http://dgrh.salud.gob.mx/Formatos/MANUAL-DE-TRABAJO-EN-EQUIPO-2012.pdf

Capítulo

6

El papel del/la pedagogo/a para que las organizaciones aprendan. La formación emprendedora

6.1. Introducción

En una sociedad en constante cambio debido al desarrollo científico y tecnológico, surgen diversos enfoques para educar a las actuales y futuras generaciones en competencias genéricas y específicas, creatividad emprendedora, capacidad crítica, inclusión, sostenibilidad y solidaridad humana. Las instituciones educativas enfrentan nuevos desafíos en base a como gestionan los cambios académicos, organizativos, funcionales y el currículum. En nuestro caso (Álvarez-Arregui, 2017, 2018, 2022, 2023) hace años que venimos defendiendo la necesidad de superar las barreras impuestas por los contenidos disciplinares y su gestión centralizada desde las áreas de conocimiento, ya que este planteamiento dificulta, limita, e incluso imposibilita, el desarrollo de modelos organizativos que nos permitan ofrecer respuestas más adecuadas a los ecoentornos en los que vivimos.

El problema es complejo, ya que el cambio en la educación no se limita a la implementación de nuevas fórmulas de planificación y gestión del currículum, derivadas de decisiones políticas recientes. Ahora se requieren procesos de sensibilización, motivación, reestructuración y reculturización que demandan tiempo. El cambio de orientación requiere un liderazgo distribuido y colaboración entre individuos, organizaciones y comunidades de diversas maneras. Es fundamental actuar sobre el conocimiento generado a partir de la investigación, la formación y la experiencia, ya que existe una ecología de saberes provenientes de los ámbitos académico, social, político y empresarial que no siempre se comparten. Por lo tanto, abogamos por el desarrollo de proyectos educativos y de formación transdisciplinares que se articulen en diferentes niveles, con el fin de revitalizarlos conjuntamente a través enfoques edusistémicos corresponsables (Álvarez-Arregui, 2023).

El objetivo de aprendizaje de este capítulo es comprender que las tendencias en las políticas internacionales y europeas fomentan la cultura emprendedora en todos los ámbitos, incluyendo el sistema educativo. Exploraremos los principios de las organizaciones que aprenden y emprenden, con la intención de aplicarlos en organizaciones sociales, laborales y educativas. Esto permitirá mostrar las posibilidades de gestionarlas como entornos de formación que fomentan la competencia de aprender a aprender a lo largo de toda la vida, tanto para personas físicas como jurídicas. Centrándonos en esta argumentación, dirigimos nuestra atención hacia las características y tipologías del emprendedor, con el fin de reflexionar sobre las posturas adoptadas, los errores cometidos y determinar la situación actual y los desafíos del futuro para proponer estrategias y modelos acordes con las demandas emergentes. Además, abordamos la formación en diversas habilidades emprendedoras relacionadas con la gestión del conocimiento, programas, tiempo, espacio, y estrés, ya que consideramos que estas habilidades deben ser conocidas por quienes administran la educación y la formación. Concluimos el capítulo respaldando la figura del pedagogo como un profesional clave para gestionar la formación en organizaciones sociales, laborales y educativas.

La intención última es fomentar el debate y generar propuestas constructivas sobre diversas cuestiones que requieren atención y que ya no pueden ser ignoradas. Por lo tanto, todo aporte que contribuya a la mejora será relevante. Algunas preguntas que pueden orientar tanto la teoría como la práctica incluyen:

- Formación Dual:

¿Cómo integrar la formación dual en pedagogía para mejorar la preparación de futuros profesionales en educación?

¿Cómo colaborar entre centros de formación docente y escuelas para implementar programas de formación dual en pedagogía?

- Emprendimiento:

¿Cómo pueden los futuros educadores desarrollar habilidades emprendedoras para innovar en la educación?

¿Qué iniciativas o recursos podrían ofrecer las instituciones educativas para fomentar el espíritu emprendedor entre los estudiantes de pedagogía?

Competencias:

- ¿Cuáles son las competencias más relevantes para los docentes hoy y cómo podrían desarrollarse durante la formación inicial en pedagogía?
- ¿Cuál es el papel de la formación continua en el desarrollo y actualización de competencias para los profesionales de la educación?

6.2. La cultura emprendedora en nuestro entorno cultural

Los mega constructos de la sociedad actual, como la globalización, la tecnología, la información y el neoliberalismo, están impulsando cambios rápidos en todos los ejes que rigen nuestra vida cotidiana. Esta realidad demanda nuevas competencias y modelos de gestión tanto para responder eficazmente a las necesidades emergentes desde una mirada abierta que nos permita visualizar nuevas oportunidades.

Este constructo ha afectado de manera diferencial a las personas en distintas zonas geográficas. Europa y España enfrentaron desafíos económicos significativos debido a la pandemia de COVID-19. En España, el desempleo alcanzó niveles preocupantes durante la pandemia. Aunque se implementaron medidas de apoyo económico y programas de asistencia, el mercado laboral enfrentó una significativa contracción. La falta de oportunidades laborales y la incertidumbre económica fueron retos importantes para la población española en los últimos años. Las políticas económicas y de empleo adoptadas por los gobiernos europeos y españoles en respuesta a la crisis de la COVID-19 fueron cruciales para mitigar el impacto negativo en la población. Sin embargo, España se mantiene como líder del paro en Europa, con una tasa del 11,6 %. seguida de Grecia, con un 10,4%; Suecia, con un 8,1%. En el caso opuesto, se registró en Malta (2,6%), Polonia (2,9%) y República Checa (3%)

Las políticas implementadas no han generado condiciones óptimas para un crecimiento sostenible, una economía competitiva y una actitud emprendedora. Cuando se analizaron los datos en Europa hace una década ya se constató que poco más de un tercio (37%) de los trabajadores prefiere trabajar por cuenta propia, mientras que, en los EE.UU. y China, lo hacen más del 50%. Esta situación generó alarmas por parte de la Comisión Europea (diciembre 2012). A partir de ahí, se empezaron a impulsar propuestas para incorporar la educación emprendedora en el Currículum en todas las etapas educativas y vivenciar al menos una experiencia en educación empresarial y emprendedora antes de salir de la escuela secundaria.

A este respecto cabe recordar que en un primer momento la Estrategia Europa 2020 fue una iniciativa de la Unión Europea (UE) lanzada en 2010 con el objetivo de promover un crecimiento inteligente, sostenible e inclusivo en la región para la década siguiente. Hace más de una década los cinco objetivos principales se centraron en: Lograr una tasa de empleo del 75%, incrementar la inversión en I+D al 3% del PIB, reducir emisiones de gases, aumentar energías renovables y eficiencia energética, disminuir el abandono escolar por debajo del 10%, aumentar educación terciaria al 40%, y reducir en 20 millones el número de personas en riesgo de pobreza.

La Estrategia Europa 2030 refleja metas más ambiciosas y adaptadas a los nuevos desafíos, como la transición hacia una economía verde y digital, la cohesión social y territorial, y el fortalecimiento del papel de la UE a nivel internacional. En España, el Programa Nacional de Reformas impulsa el crecimiento económico, el empleo y la competitividad, abarcando reformas estructurales, políticas de empleo, educación, innovación, investigación y desarrollo sostenible, presentado anualmente a la Unión Europea para coordinar políticas económicas. Algunos de los temas que se consideran están asociados con:

- Reformas laborales para fomentar la creación de empleo y la flexibilidad en el mercado laboral.
- Medidas para mejorar la educación y la formación profesional, con el objetivo de aumentar la cualificación de la fuerza laboral.
- Iniciativas para promover la innovación, la investigación y el desarrollo tecnológico.
- Reformas orientadas a mejorar el entorno empresarial y facilitar la creación y el crecimiento de empresas.
- Políticas para promover la sostenibilidad medioambiental y la transición hacia una economía más verde.

- Medidas para garantizar la estabilidad financiera y promover el acceso al crédito para empresas y particulares.

En el contexto de la Unión Europea cabe destacar diversas iniciativas y programas destinados a fomentar el emprendimiento y apoyar a los emprendedores en toda Europa. A manera de ejemplo se destacan:

- Programa Horizonte Europa: Este es el principal programa de financiación de la UE para la investigación y la innovación, que incluye numerosas oportunidades de financiamiento para empresas emergentes y proyectos innovadores.

- Fondo Europeo para Inversiones Estratégicas (FEIE): También conocido como Plan de Inversiones para Europa, este fondo tiene como objetivo movilizar inversiones para proyectos que promuevan el crecimiento económico, la creación de empleo y la innovación en toda la Unión Europea.

- Programa Erasmus para Jóvenes Emprendedores: Este programa ofrece oportunidades para que nuevos emprendedores adquieran habilidades empresariales mediante períodos de intercambio y colaboración con empresarios experimentados en otros países europeos.

- Red Europea de Emprendimiento: Esta red proporciona apoyo y recursos a emprendedores en toda Europa a través de una serie de iniciativas y programas, incluyendo acceso a financiamiento, asesoramiento empresarial y oportunidades de networking.

El marco normativo está desplazando la responsabilidad de educar, formar, aprender y emprender hacia las organizaciones sociales, laborales y educativas, afectando a los administradores de la educación y la formación. En cualquier caso, la idea de apoyar el espíritu emprendedor no es nueva de ahí que se haga necesario recordar algunas experiencias pasadas para orientar nuestras acciones. Por ejemplo, Estados Unidos ha sido pionero al incluir cursos sobre iniciativa emprendedora en sus programas de estudio.

El Consorcio para la Educación Empresarial, Columbus, estableció hace una década 403 estándares para promover la educación emprendedora, abarcando habilidades, rasgos personales, toma de decisiones, actitudes positivas para el desarrollo de proyectos, capacidad para asumir riesgos y trabajo en equipo. Universidades como Cornell, Babson College y Stanford en EE. UU., y la Universidad de Victoria en Canadá han estado trabajando en esta dirección durante años.

En Europa, Dinamarca es el país que más se ha preocupado por desarrollar la iniciativa emprendedora en la Educación Superior si bien ya son muchas las iniciativas que se van consolidando en los últimos años. Ejemplo de ello nos lo proporcionaron la Universidad de Twente (Holanda), la Universidad de Cambridge (Reino Unido), la École d'Ingenieurs Generalistes EPF (Francia), la Universidad Johannes Kepler en Linz (Austria), la Universidad de Ciencias Aplicadas en Turku (Finlandia), la Universidad de Ciencia y Tecnología (Noruega), la Universidad de Oporto (Portugal) y la Universidad Técnica de Múnich (Alemania) que adoptó el lema «Universidad emprendedora» (Álvarez-Arregui, 2017).

En España, el interés por el emprendimiento se ha desarrollado con cierto retraso. La Ley Orgánica de Educación (LOE, 2006) marcó un punto de inflexión al empezar a prestar atención al emprendimiento, especialmente en comunidades autónomas como Asturias, Navarra y Castilla-León, que fueron pioneras al incluir la iniciativa emprendedora como asignatura optativa. En los últimos años de la LOGSE y en la LOE, los contenidos relacionados con la cultura emprendedora se incorporaron en la enseñanza de ciclos formativos y de Formación Profesional.

En cuanto a la Educación Superior, la Ley Orgánica de Universidades (2007) introdujo reformas para que los profesores participaran en proyectos empresariales, pero esta oportunidad fue aprovechada solo por unos pocos emprendedores experimentados. Actualmente, la Ley Orgánica de Modificación de la Ley Orgánica de Educación (LOMLOE, 2020) y la Ley Orgánica del Sistema Universitario (LOSU, 2023) vuelven a destacar estas cuestiones, aunque aún no se han implementado ni generalizado en la práctica.

Aunque la LOMLOE introduce cambios en el sistema educativo que tiene implicaciones en la formación del estudiantado y, por ende, en el fomento del espíritu emprendedor. Algunos aspectos relevantes asociados al emprendimiento tienen que ver con:

- *Enfoque en competencias:* La ley prioriza el desarrollo de competencias clave, como el pensamiento crítico, la creatividad, la resolución de problemas y el trabajo en equipo, que son fundamentales para el emprendimiento.

- *Formación integral:* La LOMLOE promueve una educación integral que incluye aspectos académicos, sociales y emocionales, lo que puede contribuir al desarrollo de habilidades necesarias para emprender con éxito.

- *Flexibilidad curricular:* La ley otorga mayor flexibilidad a los centros educativos para adaptar el currículo a las necesidades e intereses de los estudiantes, lo que podría permitir la inclusión de contenidos relacionados con el emprendimiento y la innovación.

- *Orientación profesional:* La LOMLOE establece la necesidad de reforzar la orientación profesional y el asesoramiento académico, lo que podría ayudar a los estudiantes a explorar opciones relacionadas con el emprendimiento como una carrera o una opción laboral.

En España, las políticas universitarias están siendo diseñadas con el objetivo de fomentar la cultura emprendedora entre estudiantado, investigadores y el personal universitario, además de apoyar el desarrollo y la creación de nuevas empresas y proyectos empresariales. Entre las diferentes iniciativas y programas que se están desarrollando de manera más generalizada cabe destacar:

- *Creación de centros y unidades de emprendimiento:* Muchas universidades españolas han establecido centros o unidades especializadas en emprendimiento e innovación. Estos centros ofrecen servicios como asesoramiento, formación, espacios de coworking e incubadoras de empresas para apoyar a los emprendedores en todas las etapas de desarrollo de sus proyectos.

- *Cursos y programas de formación en emprendimiento:* Las universidades ofrecen una amplia gama de cursos y programas de formación en emprendimiento, que van desde asignaturas optativas hasta programas de grado y posgrado especializados en gestión empresarial y creación de empresas.

- *Eventos y competiciones de emprendimiento:* Se organizan eventos, conferencias, ferias y competiciones de startups en los campus universitarios para fomentar la creatividad, el intercambio de ideas y la colaboración entre emprendedores, inversores y expertos en el ámbito empresarial.

- *Programas de mentoría y asesoramiento:* Las universidades proporcionan programas de mentoría y asesoramiento personalizado a emprendedores, conectándolos con empresarios exitosos, inversores y profesionales del sector que puedan ofrecer orientación y apoyo en el desarrollo de sus proyectos.

- *Acceso a financiamiento:* Se facilita el acceso a financiamiento para proyectos empresariales a través de fondos de capital semilla, subvenciones, concursos de financiación y colaboraciones con entidades financieras y organismos gubernamentales.

- *Colaboración con el sector empresarial:* Las universidades promueven la colaboración y la transferencia de conocimiento con empresas y organismos del sector privado, facilitando la creación de sinergias y oportunidades de colaboración entre la academia y el mundo empresarial.

La panorámica presentada indica que son muchas y variadas las iniciativas desplegadas para promocionar la Educación Emprendedora con la intención de paliar muchas dificultades que se han detectado y que siguen emergiendo, véase a manera de recordatoria algunas cuestiones que ya se habían apuntado hace más de una década y que no se han resuelto de manera satisfactoria, a saber (Álvarez-Arregui, 2017):

- la mayor parte de los países europeos incluyen el espíritu emprendedor en los planes de estudio nacionales de educación profesional

- los programas difieren enormemente en intensidad, extensión y profundidad lo que genera muchos vacíos curriculares

- la participación del alumnado es limitada

- los métodos de enseñanza-aprendizaje no son eficaces
- no hay una proyección práctica del espíritu empresarial
- los profesores no siempre tienen las competencias necesarias para desarrollar metodologías acordes con los objetivos a conseguir
- el espíritu emprendedor está vinculado a materias de formación o profesiones concretas
- el empresariado no se involucra como sería deseable; y
- las organizaciones académicas, políticas, sociales y empresariales desarrollan alianzas que no se traducen en la práctica como esperan sus promotores o la ciudadanía.

Atendiendo a estos indicadores podría ser interesante conocer algunas de las estrategias que están desarrollando algunas compañías, instituciones y equipos profesionales que les están dando buenos resultados. De ahí, que presentemos algunas de las peculiaridades de lo que se denominan organizaciones que aprenden, emprenden y evolucionan.

6.3. Las organizaciones emprendedoras

Una organización o institución emprendedora es aquella que posee una mentalidad y cultura orientadas hacia la innovación, la creatividad y la búsqueda constante de oportunidades que genera valor al resolver problemas. Este tipo de entidades suelen caracterizarse por su capacidad para adaptarse rápidamente a los cambios del entorno, asumir riesgos calculados y fomentar un ambiente de colaboración y experimentación. Además, pueden estar tanto en el sector privado como en el público, pero también en la Economía Social y en asociaciones, fundaciones y organizaciones no gubernamentales sin fines de lucro. Lo fundamental es que promuevan la iniciativa, la motivación, la colaboración, la visión a largo plazo y la disposición para enfrentar desafíos con una mentalidad proactiva y ágil (Álvarez-Arregui y Rodríguez-Fernández, 2023).

En las organizaciones que aprenden y emprenden la gobernanza cobra un mayor protagonismo por lo que en este escenario los rectores, los decanos, los directivos, los responsables de los departamentos de recursos humanos... tienen unas funciones definidas en el marco legislativo y una capacidad de influencia que queda determinada por la utilización de los recursos (dinero, información, materiales, espacios, tiempos...); su posición en los organigramas; su carisma (rasgos físicos, relacionales o comunicativos); los valores que transmiten (credibilidad, que dicen y hacen); su capacitación (trayectoria en gestión, docencia e investigación); la ocasión de intervenir (sobre la base de los respaldos obtenidos en su acceso a los cargos); los factores asociados al liderazgo educativo transformacional delegado (consideración individual, estimulación intelectual, delegación de liderazgo, proyección institucional y orientación comunitaria) y la ética (mejorar la calidad de vida de las personas implicadas) (Álvarez-Arregui, 2017).

El aprendizaje es esencial en estas organizaciones y debe estar sólidamente integrado en su estructura y funcionamiento. Es crucial determinar si este aprendizaje es de bucle único o doble. En el primero, se ofrecen soluciones individuales ante desviaciones sin analizar las causas subyacentes. En el segundo, se investigan los valores fundamentales que guían las acciones individuales u organizativas, lo que permite prever errores futuros y adaptarse a nuevas condiciones operativas. Este proceso de aprendizaje desafía el sistema de toma de decisiones y se ajusta a las circunstancias cambiantes, lo que facilita la detección y corrección de errores, modificando las normas, objetivos y prácticas existentes para mejorar la adquisición de conocimientos en la organización. (Argyris y Schön, 1978).

Estos recursos deben aprovecharse para establecer unas prioridades para aglutinar esfuerzos en torno a metas, orientadas por valores donde se procure la satisfacción y el crecimiento personal, académico y profesional de las personas que integran la comunidad educativa. La evaluación del impacto deberá asociarse con el conocimiento organizativo que se genere y éste será válido si se redistribuye en la organización y se orienta hacia la mejora de las disfunciones detectadas, al fortalecimiento de sus puntos fuertes y al apoyo de nuevas iniciativas. Adoptar esta actitud generará confianza en las personas y en los procesos lo que favorecerá la comunicación, la extensión del liderazgo y la construcción de una visión conjunta que irá asentando una cultura organizativa institucional favorable al aprendizaje continuado, el cambio y la mejora.

La adopción de esta perspectiva abre la posibilidad de gestionar el cambio desde un proceso de aprendizaje continuo con la participación de los implicados de forma que la acción cultural de los promotores del cambio se oriente hacia la integración de las diferentes subculturas para que no se produzcan quiebras irrecuperables entre ellas, generando enfrentamientos en vez de colaboración (ob. cit.).

En la promoción del cambio en las organizaciones resultan oportunas las aportaciones de Senge (1994) cuando nos indica que *el verdadero compromiso con los proyectos que se promueven suele ser raro* y cuando los promotores pretenden que los trabajadores participen de la visión desarrollando un liderazgo transaccional donde lo que se hace es "vender" la visión.

Este autor nos recuerda que hay personas que asumen un *alistamiento acrítico* desde el que se respalda la visión, pero no se sienten copartícipes de la misma. Es por ello que se aboga por un *acatamiento genuino de la visión*, un posicionamiento que se ha asociado con el compromiso y la colaboración, pero a este respecto deben hacerse algunas matizaciones ya que el primero va más allá en cuanto a las energías y el esfuerzo que se está dispuesto a comprometer por los agentes implicados.

Ante la *desobediencia y la apatía* habrá que escuchar las razones o ilusionar, pero habrá que actuar reflexionando sobre las razones aducidas y ser conscientes de que lo mejor es hablar con claridad, evitar la hipocresía o generar falsas expectativas porque de no hacerlo a la larga se generan enfrentamientos, chantajes encubiertos y conflictos abiertos. Ante posiciones radicales excluyentes este autor nos indica que poco se puede hacer.

Promover el cambio cultural en las organizaciones es complejo, especialmente desde una perspectiva emprendedora, pero existen iniciativas exitosas tanto dentro como fuera de nuestras fronteras que demuestran su viabilidad. En este contexto, nos enfocamos en un ecosistema suizo líder en innovación y transferencia de conocimiento, donde el espíritu emprendedor está integrado en todas sus actividades.

Este ecosistema, compuesto por entidades públicas y privadas, cuenta con una vasta experiencia en el desarrollo de proyectos industriales y de formación para empresas, universidades e institutos politécnicos en Suiza y a nivel internacional. Ha acumulado experiencia en innovación y tecnología en diversos sectores como aeroespacial, automotriz, medioambiental, electrónica y atención sanitaria, entre otros. El enfoque que adopta esta Plataforma de Aceleración de la Innovación se sustenta en tres pilares: tecnología, gestión empresarial y finanzas. Además, la organización cuenta con redes de asociaciones tecnológicas estratégicas, que incluyen laboratorios universitarios y centros de investigación de renombre internacional, así como empresas de soporte.

El modelo organizativo permite y apoya la independencia y eficiencia en los procesos de toma de decisiones, optimiza los impuestos, evita conflictos de intereses, diferencia riesgos, esquematiza las remuneraciones, tienen en cuenta las infraestructuras disponibles y valora las necesidades de inversión, entre otras cuestiones.

La organización se compone al mismo tiempo (un eje) de especialistas y en particular de generalistas capaces de integrar un gran número de variables (con gran capacidad de predicción), pero también (otro eje) de investigadores y empresarios capaces de gestionar redes y espacios de colaboración con el entorno académico a través de centros tecnológicos asociados y con los centros educativos donde estarían las universidades en sus respectivos campos de actividades.

La organización mantiene una constante interacción con el mercado laboral a través de empresas clientes y una red de asociadas que abarcan desde la producción hasta la comercialización, facilitando el desarrollo de nuevas empresas y emprendedores. Los proyectos se desarrollan de manera multidisciplinar con una coordinación continua y apoyos financieros y legales para resolver cualquier dificultad. La estrategia se basa en la integración sinérgica de las culturas académicas y empresariales, requiriendo una sólida formación para los gerentes en Tecnología, Gestión Empresarial y Finanzas. La capacitación incluye doble o triple titulación, doctorados y Maestrías en Administración de Negocios o Gestión de Tecnología, así como cursos específicos según las necesidades (Negociación, Marketing, Estrategia, Finanzas, etc.).

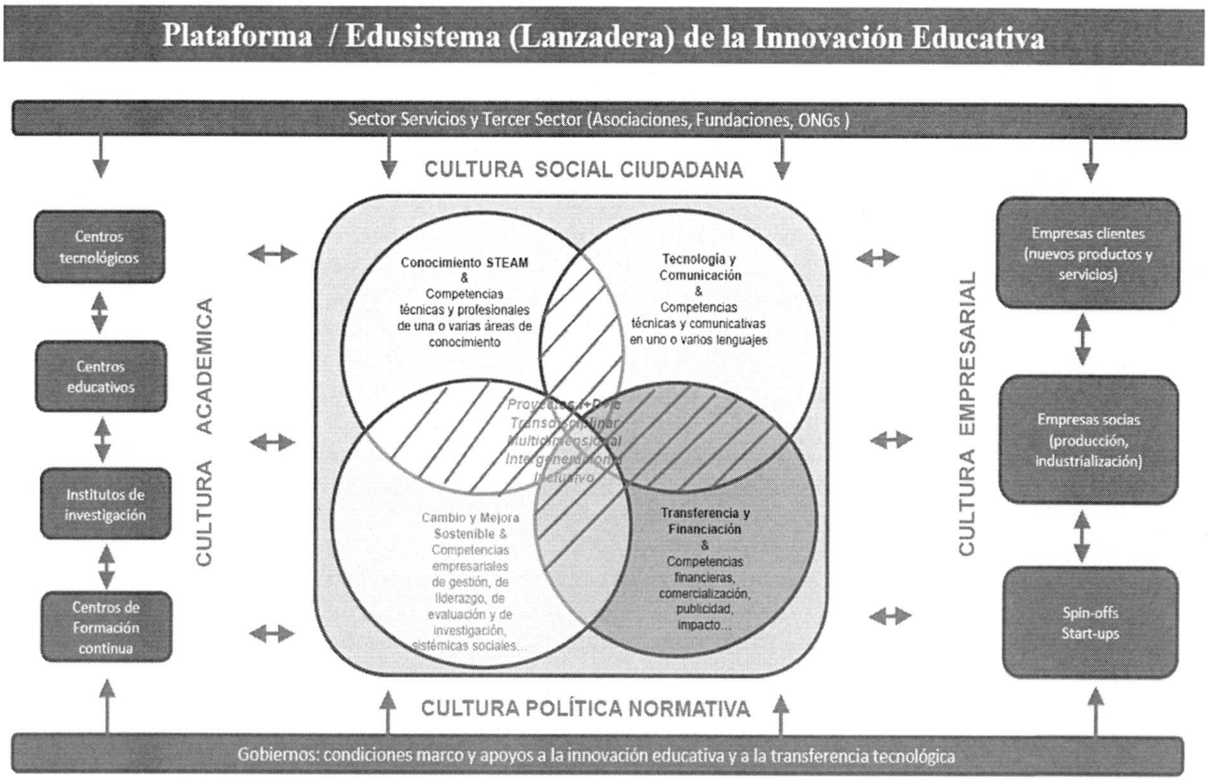

Figura 6.1. Sistema organizativo básico de un centro líder en el ámbito internacional

En este contexto se promueve una cultura emprendedora que fomenta la creatividad y la eficacia, gestionando apoyos para correr riesgos e innovar, aceptando errores como parte del aprendizaje y conformando equipos eficaces mediante el trabajo transdisciplinar, objetivos claros y comunicación efectiva. Se enfatiza la importancia de la flexibilidad, adaptación y autonomía para asegurar la implementación exitosa de los proyectos, apoyando la comunicación, cooperación y coordinación en todos los niveles.

Si nos trasladamos a la Comunidad Autónoma de Asturias nos encontramos con una iniciativa relevante en la promoción de la cultura emprendedora y que está llevando a cabo la Ciudad Tecnológica de Valnalón. Esta entidad aborda la educación emprendedora desde Educación Primaria hasta la Universidad, extendiendo sus programas a varias regiones españolas, europeas y países extracomunitarios. Coincidimos con esta institución en cuanto al enfoque que adopta sobre la educación emprendedora ya que la entiende como un cambio cultural que fomenta el desarrollo de habilidades como la creatividad, la asunción de riesgos, el liderazgo, la motivación, la comunicación, la negociación, la toma de decisiones y la planificación. Destacamos la importancia de comenzar este trabajo en la escuela, ya que es fundamental ayudar a los estudiantes a desarrollar estas capacidades desde las primeras etapas educativas y consolidarlas en la educación secundaria, para luego aplicarlas en la Formación Profesional o la Universidad.

Esta entidad está desarrollando actualmente diferentes proyectos que consideramos de interés por lo que las enumeraremos brevemente, a saber:

- ***AÑA*** – Añerando - ***Educación infantil.*** Promueve el desarrollo de competencias emprendedoras utilizando como hilo conductor el proceso de creación de una tribu en el aula, cuya misión es explorar y conocer su contexto más cercano. En este proceso el alumnado descubrirá sus capacidades, explorará sus emociones y conocerá su entorno.

- ***ILA – La igualdad lleva A - Educación Primaria (3º y 4º).*** Desarrolla competencias emprendedoras al servicio del empoderamiento y la igualdad. El alumnado parte de una reflexión de un entorno desde la perspectiva de la coeducación; a continuación, aprenden a identificar situaciones y conductas sexistas; y finalizan trabajando por lograr un centro educativo justo, igualitario y equitativo. El producto final es la organización del día internacional de la mujer en su centro educativo.

- ***EME- Emprender en mi escuela. Educación Primaria (5º y 6º).*** Desarrolla de manera transversal la adquisición de todas las competencias clave. El alumnado constituye y gestiona una cooperativa en el aula durante el curso escolar. Realiza distintas actividades para fabricar productos artesanales, que venden una vez al año en un mercado de su localidad.

- ***JES - Jóvenes Emprendedores Sociales. Educación secundaria (1º y 4º).*** Favorece la adquisición de competencias emprendedoras mediante una experiencia de participación social a partir de la creación de una asociación en el aula, con el objetivo de, realizar una intervención en su entorno cercano (JES Local) o en colaboración con un grupo socio de un país del Sur (JES cooperación al desarrollo).

- ***PETIT - Proyecto educativo de tecnología, innovación y trabajo - Educación secundaria.*** Promueve la innovación tecnológica, la creatividad y el espíritu emprendedor entre el alumnado. Durante el curso escolar, forman equipos de innovación que diseñan, crean y desarrollan proyectos o prototipos de carácter innovador, para mejorar la calidad de vida de las personas.

- ***DESAFÍO – AE - Educación Secundaria (3º).*** Su objetivo es que el alumnado adquiera competencias emprendedoras que le permita afrontar futuros retos personales y profesionales. Trabaja de manera conjunta y coordinada, se enfrenta al reto de idear, planificar y poner en marcha una actividad que ellos mismos deciden y que debe ser desarrollada en su centro o entorno.

- ***EJE - Empresa Joven Europea - Educación Secundaria (4º).*** Facilita la adquisición de todas las competencias clave. El alumnado crea y gestiona una sociedad cooperativa que establecerá relaciones comerciales con otras cooperativas con el objetivo de «importar» y «exportar» productos entre sí. Los productos importados serán comercializados en el mercado local.

- ***EIE – Empresa e Iniciativa Emprendedora - Formación Profesional.*** Favorece la adquisición de competencias emprendedoras. Su eje central es el estudio y la elaboración, por un equipo de alumnos/as, de un proyecto empresarial de una PYME de un sector de actividad relacionado con la familia profesional del ciclo formativo del alumnado

- ***TMP - Taller para emprender - Bachillerato (1º) y Formación Profesional.*** Desarrolla en el alumnado competencias emprendedoras a través de una charla de motivación de cultura emprendedora y un curso donde el alumnado asumirá el reto de desarrollar una iniciativa que responda a las necesidades de una entidad (empresa, ONG, asociación…).

- ***EMC- Una empresa en mi centro - Educación Especial (CEE y CAI).*** Favorece en el alumnado y usuarios/as la adquisición de competencias clave, autonomía personal y orientación pre-laboral, a través del desarrollo de actividades para la creación y gestión de una sociedad cooperativa que produce y comercializa productos artesanales.

En este entorno geográfico hay otras iniciativas promueven la cultura emprendedora, con la participación de Ayuntamientos, Cámaras de Comercio, Asociaciones de Jóvenes Empresarios, Asociación Empresa Mujer y la Universidad de Oviedo. Estos planes para emprendedores respaldan la creación y consolidación de nuevas empresas durante sus primeros años, con un enfoque especial en la Economía Social. Un actor clave en este panorama es la organización representativa de las empresas de Economía Social asturiana (ASATA), que ofrece servicios para cubrir las necesidades de sociedades laborales, cooperativas y otras empresas basadas en los principios de la Ley de Economía Social. ASATA fomenta la Economía Social como una forma rentable y competitiva de hacer empresa, contribuyendo al empleo estable y sostenible, la innovación y el desarrollo sostenible. ASATA también está presente a nivel nacional a través de la Confederación Española de Cooperativas de Trabajo Asociado (COCETA) y la Federación Empresarial de Sociedades Laborales y Empresas Participadas de España (LABORPAR). Estas instituciones ofrecen programas de formación que abarcan aspectos básicos de emprendimiento, generación de ideas, apoyo a la creación de empresas, tramitación de negocios, infraestructura tecnológica, coworking y networking, entre otros servicios.

Cabe destacar dos iniciativas:

(1) *La iniciativa denominada "El Rombo",* concebida como un centro de emprendimiento y Economía Social para la comarca Oscos-Eo, respaldado por el Ministerio para la Transición Ecológica y el Reto Demográfico,

este proyecto busca ser un dinamizador socioeconómico que promueva la sostenibilidad cultural, medioambiental y la participación. Sus objetivos incluyen el desarrollo de foros de participación, el fomento del bienestar social, la promoción del emprendimiento y la innovación social, entre otros aspectos. Este proyecto se dirige a toda la población de la comarca, especialmente a aquellos dispuestos a apostar por el desarrollo sostenible del territorio. Su enfoque incluye la promoción del cooperativismo y la economía social, el apoyo a emprendedores e innovadores, así como la atención a colectivos vulnerables o en riesgo de exclusión social. Esta iniciativa busca contribuir al asentamiento en la comarca y combatir la despoblación y la "fuga de cerebros".

(2) *El proyecto "Currículo, orientación educativa y desarrollo profesional: DESPERTANDO VOCACIONES científico tecnológicas y artísticas"* tiene como objetivo principal generar ecosistemas de aprendizaje sostenibles, emprendedores, flexibles y multidisciplinares en los ámbitos socioeducativo y laboral para promover y fomentar la cultura de la ciencia, tecnología y la innovación en la sociedad asturiana. Los objetivos generales son los siguientes:

- Desarrollar y gestionar ecosistemas de aprendizaje creativos, emprendedores y sostenibles entre los ámbitos académicos, políticos, sociales y empresariales.
- Fomentar la cultura de la colaboración entre el sector público y privado dentro y fuera de nuestra comunidad autónoma.
- Alinear con la Estrategia de Especialización S3 de Asturias para desarrollar competencias STEAM en la ciudadanía con perspectiva de género.

Para lograr sus propósitos, las instituciones educativas participan en desafíos relacionados con el concepto de (STEAM)*e (Educación Global y Emprendedora en las disciplinas clave para el futuro, como Ciencia, Tecnología, Ingeniería, Arte y Matemáticas) en sectores como la Energía y la Economía Circular. Este enfoque, conocido como STEM, se ha ampliado para incluir las artes, la innovación y la creatividad, acuñado en el 2010 por la Rhode Island Schools of Design, de Estados Unidos. Se ha optado por la acepción que incluye las artes para enfatizar la importancia de la creatividad en el desarrollo de la curiosidad, la innovación y la búsqueda de soluciones diversas. Además, se ha incorporado el término Emprendimiento "(STEAM).e" para otorgar al enfoque multidisciplinario una visión más integral y con más opciones de desarrollo.

6.4. Las personas emprendedoras

El enfoque de las organizaciones que aprenden y emprenden destaca la necesidad de responder de manera singular a los profundos cambios que ocurren en una sociedad donde las relaciones laborales evolucionan constantemente. Las formas tradicionales de trabajo, los modelos de formación para el empleo y las estrategias de búsqueda de trabajo ya no son adecuados ante la presión del desempleo y otros desafíos en muchos países, lo que requiere la incorporación de personas creativas, innovadoras y emprendedoras al mercado laboral.

En España, se han adoptado diversas iniciativas para promover la noción del espíritu emprendedor en el sistema educativo, desde la Ley de Ordenación General del Sistema Educativo (LOGSE) hasta la Ley Orgánica de Mejora de la Ley Orgánica de Educación (LOMLOE). El espíritu emprendedor se define como una mentalidad acompañada de actitudes y habilidades que llevan a las personas a identificar oportunidades, crear valor y asumir riesgos para lograr sus objetivos.

Algunas características asociadas al espíritu emprendedor incluyen la creatividad, la visión, la toma de decisiones, la iniciativa, la resiliencia, la adaptabilidad, la pasión y el compromiso, y la capacidad para establecer redes de trabajo. Aunque no todas las personas emprendedoras poseen las mismas cualidades, comparten una combinación de estas que las impulsa a buscar oportunidades y crear valor en su entorno. Por tanto, es esencial fomentar la formación emprendedora en todas las etapas del sistema educativo, así como en ámbitos familiares y educativos no formales (Álvarez-Arregui, 2017).

La educación desde edades tempranas puede contribuir a crear una población más emprendedora, capaz de transformar desafíos en oportunidades y ver soluciones en cada problema, promoviendo así un enfoque creativo e innovador en la sociedad. Hace ya tiempo que se señalaban como valores indispensables del espíritu emprendedor los siguientes (Ministerio de Economía, 2003):

PERSONALES

- Creatividad.
- Generar espacios y tiempos para imaginar ideas y proyectos nuevos.
- Proponer soluciones originales.
- Saber analizar e investigar.
- Autonomía.
- Funcionar sin necesidad de una supervisión inmediata.
- Elegir.
- Tomar iniciativas y decisiones.
- Confianza en uno mismo
- Percibirse de forma positiva.
- Apostar por las propias aptitudes y capacidades.
- Confiar en los propios recursos y posibilidades.
- Tenacidad.
- Dar prueba de constancia y tesón en aquello que se emprende.
- Inscribir las propias acciones en la idea de perseverancia y de llegada a término.
- Sentido de la responsabilidad
- Tendencia a cumplir las obligaciones contraídas consigo mismo y con el grupo.
- Capacidad para asumir riesgo
- Predisposición a actuar con decisión ante situaciones que requieren cierto arrojo por la dificultad que entrañan.

SOCIALES

- Liderazgo.
- Implicar a los demás en la realización de proyectos.
- Influir en los otros y contar con sus cualidades personales, conocimientos y habilidades.
- Espíritu de equipo.
- Capacidad para trabajar en estrecha colaboración con otros, compartiendo objetivos y métodos de actuación.
- Solidaridad.
- Aceptar y sentirse responsable de las elecciones del grupo u organización.

Tabla 6.1. Características de la persona emprendedora desde diferentes perspectivas. (A partir de Grossi Sampedro, 2013, pág. 99)

Factores	Objetos de Estudio	Variables a Considerar
Personales Formación y Educación	• Rasgos Personales • Actitud hacia emprender • Motivación hacia emprender	• Propensión a asumir riesgos • Voluntad a influir o "control interno" • Visión innovadora: intuición, proactividad, creatividad y orientación a las oportunidades. • Motivación/Independencia/ • Superación/Relevancia Social o Económica • Capacidad de Gestión
Sociológicos	• Rasgos Socio-Demográficos • Propensión al emprendimiento	• Raza • Género • Migración • Modelo Social y familiar • Nivel de educación • Experiencia laboral • Entorno geográfico
Contextuales	• Condiciones de creación de empresa • Apoyo al emprendimiento	• Marco regulatorio • Acceso a la financiación • Condiciones de Mercado • Estabilidad presupuestaria • Mercado Laboral • Políticas de empleo • Nivel de I+D

Europa ha promovido numerosas iniciativas para fomentar el espíritu emprendedor, como la resolución del Parlamento Europeo del 21 de noviembre de 2013 (2013/2532-RSP), que destaca la importancia de las aptitudes empresariales para el aprendizaje permanente y el crecimiento económico. La resolución insta a los Estados miembros a promover el emprendimiento entre los jóvenes y a incentivar a los empleadores a ofrecer formación y oportunidades laborales a personas con baja cualificación. La norma enfatiza la inclusión de la educación y formación en emprendimiento como competencias clave en los programas nacionales, así como el apoyo a las empresas, especialmente las más pequeñas, a través de programas de asesoramiento y mentoría. Se alienta a adoptar estrategias educativas a nivel nacional, regional y local, con un enfoque práctico e interactivo, y se destaca la importancia de la educación y formación profesional para mejorar la empleabilidad y la movilidad laboral en toda Europa.

Atendiendo a este planteamiento se respalda el concepto de comunidad de conocimiento e innovación (CCI) que, con su especial atención al emprendimiento a través de la integración de los componentes del triángulo del conocimiento (formado por la investigación, la educación superior y la innovación), constituye un destacado motor de innovación en que se refiere a los principales retos de la sociedad y, por tanto, un instrumento importante para la generación de crecimiento y empleo en Europa; se subraya que las CCI deben englobar el emprendimiento en su estructura y en su enfoque de la investigación, la innovación y la formación y se hace hincapié en que las CCI deben compartir las mejores prácticas en lo que se refiere a los conceptos y tecnologías innovadoras en materia de educación y formación; recomienda, además, que se realice una evaluación a largo plazo acerca de la creación de una CCI dedicada a la mejora de dichos conceptos innovadores de educación y formación, con una especial atención a la educación en materia de emprendimiento.

La Estrategia España Nación Emprendedora, desplegada en febrero de 2021, consiste en un conjunto de 50 medidas que abordan diversos aspectos del emprendimiento innovador en España. Su objetivo principal es hacer que el emprendimiento sea transversal y contribuya a generar empleo de calidad en la economía española. Las medidas se centran en: acelerar el crecimiento de las inversiones en emprendimiento innovador, atraer y retener talento, promover la escalabilidad y fomentar un sector público emprendedor.

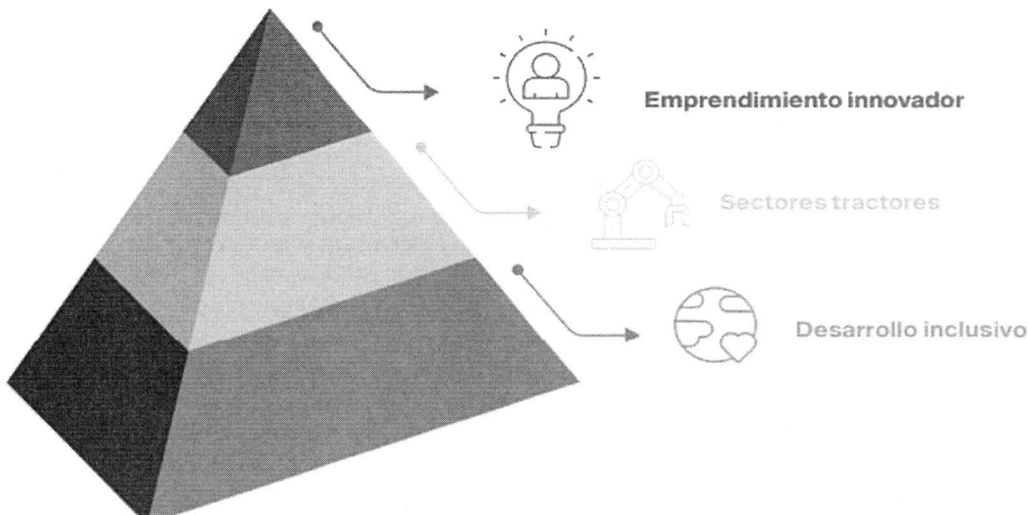

Figura 6.2. Visión de la Estrategia España Nación Emprendedora (Resumen ejecutivo, 2020: 7).

La Estrategia también busca reducir las brechas de género, territoriales, socioeconómicas y generacionales, garantizando un desarrollo inclusivo. En el caso de España, la idea es convertir a este país en un lugar donde el emprendimiento innovador impulse un nuevo modelo económico, generando empleo de calidad y aumentando la productividad en diversos sectores. El modelo que se plantea es el siguiente (ver figura). En la cumbre de la pirámide se sitúa el emprendimiento innovador. El objetivo es que tenga la mayor potencia posible para que sea capaz de permear sus características al resto de sectores productivos generando círculos virtuosos con los grandes sectores tractores industriales.

Para favorecer el crecimiento de la cumbre de la pirámide, se plantean cuatro metas asociadas con la inversión, el talento, la escalabilidad y el sector público. Por otro lado, el emprendimiento innovador debe crear círculos virtuosos con los sectores tractores de nuestro país (empresas líderes de la economía española), deben servirse de esa innovación para incrementar su productividad, convertirse en empresas más competitivas y, por lo tanto, con la capacidad de generar más y mejores puestos de trabajo a la vez que se da respuesta a los retos y desafíos globales y se abren oportunidades de desarrollo de nuevos mercados, empresas y personas.

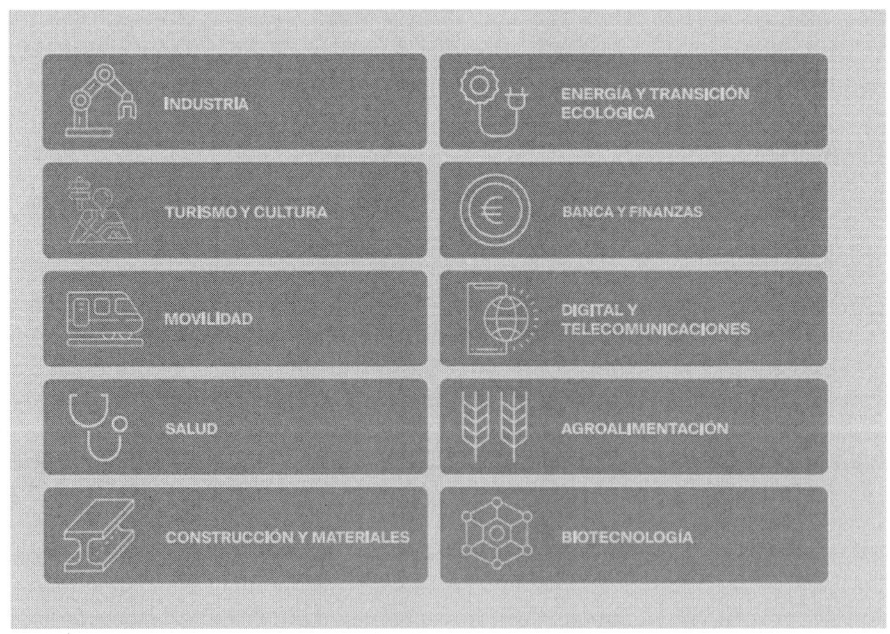

Figura 6.3. Sectores tractores del emprendimiento (Resumen ejecutivo, 2020: 8).

La base de la pirámide representa las políticas de inclusión, para cerrar aquellas brechas que este tipo de transiciones generan y que no pueden cerrarse por sí solas. El objetivo de es la búsqueda del desarrollo sostenible y garantizar la reducción de brechas (género, socioeconómico, territorial y generacional) de una manera transversal. En este escenario se plantean 9 medidas prioritarias que se asocian con:

I. ***Marca para España como Nación Emprendedora.*** Crear una marca país que ampare todas las iniciativas relacionadas con el emprendimiento innovador, genere sentimiento de pertenencia en el conjunto de la sociedad y posicione España a nivel internacional como nación atractiva para vivir, emprender e invertir.

II. ***Creación de la Oficina Nacional de Emprendimiento (ONE).*** Organismo encargado de ordenar y coordinar los servicios de apoyo al emprendimiento en colaboración con todos los órganos del Estado y agentes públicos y privados del ecosistema.

III. ***Ley de Fomento del Ecosistema de las Empresas Emergentes.*** Establecer un entorno normativo favorable a la creación, crecimiento y consolidación del emprendimiento innovador en España.

IV. ***RENACE.*** Red Nacional de Centros de Emprendimiento. Crear una red a partir de incubadoras, aceleradoras y venture builders, de carácter público, privado y mixto, en la que se favorezca el emprendimiento y la innovación en todo el territorio nacional para cerrar la brecha territorial y multiplicar la capacidad productiva del país.

V. ***Scaleup Spain:*** apoyo a la escalabilidad. Las empresas españolas deben conseguir aumentar su tamaño y consolidar su desarrollo en el mercado nacional e internacional. Para alcanzar este objetivo se propone crear 'Scaleup Spain: apoyo a la escalabilidad', un programa anual para empresas cuyo alto potencial de crecimiento se pueda traducir en un impacto positivo en la economía y la sociedad, y potenciar las iniciativas de apoyo a la internacionalización de proyectos emprendedores innovadores, aportándoles inteligencia de mercado e industria y facilitándoles el acceso a expertos sectoriales en el país de internacionalización.

VI. ***Programa internacional de atracción de talento de las mujeres.*** En la competición global por atraer talento, especialmente de perfiles técnicos, se puede lograr una diferenciación clave al centrar los esfuerzos de atracción en el talento de las mujeres. Para alcanzar este objetivo se propone: crear un programa internacional de atracción de talento que posicione España como país referente para mujeres profesionales; crear un programa dirigido a la repatriación de talento español a nuestro país; y crear una campaña para evitar la fuga de talento de España a otros países.

VII. ***Programa de visados.*** Se mejorará el programa de acceso a visados de trabajo para profesionales extranjeros que cumplan determinados requisitos. Este programa estará dirigido a emprendedores que quieran fundar o trasladar su empresa a España, inversores en empresas nuevas o por crear, y profesionales que vayan a ser contratados por empresas innovadoras españolas o que ya sean empleados de estas, pero que necesiten un visado para continuar trabajando.

VIII. ***Programa Bandera.*** El programa Bandera consistirá en la institucionalización de la creación, desarrollo y atracción a España de eventos internacionales centrados en las empresas innovadoras. El objetivo del programa será posicionar España a nivel global, generar puntos de encuentro y desarrollo de negocio, y promover y ser parte activa de los debates sociales, políticos y económicos que preocupan en los ecosistemas de emprendimiento más avanzados.

IX. ***Compra pública como motor de innovación.*** La Compra Pública de Innovación (CPI) es un mecanismo eficaz para fomentar la I + D + i empresarial, impulsar la innovación en el sector público y mejorar sus servicios, y reforzar la comercialización de la innovación empleando al cliente público como cliente de referencia.

Atendiendo a este contexto europeo y nacional cabe plantear al espíritu emprendedor como un principio más de calidad que debe ofrecer el sistema educativo al estudiantado lo que demanda la apertura de los sistemas de educación y formación al mundo exterior, y exige reforzar lazos con la vida laboral, con la investigación y con la sociedad en general. El espíritu emprendedor se orientará a convertir ideas en actos, incluye creatividad, innovación y asunción de riesgos, así como la habilidad para planificar y gestionar proyectos destinados a lograr objetivos. Es un apoyo en la vida cotidiana, hace que el empleado sea más consciente del contexto laboral y más capaz de aprovechar sus oportunidades, es la base sobre la que los empresarios pueden establecer una actividad social, educativa o comercial. Se trata de un proceso de aprendizaje permanente que se puede fomentar desde los sistemas educativos formales e informales. Por tanto, los docentes deben potenciar a los estudiantes la capacidad de descubrimiento, "entrenarles" a buscar soluciones y a elegir su propio camino. En la práctica con frecuencia, en los programas existentes en materia de empresa e iniciativa emprendedora sólo se considera el aspecto relativo a la creación de empresas, con lo que los currículos quedan muy limitados y se orientan disciplinariamente (Álvarez-Arregui, 2017).

La actitud que mantengamos respecto a la educación emprendedora será determinante en su impacto en el crecimiento económico, en el desarrollo de las organizaciones y en el crecimiento de las personas. Tal como señala la Dirección General de Industria y de la Pequeña y Mediana Empresa (DGPYME, 2022), es necesario coordinar el esfuerzo de las diferentes Administraciones involucradas; éstas deben, además, mejorar su articulación y la comunicación con reuniones periódicas y/o publicaciones especializadas; es necesario, también, dedicar un mayor esfuerzo a motivar, formar y premiar a los profesores y a los centros educativos, puesto que de la voluntad del claustro depende la concreción del currículo y la inclusión de contenidos en el proyecto educativo del centro.

Como reflexión sobre lo expuesto, es importante recordar que el profesorado debe ser el foco principal de la educación emprendedora, ya que constituye el primer y más crucial eslabón en la cadena formativa. Por lo tanto, la necesidad de fortalecer esta nueva dimensión docente conlleva la implementación de diversas estrategias y recursos. Es fundamental promover iniciativas que mejoren las habilidades de los estudiantes y futuros profesionales para trabajar en equipo, desarrollar redes y buscar oportunidades. Estas iniciativas están estrechamente vinculadas con la participación en actividades del mundo empresarial e industrial en diferentes niveles, desde lo institucional hasta lo internacional, donde se fomenta el intercambio de ideas entre aprendices y profesionales en diversas situaciones y momentos (Álvarez-Arregui, 2017). Para integrar estas propuestas es fundamental que la Universidad promueva cambios en varios aspectos:

- Modelos de organización flexibles: La universidad debe adoptar estructuras organizativas que fomenten la innovación, la colaboración interdisciplinaria y la adaptabilidad a los cambios del entorno.

- Nuevos modelos de gestión y liderazgo: Es necesario desarrollar liderazgos que inspiren la creatividad, la iniciativa y la capacidad de adaptación al cambio en todos los niveles de la institución.

- Modelos de financiación alternativos: La universidad debe explorar nuevas fuentes de financiación que impulsen la innovación y el desarrollo de programas educativos orientados hacia la formación emprendedora.

- Formación continua: Es esencial ofrecer programas de formación continua que permitan a los profesionales y estudiantes adquirir habilidades actualizadas y adaptarse a las demandas cambiantes de la sociedad.

Para lograrlo, es importante integrar las propuestas en todos los niveles de la educación formal, informal y no formal. Esto implica diseñar currículos que fomenten la creatividad, el pensamiento crítico y la resolución de problemas, así como proporcionar oportunidades para la práctica y la experimentación en entornos reales. La universidad puede desempeñar un papel crucial al liderar este proceso de transformación y alentar a las personas a ver, pensar y hacer las cosas de manera diferente, fomentando así una mentalidad emprendedora en la comunidad educativa.

6.5. La formación en habilidades emprendedoras

Como hemos abordado anteriormente, las organizaciones sociales y laborales, así como la sociedad en su conjunto, reclaman a las profesionales capacidades que les permitan desempeñar su labor en una cultura que promueva la calidad, el uso de herramientas prácticas, la promoción de conocimiento de las organizaciones y de quienes la integran. Este planteamiento conlleva en lo referente a la formación en habilidades emprendedoras incorporar un conjunto de competencias para desenvolverse en el contexto socio laboral con la posibilidad de alumbrar nuevos retos, afrontándolos con determinación y con actitud de éxito. A continuación, recopilamos de diversos autores (López Camps, 2005; Martín, 2001; Gan y Triginé, 2006;) un conjunto de habilidades y conocimientos –íntimamente relacionados- y que son los que más se reclaman a los nuevos titulados y que en su conjunto contribuyen al desarrollo de un espíritu emprendedor:

Tabla 6.2. Capacidades, habilidades y conocimientos para formar en espíritu emprendedor

Capacidad	Habilidades para...	Conocimiento sobre
Liderazgo	*...desarrollar una visión global de la organización y para aunar voluntades en torno a un proyecto común.* • Capacidad para dirigir personas • Implicación personal • Capacidad para dirigir reuniones	Liderazgo Motivación Coaching Empowerment
Cultura básica empresarial	*...crear una pequeña empresa por cuenta propia o para desempeñar tareas directivas de responsabilidad.* • Capacidad de autonomía e iniciativa • Visión y asunción de riesgos • Organización y gestión • Captación y optimización de recursos	Pymes Sistemas de gestión Planes de negocio
Diagnóstico de problemas	*...identificar, analizar y relacionar problemas complejos, así como el control de herramientas adecuadas para afrontarlos.* • Capacidad de análisis • Capacidad de relación: visión global del sistema • Capacidad de síntesis	Técnicas de análisis Resolución de problemas Procesos de seguimiento
Gestión de proyectos	*...gestionar y coordinar proyectos de diversa naturaleza.* • Trabajar en equipo • Habilidades de planificación, organización y comunicación • Orientación a resultados y satisfacción de los participantes	Reuniones eficaces Estructura y organización de proyectos Dirección y gestión Metodologías
Gestión del tiempo	*...organizar el tiempo de trabajo y el tiempo personal de manera óptima.* • Autodiagnóstico del tiempo • Priorización de actividades • Gestión diaria • Habilidades de planificación	Ladrones del tiempo Policías del tiempo Matriz de gestión del tiempo
Gestión de equipos de trabajo	*...construir y mejorar el trabajo en una organización, así como para dirigir o moderar equipos de trabajo.* • Trabajar en equipo • Toma de decisiones • Relaciones interpersonales	Técnicas grupales Reuniones efectivas Trabajo en red Creación de equipos
Gestión de los conflictos	*...analizar el entorno del problema para la búsqueda de soluciones creativas.* • Identificación del problema y sus causas • Análisis de la desviación (problema/oportunidad) • Toma de decisiones creativas • Habilidades de negociación • Implementación de acciones de mejora	Conflicto y participantes Negociación y estilos Actitudes Asertividad
Gestión de la comunicación	*...diseñar políticas de comunicación para la participación y el consenso, así como para hacer presentaciones en público y dirigir reuniones de trabajo.* • Expresión oral y escrita • Saber escuchar • Habilidades de motivación, persuasión y negociación • Saber buscar y presentar información	Habilidades comunicativas Comunicación interna Comunicación externa Redes sociales Tipos y redes de comunicación Escucha activa

Continúa

Capacidad	Habilidades para...	Conocimiento sobre
Gestión de la calidad	*...impulsar y liderar proyectos de calidad, así como la aplicación de herramientas que contribuyan e ese fin.* • Capacidad de relación: visión global • Convertir el hábito en la mejora continua • Uso de herramientas de calidad	Modelos de calidad Normas ISO EFQM Herramientas Círculos de calidad
Gestión de las emociones	*...desarrollar la inteligencia intrapersonal e interpersonal formando en actitudes, aptitudes, sentimientos y control emocional.* • Promover competencias personales y sociales • Flexibilidad y adaptación a los cambios • Identificación de sentimientos propios y ajenos	Conciencia de uno mismo Autorregulación Motivación Habilidades sociales Empatía
Gestión de la creatividad	*...conocer y dominar técnicas de creatividad aplicación a la innovación en la organización* • Búsqueda de soluciones • Capacidad de innovación y cambio • Desarrollo de pensamiento inductivo	Innovación Proceso creativo Técnicas de creatividad Bloqueos y barreras
Gestión del autoaprendizaje	*...mejorar la eficacia personal, gestionar el desarrollo profesional propio y orientar a otros.* • Capacidad de autocrítica • Saber buscar información • Orientación práctica	Técnicas de autodiagnóstico Búsqueda de información Técnicas de estudio
Gestión del estrés	*...identificar y afrontar el estrés con repercusiones muy negativas en las personas y la organización.* • Comprensión de la doble vertiente del estrés (positiva/negativa) • Capacidad de identificar estresores laborales y extralaborales • Fomento de las habilidades sociales	Estresores Síndrome del quemado Resiliencia Autocontrol Técnicas de relajación
Procesos de compra y venta	*...desarrollar la actividad comercial de forma organizada y motivante para otras personas* • Capacidad de análisis • Saber buscar información • Habilidades de negociación y persuasión • Habilidades de planificación y gestión	El cliente/usuario Técnicas de atención, diagnóstico de necesidades y marketing
Ética	*...prevenir y resolver situaciones de conflicto y delicadas en relación a la integridad personal y profesional y, también, al medio ambiente.* • Respeto a principios y valores éticos • Virtudes de la convivencia • Defensa de valores universales	Normas de convivencia Deontología profesional Impacto medioambiental
Gestión del cambio	*...participar en la gestión del cambio a través del desarrollo de todas las capacidades mencionadas.* • Adaptación y orientación al cambio • Multifuncionalidad y adaptabilidad	Herramientas para la mejora continua Gestión del cambio

6.6. El pedagogo/a como formador/a de emprendedores/as

Son muchos y diversos los retos sociales, económicos y formativos que tienen los profesionales de la educación y, en concreto los Graduados y Graduadas en Pedagogía, pues el contexto laboral demanda, sin lugar a dudas, una formación universitaria de grado y especializada que permita mostrar la diversidad de salidas profesionales que se tienen por delante. Sin embargo, como afirma Tejada (2001), cuando se trata de abordar el perfil profesional del pedagogo en el ámbito de la formación –tanto en organizaciones sociales como laborales- la tarea se complica. Este campo está lleno de profesionales y entidades de diversa naturaleza que han ido ocupando un espacio profesional que el/la pedagogo/a en ocasiones no ha sabido o no ha podido reivindicar con fuerza. A este respecto debe indicarse que en el actual contexto nos encontramos que el título universitario no pareciese apropiado para determinados entornos laborales y, por tanto, tampoco lo serían las competencias profesionales que puede desarrollar un pedagogo. No se trata de alimentar una batalla auspiciada por intereses puramente corporativos, pero sí de una apuesta clara que trata de poner en valor el perfil formativo y profesional de los/as pedagogos/as en el ámbito de las organizaciones. Una visión integral e interdisciplinar donde diversos profesionales tienen cabida, pero donde no se entendería que el verdadero profesional de la formación no tenga un espacio de socialización y desarrollo laboral.

En el estudio realizado por Millán et all. (1990) ya se recogían una serie de puestos de trabajo y funciones desempeñadas en empresas privadas por los titulados en Pedagogía. No se trata de justificar su presencia en estas organizaciones sino de evidenciar el valor añadido que por su formación y perfil de egreso pueden aportar.

Tabla 6.3. Puestos de trabajo y funciones desempeñadas en empresas privadas.

Puesto de trabajo	*Funciones*
Asesor Pedagógico Entidad cultural	• Asesoramiento pedagógico. • Elaboración de recursos didácticos.
Asesor pedagógico en Editorial	• Coordinar y participar en la elaboración de libros de texto. • Elaborar comentarios didáctico-pedagógicos. • Asesorar al personal técnico en el diseño de libros de texto. • Evaluar libros de texto.
Jefe de estudios centro enseñanza por correspondencia	• Informar de los cursos disponibles. • Orientar a los alumnos según las necesidades. • Supervisar los programas de enseñanza por correspondencia. • Coordinar la relación profesor-alumno.
Jefe de Estudios de centro de Informática	• Planificar cursos. • Regular la actuación del profesorado. • Asesorar a los alumnos. • Coordinar la relación profesor-alumno
Director de formación empresa de consulting	• Promocionar la formación. • Asesorar las empresas en el ámbito de las relaciones humanas. • Formar formadores de empresa. • Formar personal (dirección, relaciones, comunicación, etc.) • Diseñar programas específicos de formación de empresa.
Director de planes de formación ocupacional	• Diseñar planes de formación ocupacional y profesional. • Programar cursos de formación de formadores. • Evaluar resultados de los planes de formación. • Difundir programas. • Seleccionar profesorado.
Diseñador de recursos tecnológicos	• Detectar la necesidad de recursos tecnológicos. • Elaborar programas educativos informáticos. • Colaborar con los profesionales que intervienen en la realización de un programa. • Participar en la evaluación del programa. • Participar en la difusión del programa.
Formador de formadores en centro hospitalario	• Diseñar programas de educación diabetológica. • Impartir formación psicopedagógica a los formadores. • Seguimiento del desarrollo del programa. • Evaluar el programa
Formador del personal de empresa	• Elaborar programas de formación. • Impartir cursos. • Evaluar resultados
Responsable de formación del personal de empresa de servicios informáticos	• Sondear necesidades de mercado • Diseñar cursos de formación. • Seleccionar y coordinar el profesorado. • Organizar y supervisar los cursos

No cabe duda que estas ocupaciones tienen un denominador común que es la "formación" en su sentido más amplio, facilitando el desarrollo personal y aportando los recursos necesarios para una adecuada orientación, diagnóstico, planificación, desarrollo y evaluación de las acciones en los diferentes contextos organizacionales. En esta línea, López Camps (2005) retomando la propuesta de la *International Board of Standards for Training, Performance and Instruction (IBSTPI)* recoge las principales competencias de los formadores y de los gestores de la formación. En ambos casos, tal y como se puede comprobar, el perfil del pedagogo/a es clave por su capacitación.

Tabla 6.4. Competencias del formador

Competencias	Habilidades
Bagaje profesional	• Comunicar con eficacia. • Escuchar activamente respetando las aportaciones de los participantes. • Saber gestionar el silencio. • Actualizar y mejorar sus conocimientos y habilidades profesionales. • Respetar las normas éticas y legales vigentes. • Consolidar y conservar la credibilidad profesional. • Ser creativo e innovador en los planteamientos didácticos.
Planificación	• Planificar las metodologías y los materiales formativos • Prepararse para impartir la formación.
Métodos y estrategias de formación	• Estimular y conservar la motivación e implicación de los participantes. • Promover su discusión y asegurarse que todas las personas se sientan miembros activos de las dinámicas grupales. • Realizar presentaciones eficaces • Facilitar el aprendizaje a los participantes. • Formular preguntas eficaces. • Proporcionar aclaraciones y feedback. • Fomentar la transferencia de conocimientos y habilidades. • Emplear las TIC como apoyo al aprendizaje.
Evaluación	• Valorar el aprendizaje y el rendimiento. • Evaluar la eficacia de la formación.
Gestión	• Crear un entorno que fomente el aprendizaje y el rendimiento. • Gestionar el proceso formativo mediante el uso apropiado de las TIC. • Desarrollar habilidades interpersonales. • Tener la habilidad de gestionar dinámicas de grupos. • Saber gestionar los conflictos. • Saber resolver los problemas.

Tabla 6.5. Competencias del gestor de formación

Competencias	Habilidades
Bagaje profesional	• Comunicar eficazmente de forma visual, oral y escrita. • Cumplir las normales legales y los principios éticos establecidos. • Mantener redes de apoyo y soporte a la función de la formación. • Actualizar las competencias profesionales.
Planificación y análisis	• Desarrollar y controlar un plan estratégico de formación. • Usar el análisis de resultados para mejorar la organización. • Planificar y promover el cambio organizativo.
Diseño y desarrollo	• Aplicar los principios del diseño formativo a los planes de formación. • Usar las TIC para mejorar la función de formación. • Evaluar la formación y las acciones formativas.
Administración	• Aplicar las habilidades de liderazgo a la función formativa. • Aplicar las habilidades directivas a la función formativa. • Aplicar las habilidades comerciales a la función formativa. • Implantar soluciones de gestión del conocimiento.

Uno de los ejes que da sentido a este conjunto de competencias es su interés por formar a personas en cultura emprendedora en su sentido más amplio y que a su vez, éstas, como pedagogos/as puedan seguir haciéndolo desde sus respectivos desempeños profesionales, contribuyendo así a la mejora personal y de las organizaciones en las que participan.

6.7. Edusistemas creativos y emprendedores de calidad

En sociedades en evolución el desarrollo científico-tecnológico determina la aparición de disciplinas, la depuración de contenidos y el desarrollo de modelos organizativos en base a una normativa que los encorseta de manera genérica y que les impide evolucionar. Como es lógico no vamos a hacer referencia a los distintos paradigmas, modelos y metáforas que han pasado a formar parte de la literatura científica, pero si nos parece importante clarificar algunas cuestiones y presentar un modelo fundamentado en la experiencia académica, profesional y personal que nos ha ido aproximando a posiciones ecológicas, sistémicas e inclusivas (Álvarez-Arregui y Cantón, 2023).

El marco conceptual que hemos desarrollado adopta una visión glocal para abordar tanto las situaciones globales como las locales. En este contexto, hemos creado y aplicado un modelo que evoluciona hacia lo que denominamos Edusistema de Aprendizaje Creativo, Emprendedor y Sostenible (EDUACES). Este modelo es flexible y escalable, y se enfoca en los resultados obtenidos a través de la integración de personas físicas y jurídicas mediante diversas alianzas. El objetivo es ofrecer soluciones eficaces a la ciudadanía para abordar sus incertidumbres y situaciones problemáticas. (Álvarez-Arregui, 2017, 2018, 2019, 2020; Álvarez-Arregui y Rodríguez Martín, 2015; Rodríguez-Martín, Álvarez-Arregui y otros 2017, 2020; Álvarez-Arregui y Rodríguez-Fernández, 2023; Alvarez-Arregui, 2023).

A este respecto compartimos con Morín (1983: 34) su posición sobre la Ecología ya que consideramos que es muy reveladora cuando indica que es "la ciencia de las interacciones combinatorias, organizadoras entre cada uno y todos los constituyentes físicos y vivientes de los ecosistemas". Este planteamiento avala la necesidad de romper las barreras que separan los campos de conocimiento y apunta hacia la necesaria concienciación de la sociedad de plantear de modo integrado y contextualizado los procesos en los que interviene el ser humano para reflexionar sobre los efectos derivados del desarrollo científico y tecnológico sobre las personas, las organizaciones y el medio ambiente (Álvarez-Arregui, 2021).

El paradigma socioecológico (Paniker, 1984; Morin, 1994, 1995; Álvarez-Arregui, 2017, 2020, 2021) se basa en la complejidad organizada, en la paradoja y la incertidumbre. También aboga por una nueva solidaridad donde se enfatiza la colaboración; se respalda la descentralización y se favorece una mayor autonomía siempre que se oriente al beneficio de la comunidad. Por tanto, abordar la Mejora conlleva necesariamente integrar los principios y valores que la guían desde un enfoque edusistémico que coherentes que lo haga viable, sostenible y escalable. La propuesta se fundamenta en la literatura científica de las organizaciones y que tenemos en cuenta en el desarrollo de los proyectos de I+D+i que diseñamos e implementamos (Álvarez-Arregui, 2017).

La estructura básica de este modelo ecológico (ver figura adjunta) donde se distingue entre una población, un entorno, unas relaciones y una tecnología.

El primer componente, la población lo integran las personas físicas y jurídicas que concurren en un entorno cultural y espacial determinado, formando un ecosistema donde los actores como el alumnado, al profesorado, las familias, los asesores externos, el personal de administración y servicios, la administración local, los responsables y profesionales de distintas entidades políticas, sociales, educativas y laborales son elementos para considerar en función del proyecto.

El segundo componente, los sistemas de interacciones, son fundamentales para cumplir sus objetivos y serán los que determinen la estructura singular del mismo. Esta comunicación, segundo componente, presenta relaciones funcionales estáticas cuando nos referimos a los organigramas organizativos o a los sistemas de relaciones formales, pero serán dinámicas cuando se consideran los sistemas de relaciones informales, *ad hoc*, de formación, de asesoramiento, de investigación o de innovación. Como es lógico las relaciones no van a ser simbióticas (colaboración) en todos los casos, sino que habrá sistemas de poder que se irán estableciendo en base a los intereses de los participantes por lo que emergerán alianzas y conflictos que se abordarán en cuanto a su impacto y orientación como un proceso más de aprendizaje y enseñanza. También se tendrán en cuenta los diferentes niveles de competencia, las divergencias ideológicas, las emociones, la experiencia o la dependencia (Álvarez-Arregui y Cantón, 2023).

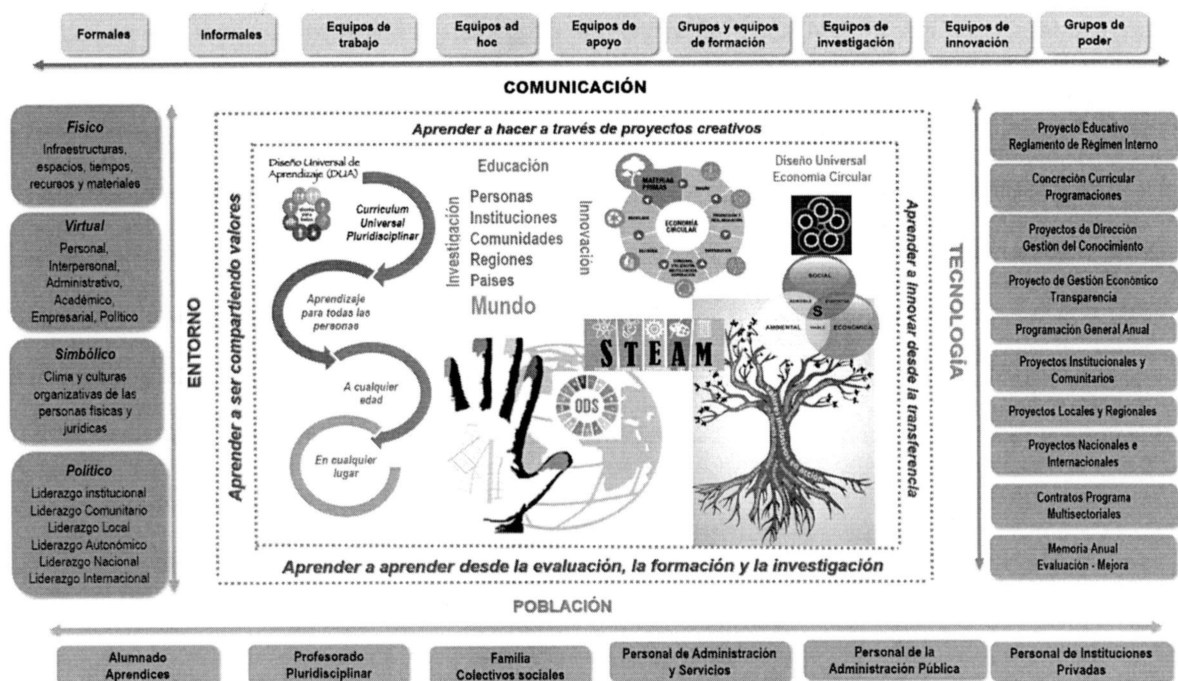

Figura 6.4. Componentes básicos de un Edusistema de Aprendizaje, Creativo, Emprendedor y Sostenible (EDUACES). Adaptado de Álvarez-Arregui, 2021.

El tercer componente, la tecnología, es fundamental, dado que los ecosistemas sobreviven desde la energía que reciben y generan por lo que necesitan disponer de herramientas pertinentes y singulares para captarla, transformarla y retenerla. En la figura pueden verse algunos proyectos y documentos habituales asociados a la tecnología ya que desde ellos se establecen las visiones, las misiones, las estrategias y los protocolos básicos que se promueven en entornos socioeducativos.

El cuarto componente, el entorno, distingue entre las *estructuras tangibles* (infraestructuras, espacios, tiempos, recursos y materiales), *las intangibles* (espacios virtuales personales interpersonales, administrativos, académicos, políticos, empresariales...), *las simbólicas* (asociadas al clima y las culturas que se generan en las organizaciones) y *las políticas* que vienen determinados por los sistemas de liderazgo que se establecen en distintos niveles.

En la parte central de la imagen se recogen los principios y valores que guían el desarrollo de las acciones en nuestro modelo donde recogemos a manera de ejemplo los *principios de las Ciudades Educadoras*, el Índice para la Inclusión, los *Objetivos de la Agenda 2030 para el Desarrollo Sostenible, la propuesta de Diseño Universal de la Economía Circular o las Competencias STEAM.*

En consecuencia, el currículum se desarrollará considerando los principios del Diseño Universal de Aprendizaje (DUA), garantizando su accesibilidad y carácter pluridisciplinar. Además, se promueve el aprendizaje continuo para todas las personas, independientemente de su edad o ubicación geográfica.

El modelo pretende superar las limitaciones de los modelos organizativos rígidos, reduccionistas y burocráticos. Este planteamiento añade valor a los principios, estrategias, diseños y acciones, así como al impacto en los diversos colectivos involucrados. La sostenibilidad del modelo se basa en una mejora continua que garantice la transparencia de los procesos y permita ajustar regularmente la visión mediante la metaevaluación de los procesos, resultados e impacto. El objetivo es generar Innovación Educativa Real, entendiendo que puede surgir en cada acción, de manera combinada o global. Por lo tanto, se entiende el proceso como circular, sistémico y atemporal, donde el aprendizaje y la enseñanza son continuos e involucran a partes interesadas académicas, políticas, sociales, laborales y empresariales (Álvarez-Arregui, 2021; Álvarez-Arregui y Arreguit, 2020).

6.8. Optimización del modelo

Con la intención de fortalecer la propuesta descrita en el anterior apartado se van desplegando estrategias que nos permiten capitalizar sus fortalezas y reducir sus debilidades y esto lo hacemos mediante estrategias de calidad, desde la gestión del conocimiento y ampliando nuestras redes de colaboración.

En este punto consideramos que la *Teoría Fundamentada*, el *Desarrollo Organizativo* y la *Gestión de Calidad del Conocimiento (GCC)* conforman la triada estratégica que avalamos para clarificar ajustar y responder desde los ámbitos científico y experiencial a las expectativas, demandas y necesidades emergentes. Estos fundamentos aportan un andamiaje sólido a la vez que flexible para que los Edusistemas puedan responder de manera singular y corresponsable a las expectativas, demandas y necesidades educativas emergentes. En suma, se trata de la capacidad de un micro-meso o macro Edusistema organizacional que se renueva así mismo desde un proceso de aprendizaje y emprendizaje continuo y circular que se orienta a la mejora continua. Los Objetivos del Desarrollo Organizacional se dirigen a la creación de equipos docentes que se basen en su sentido de equipo, de pertenencia al centro, al contexto o al aula, que intenten mejorar el clima de trabajo y el avance hacia propuestas didácticas innovadoras y eficaces (Cantón Mayo, 2010; Álvarez y otros, 2023).

Este planteamiento demanda un buen diagnóstico inicial para detectar fortalezas y debilidades basadas en evidencias. A este respecto existen diversos modelos de desarrollo organizativo en base a que priorice la persona o la institución. En cualquier caso, siempre se buscan cambios que afectan al comportamiento, a las estructuras, a las funciones o todos ellos. En cualquier caso, habrá que estar atento al clima organizativo y funcional ya que las estrategias generarán sinergias desde las que se va reconstruyendo la visión a través de procesos que deberán orientarse hacia un aprendizaje personal, profesional e institucional en un proceso de mejora continuo (Álvarez-Arregui, 2017).

La Teoría Fundamentada, por su parte, pretende establecer la base para anticiparse y desarrollar nuevas visiones y misiones desde la identificación de procesos sociales básicos (en calidad son los procesos clave) para descubrir los aspectos relevantes de una determinada área de estudio. Se aconseja la metodología de estudio de caso como la más viable para incorporarla en los procesos ya que permite construir teorías, conceptos, hipótesis y proposiciones por lo que no se parte de supuestos a priori. Sus procedimientos son variados, pero se apoyan en la inducción para explicar el objeto de observación, se explican las relaciones que se generan y esto se hace de manera sistemática hasta el fin del proceso (Straus y Corbin, 2002).

Este modelo tiene una dimensión horizontal y una vertical (Cuñat Jiménez, 2022), en la primera se generan códigos (concepto-indicador) con una serie de relaciones causales que general las categorías centrales obtenidas mediante datos fiables, que pueden ser códigos teóricos, sustantivos o códigos "in vivo". La dimensión vertical, por su parte elabora y sistematiza los códigos ordenándolos para conformar la prospectiva buscada por medio de la creatividad, de la inducción, la codificación y la triangulación de datos y evidencias. También tiene dos tipos de diseños: sistemático y emergente, este será nuestro caso. Por su parte la calidad es una exigencia extendida y emergente que se suele definir la calidad como la satisfacción del usuario, incluso por encima de sus expectativas (Cantón, 2020), hacer bien las cosas a la primera, conseguir el cero absoluto, o el cero defectos.

La filosofía de la Calidad se enmarca el know-how, anglicanismo que refiere al saber cómo hacer. Además, tiene la ventaja de ser inclusiva (genera avances desiguales en función del punto de partida, pero acredita el avance en función de las posibilidades de forma particular, no general) y simultánea (afecta a todos los procesos implicados en la educación, pero también en la sociedad y en los microsistemas contenidos en ella) tal y como se viene avalando de manera sistemática (Cantón y otros, 2020; Gairín Sallán y Cantón Mayo, 2019), en definitiva, su intención es hacer las cosas bien, avanzar.

Con relación a los modelos a aplicar cabe distinguir (Cantón, 2010) entre:

- Modelos simples, ad hoc, permiten la mejora de una organización siguiendo sus propias normas e iniciativas, no se pueden generalizar y no son homologables;
- Modelos sistémicos, que siguen la teoría general de sistemas de Bertalanffy con los parámetros de entrada-procesos-salidas, como por ejemplo el modelo Deming (con sus 14 puntos básicos), o el Baldrige, con 11 conceptos;

- Modelos científicos de calidad como el Modelo EFQM o Modelo Europeo, con ocho criterios que sirven para evaluar la organización o el centro, las normas ISO o Marco Común de Evaluación (CAF) que es un modelo integral de Gestión de Calidad, basado en la autoevaluación, desarrollado por y para el sector público.

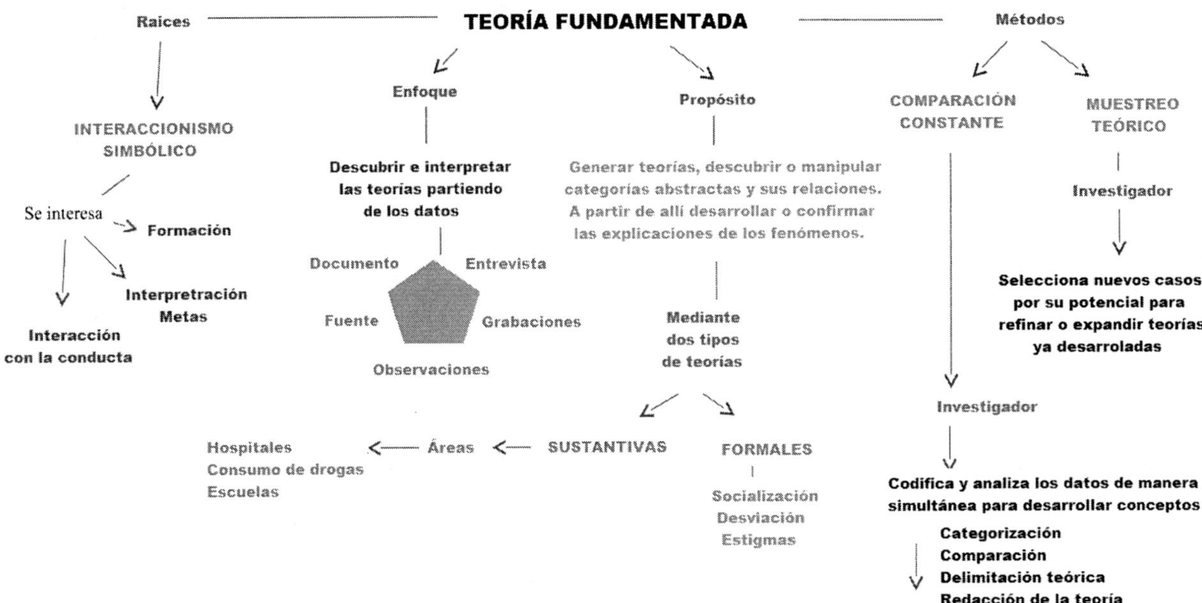

Figura 6.5. Teoría Fundamentada. Álvarez-Arregui y Cantón (2023). A partir de Jesús Rodríguez (2020).

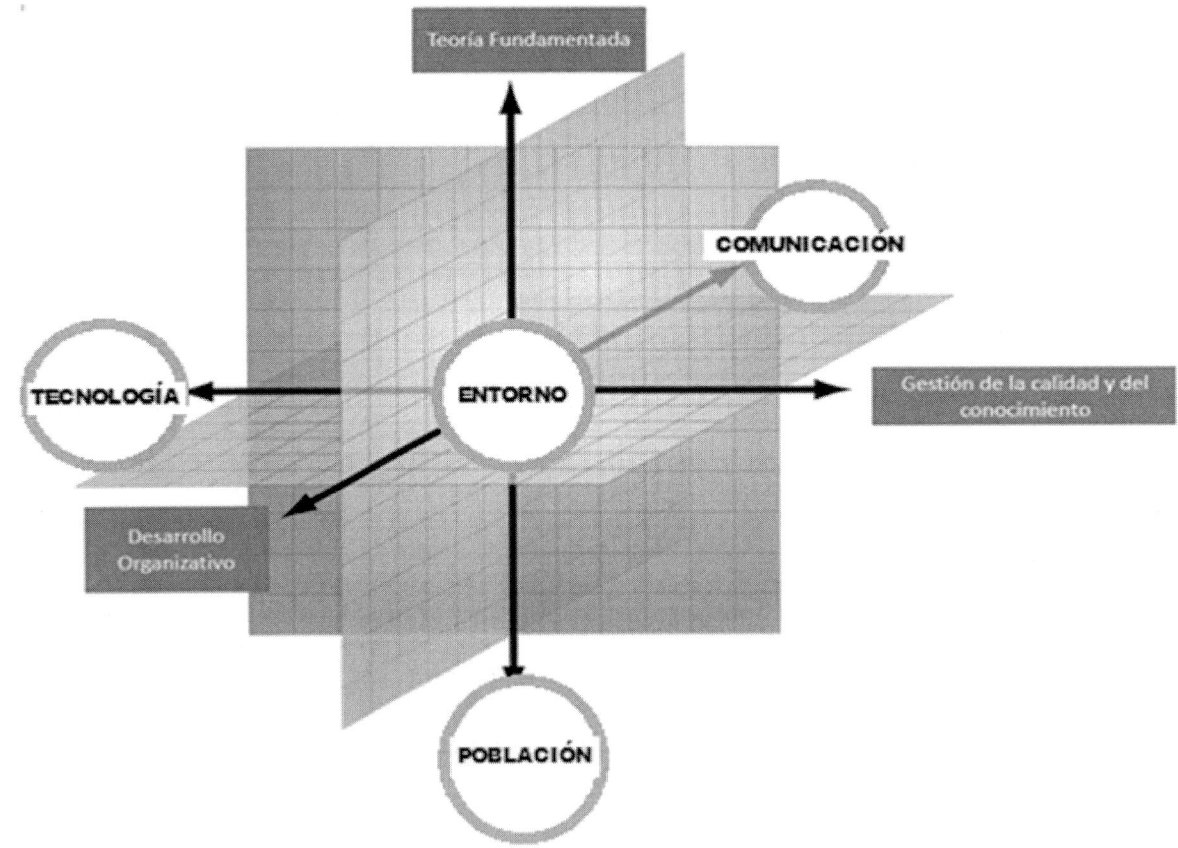

Figura 6.6. Triada de referentes de un Edusistema de Aprendizaje, Creativo, Emprendedor y Sostenible (EDUACES).

Los avances en estos modelos han incidido de forma unánime en la necesidad de desglosar sus criterios e indicadores siendo los procesos la piedra filosofal de la misma.

En función de dónde se enmarque el proceso se distinguen: procesos clave, estratégicos y de apoyo. Un proceso es operativo o clave cuando influye directa o indirectamente en la satisfacción de los usuarios y en los resultados de la organización, conseguir sus objetivos; por ejemplo impartir enseñanza de matemáticas; un proceso es estratégico cuando permite definir el futuro de un centro y diferenciarse de otro apoyado en sus fortalezas, por ejemplo reforzar la enseñanza de idiomas o de informática a mayores del horario escolar obligatorio; y un proceso es de apoyo o soporte cuando ayuda de forma eficaz en la consecución de la mejora del sistema de calidad: documentación administrativa, registros de acciones, manual de calidad, etc.

6.9. El liderazgo en el Edusistema

La calidad debe gestionarse desde un liderazgo claro, conocimiento y formación específicas para incidir en los diferentes procesos lo que requiere implicación de los diferentes miembros para que se corresponsabilicen personal e institucionalmente aportando destrezas, capacidades y compromiso para que la institución cumpla sus objetivos. El estilo de liderazgo resulta determinante para transformar y generar un clima y una cultura institucional saludable ahí que recojamos algunas lecciones aprendidas fruto de la experiencia y la investigación (Fullan, 1991; Álvarez-Arregui, 2017):

- no se puede mandar lo que debe hacerse,
- el cambio es un viaje, los problemas son nuestros amigos,
- la visión se va construyendo entre todos,
- el individualismo y el colectivismo tienen igual poder,
- ni la centralización ni la descentralización funcionan aisladamente,
- cualquier persona puede convertirse en un agente de cambio,
- las culturas organizativas internas tamizan las prescripciones externas,
- las relaciones con el entorno pueden ser críticas,
- los planteamientos lineales son insuficientes y
- la construcción de conocimiento organizativo válido es compleja porque tiene que ser capaz de relacionar, contextualizar y globalizar de manera secuencial y simultánea en distintos planos.

Otra lección que hemos aprendido es que el simple otorgamiento de autoridad no determina la posibilidad de modificar pautas de conducta de quienes ejecutan la tarea. Por tanto, las personas que administran lo educativo deben entender cómo ejercen influencia y cómo se percibe afecta a los resultados de la institución.

Los resultados obtenidos desde las investigaciones empíricas realizadas (Álvarez-Arregui, 2002, 2007, 2012, 2017; Álvarez-Arregui y otros, 2022) concluyen que el liderazgo directivo (figura 6.7.) se ejerce cuando existe una influencia diferencial, desarrollada a través de una relación interpersonal de crecimiento mutuo, que se resuelve a través de un poder cualificado, íntimamente unido al grupo y no exclusivamente posicional. El respaldo moral a su propuesta quedará asociado a su trayectoria profesional y personal, así como con los compromisos que asume desde la visión que presenta sobre el futuro deseable para la organización y las estrategias que pretende promover.

El caos, la burocratización, la estandarización y la desprofesionalización son otras caras que irán emergiendo cuando no existen unas directrices o estrategias proactivas viables. Por lo que un compromiso firme y fuerte de los miembros, el desarrollo de comportamientos y mecanismos de aprendizaje a todos los niveles, el desarrollo de infraestructuras que favorezcan el funcionamiento, la incorporación de sistemas de diagnóstico para fundamentar la planificación, la implementación, la evaluación y la investigación del impacto debe de ir acompañado de un liderazgo pedagógico, transformacional, delegado e inclusivo que tenga proyección institucional y comunitaria.

El respaldo moral, institucional y comunitario a un estilo de liderazgo o a varios combinados vendrá avalado por su historial de éxito en la educación y su compromiso con la misión y los valores de la escuela. El compromiso se potenciará cuando se concreten objetivos, se definan procesos, se delegue liderazgo, se escuchen otras visiones, se incorporen sugerencias, se cubran las necesidades, se atiendan las demandas de la comunidad educativa y se promueva la colaboración. La evaluación y la investigación generarán conocimiento que será válido cuando se redistribuya, y se oriente hacia la mejora en base a las disfunciones detectadas.

Adoptar esta actitud generará confianza lo que favorecerá la comunicación, la extensión del liderazgo y la dinamización de la cultura interna. Además, la incorporación de procesos bajo estos supuestos permitirá ir construyendo una visión que irá orientada hacia una cultura organizativa favorable al aprendizaje continuado, donde la mejora se oriente bajo los principios que guían una educación para todas las personas, ver figura.

Esta perspectiva abre la posibilidad de gestionar el cambio a través de Edusistemas de Aprendizaje Creativos, Emprendedores y Sostenibles (EDUACES) desde un aprendizaje continuo con la participación de todas las personas, de forma que las acciones que se desplieguen deben orientarse hacia la integración de las diferentes subculturas para que no se produzcan quiebras irrecuperables, imposiciones o adoctrinamientos. Por tanto, el liderazgo se construye con relaciones personales sólidas, habilidades y compromiso y su valor se incrementará si se genera un foco cultural fuerte y plural alrededor de acciones corresponsables para el desarrollo de proyectos.

La Gestión Calidad demanda así una gestión y un liderazgo que oriente el modelo, defina procesos y establezca criterios de medida y de valoración de sus resultados. En Educación los procesos clave se concretan en el aprendizaje, competencias, habilidades y destrezas específicas, en los titulados egresados de la misma de forma consecutiva por lo que las universidades e instituciones profesionalizadoras deben ser consideradas como entidades de gestión del conocimiento y agentes de un cambio social orientadas a la mejora continua desde la auto, hetero y metaevaluación (Álvarez-Arregui, 2023).

6.10. Proyección de futuro del Edusistema

Atendiendo al modelo EDUACES que incorpora una población, un entorno, un sistema de relaciones, una tecnología, unos valores y una fundamentación teórica sólida se plantea un modelo sistémico desde el que se pretende ordenar el entorno curricular que afecta a la ciudadanía y que debería servir de guía al entorno político. En la figura adjunta, la escalera y la rueda son símbolos efectivos, por un lado, de los avances programados y conseguidos y por otro de la subsistencia del retorno en medio del caos y los avances asociados a un desarrollo tecnológico exponencial que no tiene precedentes y desde el que se demanda una innovación continua donde se debería tener presente el Diseño del Currículum Universal, la Economía Social Sostenible, la Energía Circular que nos ayudarán a conformar el nuevo y a la vez eterno contexto de aprendizaje encaminado al desarrollo personal, profesional, institucional, comunitario y medioambiental (Álvarez-Arregui y Cantón, 2023).

En el nivel organizativo institucional se quiere destacar la labor evaluadora de calidad, tanto de docencia, de la investigación y de la transferencia que está promoviendo la Agencia Nacional de la Evaluación de la Calidad (ANECA) que abre retos para el mantenimiento de la mejora y de la calidad a través de programas como DOCENTIA que próximamente contará con la evaluación de sexenios de docencia y no solo los sexenios para la investigación, para la Evaluación del profesorado, tanto permanente como no permanente: los de los PROGRAMAS DE EVALUACIÓN DEL PROFESORADO (PEP) para puestos de profesor/a ayudante doctor/a y profesor/a contratado/a doctor/a) y ACADEMIA, para puestos de titularidad y cátedra); ellos orientan la labor y la carrera docente desde de las personas físicas y jurídicas del entorno universitario.

También son muy numerosas las acciones que se están desarrollando en el tema de Calidad, fundamentalmente en el nivel superior impulsados por la Comisión Europea para promover sistemas de aseguramiento de la calidad en temas como el de las Alianzas Europeas de Universidades, la homologación de los títulos Europeos y las Microcredenciales, todo ello conforme a los criterios y directrices establecidos en el Espacio

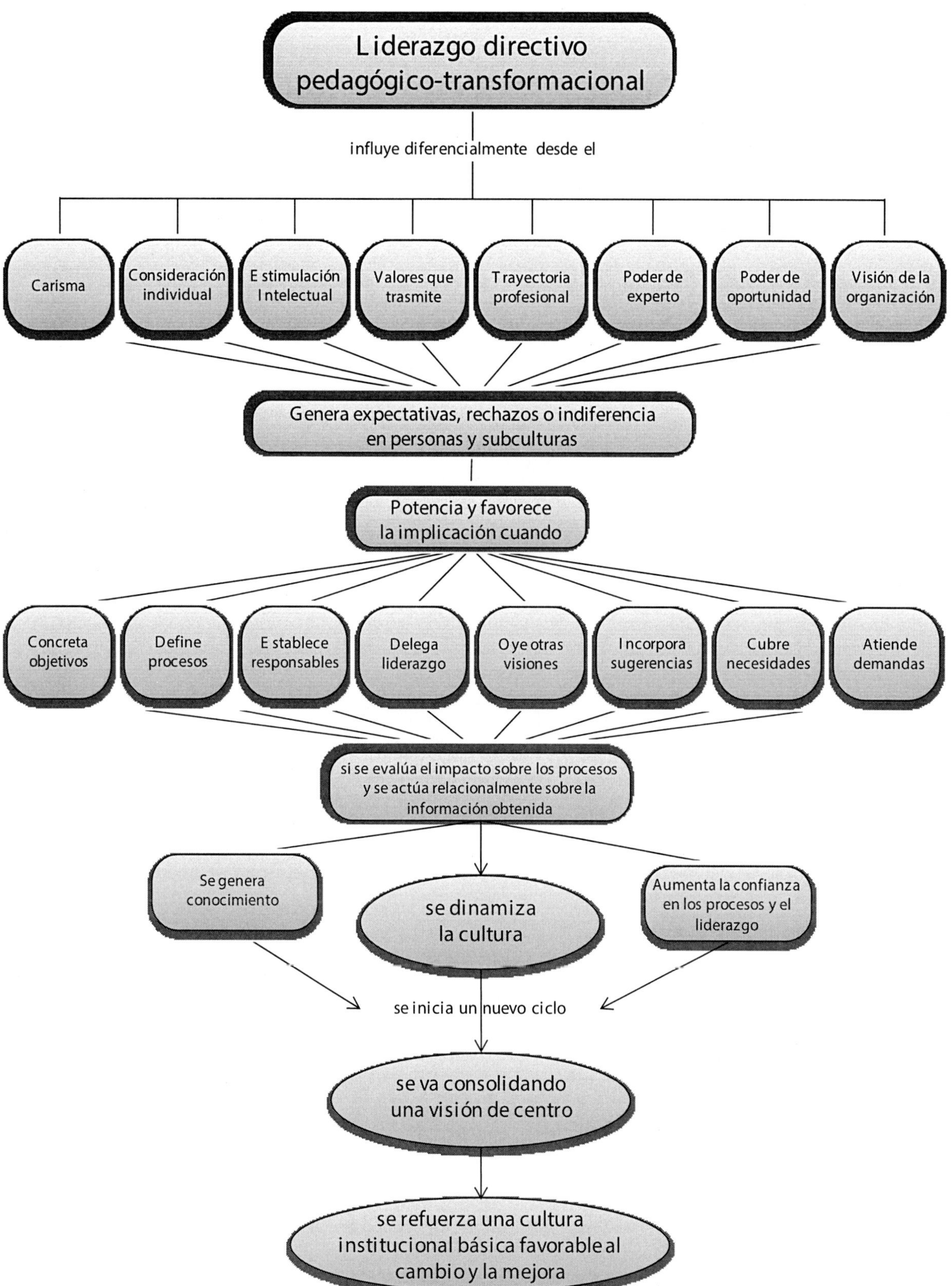

Figura 6.7. Estilo de liderazgo institucional viable para el desarrollo de un Edusistema de Aprendizaje, Creativo, Emprendedor y Sostenible (EDUACES).

Europeo de Educación superior (Standards and Guidelines for Quality Assurance in the European Higher Education Area, ESG) y a la estrategia de la Unión Europea para el Espacio Europeo de Educación. En el nivel de la UNESCO también se están realizando acciones en alianza con el Instituto de Educación Superior de la UNESCO para América Latina y Caribe (UNESCO IESALC) presenta la programación ANECA LAB que hace referencia a la Calidad que nos une o el PROGRAMA INTERCONECTA donde se entrelazan la docencia, la investigación y la transferencia (funciones claves de la actividad universitaria) con las peculiaridades del entorno social, la gobernanza y la biodiversidad (dimensiones de la sostenibilidad).En contextos inciertos interconectados, pluriformes caóticos y desconocidos es necesario plantear modelos y propuestas validados para responder a las demandas emergentes. Las argumentaciones presentadas en este capítulo han pretendido mostrar una propuesta edusistémica para las organizaciones fundamentada en el aprendizaje, la formación, la sostenibilidad, la flexibilidad, la permeabilidad y la racionalización. EDUACES se fortalece cuando se apoya en el Desarrollo Organizativo; la Teoría Fundamentada y la Gestión de Calidad. Es por ello que queremos cerrar este apartado recordando un decálogo de propuestas que, a manera de principios organizativos guía, están orientando los Edusistemas de Aprendizaje Creativos, Emprendedores y Sostenibles (EDUACES) que estamos diseñando e implementando (Álvarez-Arregui, 2023, Álvarez-Arregui y Rodríguez-Fernández, 2023), a saber:

I ***La visión, la misión y los valores deben compartirse.*** En un EDUACES se tiene que consensuar y compartir un proyecto de futuro que integre las diferentes subculturas profesionales y que sea coherente con unos objetivos comunes, beneficiosos para todas las personas.

II ***El liderazgo debe distribuirse.*** En un EDUACES las personas concurrentes deben tener oportunidades de desarrollo personal y profesional por lo que debe potenciarse su capacidad de liderazgo y de autogestión, de trabajo en equipos multidisciplinares, de desarrollo de proyectos creativos, de comunicación de iniciativas orientadas a la mejora del aprendizaje y de un mejor desempeño de las funciones asignadas a su puesto de trabajo.

III ***El aprendizaje debe generalizarse.*** En un EDUACES se deben identificar las potencialidades de las personas, de los equipos y de la organización para ampliar las sinergias internas y externas. Es importante detectar qué necesitan, qué quieren aprender, en qué tienen que formarse y cómo deben de hacerlo para generar, compartir y gestionar conocimiento. El conductismo, el cognitivismo, el constructivismo y el conectivismo se consideran visiones complementarias del aprendizaje de ahí que se utilicen unas u otras en función de los objetivos de los proyectos que se promuevan.

IV ***Los procesos deben orientarse hacia la mejora continua a través de una metaevaluación glocal.*** En un EDUACES la práctica profesional deja de ser privada para pasar a ser de dominio público. Las observaciones, los registros, los grupos de discusión, los foros, los documentos, los protocolos y la experiencia serán algunos elementos que se utilizarán para compartir, para reflexionar y para mejorar la práctica, lo que avala un aprendizaje colaborativo, motivador, abierto y transformador que tenga en cuenta referentes planetarios y locales.

V ***La confianza, el respeto, la negociación y el apoyo mutuo son la base de los sistemas de comunicación.*** En un EDUACES todas las personas deben sentirse apoyadas, valoradas e integradas, ya que se genera confianza y se asumen compromisos con los proyectos y los procesos de mejora que se promuevan.

VI ***La proyección exterior a través de redes y alianzas interinstitucionales es vital para compartir e intercambiar datos, información y conocimientos.*** En un EDUACES se favorece la intra, la inter y la transdisciplinariedad, promoviendo sistemas de relaciones que transcienden los límites de los equipos, de los proyectos y de la organización.

VII ***El compromiso y la corresponsabilidad personal y social con la sostenibilidad y la mejora del entorno forman parte del ADN del ecosistema.*** En un EDUACES se asumen compromisos con las personas (físicas y jurídicas) y medio ambiente. Se valora que se afronten riesgos cuando se promueven iniciativas y se diluye el temor a sufrir críticas ante los errores, ya que se convierten en fuente de aprendizaje.

VIII ***Las aportaciones derivadas de la Neurociencia, el Diseño Universidad de Aprendizaje (DUA), las Ciudades Educadoras, la Economía Circular, la Economía Social, la Energía Sostenible y las Brechas de Género se integran en el currículum de manera natural.*** En un EDUACES se favorecerá un aprendizaje accesible y abierto para todas las personas, a cualquier edad y en cualquier lugar prestan-

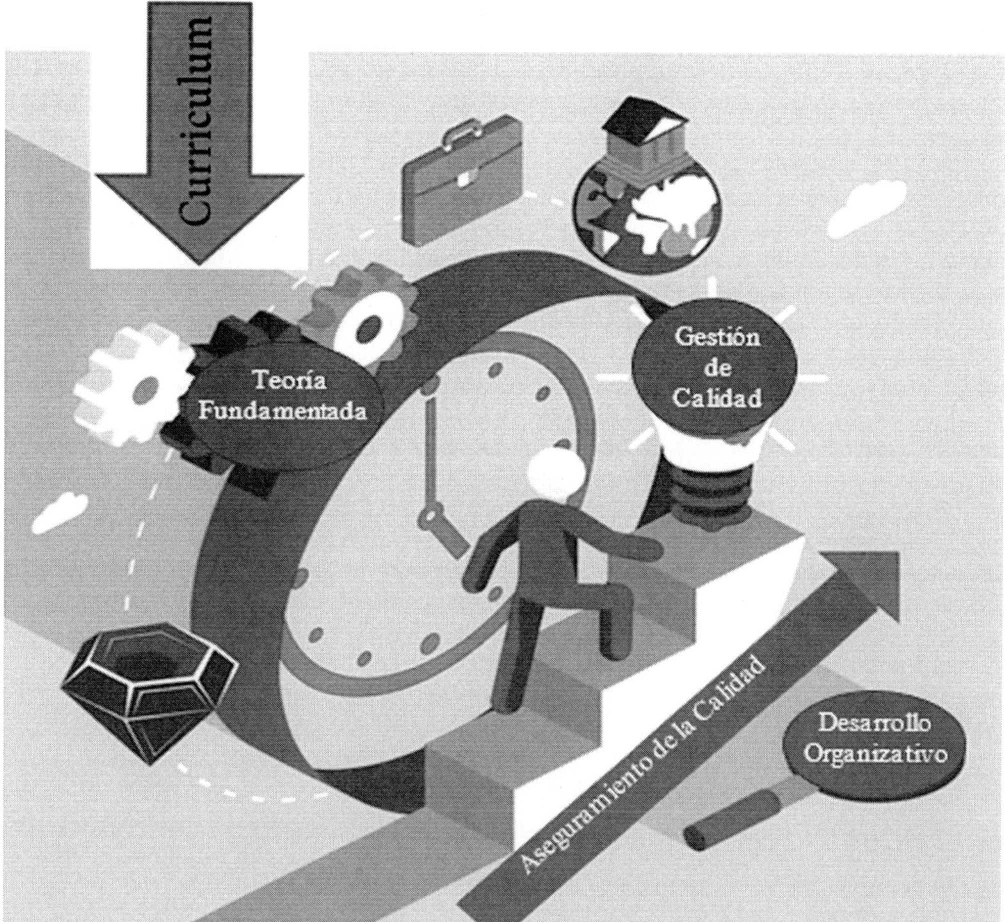

Figura 6.8. Aseguramiento de la calidad y la meja continua en el desarrollo curricular y profesional

do especial atención a los colectivos más vulnerables. En estos sistemas se alinean los componentes físicos/tecnológicos - estructurales, económicos, espaciales, temporales y materiales – y humanos – conceptuales, procedimentales, actitudinales, emocionales y culturales - para promover un sistema de aprendizaje fundamentado que beneficie a todas las personas.

IX ***Los entornos de trabajo híbridos son preferibles porque aportan una mayor versatilidad.*** En un EDUACES se favorecen las posiciones sistémicas por lo que se huye de posiciones reduccionistas cuando tomamos decisiones sobre el diseño educativo y curricular de ahí que nos posicionemos ante los peligros que se detectan en algunos ecosistemas que se acaban desviando en exceso hacia e-learning. Este enfoque nos sitúa en una posición híbrida donde aprovechamos las potencialidades que nos brinda la presencialidad y la semipresencialidad en sus múltiples combinaciones (estableciendo equipos de arriba-abajo, de abajo-arriba, lateral, transversal y sistémicamente) y el potencial del mundo virtual estimulado por un desarrollo tecnológico que no tiene precedentes.

X ***La estrategia de mejora continua sostenible se afianza desde la triada derivada de La Teoría Fundamentada, el Desarrollo Organizativo y la Gestión de Calidad del Conocimiento (GCC).*** En un EDUACES se aprovecha el conocimiento científico y la experiencia que atesoran los modelos citados para dar respuestas a las necesidades, las expectativas, las demandas y los retos de las personas concurrentes.

El proceso de planificación integra sistemas versátiles (de orientación, de tutorización, de asesoramiento, de autogestión del aprendizaje, de gestión de datos, información y conocimiento), que permiten desplegar actividades que se desarrollan con recursos propios y ajenos favoreciendo, siempre que es posible, una Educación y Formación Dual.

En esta propuesta colaboran la academia (universidad, centros de investigación, centros educativos, centros de formación profesional...) la empresa (corporaciones, cooperativas, spin-off, start-ups, empresas clientes...), el entorno político social (administraciones internacionales, nacionales, autonómicas y locales, sindicatos...) y el sector plural (organismos internacionales, fundaciones, asociaciones, organizaciones no gubernamentales...).

El potencial del modelo se incrementa continuamente porque el sistema es capaz de descubrir nuevas ideas, de integrarlas y de transformarlas situacionalmente en función de los objetivos que se pretendan conseguir. El enfoque se justifica porque conlleva un aprendizaje personal, profesional, institucional y comunitario continuado lo que le permite ir superando las limitaciones de otras modelos organizativas más rígidos, reduccionistas y burocráticos. En este escenario aprendemos a conocernos, a generar sintonías, a alinear contenidos curriculares (conceptos, procesos y actitudes) y a desarrollar proyectos de Investigación, Desarrollo e Innovación educativa (I + D + ie) desde una visión sistémica (Álvarez-Arregui y Arreguit, 2018; 2019; 2020) donde tenemos en cuenta las aportaciones de Peter Drucker cuando hace ya años que nos informaba que "innovar es encontrar nuevos o mejores usos a los recursos de los que ya disponemos".

En último término, un EDUECES se co-construye constinuamente ya que se toman las decisiones atendiendo a las oportunidades de aprendizaje compartido que se generan en todas las fases de ahí que hablemos de co-diagnóstico, co-cre-acción, co-planificación, co-implementación, co-evaluación, co-transferencia, co-investigación y co-responsabilidad para proyectarnos al futuro con garantías de éxito.

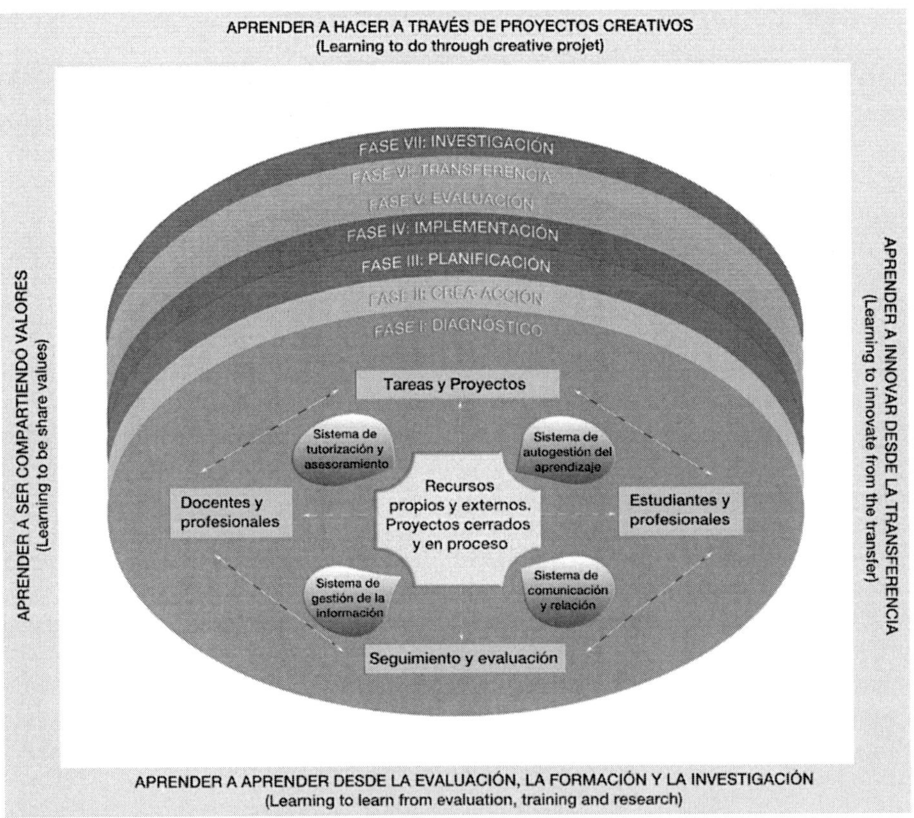

Figura 6.9. Fases y contexto de aprendizaje de un EDUECES

6.11. Aprendizaje desde la experiencia

Las instituciones educativas necesitan adaptarse a las nuevas demandas y tendencias globales, locales e institucionales en formación y emprendimiento. Aunque históricamente han sido centros de generación y transmisión de conocimiento, ahora deben evolucionar hacia la anticipación de situaciones sostenibles y la mejora continua, pues de lo contrario podrían volverse irrelevantes o desplazados en las sociedades futuras, generando brechas y exclusiones.

A este respecto, cuando volvemos la vista atrás podemos observar, que en los últimos siglos las instituciones educativas han sido lugares de generación y de transmisión de conocimiento, y en el caso de la universidad, se ha ido potenciando la investigación y más recientemente la transferencia. El problema que nos encontramos es que las instituciones no parecen, no quieren o no pueden entender que los tiempos han cambiado y que tienen que adaptarse y evolucionar en el contexto emergente anticipando futuras situaciones sostenibles orientadas desde la mejora continua. De no hacerlo pueden quedar abocados a la irrelevancia o serán desplazados como agentes y referentes o en las sociedades venideras lo que podría generar brechas y exclusiones de distinto signo (Álvarez-Arregui).

Lo que está ocurriendo no es nuevo, Toffler (1970) visualizó en el siglo pasado que el desarrollo tecnológico tendría múltiples consecuencias. En el ámbito educativo este autor nos informó de las oportunidades de crecimiento que se abrían por la interactividad (capacidad bidimensional de respuesta, alumno-máquina y viceversa), la movilidad (capacidad de desarrollar educación en cualquier ecosistema rompiendo el monopolio de las instituciones educativas clásicas), la convertibilidad (capacidad de transmitir y procesar información entre medios y redes diferentes a fin de conformar sistemas complejos y multivariadas de uso común), la conectabilidad (conexión entre los agentes educativos con fuentes plurales de información), la omnipresencia (democratización total de la información) o la mundialización (información sin fronteras ni diferencias). Pero también anunció que este escenario suponía un cambio de modelo que abría nuevos retos los sistemas de Educación y de Formación y nos alertó de las brechas de acceso y de las diferencias de alfabetización de los segmentos de población lo que abriría brechas de distintos signos (Álvarez-Arregui, 2022).

Castells (2000) mostrará veinte años después como el acceso a los recursos, bienes y servicios era desigual por selectivo, situación que se agravaba cuando la rentabilidad primaba sistemáticamente en la economía desplazando el desarrollo social y medioambiental sostenible a un segundo plano. Las asimetrías de crecimiento entre regiones, países, ciudades, instituciones, comunidades y personas eran la evidencia palpable de ello. Estas condiciones eran el caldo de cultivo necesario para que se fuesen fortaleciendo círculos viciosos incapacitantes dado que las personas físicas iban perdiendo la capacidad de incorporarse, mantenerse y desarrollarse profesionalmente en sus entornos sociolaborales mientras que a las personas jurídicas se les incrementaban las dificultades para generar un tejido productivo responsable social y medioambientalmente sostenible o para desplegar y gestionar redes que proporcionasen soportes vitales básicos a la ciudadanía en sus regiones y comunidades locales de referencia (Álvarez-Arregui y Arreguit, 2019).

Ante el cambio de situación y teniendo presentes la dificultad de las políticas gubernamentales para alinear las directrices europeas, nacionales, autonómicas e institucionales se pone de manifiesto que la cultura de las organizaciones sociales y educativas en nuestro entorno próximo se están orientando hacia el mantenimiento lo que las está llevando a un callejón sin salida por su alta burocratización e inoperancia. En nuestra opinión si las cohortes actuales y futuras se siguen educando en sistemas con baja flexibilidad en cuanto al currículum, las metodologías, los recursos o los sistemas de evaluación y se desatienden las necesidades, demandas y expectativas de las personas físicas y jurídicas se seguirán adquiriendo unas competencias desajustadas que no serán necesarias como efecto de la robotización y la automatización lo que incrementará las brechas entre la población con lo que estaremos alentando la generación de una sociedad polarizada cada vez más desigual (Álvarez-Arregui, 2023a).

El panorama descrito no parece el más adecuado de ahí que se haga necesario revertir la situación pero para ello tenemos que dar un giro de 180 grados para orientar los procesos de enseñanza-aprendizaje hacia el desarrollo de competencias emprendedoras propias de los humanos caso de la educación emocional, la creación, la improvisación, la asociación de contenidos de diferentes campos de conocimiento, el fortalecimiento del pensamiento crítico, la potenciación de la cooperación y el desarrollo de equipos multidisciplinares desde los que se abordan las problemáticas que van emergiendo desde un Aprendizaje Basado en Errores, en la Experiencia, en Retos, en la Solución de Problemas o por Servicios (Álvarez-Arregui, 2023b).

En este escenario, la inversión en Investigación, Desarrollo e Innovación educativa debe potenciarse, pero su puesta en práctica debe hacerse de manera eficaz, inclusiva y sostenible. No debemos olvidar en ningún momento que la construcción de este escenario demanda la participación de todos los actores con responsabilidad social en lo educativo de ahí que deba actuarse simultáneamente de arriba-abajo, de abajo-arriba, de manera horizontal y transversalmente. El éxito será constatable cuando hallemos un equilibro sostenible entre desarrollo científico-tecnológico, talento, conexión humana, calidad, equidad y medio ambiente (Álvarez-Arregui, 2023b).

6.12. Reflexiones de síntesis

Las políticas educativas y emprendedoras, junto con las instituciones sociales, laborales y educativas, deben adaptarse a las demandas de una sociedad dinámica y plural que busca la educación inclusiva. El cambio cultural debe ser afrontado como un desafío continuo que requiere esfuerzos conjuntos, ya que el desaliento, el enfrentamiento o la crítica constante no modificarán este hecho. En nuestro caso entendemos:

- El proceso de cambio en las organizaciones debe adoptar una perspectiva ecológica por lo que deben disponer de una mayor autonomía institucional para generar comunidades profesionales en las que se despliegue un liderazgo pedagógico-transformacional distribuido e inclusivo.

- El desarrollo de redes de aprendizaje intra, inter y transinstitucionales son fundamentales para desarrollar las visiones y las misiones de las organizaciones y los sistemas de relaciones de apoyo mutuo y de corresponsabilidad ya que se articularán en base al estado de madurez institucional, las necesidades y las posibilidades en su entorno.

- Seguir los principios que guían los EDUACES conlleva tener en cuenta los fundamentos que guían las Organizaciones que Aprenden y Emprenden, el Desarrollo Organizativo, la Teoría Fundamentada y la Gestión de Calidad

- El cambio cultural de plantearse desde un enfoque sistémico que debe estar presente por parte de los miembros de la organización desde el diagnóstico inicial, en el proceso de planificación, en la implementación de las propuestas, en la evaluación y en la investigación del impacto.

- El sistema escolar debe reorientarse para apoyar situacionalmente la implementación de los proyectos de intervención desde la perspectiva planteada en el apartado anterior sin supeditarlos mientras que el sistema educativo deberá inspirar el desarrollo de proyectos multidimensionales integrales, otorgando la autonomía que requieran las organizaciones educativas para su desarrollo. Por último, el sistema socioeconómico amplio será donante y receptor final de las iniciativas y procesos desplegados en los diferentes subsistemas implicados.

- El liderazgo institucional se revitalizará cuando se visualizan las relaciones que las instituciones y sus comunidades establecen con el sistema social, como marco general, al subsistema educativo como indicador prescriptivo, y entienden al entorno próximo como donante y receptor de bienes y recursos.

Atendiendo a este planteamiento el cambio y la mejora se proyectan desde dentro hacia fuera, desde fuera hacia adentro, de arriba hacia abajo, de abajo hacia arriba y con apoyos laterales, ver figura. Los proyectos se guían a través de estrategias compartidas donde se tienen en cuenta los componentes y los principios que guían los EDUSISTEMAS lo que les permitirá reconstruirse, ampliarse y adaptarse a las necesidades, demandas y expectativas de la institución.

Bajo estos supuestos las organizaciones se irán fortaleciendo en su autorganización y se favorecerá su desarrollo como instituciones dialógicas profesionales guiadas por enfoques inclusivos que se abren a la comunidad inmediata a través proyectos compartidos y transdisciplinares desde los que irán entretejiendo redes de colaboración con instituciones y asociaciones sociales, laborales, educativas, sanitarias y culturales que enriquecerán los proyectos que se promuevan y se favorecerá la corresponsabilidad de la sociedad con la mejora de la educación.

6.13. Transferencia

Actividad: Emprender para Aprender y Mejorar

Emprender en la mejora de un centro educativo como pedagogo implica abordar varios aspectos clave para garantizar un impacto positivo y sostenible en el proceso educativo.

Objetivo de la tarea: Diseñar un plan / estrategia de intervención para mejorar una organización educativa. Ten en cuenta lo que se ha aportado en este capítulo y sobre el valor que damos a cuestiones como la sensibilización, la formación, la colaboración y el trabajo en equipo.

Fases a seguir

Análisis y diagnóstico inicial:

- Evaluar el estado actual del centro educativo en términos de infraestructura, recursos humanos, metodologías de enseñanza, resultados académicos, clima escolar, etc. (puedes imaginar un centro en el que hayas estudiado o trabajado o tengas algún tipo de relación con él).
- Identificar las necesidades y desafíos específicos del centro educativo.

Definición de objetivos y metas:

- Establecer metas claras y alcanzables para la mejora del centro educativo.
- Priorizar áreas de enfoque basadas en el análisis inicial.
- Diseño de estrategias de intervención:
- Desarrollar planes de acción detallados para abordar las áreas identificadas para la mejora.
- Diseñar intervenciones pedagógicas, programas de formación docente, actividades extracurriculares, entre otros, según las necesidades detectadas.

Implementación:

- Ejecutar las estrategias y programas diseñados, asegurando una buena comunicación y coordinación con el equipo educativo y otros actores relevantes.
- Monitorear de cerca la implementación para realizar ajustes según sea necesario.

Evaluación y seguimiento:

- Evaluar periódicamente el progreso hacia los objetivos establecidos.
- Recolectar datos cuantitativos y cualitativos para medir el impacto de las intervenciones.
- Realizar ajustes en las estrategias según los resultados de la evaluación.

Sostenibilidad y escalabilidad:

- Identificar prácticas exitosas y desarrollar planes para mantener y expandir esas prácticas en el futuro.
- Buscar formas de involucrar a la comunidad educativa y otros actores relevantes en el proceso de mejora continua.

Comunicación y difusión:

- Compartir los resultados y aprendizajes del proceso de mejora con la comunidad educativa, otros profesionales del ámbito educativo y posiblemente con el público en general.
- Fomentar la transparencia y la participación en el proceso de mejora.
- Estas fases proporcionan un marco general para abordar la mejora de un centro educativo desde una perspectiva emprendedora. Sin embargo, es importante adaptar este proceso a las necesidades específicas y el contexto único de cada centro educativo. No lo olvides.

6.14. Recordatorio básico a través de preguntas

1. ¿Qué cuestiones deben de incluir en sus protocolos las Organización que aprenden y emprenden? Coméntalo brevemente.

2. ¿Cómo influyen las personas que integran los equipos rectorales, decanales, directivos y responsables de los departamentos de recursos en sus equipos y organizaciones? Coméntalo brevemente.

3. ¿Qué nos dice Senge sobre el cambio en las organizaciones?

4. ¿Señala seis valores personales para fomentar el espíritu emprendedor y coméntalos brevemente? Coméntalo brevemente.

5. 5¿Señala seis valores sociales para fomentar el espíritu emprendedor y coméntalos brevemente? Coméntalo brevemente.

6. ¿Señala seis variables contextuales que pueden ayudar al emprendimiento y coméntalos brevemente? Coméntalo brevemente.

7. ¿Qué habilidades y conocimientos son necesarios para desarrollar la capacidad de liderazgo? Coméntalo brevemente.

8. ¿Qué habilidades y conocimientos son necesarios para desarrollar la capacidad de diagnóstico? Coméntalo brevemente.

9. ¿Qué habilidades y conocimientos son necesarios para desarrollar la capacidad de gestión de proyectos? Coméntalo brevemente.

10. ¿Qué habilidades y conocimientos son necesarios para desarrollar la capacidad de gestión del tiempo? Coméntalo brevemente.

11. ¿Qué habilidades y conocimientos son necesarios para desarrollar la capacidad de gestión de equipos de trabajo? Coméntalo brevemente.

12. ¿Qué habilidades y conocimientos son necesarios para desarrollar la capacidad de gestión de conflictos? Coméntalo brevemente.

13. ¿Qué habilidades y conocimientos son necesarios para desarrollar la capacidad de gestión de la comunicación? Coméntalo brevemente.

14. ¿Qué habilidades y conocimientos son necesarios para desarrollar la capacidad de gestión de las emociones? Coméntalo brevemente.

15. ¿Qué habilidades y conocimientos son necesarios para desarrollar la capacidad gestión del autoaprendizaje? Coméntalo brevemente.

16. ¿Qué habilidades y conocimientos son necesarios para desarrollar la capacidad de gestión del cambio? Coméntalo brevemente.

17. Escribe 10 puestos en los que puede trabajar un/a pedagogo/a?

18. ¿Qué competencias debe tener una persona formadora, descríbelas brevemente? Coméntalo brevemente.

19. ¿Qué competencias debe tener una persona que gestione la formación, descríbelas brevemente? Coméntalo brevemente.

20. ¿Qué entiendes por cambio cultural? Coméntalo brevemente. Coméntalo brevemente.

6.15. Lecturas complementarias y videoteca de apoyo

*ÁLVAREZ-ARREGUI, E. (Coord.) (2023*a). *Organización y Gestión de Edusistemas en Transformación: retos, visiones y propuestas de mejora.* Universidad de Oviedo.

*ÁLVAREZ-ARREGUI, E. (Coord.) (2023*b). *Organización y Gestión de Instituciones Educativas en Momentos de Cambio: Avances y Desafíos.* Universidad de Oviedo.

ÁLVAREZ-ARREGUI, E. Y ARREGUIT, X. (2019). The future of the University and the university of the future. Ecosystems of continuous training for a learning and teaching society sustainable and responsible. *Aula Abierta, 48* (4) 447-480.

ÁLVAREZ-ARREGUI, E. Y CANTÓN-MAYO, I. (2023). Centros educativos y comunidades en evolución. Ecosistemas creativos y emprendedores de calidad. En Herrán Gascón, A. y Medina Rivilla, A. *Didáctica General. Formarse para Educar* (pp. 33-56). Octaedro.

ÁLVAREZ-ARREGUI, E. Y RODRÍGUEZ-FERNÁNDEZ, C. (2023). Desarrollo de competencias STEAM en centros educativos de Economía Social: Guía de buenas prácticas para reforzar la presencia de la mujer en la ciencia y la innovación. ASATA.

- VIDEO MOTIVACIONAL PARA EMPRENDEDORES

https://www.youtube.com/watch?v=KoYGSYG8wjA

- DEFINICIÓN DE EMPRENDEDOR

https://www.youtube.com/watch?v=bL3tCdzBASE

- EMPRENDER PARA APRENDER

https://www.youtube.com/watch?v=w60V-oYflJY

- CARACTERÍSTICAS DE UN EMPRENDEDOR

https://www.youtube.com/watch?v=DTdytcNHf50

- LAS CLAVES DEL EMPRENDIMIENTO SOCIAL

https://www.youtube.com/watch?v=FGIMk7B87Yg

- APRENDER A EMPRENDER

https://www.youtube.com/watch?v=iDRLlmV7ymM

BIBLIOGRAFÍA

AAVV (2005). *El proceso de selección de personas.* Formastur.

AAVV (2005). *Evaluación Personal del Desempeño.* Formastur.

AAVV (2008). *Máster en Gestión y Dirección de Recursos humanos.* EAGE y T.M.

AAVV (2005a). *Las competencias: Un Nuevo Enfoque para la Gestión Empresarial.* Formastur.

AAVV (2005b). *La Definición e Implantación de un Modelo de Competencias en la Empresa.* Formastur.

AAVV (2005c). ¿Cómo evaluar las Competencias en la *Empresa?* Formastur.

AAVV (2005d). *Competencias: Cómo afecta a la Gestión Integral de Recursos Humanos.* Formastur.

AAVV (2005e). *Métodos de Identificación de Competencias y su Definición para Valoración posterior.* Formastur.

AAVV (2005f). *Planificación, Comunicación y Puesta en Marcha del Sistema Competencial.* Formastur.

AAVV (2005g). *Puesta en práctica del Proceso de Evaluación.* Formastur.

AINSCOW, M. (2009). *Desarrollo de escuelas inclusivas.* Narcea

ÁLVAREZ-ARREGUI, E. (2002). *Acción directiva y cultura escolar. Influencia del liderazgo en el desarrollo institucional de los centros educativos.* Servicio de Publicaciones de la Universidad de Oviedo.

ÁLVAREZ-ARREGUI, E. (2008). El EEES desde una perspectiva de cambio. Nuevas bases para el diseño de los Planes de Estudio en el EEES y su incidencia en el Sistema Educativo. *Ecoformación, Transdisciplinariedad e Interculturalidad.* Universidad Complutense.

ÁLVAREZ-ARREGUI, E. (2008). El Espacio Europeo de Educación Superior (EEES) desde una perspectiva de cambio. Lecturas sobre el continente y el contenido de la docencia. *I Congreso Internacional Nuevas Bases para el Diseño de los Planes de Estudio en el EEES y su Incidencia en el Sistema Educativo: Ecoformación, Transdisciplinariedad e Interculturalidad.*

ÁLVAREZ-ARREGUI, E. (2010a). La universidad ante la excelencia: Posibilidades y límites en períodos de incertidumbre. *XI Congreso Internacional de Instituciones Educativas.* Universidad de Castilla-La Mancha.

ÁLVAREZ-ARREGUI, E. (2010b). La Universidad desde una perspectiva de cambio: En busca de la excelencia. *I Congresso Ibero-Brasileiro.* Elvas.

ÁLVAREZ-ARREGUI, E. (2017). *Proyecto Docente de Organización Escolar.* Inédito.

ÁLVAREZ-ARREGUI, E. (2019). The evolution of the University in the Learning and Teaching Society. The value of skills in professional and personal development. *Aula Abierta, 48,* (4) 349-373.

ÁLVAREZ-ARREGUI, E. (2021). El valor de los ecosistemas de formación para el desarrollo de una educación inclusiva sostenible. En *¡Hablemos de inclusión! Buenas prácticas comunicativas en Educación,* coordinado por Nahia Idoiaga Mondragón, María Dosil Santamaría, Oihana Leonet Sieso, Maitane Belaski Txertudi. Graó. (9-39).

ÁLVAREZ-ARREGUI, E. (Coord.) (2017). *Universidad, Investigación y Conocimiento: Avances y Retos.* Servicio de Publicaciones de la Universidad de Oviedo.

ÁLVAREZ-ARREGUI, E. (Coord.) (2018). *Universidad, Investigación y Conocimiento: Comprensión e intervención en una sociedad compleja.* Servicio de Publicaciones de la Universidad de Oviedo.

ÁLVAREZ-ARREGUI, E. (Coord.) (2023a). Organización y Gestión de Edusistemas en Transformación: retos, visiones y propuestas de mejora. Universidad de Oviedo.

ÁLVAREZ-ARREGUI, E. (Coord.) (2023b). Organización y Gestión de Instituciones Educativas en Momentos de Cambio: Avances y Desafíos. Universidad de Oviedo.

ÁLVAREZ-ARREGUI, E. Y ARREGUIT, X. (2019). The future of the University and the university of the future. Ecosystems of continuous training for a learning and teaching society sustainable and responsible. *Aula Abierta, 48* (4) 447-480.

ÁLVAREZ-ARREGUI, E. Y ARREGUIT, X. (2020). ¿Hacia dónde apunta la brújula en Educación? Ecosistemas de formación continua y dual para el desarrollo sostenible de competencias en la Universidad. Servicio de Publicaciones de la Universidad.

ÁLVAREZ-ARREGUI, E. Y CANTÓN-MAYO, I. (2023). Centros educativos y comunidades en evolución. Ecosistemas creativos y emprendedores de calidad. En Herrán Gascón, A. y Medina Rivilla, A. *Didáctica General. Formarse para Educar* (pp. 33-56). Octaedro.

ÁLVAREZ-ARREGUI, E. Y RODRÍGUEZ-FERNÁNDEZ, C. (2023). Desarrollo de competencias STEAM en centros educativos de Economía Social: Guía de buenas prácticas para reforzar la presencia de la mujer en la ciencia y la innovación. ASATA.

ÁLVAREZ-ARREGUI, E. y RODRÍGUEZ-MARTÍN, A. (2010). La perspectiva de los estudiantes sobre la asignatura de Organización y Gestión de Centros Educativos planteada como ecosistema básico de formación. *XI Congreso Internacional de Instituciones Educativas.*

ÁLVAREZ-ARREGUI, E. Y RODRÍGUEZ-MARTÍN, A. (2010b). La perspectiva de los estudiantes sobre la asignatura de Organización y Gestión de Centros Educativos planteada como ecosistema básico de formación. Ponencia presentada en el *XI Congreso Internacional de Instituciones Educativas.*

ÁLVAREZ-ARREGUI, E. Y RODRÍGUEZ-MARTÍN, A. (2011a). Aprender a emprender en la Universidad del siglo XXI con Ecosistemas de Formación blended-learning. *X Simposio Iberoamericano en Sistemas, Cibernética e Informática (CISCI 2011).*

ÁLVAREZ-ARREGUI, E. Y RODRÍGUEZ-MARTÍN, A. (2011b). Aprender a emprender en la universidad del siglo XXI con Ecosistemas de Formación blended-learning. Ponencia presentada en el *X Simposio Iberoamericano en Sistemas, Cibernética e Informática (CISCI 2011).*

ÁLVAREZ-ARREGUI, E. y RODRÍGUEZ-MARTÍN, A. (2011c). La universidad y el cambio. La innovación de la docencia universitaria como estrategia de adaptación. I Congreso Internacional RIAICES. Universidad del Algarve, Faro, Portugal.

ÁLVAREZ-ARREGUI, E. y RODRÍGUEZ-MARTÍN, A. (2011d). Los desafíos de la Universidad en una Sociedad Global. Los ecosistemas de formación como propuesta de cambio. *VIII Symposium Iberoamericano de Educación, Cibernética e Informática.* Orlando, EEUU.

ÁLVAREZ-ARREGUI, E. Y RODRÍGUEZ-MARTÍN, A. (2012). Ecosistemas de Formación Emprendedores. Una alternativa para la mejora de la docencia y el desarrollo profesional. *Revista de Organización y Gestión de Centros Educativos (93)* (1) Enero y Febrero (31-33)

ÁLVAREZ-ARREGUI, E. Y RODRÍGUEZ-MARTÍN, A. (2013). Diseño de Acciones Formativas. Oviedo. Instituto de Administraciones Públicas Adolfo Posada.

ÁLVAREZ-ARREGUI, E. Y RODRÍGUEZ-MARTÍN, A. (2013). *Gestión de la Formación en las Organizaciones desde una perspectiva de cambio. Principios básicos y estrategias de intervención.* Ediuno.

ÁLVAREZ-ARREGUI, E. y RODRÍGUEZ-MARTÍN, A. (2013). La cultura emprendedora como motor del cambio. *Revista Aula de Innovación Educativa (220),* 51-57.

ÁLVAREZ-ARREGUI, E. Y RODRÍGUEZ-MARTÍN, A. (2014). *Innovando a través de proyectos. Organización, Liderazgo y Compromiso.* Editorial Ediuno.

ÁLVAREZ-ARREGUI, E. Y RODRÍGUEZ-MARTÍN, A. (2015). *Aprender a mirar las organizaciones desde una visión inclusiva. Avanzando desde la práctica hacia un modelo ecosistémico de formación y gestión.* Editorial Ediuno.

ÁLVAREZ-ARREGUI, E., RODRÍGUEZ-MARTÍN, A. Y RIBEIRO GONÇALVES, F. (2011). Ecosistemas de formación blended-learning para emprender y colaborar en la universidad. Valoración de los estudiantes sobre los recursos. *Revista Teoría de la Educación: Educación y Cultura en la Sociedad de la Información. 12*(4), 7-24.

ÁLVAREZ-ARREGUI, E.; RODRÍGUEZ-MARTÍN, A.; BELVER MENÉNDEZ, J. L. Y RODRÍGUEZ-DÍAZ, J. (2023). Clima profesional en los institutos de educación secundaria. *Revista Bordón. 75, 1,* 15-33.

ÁLVAREZ-ARREGUI, E.; RODRÍGUEZ-MARTÍN, A.; MADRIGAL MALDONADO, R.; GROSSI -SAMPEDRO, B. G.; Y ARREGUIT, X. (2017). Ecosystems of media training and competence. International assessment of its implementation in Higher Education. *Comunicar, 51,* XXV, 105-114.

ARGYRIS, C. y SCHÖN, D. (1978). *Organizational learning: A theory of action perspective.* Reading, Mass: Addison Wesley.

ARONSON, E. (1978). *The Jigsaw classroom.* Sage.

ARREGUIT, X. AND HUGUES, J. F. (2019). Competences and Education for Tomorrow's Jobs and Challenges: A Company´s Perspective. *Aula Abierta 48* (4) 373-392.

BARBER, A. (1998). *Recruiting Employees Individual and Organizational Perspective.* Thousand Oaks: Sage Publications.

BARON, J.N. Y KREPS, D.M. (1999). *Strategic human resources. Frameworks for general managers.* Jon Wiley & Sons.

BEARD, C. (2010). *The experiential learning toolkit: blending practice with concepts.* Kogan Page.

BENNIS, W. Y GOLDSMITH, J. (20104). *Learning to Lead. A workbook on becoming a leader.* Basic Books.

BERTALANFFY, L. (1982). *Teoría general de sistemas.* FCE.

BOOTH, T. & AINSCOW, M. (2015). *Guía para la Educación Inclusiva. Desarrollando el aprendizaje y la participación en los centros escolares.* OEI/FUHEM.

BRANNICK, M.T. Y LEVINE, E.L. (1998). Job analysis. En L.H. Peter, CH. R. Greer y S.A. Youngblood (eds.). Encyclopedic dictionary of human resource management. Blackwell.

BRODO, J. A. (2006). Today's Ecosystem of e-learning. *Trainer Talk, Professional Society for Sales and Marketing Training. 3,* 4.

BRONFENBRENNER, U. (1987). *La Ecología del desarrollo humano.* Paidos.

BUNGE, M. (1980). *Epistemología.* Ariel.

CANTÓN MAYO, I. Y TARDIF, M. (Coords.) (2018) *Identidad profesional docente.* Narcea.

CANTÓN MAYO, I.; TURRADO-SEVILLA, M. A. Y SANTOS- LOZANO, A. (2017). Medida de innovaciones en escuelas de educación infantil y primaria *Revista de Estudios y Experiencias en Educación 16,* 32, 49- 66

CAÑIZARES PUERTA, P. (2002). La formación en las organizaciones. En P. Pineda, *Gestión de la formación en las organizaciones* (pp. 13-35). Ariel.

CARDY, R. L. Y DOBBINS, G. H. (1994). *Performance Appraisal: Alternative Perspectives.* South Western Publishing Company.

CASCIO, W. F. (1995). *Managing human resources.* McGraw-Hill.

CAST (2013). *Pautas para el Diseño Universal para el Aprendizaje* (DUA). Texto completo (Versión 2.0). Traducción al español: C. LABA, P. SÁNCHEZ, J.M. SÁNCHEZ y A. ZUBILLAGA.

CASTELLS, M. (1999). *La era de la información. Fin de milenio. Vol. 3.* Alianza.

COMISIÓN EUROPEA (2003). *Libro verde: El espíritu empresarial en Europa.* Bruselas, 21 .1.2003 COM (2003) 27 final.

COMISIÓN EUROPEA (2006). *Fomentar la mentalidad empresarial mediante la educación y la formación.* Bruselas, 13.2.2006 COM (2006) 33.

COMISIÓN EUROPEA (2008). Informe final del Grupo de Expertos. La iniciativa emprendedora en la enseñanza superior, especialmente en estudios no empresariales.

COMISIÓN EUROPEA (2010). Employers perception of graduate employability. Flash EB Series #304; Gallup.

COMISIÓN EUROPEA (2011). Annual Report on EU Small and Medium sized Enterprises 2010/2011.

COMISIÓN EUROPEA (2012 diciembre). Entrepreneurship 2020 Action Plan Reigniting the entrepreneurial spirit in Europe Brussels. COM (2012) 795 /2.

COMISIÓN EUROPEA (2012, marzo). Entrepreneurship Education at School in Europe. National Strategies, Curricula and Learning Outcomes. (EACEA P9 Eurydice and Policy Support).

CONSEJO EUROPEO (2000). Decisión del Consejo de 20 de diciembre de 2000 relativa al Programa plurianual en favor de la empresa y el espíritu empresarial, en particular para las pequeñas y medianas empresas (PYME) (2001/2005), 2000/819/CE, DOCE 29/12/2000.

CORTÉS, J. (2009). La Evaluación del Desempeño en el Estatuto Básico del Empleado Público. El Consultor de los Ayuntamientos y de los Juzgados nº 1, Quincena 15 – 29. Ene. 2009. Disponible en: http://www.nasdap.ejgv.euskadi.net/r50-7393/es/contenidos/informacion/autoformacion/es_com_virt/adjuntos/Evaluacion del_desempeno_consultor.pdf

COVEY, ST. (1992). *Los siete hábitos de la gente altamente eficaz.* Paidós.

CUÑAT GIMÉNEZ, R. J. (2022) Aplicación de la Teoría Fundamentada (Grounded Theory) al estudio del proceso de creación de empresas. *Revista de Innovación Educativa (32)*

CURÓS, M.P. Y DÍAZ, C. (2005). Liderazgo y coaching. En V. Oltra (coord.). *Desarrollo del factor humano*, págs. 247-273. Editorial UOC.

D.W. BRACKEN, C.W. TIMMERCK, Y A. H. Church (2001). *The handbook of multisource feedback: the compressive resource for designing and implements MSF processes.* Jossey-Bass

DAURA TOYOS, F. T. (2014). Los docentes universitarios y su concepción sobre el aprendizaje, la autorregulación y la personalización educativa. *Forum Qualitative Sozialforschung, 15*(2).

DAVIS, K. (1967). *Human Relations at Work.* Mc Graw-Hill.

DE BONO, E. (1986). *Seis sombreros para pensar. Una guía de pensamiento para gente de acción.* Granica.

DE BONO, E. (1992). *Seis pares de zapatos para la acción: Una solución para cada problema y un enfoque para cada solución.* Paidós Plural.

DELORS, J. (1996). *La educación encierra un tesoro.* Informe de la UNESCO de la Comisión Internacional sobre la educación para el siglo XXI. Santillana Ediciones UNESCO.

DEWEY, J. (1958). *Experiencia y educación.* Losada.

DICK, W.; CAREY, J. Y CAREY, J.O. (20056). The systematic design of instruction. Illinois: Pearson.

DIMITROV, V. (2001). Learning Ecology for Human and Machine Intelligence. Consultado el día 14 de diciembre de 2011. Disponible en: http://www.zulenet.com/vladimirdimitrov/pages/LearnEcologyHuman.html

DIRECCIÓN GENERAL DE POLÍTICA DE LA PEQUEÑA Y MEDIANA EMPRESA (2003). *El espíritu emprendedor. Motor de futuro.* Ministerio de Economía.

DRUCKER, P. F. (1981). *Las nuevas realidades: en el estado y la política, en la economía y los negocios, en la sociedad y en la imagen del mundo.* Edhasa.

ESCORCIA, J. Y BARROS, D. (2020) Gestión del conocimiento en Instituciones de Educación Superior caracterización desde una reflexión teórica *Revista de ciencias sociales, 26,* 83-97

FERNÁNDEZ, E. (2010). *Administración de empresas: Un enfoque interdisciplinar.* Paraninfo.

FERNÁNDEZ, J.S. (2000). *Sociología de los grupos escolares: Sociometría y Dinámica de Grupos.* Universidad de Almería.

FERRERO, E. GARCÍA, M.S. Y CANTÓN MAYO, I. (2020). Evaluación de la Gestión del Conocimiento y la Satisfacción en Futuros Maestros. *Aula Abierta,* Volumen 49, número 1, enero-marzo, 75-82.

FRITZEN, S. J. (1987). *La Ventana de Johari.* Sal Terrae.

FUNDACIÓN CONFEMETAL (2005). *El plan de formación de la empresa.* Fundación Confemetal.

GAETE QUEZADA, R. (2014). Reflexiones sobre las bases y procedimientos de la teoría fundamentada. *Ciencia, Docencia y Tecnología, 25*(48), 149-172.

GAIRÍN SALLÁN, J. Y CANTÓN MAYO, I. (2019). El diseño de los procesos de cambio en Educación (I). En J. Gairín, Organización *y Gestión de Centros* (pp. 1-18) Wolters Kluwer.

GAIRÍN, J. (1996). *Manual de organización de instituciones educativas.* Escuela Española.

GAIRÍN, J. (2008). Sentido y límites de las estrategias y procedimientos de intervención. En C. Armengol y J. Gairín, *Estrategias de formación para el cambio organizacional,* págs. 31-68. Wolster Kluver.

GAIRÍN, J. (2010). La evaluación del impacto en programas de Formación. *Revista Iberoamericana sobre Calidad, Eficacia y Cambio en Educación, 8,* 5. Disponible en: http://www.rinace.net/reice/numeros/arts/vol8num5/art1.pdf (Consultado el 4.12.2012).

GAIRÍN, J. (Ed.) (2012). Congreso Internacional EDO 2012. *Gestión del conocimiento y desarrollo organizativo: formación y formación corporativa.* Wolster Kluwer.

GALÁN, J.I. (2006). *Diseño Organizativo.* Thomson

GAN, F. Y TRIGINÉ, J. (2006). *Manual de instrumentos de gestión y desarrollo de las personas en las organizaciones.* Ediciones Díaz de Santos.

GARCÍA MARTÍN, S. Y CANTÓN MAYO, I. (2019). Identificación de variables mediadas por las intervenciones de gestión del Conocimiento en organizaciones escolares. *Revista Andamios, Revista de Investigación social del Colegio de Humanidades y Ciencias sociales de la Universidad Autónoma de la ciudad de México. 40*

GIMENO SACRISTÁN, J. (1988). *El curriculum, una reflexión sobre la práctica.* Morata.

GIMENO SACRISTÁN, J. (2008). *Educar por competencias. ¿Qué hay de nuevo?* Morata.

GOLDSTEIN, I.L. (1993). *Training in Organizations.* Pacific Grove: Books/cole.

GOÑI ZABALA, J. M. (2005). *El Espacio Europeo de Educación Superior, un reto para la Universidad.* Octaedro.

GROSSI SAMPEDRO, B. (2012). *Educación Emprendedora y Educación Superior.* Oviedo: Universidad. Tesis doctoral inédita.

HABERMAS, J. (1987). *Teoría de la acción comunicativa. I. Racionalidad de acción y racionalización social. II. Crítica de la acción funcionalista.* Taurus.

HAMNER, M. Y CHAMPY, J. (1994). *Reingeniería.* Norma.

HERNÁNDEZ, A. (2006). El análisis ocupacional y el proceso de selección. En A. Osca Segovia (coord.). *Selección, evaluación y desarrollo de los recursos humanos,* págs. 1-48. Editorial Sanz y Torres.

HOFSTADT, C.J. Y GÓMEZ, J.M. (2006). *Competencias y habilidades profesionales para universitarios.* Ediciones Díaz de Santos.

IMBERNÓN, F. (1994). *La formación del profesorado.* Paidós.

IMBERNÓN, F. (2007). *La formación permanente del profesorado. Nuevas ideas para formar en la innovación y el cambio.* Editorial Grao.

IMBERNÓN, F. (2008). La formación con una nueva metodología. En C. Armengol y J. Gairín, *Estrategias de formación para el cambio organizacional,* págs. 14-146. Wolster Kluver.

JENNIS, Ch. (2012). Trabajar de manera más inteligente utilizando el aprendizaje informal y el marco 70:20:10. En J. Gairín (Ed.), *Congreso Internacional EDO. Gestión del conocimiento y desarrollo organizativo: formación y formación corporativa.* (pp. 53-73). Wolster Kluwer.

KIRKPATRICK, D. Y KIRKPATRICK, J. (2006). *Evaluación de las acciones formativas. Los cuatro niveles.* EPISE y Gestión 2000.

LEWIN, K. (1988). *La teoría del campo en la ciencia social.* Barcelona.

LEY 20/2007, de 11 de julio, del Estatuto del trabajo autónomo. BOE nº 166 de 12 de julio de 2007.

LEY 3/2012, de 6 de julio, de medidas urgentes para la reforma del mercado laboral. BOE nº 162 de 7 de julio de 2012.

LEY 31/1995, de 8 de noviembre de Prevención de Riesgos Laborales BOE nº 269 de 10 de noviembre de 1995.

LEY 6/1996, de 15 de enero, del Voluntariado. BOE nº 15 de 17 de enero de 1996.

LEY DEL PRINCIPADO DE ASTURIAS 10/2001, de 12 de noviembre, del Voluntariado. BOPA nº 266 de 16 de noviembre de 2001.

LEY ORGÁNICA 11/1985, de 2 de agosto, de Libertad Sindical.

LEY ORGÁNICA 3/2022, de 31 de marzo, de ordenación e integración de la Formación Profesional.

LEY ORGÁNICA 5/2002, de 19 de junio, de las Cualificaciones y de la Formación Profesional. BOE nº 147 de 20 de junio de 2002.

LÓPEZ BARAJAS, E. (Coord.) (2006). *Estrategias de formación en el siglo XXI.* Ariel.

LÓPEZ CAMPS, J. (2005). *Planificar la formación con calidad.* Cisspraxis.

LÓPEZ NOGUERA, F (2005). *Metodología participativa en la enseñanza universitaria.* Narcea.

MARCELO, C. (1995). *Formación del Profesorado para el cambio Educativo.* EUB.

MARCO EUROPEO DE CUALIFICACIONES (MEC) http://ec.europa.eu/education/lifelong-learning-policy/doc44_en.htm3

MARCO EUROPEO DE REFERENCIA PARA GARANTÍA DE CALIDAD PARA LA EDUCACIÓN Y LA FORMACIÓN PROFESIONAL http://www.eqavet.eu/gns/home.aspx

MARTÍN GONZÁLEZ, Mª. T. Y QUIROZ NIÑO, C. (2006). El desarrollo profesional. En E. López Barajas, *Estrategias de formación en el siglo XXI,* págs. 317-346. Ariel.

MARTÍN QUINTANA, J.C. (1998). *Dinámicas de grupo.* ECCA.

MARTÍN, E. (2001). *Gestión de Instituciones Educativas Inteligentes. Un manual para gestionar* cualquier tipo de organización. MC Graw Hill

MCCLELLAN, D. C. (1987). *Human Motivation.* Cambridge University.

MEDINA DOMÍNGUEZ, C. (2012). *La empresa y la inversión en formación: ROI.* Editorial Universitas.

MILLAN, M.D. ET ALT. (1990) *Nuevas actividades profesionales para los profesionales de pedagogía*. Catalá de Nuevas profesiones,

MINISTERIO DE ECONOMÍA (2003). El espíritu emprendedor. Secretaría General de Educación y Formación Profesional.

MINTZBERG, H (1996). *La estructura de las Organizaciones.* Ariel

MOORE, M. G. (1990). Management of distance learning, en T. Husen y T.N. Postlethwaite (eds.). The International Encyclopedia of Education. *Research and Studies, Supplementary Volume Two,* págs. 168-171. Pergamon Press

MORAL SANTELLA, C. (1998). *Formación para la profesión docente.* GEU.

MORÍN, E. (1990). *Introduction à le pensé complexe.* ESF

MORÍN, E. (1992). El desafío de la globalidad. *Archipiélago, 16,* 67-71.

MORÍN, E. (1995). *Introducción al Pensamiento Complejo.* Gedisa.

NÓVOA, A. (2009). Para una formación de profesores construida dentro de la profesión. *Revista de Educación, 350,* 203 – 218.

OLTRA, V. (2005). Introducción al desarrollo del factor humano. En V. Oltra (coord.). *Desarrollo del factor humano,* pág. 17. Editorial UOC.

OSCA, A. (2006). ¿Cómo mejorar el reclutamiento? En A. Osca Segovia (coord.). *Selección, evaluación y desarrollo de los recursos humanos*, págs. 83-114. Editorial Sanz y Torres.

PANIKER, S. (1984). La Ecología como paradigma. R. Tamames (Dir.). *El libro de la Naturaleza.* El País.

PERRENOUD, F. (2004). *Diez nuevas competencias para enseñar.* Editorial Graó.

PINEDA, P. (1995). *Auditoría de la formación.* Gestión 2000.

PINEDA, P. (2002). Evaluación de la formación en las organizaciones. En P. Pineda, *Gestión de la formación en las organizaciones.* Ariel.

PONT, E. (1997). La formación de los recursos humanos en las organizaciones. En J. Gairín y A. Fernández (coord.). *Planificación y gestión de instituciones de formación*, pág. 321. Praxis.

REAL DECRETO 1717/2012, de 28 de diciembre, por el que se fija el salario mínimo interprofesional para 2013. BOE nº 31 de diciembre de 2012.

REAL DECRETO 486/1997, de 14 de abril, por el que se establecen las disposiciones mínimas de seguridad y salud en los lugares de trabajo. BOE nº 97 de 23 de abril de 1997.

REAL DECRETO 659/2023, de 18 de julio, por el que se desarrolla la ordenación del Sistema de Formación Profesional.

REAL DECRETO LEGISLATIVO 1/1994, de 20 de junio, de la Seguridad Social. BOE nº de 154 de 29 de junio de 1994.

REAL DECRETO LEGISLATIVO 1/1995, de 24 de marzo, por el que se aprueba el texto refundido de la Ley del Estatuto de los trabajadores.

REAL DECRETO-LEY 1/2013, de 25 de enero, por el que se prorroga el programa de recualificación profesional de las personas que agoten su protección por desempleo y se adoptan otras medidas urgentes para el empleo y la protección social de las personas desempleadas. BOE nº 23 de 26 de enero de 2013.

REAL DECRETO-LEY 3/2012, de 10 de febrero, de medidas urgentes para la reforma del mercado laboral. BOE nº 33 de 11 de febrero de 2012.

RIASCOS ERAZO, S. C., GARCÍA-DOMÍNGUEZ, A. J., Y AGUILERA-CASTRO, A. (2021). Gestión del conocimiento en el sector industrial. *Revista Venezolana de Gerencia, 26*, 632–649.

ROBBINS, S.P. (2004). *Comportamiento Organizacional.* Pearson Educación.

RODRÍGUEZ M.D (2005). *Diagnóstico Organizacional.* Alfaomega.

RODRÍGUEZ SERRANO, J.C. (2005). Gestión del puesto de trabajo. En V. Oltra (coord.). *Desarrollo del factor humano*, págs. 61-103. Editorial UOC.

RODRÍGUEZ, M. (2006). Gestión de la Formación. La importancia de la Formación en el Ámbito Empresarial Actual. Vigo: Ideaspropias editorial.

RODRÍGUEZ-MARTÍN, A. Y ÁLVAREZ-ARREGUI, E. (2017). Educación inclusiva: avances desde la reflexión, la práctica y la investigación. *Revista Aula Abierta, 46*(2),5-7.

RODRÍGUEZ-MARTÍN, A.; ÁLVAREZ-ARREGUI, E. Y ORDIALES-IGLESIAS, T. (2020). *Huellas para la inclusión. Fundamentos para responder a la diversidad e implementar el D.U.A.* Ediuno.

SÁNCHEZ, A.J.; MELIÁN, A. Y HORMIGA, E. (2007). El concepto de capital intelectual y sus dimensiones. *Investigaciones europeas de Dirección y Economía de las* Empresas, 13, 2, 97-111.

SCHEIN, E.H. (2010). *Organizational culture and leadership.* Jon Wiley & Sons.

SENGE, P. (1994). *La Quinta disciplina. El arte y la práctica de la organización abierta al aprendizaje.* Granica.

SISTEMA EUROPEO DE CRÉDITOS PARA LA EDUCACIÓN Y LA FORMACIÓN PROFESIONAL (ECVET) http://ec.europa.eu/education/lifelong-learningpolicy/doc50_en.htm

SISTEMA EUROPEO DE TRANSFERENCIA Y ACUMULACIÓN DE CRÉDITOS (ECTS) http://ec.europa.eu/education/lifelong-learningpolicy/doc48_en.htm

STEWART, T.A. (1994). Yout Company´s most valuable asset: intellectual capital. *Fortune, 3*, octubre, pp. 68-74.

STRAUSS, A. L. & CORBIN, J. (2002). *Bases de la investigación cualitativa: técnicas y procedimientos para desarrollar la teoría fundada* (1. ed.). Editorial Universidad de Antioquia.

TEBA, R. Y TEJERO, J. (2005). Procesos de desarrollo del factor humano. En V. Oltra (coord.). *Desarrollo del factor humano*, págs. 105-214. Barcelona: Editorial UOC.

TEJADA, J. (2001). El perfil profesional del pedagogo en la formación: una mirada desde las salidas profesionales. En P. Vicente y E. Molina, (coords.). *Salidas profesionales de los estudiantes de Pedagogía*, Grupo Editorial Universitario.

TÉLLEZ-MARTÍNEZ, S.; CANTÓN-MAYO, I.; GARCÍA-MARTÍN, S. (2021). Impedimentos a la consecución de la satisfacción y el bienestar docente. *Campus Virtuales, 10*(1), 185-193.

TIKUNOFF, W. Y. (1979). Context variables of a Tezhing-Learning Event. En D. BENNET AND D. MCNAMARA, *Focus on Teaching. Readings in the observation and conceptualizativon of Teaching.* Longman.

TOFFLER, A. (1970). *Future Shock.* Random House.

VAN DEN BERGHE, W. (1998). Aplicación de las normas ISO 9000 a la enseñanza y la formación. *Revista Europea de la Formación Profesional,* CEDEFOP, núm. 15, setiembre-diciembre 1998.

GLOSARIO

ACCIÓN FORMATIVA. Conjunto de conocimientos teórico-prácticos y profesionales estructurados en una unidad pedagógica secuenciada (Fuente, Álvarez-Arregui, 2017).

ACTITUD. Regulador de la operación mental asociada a una competencia, las actitudes tienen que ver con comportamientos estables y con tendencias a actuar de una determinada manera. Suelen estar asociadas a valores y creencias propias de la persona (Fuente: Goñi Zabala, 2005)

ACTIVIDAD. Trabajo que realiza un estudiante con el fin de realizar la tarea propuesta normalmente por el docente, para lograr los aprendizajes. (Fuente: Goñi Zabala, 2005)

ARTEFACTOS. Acepción antropológica que está utilizada para definir cualquier elemento material visible que permite identificar la cultura de una organización (Fuente, Álvarez-Arregui, 2017).

BENCHMARKING. Proceso sistemático y continuo para evaluar los productos, servicios y procesos de trabajo de las organizaciones reconocidas como las mejores prácticas. (Fuente, Álvarez-Arregui, 2017).

CAMBIO. Las culturas son vivas, como los seres humanos. Y, como en ellos, su continuidad no es estática sino dinámica. Aun cuando mantengamos una fuerte lealtad a nuestra identidad cultural, ninguno de nosotros vive en su cultura como otras generaciones. Las únicas culturas estáticas son las que ya han desaparecido o han quedado congeladas en los museos. Este cambio se produce por dos vías complementarias, cada vez más entreveradas: por la evolución interna del grupo a medida que va ganado experiencia o va reaccionando a cambios en su entorno, y por influencia externa en el permanente intercambio con otros grupos culturales (Fuente Álvarez-Arregui, 2017)

CAMBIO. Las culturas son vivas, como los seres humanos. Y, como en ellos, su continuidad no es estática sino dinámica. Aun cuando mantengamos una fuerte lealtad a nuestra identidad cultural, ninguno de nosotros vive en su cultura como otras generaciones (Fuente, Álvarez-Arregui, 2017).

CAMPANA DE GAUSS. La campana de Gauss es una representación gráfica de la distribución normal de un grupo de datos. Éstos se reparten en valores bajos, medios y altos, creando un gráfico de forma acampanada y simétrica (Fuente, Álvarez-Arregui, 2017).

CICLOS DE VIDA. Se denominan también fases de vida y definen el período temporal a través del cual se suceden las fases de desarrollo de un servicio o producto dentro una organización. (Fuente, Álvarez-Arregui, 2017).

COACHING. Técnica que permite a los líderes de una organización mejorar sus capacidades de trabajo en equipo, incrementar su carisma y empatía y, por tanto, su influencia sobre sus empleados y colaboradores. Consiste en la orientación profesional externa que recibe un líder para mejorar sus habilidades y mejorar su desempeño. (Fuente, Álvarez-Arregui, 2017).

COLABORADOR. Se emplea para desinar aquél personal de las organizaciones que no tiene vinculación contractual, pero ayuda a la realización de las acciones que tiene atribuidas la organización para lograr un fin concreto. Similar al concepto de persona que ejerce el "voluntariado" según el art. 3 de la Ley 6/1996, de 15 de enero, del Voluntariado. (Fuente, Álvarez-Arregui, 2017).

CONDUCTA DE RELACIÓN. Grado en que el líder se comunica con los miembros de su equipo aportando apoyo socioafectivo y facilitando el trabajo. (Fuente, Álvarez-Arregui, 2017).

CONDUCTA DE TAREA. Grado en que el líder explica lo que deben hacer sus empleados o colaboradores, cuándo, dónde y cómo realizar la tarea. (Fuente, Álvarez-Arregui, 2017).

CRITERIO DE EVALUACIÓN. Es una competencia que hace relación a otra de orden más general que se quiere evaluar. Al ser más concreta es más fácil de evaluar y se puede utilizar como indicador del grado de logro de la general. Es habitual que se definan varios criterios de evaluación para una competencia. De esta manera se dispone de un buen número de indicadores que permiten evaluar con garantías la competencia. (Fuente: Goñi Zabala, 2005)

CULTURA EMPRENDEDORA. Es un concepto íntimamente ligado al sentido de la iniciativa y a la innovación. La cultura emprendedora consiste en identificar oportunidades y el desarrollo de capacidades de cambio, experimentar con las ideas propias y reaccionar con mayor apertura y flexibilidad. Presenta una doble faceta, por un lado, saber lanzar nuevos proyectos con autonomía, capacidad de asumir riesgos, con responsabilidad, con intuición, con capacidad de proyección al exterior y con capacidad de reaccionar y resolver los problemas. Por otro lado, también supone saber llevar a cabo proyectos de otros con el mismo espíritu de innovación, responsabilidad y autonomía. (Fuente Álvarez-Arregui, 2017)

CULTURA EMPRENDEDORA. Es un concepto íntimamente ligado al sentido de la iniciativa y a la innovación. La cultura emprendedora consiste en identificar oportunidades y el desarrollo de capacidades de cambio, experimentar con las ideas propias y reaccionar con mayor apertura y flexibilidad. Presenta una doble faceta, por un lado, saber lanzar nuevos proyectos con autonomía, capacidad de asumir riesgos, con responsabilidad, con intuición, con capacidad de proyección al exterior y con capacidad de reaccionar y resolver los problemas. Por otro lado, también supone saber llevar a cabo proyectos de otros con el mismo espíritu de innovación, responsabilidad y autonomía. (Fuente, Álvarez-Arregui, 2017).

DAFO. Es el acrónimo formado por las primeras letras de Debilidades, Amenazas, Fortalezas y Oportunidades. Las debilidades y fortalezas son internas a la organización o las personas y se puede actuar sobre ellas con facilidad; las oportunidades y amenazas las presenta el contexto, el ambiente o la situación, y la principal acción que podemos realizar con respecto a ellas es preverlas. En algunos contextos iberoamericanos se emplea el acrónimo FODA para enfatizar los elementos positivos frente a los negativos. (Fuente, Álvarez-Arregui, 2017).

DERECHO. Conjunto de principios y normas, expresivos de una idea de justicia y de orden, que regulan las relaciones humanas en toda sociedad y cuya observancia puede ser impuesta de manera coactiva. (Fuente, Álvarez-Arregui, 2017).

ECOSISTEMA. En primer lugar, la palabra “ecosistema”, tal y como recoge el diccionario de la Real Academia Española, procede de la raíz griega eco - oiko-, que significa “morada” o “ámbito vital” y de la palabra latina -systema- que hace referencia a un conjunto de cosas que relacionadas entre sí ordenadamente contribuyen a determinado objeto. En conjunto y adoptando una perspectiva biológica podemos definir la palabra “ecosistema” como una comunidad de seres vivos (biocenosis) cuyos procesos vitales se relacionan entre sí y se desarrollan en función de los factores físicos de un mismo ambiente (biotopo). (Fuente Álvarez-Arregui, 2017)

ECOSISTEMA. En primer lugar, la palabra “ecosistema”, tal y como recoge el diccionario de la Real Academia Española, procede de la raíz griega eco - oiko-, que significa “morada” o “ámbito vital” y de la palabra latina -systema- que hace referencia a un conjunto de cosas que relacionadas entre sí ordenadamente contribuyen a determinado objeto. En conjunto y adoptando una perspectiva biológica podemos definir la palabra “ecosistema” como una comunidad de seres vivos (biocenosis) cuyos procesos vitales se relacionan entre sí y se desarrollan en función de los factores físicos de un mismo ambiente (biotopo). (Fuente, Álvarez-Arregui, 2017).

EDUSISTEMA. El término se refiere a un sistema educativo, es decir, a un conjunto organizado de elementos interrelacionados que interactúan para lograr objetivos específicos en este ámbito. Este sistema incluye diversos componentes, como instituciones educativas (escuelas, universidades, etc.), profesores, estudiantes, currículo, recursos educativos, políticas educativas, métodos de enseñanza, evaluación, entre otros. El Edusistema abarca tanto los aspectos formales, no formales e informales de la educación y puede variar significativamente según el país, la región o incluso la institución específica. Su objetivo principal es facilitar la adquisición de conocimientos, habilidades y valores que permitan el desarrollo integral de las personas físicas y jurídicas para que tengan un impacto positivo en la sociedad y en el planeta. (Fuente Álvarez-Arregui, 2023)

EMANCIPADO. Situación legal que capacita a un mayor de 16 años para regir su persona y sus viene como si fuera mayor de edad. Se obtiene por matrimonio, concesión de los padres o concesión judicial. (Fuente, Álvarez-Arregui, 2017).

EMPOWERMENT. Consiste en proceso estratégico donde se delega poder y autoridad a los subordinados y se crea un ambiente en el cual los empleados de todos los niveles sientan que tienen una influencia real sobre los estándares de calidad, servicio y eficiencia de la organización, lo que genera aumento del sentido de compromiso y autocontrol. (Fuente, Álvarez-Arregui, 2017).

EQUIPO DE TRABAJO. Determinado tipo de grupo donde se desarrollan ciertas condiciones de eficacia y eficiencia y constituido por un número de personas con habilidades complementarias y con un propósito común y mutuamente responsables de la realización del cometido encomendado. (Fuente, Álvarez-Arregui, 2017).

EVALUACIÓN. Proceso que implica un conjunto de técnicas, instrumentos y criterios con el objetivo de identificar y obtener información útil sobre el grado de consecución de una acción de acuerdo a las previsiones iniciales para servir de guía en la toma de decisiones posteriores. (Fuente, Álvarez-Arregui, 2017).

FUENTES DEL DERECHO. Lo constituyen las forman en las que se manifiestan las normas jurídicas. (Fuente, Álvarez-Arregui, 2017).

GOBERNANZA. Arte o manera de gobernar que se propone como objetivo el logro de un desarrollo económico, social e institucional duradero, promoviendo un sano equilibrio entre el Estado, la sociedad civil y el mercado de la economía (Fuente Álvarez-Arregui, 2017)

GOBERNANZA. Arte o manera de gobernar que se propone como objetivo el logro de un desarrollo económico, social e institucional duradero, promoviendo un sano equilibrio entre el Estado, la sociedad civil y el mercado de la economía. (Fuente, Álvarez-Arregui, 2017).

GRUPO. Conjunto de personas que se necesitan mutuamente para actuar, aprovechando el talento colectivo, producido por cada persona en su interacción con los demás (Fuente, Álvarez-Arregui, 2017).

JUSTICIA ORGANIZACIONAL. La teoría de la justicia organizacional propone que los empleados y miembros de una organización no estarán motivados a contribuir con sus aportaciones a menos que perciban el uso de procedimientos justos para distribuir los resultados de la organización y que serán tratados con justicia por los directivos. Se identifican cuatro formas de justicia organizacional: la justicia distributiva, la justicia procedimental, la justicia interpersonal y la justicia informativa. (Fuente, Álvarez-Arregui, 2017).

LIDERAZGO SITUACIONAL. Describe cómo tendrían que adaptar los líderes su estilo para dar respuesta al deseo de cambio de sus empleados o colaboradores (realización, experiencia, capacidad y asunción de responsabilidades). La teoría del Liderazgo situacional fue presentada en 1969 por P. Hersey y K.H. Blanchard. (Fuente, Álvarez-Arregui, 2017).

LIDERAZGO. Procesos de dirigir e influir en las actividades o responsabilidades de los demás miembros de un grupo u organización. (Fuente, Álvarez-Arregui, 2017).

MADUREZ DEL EQUIPO. Capacidad de formular metas altas pero alcanzables (motivación de logro) y de asumir responsabilidades y nuevas experiencias. (Fuente, Álvarez-Arregui, 2017).

MODELO MENTAL. Conjunto de esquemas, conceptos, experiencias que estructuran, definen y dan sentido a la forma en el que las personas entienden y analizan la realidad. (Fuente, Álvarez-Arregui, 2017).

NECESIDAD FORMATIVA. Generalmente se entiende como la diferencia entre las capacidades que son necesarias para desempeñar de forma efectiva las tareas del puesto y las que realmente posee la persona. Estas capacidades humanas son los conocimientos, las habilidades y las aptitudes. (Fuente, Álvarez-Arregui, 2017).

NETWORKING. Término que cada vez se escucha más en Internet relacionado con temas laborales y redes sociales. Se considera una práctica común con la que la gente es ayudada por sus amigos o contactos para obtener un trabajo o posición. (Fuente, Álvarez-Arregui, 2017).

OBJETO DE APRENDIZAJE. Objeto (también grupos) sobre los que se opera mentalmente y que, de manera asociada e inseparable de la operación mental forman parte de cualquier aprendizaje. (Fuente: Goñi Zabala, 2005)

OPERACIÓN. Acción interiorizada que se realiza utilizando códigos simbólicos. Toda competencia exige la puesta en acción de operaciones mentales (Fuente: Goñi Zabala, 2005)

PLAN DE FORMACIÓN. Conjunto coherente y ordenado de acciones formativas concretas que se establece en una organización durante (Fuente, Álvarez-Arregui, 2017).

RESILIENCIA. Capacidad humana de asumir con flexibilidad situaciones límite y sobreponerse a ellas (Fuente Álvarez-Arregui, 2017)

SÍNDROME DEL QUEMADO. También denominado Burnout o Síndrome de estar quemado por el trabajo. Consiste es una respuesta inadecuada a un estrés crónico y que se caracteriza por tres dimensiones: cansancio o agotamiento emocional, despersonalización o deshumanización y falta o disminución de realización personal en el trabajo (Fuente Álvarez-Arregui, 2017)

SISTEMA CENTRADO EN EL ESTUDIANTE. Sistema de currículum que se estructura desde la perspectiva del trabajo a realizar por el estudiante en contraposición a los sistemas que se basan en el trabajo del docente. Se concreta por medio del concepto carga de trabajo. (Fuente: Goñi Zabala, 2005)

SISTEMA. Conjunto de reglas, cosas o principios sobre una materia racionalmente enlazados entre sí que ordenadamente contribuyen a determinado objeto y que, por tanto, se afectan recíprocamente a lo largo del tiempo. (Fuente, Álvarez-Arregui, 2017).

SUPLEMENTO DEL DIPLOMA. (DS DIPLOMA SUPPLEMENT). Documento que se añade al título otorgado por cada país y que contiene información que permite su homologación en el EEES. (Fuente: Goñi Zabala, 2005)

TAREA. Propuesta de trabajo que realiza, normalmente, un docente a un estudiante con la finalidad de que trabaje competencias propias del plan docente. (Fuente: Goñi Zabala, 2005)

TAREAS COOPERATIVAS O COLABORATIVAS. Son aquellas tareas en las que el destinatario del trabajo a realizar es un grupo, las personas que componen el grupo deben colaborar d manera cooperativa para el desarrollo de las tareas y el resultado final será, por lo menos en una parte significativa, único y compartido. (Fuente: Goñi Zabala, 2005)

TAREAS DE DESARROLLO. Las tareas de desarrollo son aquellas que se proponen con la intención de conseguir las competencias propuestas en el curriculum. (Fuente: Goñi Zabala, 2005)

TAREAS DE INICIO O INICIALES. Las tareas de inicio son aquellas que se hacen al principio de cualquier proceso de enseñanza-aprendizaje. Estas tareas suelen tener como objeto presentar el recorrido a realizar por el alumno y comentar la propuesta curricular; motivar al alumno, detectar sus conocimientos previos sobre las cuestiones a abordar posteriormente. (Fuente: Goñi Zabala, 2005)

TAREAS DE SÍNTESIS. Las tareas de síntesis son aquellas que se realizan al final del proceso instructivo y tienen por función repasar y resumir lo más importante de lo aprendido en el período de tiempo que abarca el citado proceso. (Fuente: Goñi Zabala, 2005)

TRABAJADOR. Aquella persona que se ocupa de cualquier actividad física o intelectual y tiene una ocupación remunerada en una organización pudiendo ejercer determinada profesión u oficio. (Fuente, Álvarez-Arregui, 2017).

ACRÓNIMOS

ACVC: Asociación para la Certificación de Competencias Profesionales.

CEDEFOP: Centro Europeo para el Desarrollo de la Formación Profesional.

CEE: Comunidad Económica Europea.

CEREQ: Centre d'Études et de Recherches sur les Qualifications (Centro de Estudios e Investigaciones sobre las Cualificaciones).

ECTS: Sistema Europeo de Transferencia de Créditos para la Educación Superior.

ECVET: Sistema Europeo de Transferencia de Créditos para la Formación Profesional.

EQF: Marco Europeo de las Cualificaciones.

FCT: Formación en Centros de Trabajo.

FIP: Plan de Formación e Inserción Profesional.

FORCEM: Fundación para la Formación Continua.

FP: Formación Profesional.

IES: Instituto de Educación Secundaria.

INAP: Instituto Nacional de Administración Pública.

INEM: Instituto Nacional de Empleo.

NVQ: National Vocational Qualifications (certificados de competencias profesionales).

OCDE: Organización para la Cooperación y el Desarrollo Económico.

OPEAS: Servicios de Orientación Profesional para el Empleo y Asistencia para el Autoempleo.

PCPI: Programas de Cualificación Profesional Inicial.

RESILIENCIA: Capacidad humana de asumir con flexibilidad situaciones límite y sobreponerse a ellas.

SEPE: Servicio Público de Empleo Estatal.